普通高等院校经济管理类规划教材
Economics & Management

APPLIED STATISTICS

应 用 统 计 学

■ 郭海明　王永瑜　杨盛菁　庞智强　编著

兰州大学出版社

图书在版编目(CIP)数据

应用统计学 / 郭海明等编著. —兰州:兰州大学
出版社,2011.3(2017.2重印)
ISBN 978-7-311-03658-4

Ⅰ.①应… Ⅱ.①郭… Ⅲ.①应用统计学—高等学校—
教材 Ⅳ.①C8

中国版本图书馆 CIP 数据核字(2011)第 032798 号

策划编辑 张爱民
责任编辑 张 萍 佟玉梅 龚 静
封面设计 管军伟

书 名 应用统计学
作 者 郭海明 王永瑜 杨盛菁 庞智强 编著
出版发行 兰州大学出版社 (地址:兰州市天水南路 222 号 730000)
电 话 0931-8912613(总编办公室) 0931-8617156(营销中心)
0931-8914298(读者服务部)
网 址 http://www.onbook.com.cn
电子信箱 press@lzu.edu.cn
印 刷 白银兴银贵印务有限公司
开 本 787 mm×1092 mm 1/16
印 张 21.25
字 数 516 千
版 次 2011 年 3 月第 1 版
印 次 2017 年 2 月第 9 次印刷
书 号 ISBN 978-7-311-03658-4
定 价 36.00 元

前 言

统计学是一门关于数据的科学与艺术.统计学一端指向实际,一端连着数学,是将数学的归纳演绎思想应用于解决实际问题的典范.现实中凡是有数据、需要进行定量分析的地方,都会有统计学的用武之地.无论是自然科学技术还是人文社会领域,都已经发展到必须借助统计分析工具进行研究的"理性认识"阶段.所以,统计学是一门关于数据的科学.历经三百多年的不断发展,统计学的分析方法体系中,既有展现已有数据的描述统计学方法,也有对未知事物和规律加以推断的推断统计学方法.如何恰当运用统计技术来处理数据、研究问题,经常被认为是一门微妙的艺术,没有丰富的"实践经验"不能胜任.所以,统计学是一门关于数据的艺术.统计的基本原理与方法已经成为现代人必须具备的基本知识.正因为如此,相关的统计学课程被国内许多专业作为其人才培养方案的核心课程之一.

近年来,各类统计学教材层出不穷,在教学过程中,我们总感觉这些教材在使用时不够得心应手,深刻体会到编写一本体系严谨、结构合理、概念清晰、方法科学、阐释精当的教材十分必要.为此,我们在充分准备的基础上,结合多年实际教学的经验和思考,并积极吸收他人研究的成果,组织编写了这本教材.

本书编写中,力求在把握统计学科基本原理、基础知识阐述和基本技能训练的前提下,重点突出各种统计方法的基本思想与实际应用.本书具有以下几个特点:一是出于更系统地讲述抽样调查的需要,将参数估计与假设检验的内容在章节顺次上作了提前安排;二是考虑统计技术在现代经济社会生活中的使用需求,安排了多元统计、统计决策的主要内容;三是为了实现统计与计算机的结合,在相关章节后以附录形式增设了 Excel 软件在统计中的主要应用介绍;四是为了强化教材学习效果,在每章后又选编了一些思考与练习题.

本书以财经与管理类专业的本科生为主要学习对象,专科生使用时可对拓展应用和难度较大的部分章节内容略而不讲.同时,本书还可供实际部门的统计工作者和经济管理人员等自学参考,也可作为相关的培训教材使用.

本书各章节的编写分工如下:第一章由庞智强教授编写,第二、五、九、十二章由王永瑜副教授编写,第三、四、七、十章由杨盛菁副教授编写,第六、八、十一章由郭海明副教授编写.郭海明副教授设计了编写提纲,所有编写人员共同讨论确定了本书的结构体系,郭海明副教授负责对全书内容进行统纂并最终定稿.

本书在编写过程中,参考并吸纳了许多统计学教材和统计学研究成果的精华,特向著作者表示感谢.

由于我们学识水平和教学经验所限,书中尚有不妥甚或错漏之处,敬请同仁及读者批评指正.

编著者
2011 年 3 月

目　录

第一章 导 论

学习了解一门学科,首先要搞清楚这门学科的研究对象与性质,研究方法与基本范畴,发展演变与应用领域等.在本章中,将就统计的涵义、应用和统计学的对象、方法、范畴、产生与发展等进行讨论.

第一节 统计及其应用领域

一、关于"统计"一词的涵义

根据国际统计惯例,"统计(Statistics)"一词一般有三重涵义:统计活动、统计资料和统计学.

统计活动也称为统计工作,是指相关部门为满足经济、社会、科技等方面的管理需要或者研究工作者开展科学研究的需要而有计划、有组织地搜集、整理、分析数据资料的一系列活动,如企业的市场调查活动、农业的田间试验设计活动、政府部门的经济调查活动和民意测验活动等.统计活动的基本任务就是对社会现象、经济现象、自然现象的数量方面进行测度.一个完整的统计活动过程包括统计活动设计、统计资料搜集、统计数据整理、统计分析与预测等几个基本环节.

统计资料是统计活动中所搜集和加工整理而成的各项数据资料,它反映的是特定时间、空间条件下,客观现象的具体数量表现,如全国人口数、人口的性别比例、人口的年龄构成、农村居民年人均纯收入、全国农产量、青砖的抗压强度等统计数据.统计资料常以统计表或统计图的形式来表示.

统计学是一门关于搜集、整理、描述和分析统计数据资料的方法的科学,其目的是要研究客观现象总体的数量特征和数量关系、探索隐含其中的数量规律.统计学的内容十分丰富,从统计方法的角度,大致可以将统计学分为描述统计学和推断统计学.描述统计学一般是用图表方法和数量方法综合分析统计数据资料.这些统计资料既可能是总体数据,也可能是样本数据.而推断统计学主要是讨论用样本数据估计和推论总体性质的方法.统计学分为描述统计学和推断统计学,一方面反映了统计学发展的前后两个阶段(关于这一点,可以结合本章第三节的内容加以理解),另一方面也反映了统计方法研究和探索客观现象内在数量规律性的先后两个过程.如果我们搜集到的统计资料是现象总体的数据,则经过描述统计之后就可以达到认识现象总体内在的数量规律性的目的;如果我们所得的只是关于现象总体的一部分数据,则在描述统计的基础上还必须依概率对总体作出估计和推断.可见,描述统计是推断统计的前提和基础.

　　统计活动、统计资料和统计学之间存在密切的关系.首先,统计活动与统计资料是过程与结果的关系.统计活动的基本任务就是获取各种各样的统计资料,我们针对统计活动所采取的一系列措施都是为了及时、准确、全面、系统、有效地获取统计资料.对统计资料的需求变化影响到统计活动的内容,以及统计活动的资源分配、活动领域等,而统计活动的质量与效率又直接关系到统计数据资料的数量和质量.其次,统计学与统计活动之间是理论、方法与实践的关系.一方面统计学为统计活动的顺利开展提供理论和方法论依据,另一方面统计理论和方法论的形成与发展又离不开统计实践活动,二者相互依存而又相互促进.再次,在统计资料与统计学之间是一种近似于"米"和"炊"的关系.统计学是由搜集、整理、描述、分析和阐述统计数据资料的方法所组成的,其目的是要透过纷繁复杂的统计资料以探讨包含在现象内部的数量规律性,而统计资料则是应用统计方法所要处理、分析和研究的对象.离开了统计数据资料,统计方法乃至统计学就失去了存在的意义.因为,没有统计资料或者没有好的统计资料,就是再高明的统计方法或统计学家也难有所作为.

二、统计的应用领域

　　统计的方法与统计的数据,几乎在日常生活的各个领域里都得到广泛的应用.

　　在个人层次上,任何决策的作出都需要有效的统计信息,虽然这些统计信息可能是以一种非常简单粗糙的形式出现的.这可能涉及建立在过去发生事情的基础上的对未来的预期,包括生活水平、寿命预期等.于是,统计发挥了信息职能.

　　在政府层次上,统计科学实际上应用于每一个管理部门和各种试验,人们搜集和提供经济的、科技的、社会的和人口的统计数据,并经过系统的分析和预测,为战略决策和各项政策法规的制定,以及日常的宏观管理提供基本依据.由此可见,在宏观管理过程中统计发挥了提供信息、实行监督、提供咨询和参与决策的职能.

　　在商务活动中,企业的经营管理者在作决策时需要应用统计方法来归纳分析各种统计数据资料.如在财务管理中,需要作以成本和收益为基础的经营业绩的统计分析;产品开发计划的制订,一方面需要对经济发展趋势、商务活动动向、销售预算情况、存货管理系统等进行统计分析,另一方面也要对销售量、用工需求、生产率走势等进行预测分析;在市场研究中,需要对与消费者的需求偏好及其变化趋势相关的有关信息进行搜集和分析;在生产工序管理、产品质量的过程控制与抽样检验中,更是需要直接借助于统计方法的应用;在人力资源的开发与管理中,同样需要应用统计方法来分析人事变动、出勤状况以及对职工的工作业绩进行评价等.因此,可以说在商务活动中,离不开统计.

　　在科学研究领域,统计不仅能够提供各种现有的数据资料,而且还被作为一种最基本的方法或者工具加以直接应用.在自然科学领域,如物理学、生物学、体育科学、地质矿产学等的研究中,常常需要对通过科学实验或直接观察所获得的大量统计数据资料进行整理和分析,以探讨包含于其中的数量规律性,因而广泛应用了统计学所提供的各种方法.在社会科学领域,不仅在诸如经济现象、人口现象、社会现象等可以"数量化"的学科的研究中大量应用了统计学方法,甚至在一些"非数量"的人文科学领域也能看到统计学方法的应用,比如文学作品研究中根据对与内容情节无关的虚词的使用情况的统计分析以推断匿名作品的原作者等.不过需要指出的是,由于社会经济现象较自然现象更加错综复杂,因此,应用统计方法研究社会经济现象的数量规律时,更需要具有丰富的经验和高超的技巧.

在国际交流方面,统计也正在发挥着越来越重要的作用.国际有关政治、经济、文化教育、科学技术等方面统计资料的交流,对于国家或地区之间增进相互了解、加强合作,以及进行对比分析等都具有十分重要的意义.

第二节 统计学的研究对象与方法

一、统计学的研究对象

统计学的研究对象就是客观现象的数量方面, 研究目的在于探索包含在统计数据内部的数量规律性.

如在人口性别比例问题的统计研究中, 我们的目的就是要掌握性别比例变化的统计规律.就单个家庭而言,新生婴儿的性别可能是男性,也可能是女性,有的家庭几个小孩都是男性,也有的家庭几个小孩都是女性.表面看来,新生儿的性别比例似乎没什么规律可循.但如果对新生儿的性别进行大量观察,即观察成千上万个或者更多,就会发现一定的规律.根据前人的研究,在新生儿中男性稍多于女性,大致为每 100 个女孩,对应 107 个男孩.100:107 (约为 13:14)就是新生儿性别比例的数量规律性.可见,新生儿时存在男多于女的不平衡性.对人类性别比例的研究也是统计方法探讨的最早的数量规律性.

再比如,在进行农作物试验时,如果其他试验条件相对固定,我们发现农作物的产量会随着某种肥料施肥量的增加而增加.当开始增加施肥量时,产量增加较快.以后随着施肥量的继续增加,同样增量的施肥量所能带来的粮食产量的增加量逐渐减少.当施肥量增加到一定数量时,农作物产量不再增加.这时如果再增加施肥量,农作物产量反而会减少.这种施肥量与农产量变化的数量关系就是统计学所需要探讨的数量规律性.掌握了这种数量规律,就可以帮助确定农业生产中肥料的科学施用量问题.

一般而言,作为统计学的研究对象通常具备以下两个方面的基本特性:

其一,差异性.就自然现象而言,它是指对于同一事件如果进行连续多次的观察或试验,则可能会出现若干种不同的结果,即其数值是在不断变化的.对社会现象而言,它指的是现象总体内部的各个不同个体之间在数值表现方面不尽相同,即存在着变异.差异性既是统计研究对象的基本特性,同时也是统计方法赖以存在的理由.

其二,随机性.就是说,在对事件的某一次试验或对某单个事物的观察中哪个结果可能会出现,事先是无法确定和控制的.换句话讲,造成统计研究对象存在差异性的原因是不确定的,因而使得统计研究对象的发展变化具有很强的不确定性.

二、统计学研究的基本方法

统计学作为一门方法论科学, 它在探索统计数据内部所包含的统计规律的长期实践过程中,形成了一系列独特的研究方法,主要包括大量观察法、归纳推理法和统计分组法等.

(一)大量观察法

所谓大量观察法, 就是对构成所研究现象总体的全部或足够多的个体进行观察并加以综合,在此基础上归纳出总体内部的统计规律性.

大量观察法是统计学特有的方法,其数理依据是大数定律.大数定律又称平均数定律或大数法则,从逻辑意义上说,它是大量现象和过程的规律性.大数定律的基本思想是:①只有掌握足够多的个体或足够多的情况时,大量现象的规律性及大量过程的倾向性才能很好地显示出来.也就是说,只有在掌握足够多个体或足够多的情况时,对这些大量现象和过程,才能很好地进行研究.②只有在平均数形式上,这些规律性与倾向性才能被表现出来.正因为如此,大数定律又称为平均数定律.③研究大量现象和过程时,如果抽取更多的个体,那么从这些个体的观察值所计算出来的平均数,越能够准确地表现出这种现象或过程的规律性.④如果我们研究足够多的个体或足够多的情况,以平均数为中心,各个个体或情况向正反两个方向的离差往往互相均衡化起来,或者互相抵消.对大量现象或过程来说,这些离差当然不是由于本质的差异所引起,而是由于偶然的状态所发生的.

然而,为什么统计方法能够通过对客观现象或过程进行大量观察和处理而揭示其数理规律性呢?这是由客观事物本身的特点和统计方法的特性共同决定的.首先从客观事物方面来看,根据辩证法的基本原理,任何客观事物都是必然性和偶然性的对立统一,反映到客观事物每一个数值表现上,也都是必然性和偶然性共同作用的结果,是二者作用的对立统一.必然性反映了事物本质的特征和联系,是比较稳定的,因而它决定了事物的内在本质是有规律可循的.偶然性反映了该事物每个表现形式的差异.如果客观事物只有必然性一个方面的特征,事物的表现形式就会比较简单,就可以比较容易地把握它的规律性.正是由于偶然性的存在,造成了事物的表现形式与必然性和规律性发生偏移,从而形成了表面形式的千姿百态和数据表现形式的千差万别.这样,必然性的数量规律就被掩盖在表面的差异性之中了.因此,就必须应用统计方法,经过大量观察和分析研究,从表面的偶然性中探索到内在的、本质的数量规律.其次从统计方法来看,统计学提供了一系列的专门方法,用来搜集数据、整理数据、显示数据的特征,并进而分析和探索(或推断)出事物总体的数量规律性.当然,如果事物本身的规律比较简单,所用的统计方法就相对容易;反之,如果事物本身的规律错综复杂,所用的统计方法也就相对复杂.显然,用什么样的统计方法,取决于我们有什么样的数据和要解决什么样的问题.

(二)归纳推理法

归纳推理和演绎推理是两种不同的逻辑方法.演绎法是在一个封闭的系统中由一般的命题(即正确的前提)出发推导出个别的或特殊的结论的一种逻辑推理方法,其结论的正确性寓于前提的正确性之中,如经典数学便是运用演绎法进行推理的.统计学中由已知的现象总体出发,研究从中抽选出的一部分(即样本)的分布特征,所运用的逻辑方法也是演绎法.归纳法则是在一个开放的系统中,由个别的或特殊的情形(即偶然性)推导出一般化的结论的一种逻辑推理方法,其结论的正确性不仅取决于对前提的正确认识,而且还取决于推理者的分析判断能力.因此,归纳法所得到的一般只是具有一定概率可靠程度的结论.

统计学在实现由偶然性到必然性、由部分到总体的认识的发展过程中所使用的逻辑方法正是归纳推理的方法.如根据已知的样本信息推断未知的总体,就是归纳法的具体应用.

(三)统计分组法

统计分组法就是依据事物内部的性质和统计研究的需要,将总体按照一定的属性特征划分为若干组成部分,以深化对总体认识的一种统计分析方法.

构成统计研究对象总体的各个不同个体,除在某些最基本的属性方面彼此相同外,在其他更多的内容特性上总是存在或多或少的差异,因而可以据此将总体区分为性质不同的若干组成部分.统计研究中除了要对总体的数量规律进行概括性分析外,还经常通过对总体的各不同部分作对比分析,以便补充、丰富和深化对总体的认识.例如,将国民经济按所有制形式分组可以研究国民经济中的国有经济和非国有经济的性质特点和效益问题,国民经济按行业分组可以研究国民经济的生产力布局和产业结构问题,商店按营业额大小分组可以研究经营规模与商品流通费用率之间的关系等.所以,分组分析法在统计研究中的应用是非常广泛的.

统计分组也是产生概率分布的原始背景.在统计分组的基础上,对随机变量的变量值进行观察,各组变量值对应着一定的出现次数,大量观察的结果便形成次数在各组间的分布,这便是次数分布,据此则又可以通过计算各组的次数比重(即频率)而编制成频率分布.当观察的次数趋向无穷且分组的数量无限增多时,频率分布在图形上由折线逐渐趋近于一条平滑的曲线.这时,由实际背景所产生的频率分布便抽象为一种理论上的概率分布,并由此可以反映总体的分布状态和分布特征.研究这种分布特征构成了统计分析的重要内容.

三、统计学与其他学科的关系

(一)统计学与数学的关系

统计学与数学既有密切的联系,又存在本质的区别.统计学与数学关系密切,一方面是因为现代统计方法用到了几乎所有的现代数学知识,统计学在研究客观现象的数量规律性的过程中,要遵循数学所提供的基本运算法则;另一方面是因为统计方法与数学方法一样,并不能独立地用于研究和探索自然现象和社会现象的规律,而是给各学科提供了一种研究和探索客观规律的数量方法.尽管如此,统计学与数学仍然存在实质性的差别,对于统计学而言,数学仅仅是提供了一系列统计理论和统计方法的数理基础,而统计学的主要特征则是研究数据.二者的区别主要表现在:第一,数学研究的是抽象的数量规律性,而统计学研究的是具体的、实实在在的数量规律性;数学研究的是没有量纲或计量单位的抽象的数字,统计学研究的是具有具体计量单位的数据.第二,数学研究使用的是纯粹的演绎方法,而统计学则是演绎法与归纳法相结合,其中占主导地位的是归纳方法.数学家可以坐在屋子里,凭借纸、笔和聪明的大脑,从假设的命题出发而推导出漂亮的结果.统计学家则必须深入实际收集数据,才能有所作为,因为没有对大量数据的统计归纳,统计学家就得不出任何有益的结论.

(二)统计学与其他学科的关系

由于统计学是一门应用性很强的方法论科学,同时又由于几乎所有的学科都要研究和分析数据,因而统计学与几乎所有学科都存在或多或少的联系.这种联系表现为,统计方法可以帮助其他学科探索各自学科内在的数量规律性,而对这种数量规律性的解释和由数量规律性出发研究各学科内在的本质规律的工作只能由各学科自己的研究完成.例如,统计学在大量观察的基础上发现了新生儿的男女性别比例是107:100(或 14:13),但为什么会是这个性别比例?这是由什么原因造成的?对此问题的回答则是人类遗传学或医学的任务.再如,统计方法通过对吸烟和不吸烟的人患某种疾病(如肺癌)的数据进行分析,得出吸烟是导致这种疾病发生的原因之一,但为什么吸烟能够导致这种疾病就需要医学作出解释了.因此,可以这样说,统计方法仅仅是提供了一些有用的、定量分析的工具,但能否真正解决各学科的问题,首先要看使用这种工具的人是否选择了正确的分析方法,其次要在定量分析的同时积极开展定性分析,也即应用各学科的专业知识对统计的结果作出合理的解释和分析.

第三节 统计学的基本概念

同其他任何一门学科一样,统计学也有属于自己的一些基本概念或范畴.正确理解和把握好这些基本概念或范畴,对于统计学的学习及应用是十分重要的.

一、统计总体与总体单位

统计学所讲的总体是指由客观存在的、在某些最基本的方面性质相同的大量个别事物(个体)构成的整体.构成统计总体的每一个个体被称作总体单位.

例如,我们要调查研究某市的工业生产情况,则该市所有的工业企业就组成一个总体,每一个工业企业就是一个总体单位,这些企业尽管在生产的产品、生产的规模、生产的组织形式、所有制的类型等方面可能各不相同,但有一点是共同的,即它们都是从事工业生产活动的.这种共同性(也称作同质性),是统计总体赖以形成的客观基础,也是统计总体区别于其他总体的基本标志.

作为统计总体,通常有两个重要的特征:一是同质性,二是差异性.同质性是统计总体最基本的特征, 是指构成同一个统计总体的各个不同个体之间在某些最基本的特征方面性质相同.差异性是统计总体在同质性基础上所表现出来的另外一个重要特征,是指构成同一个统计总体的各个个体之间所表现出来的除基本属性特征之外的各种各样的不同. 对于统计总体而言,差异性是一个客观的存在.差异的存在也是统计存在的前提,没有差异就无需统计.

作为总体单位,它是构成统计总体的基本元素,是一个个不可细分的个体.

一个统计总体所包含的总体单位数目尽管可能很多,但如果是可以一一计数的,如由全国人口组成的总体,则称该总体为有限总体;反之,如果一个总体所包含的总体单位的数目是无穷多的,因此不可能一一计数,如由人体细胞所构成的总体,则称该总体为无限总体.

二、变量

变量是随研究具体对象的不同而变化(对于时序总体则表现为随时间不同而变化)的各种特征.如在人口问题的调查研究中,设计了这样一些问题:你有多大年龄? 家里有几口人? 家庭的总收入有多少? 你结婚了吗? 你有工作吗? 对应的变量就是:年龄、家庭人口、家庭收入、婚姻状况及就业状况.有些问题可以通过给出一个数值而得到答案,其所对应的变量就是定量的,如上面的年龄、家庭人口、家庭收入.有些问题只能用一些修饰语来作出回答,其所对应的变量就是定性的,如上面的婚姻状况(单身、已婚、丧偶、离婚、分居)和就业状况(就业、失业、不在劳动力之列).可见,变量可以分成定性变量和定量变量.定性变量也叫做品质变量或属性变量,没有大小之分,因此,一般只适于用做分类研究.定量变量也叫做数值变量,其具体表现是一系列数值,称为变量值.

对数值变量又可以从不同的角度区分为多种类型.以下介绍的是两种常见的分类:

一是按其性质可以区分为确定性变量和随机变量.确定性变量是指其取值由于受到某些确定性因素的影响,因而呈现出有规律变动的变量.随机变量则是指由于受到众多因素的综合影响,而使其取值表现出一定的波动性与随机性的变量.如圆的面积和农作物产量就属于两个性质不同的变量.圆的面积的变动只受半径的影响,当半径一定时,圆的面积也是确定的,因此圆的面积就是一个确定性变量;而农作物产量的变动同时受到施肥量、降水量、气温等多种因素的影响,并且各个因素所起作用的方向和程度也各不相同,因此使得农作物产量的变化具有不确定性,所以,农作物产量是一个随机变量.对于随机变量,在观察或试验之前,其结果是不确定的,在一次观察或试验之后,它只表现为是众多可能结果中的一个,所以,只有进行大量的观察或试验,才有可能把握其变化的规律.统计学所研究的变量绝大部分属随机变量.

二是按其取值是否连续可分为连续型数值变量和离散型数值变量,习惯上直接称之为连续型变量和离散型变量.连续型变量的取值连续不断,即在任意两个相邻的取值之间都可以有一系列值存在,换句话讲就是任意两个具体对象在该变量上的差异可以是任意地小;离散型变量的取值是以整数位断开的,即在任意两个相邻的取值之间不会有其他值可取.如前面的家庭收入就属于连续型变量,家庭人口数则为离散型变量.在统计学的分析研究中,区分清楚一个数值变量是连续型还是离散型对于某些统计方法的正确选择很重要.

在了解了变量的概念和类型之后,接下来还需要进一步搞清楚对变量进行统计测量所用的基本尺度.1968年,美国的社会学家、统计学家史蒂文斯(S. S. Stevens)根据变量的性质和数学运算的功能与特点,将变量的统计测量尺度划分为定类尺度、定序尺度、定距尺度和定比尺度四类.

定类尺度是对调查对象的类别差异进行测量的尺度,如性别、职业、民族等都是适合用定类尺度测量的变量.定类尺度的主要特点是:①它只用于区别统计调查对象的性质差异(即类别差异),即判定是"="还是"≠",而不能用于加减乘除运算;②定类尺度所允许的数量计算仅仅是次数计算;③定类尺度中使用的数字、符号、字母等具有随意性.

定序尺度是对调查对象的顺序差异所作的测量,如产品质量等级差异排序等.定序尺度的主要特点是:①它不仅可以反映调查对象的类别差异("="或"≠"),还能反映调查对象在等级、顺序上的差别(">"或"<");②它不能反映各等级之间的距离大小及各单位之间的差异程度,因此,不能进行加减乘除运算.

定距尺度是对调查对象的绝对差异进行测量,如对气温、海拔高度的测量.定距尺度的主要特点是:①它不仅能反映调查对象的类别、顺序,还能反映其绝对差异;②它不存在绝对零点,因此不能进行乘除运算,只可以进行加减运算.

定比尺度是测量调查对象绝对差异和相对差异的尺度.其主要特点是:①它存在绝对零点,因此可以进行加减乘除等各种运算;②它可以反映调查对象的类别、顺序、绝对差异和相对差异;③可以使用各种统计方法进行处理和分析.

由此可见,上述四类测量尺度在对变量的测量层次上是按从定类尺度到定比尺度的顺序由低到高排列的.高层次的测量包括低层次测量的运算功能,而低层次的测量不能进行高层次的运算.

三、统计指标

统计指标是反映现象总体数量特征的概念和数值.例如,1993年全国人口数为118 571万人、全年国内生产总值为31 380亿元等就属于统计指标.在推断统计中,习惯将描述总体数量特征的统计指标称为总体参数,而将反映样本数量特征的统计指标称为统计量.统计量是一个不包含任何未知参数的样本函数,其取值随样本不同而变化,因此属于随机变量.

统计指标可以从不同的角度进行分类,主要的分类有:

按其反映的具体内容不同,可以分为数量指标和质量指标.前者反映的是总体的总规模、总水平或工作总量,后者反映的则是总体内部的数量对比关系或其一般水平.如全国的人口数、全国的国内生产总值等就属于数量指标,而全国的人均收入、三次产业的构成比例等就属于质量指标.

按其数值表现形式不同,可以分为总量指标、相对指标和平均指标.总量指标反映的是总体绝对数量的多少,是以绝对数的形式来表示的,如上面提到的全国人口数、全国的国内生产总值等.相对指标反映的是总体的相对水平,是以相对数的形式来表示的,如人口的年龄构成、性别比例、人口密度等.平均指标反映的是总体的一般水平或平均水平,是以平均数形式表示的,如人口的平均年龄、粮食的单位面积产量等.

在统计研究中,作为统计总体的特征往往是多方面的,而单个指标却只能反映总体某一方面的数量特征,因此为了全面反映所研究现象总体的数量特征,就需要使用一整套的统计指标.通常将由反映同类现象的、并且相互间具有内在联系的一系列统计指标所构成的整体,称为统计指标体系.在社会经济现象的研究中,一般将统计指标体系按其功能区分为基本统计指标体系和专题统计指标体系.前者是反映国民经济和社会发展基本情况的指标体系,包括社会指标体系、经济指标体系和科技指标体系等.后者则是针对某些专门问题的研究需要而建立的指标体系,如反映经济增长方式转变情况的定量评价指标体系、企业竞争力评价指标体系等.

第四节　统计学的产生与发展

一、统计的产生与发展

统计的起源可以追溯到远古时代,它是随着社会生产的发展和适应国家管理的需要而产生和逐步发展起来的.原始社会末期,伴随着剩余产品的出现而产生的人类最初的一般计数活动中,就蕴藏着统计的萌芽.结绳记事,不仅产生了简单的总量指标,并且还应用了简单的统计分组.到了奴隶社会,统治阶级为了赋税、征兵、徭役的需要,开始了人口、土地和财产等方面的调查统计.进入封建社会,国家管理制度强化了,统计的范围有所扩大,统计方法也不断得到改进.

作为世界文明古国之一的中国,很早就有了统计活动,并且一直到封建社会的很长一段时间里,在实际的统计活动以及统计思想的众多方面都处于当时世界各国的先进水平,只是从封建社会的后期开始,我们才落后了.据史书记载,早在公元前21世纪的夏朝开始,我国就有了人口、土地等方面的统计.在反映我国夏朝国势调查情况的重要文献《禹贡》中,把全国分为九州,比较详细地记载了各州的基本情况,并按土质的优劣将九州的田、赋分成上、中、下三等,每一等又分成上、中、下三级,形成"三等九级"的复合分组.这被近代欧洲统计学者誉为是国势统计学最早的萌芽.西周为我国奴隶社会的全盛时期,统计活动也取得了进一步的发展,设有专门负责国势调查的官员——职方氏.以后历代的封建统治阶级和精明的政治家们对统计重要性的认识也不断深化,留下了一系列的重要论述.如春秋战国时期的管仲曾提出了系统、周密的国情调查提纲与国情调查研究纲要,指出"举事必成,不知计数不可"、"不明于计数而欲举大事,犹无舟楫而欲经于水险也",因此要"明法审数",说明了审数、计数、轨数的重要性.继管仲之后,秦国的商鞅则提出了"强国知十三数:境内仓、口之数,壮男、壮女之数,老、弱之数,官、士之数,以言说取食者之数,利民之数,马、牛、刍藁之数.欲强国,不知十三数,地虽利、民虽众,国愈弱至消"的思想.至秦汉,已有地方田亩和户口的记录.唐宋则有了统计资料的汇编——《国计簿》、《会计录》,并在统计图表的理论和方法方面有了较大的发展.明清时建立了经常的人口登记和保甲制度,其中明初的户帖制度被誉为世界上"最早试行全面的人口普查的历史记录".

在西方,统计活动的历史也很悠久.古埃及在公元前 27 世纪,为建造金字塔和大型农业灌溉系统,曾进行全国人口和财产调查;公元前 10 世纪前后,犹太国王在全国进行了比较完整的人口和财产调查,这在《旧约》中有详细的记载;大约公元前 6 世纪,罗马帝国就以国势调查作为治理国家的有效手段,规定每 5 年进行一次人口、土地、牲畜、家奴的调查等.进入封建社会,统计调查往往采取编制财产目录的形式.如公元 9 世纪法国的查理大帝为编制"国库财产大纲"而进行了包括人口、土地、收入、农产品、畜产品和工业品的大调查.15 至 18 世纪欧洲封建社会进入繁荣时期,统计更作为说明各国国情的工具,出现了许多以报道国情为内容的统计著作.

进入资本主义社会以后,随着社会生产力的迅速发展、社会分工的日益加强、市场化程度的不断提高,对于统计数据资料的需求数量越来越多、内容越来越详细和广泛.为适应这种变化,开始出现了专业的统计机构和研究组织,统计初步发展成为社会分工中的一个独立部门.正是在这样的历史条件下,17 世纪中叶,统计学应运而生.

二、古典统计学的起源及其演变

统计学从产生到现在已有三百多年的发展历史.在这漫长的岁月里,统计学几经演变,从内容到形式都发生了巨大变化,现代统计学已和当年的古典统计学迥然不同.

一般认为,古典统计学的源头有三个:一是国势学,二是政治算术,三是概率论.以下我们就从这三个源头开始,对统计学的发展演变过程作一粗略介绍,目的是让读者能够对统计学的发展脉络有一个大致的了解.

(一)国势学与统计学的演变

国势学产生于 17 世纪中叶的德国, 其代表人物是康令 (H. Conring) 和阿亨瓦尔(G. Achenwall).最初,康令从"国法学、地理学与历史学混合在一起的杂学"中分化出国势学,对涉及国家的诸如人口、版图、政体、财政、军备等方面的状况进行文字性的记述,作为"实际政治家所必需的知识".其后,阿亨瓦尔于 1749 年改称国势学为统计学,并将其明确定义为,主要采用文字记述的方法"把国家的显著事项全部记述下来的学科".在这里,国势学几乎不用数字资料.因此,从严格意义上讲,它和我们现在所说的统计学是明显不同的,它虽有统计学之名,但无统计学之实.

康令与阿亨瓦尔等国势学者之所以不注意社会经济现象的数量观察,这与当时的社会条件下搜集统计资料比较困难不无关系.后来,英国、瑞典等国开始研究人口统计问题,英国政治算术学派的统计思想传入德国,并且书刊上也逐渐发表了一些统计资料,但阿亨瓦尔等人囿于成见,不为所动,仍然维护国势学的旧传统.阿亨瓦尔甚至认为"政治算术"完全超出了他设想中的"统计学"的范围,始终蔑视对数量的观察.

以后,随着社会的进步,在政治算术学派的影响下,为了更好地适应国家管理及经济发展的需要,德国的国势学派出现分化,从国势学中分化出的表式学派,改用列表的方法研究社会经济现象的数量方面,开始体现了统计学的特点.这个分化,应当看做是国势学的一个进步.分化后的表式学派,逐渐发展为政府记录或政府统计,成为统计学的源流之一,使徒有统计学虚名的国势学向近代统计学迈进了一步,其研究对象也由国家显著事项演变为社会经济现象的数量方面,研究方法也由文字记述演变为列表比较.

(二)政治算术与统计学的演变

政治算术产生于17世纪中叶的英国,其代表人物是配第(W. Petty)和格朗特(J. Graurt).配第在其所著的《政治算术》一书中,运用数量分析的方法对比英国、法国和荷兰三国的"财富和力量",以批驳当时英国国内普遍存在的悲观论断.他谈到在政治算术中所使用的方法时这样说:"我进行这种工作所使用的方法,在目前还不是常见的,因为我不采用比较级或最高级的词语进行思辨式的议论,相反地采用这样的方法(作为我很久以来就想建立的政治算术的一个范例),即用数字、重量和尺度来表达自己想说的问题,只进行诉说人们感觉的议论,借以考察在自然中有可见根据的原因."马克思认为"配第创造'政治算术',即一般所说的统计学",因此配第是"政治经济学之父,在某种程度上也可以说是统计学的创始人".格朗特是利用大量数据研究社会人口变动规律的创始人,因此,也可以算做是政治算术学派的鼻祖.他在《关于伦敦死亡表的观察》和《对死亡表的自然和政治观察》中,利用由寺院所提供的关于死亡和洗礼的人数资料,首先制作了死亡表,同时指出某些疾病的死亡人数占全部死亡人数的比例是稳定的.他进一步根据伦敦发表的人口自然变动公报,分析人口出生与死亡的数量关系,发现了男女人口占总人口数的比例大致相等,新生儿中男婴的比例稍高,婴幼儿的死亡率较大,都市的死亡率大于地方的死亡率等一系列人口变动规律.他还提出一个要在多年内形成的规律,是需要进行多次观察的,这体现了统计学中大数法则的观点.由此可见,政治算术学派是以数量分析为特征,研究客观现象的数量关系,就其内容和方法来看,这应该算是统计学的正统源头.

政治算术在英国诞生后,很快在欧洲各国得以传播,进而涌现出一批政治算术学者,出版了一些人口统计与经济统计著作.但直到18世纪80年代以后,英国才逐渐以德国国势学所用的"统计学"名称来代替"政治算术".到了19世纪中叶,欧洲各国已开始发行统计刊物,一提到统计,人们都普遍认为是指数字资料.德国社会统计学派的先驱者克尼斯(K. G. A. Knies)有鉴于此,于1850年提出把"统计学"的名称转让给"政治算术",并把统计学规定为一门具有政治算术内容的统计学,指出了统计学的发展方向.

综上所述,作为统计学源流之一的政治算术的出现,标志着古典统计学的诞生.德国国势学也在政治算术的影响下,由对社会经济现象的文字记述转向数量观察、列表比较,并进一步发展为政府统计,成为近代统计学的源流之一.

(三)概率论与统计学的演变

作为统计学的第三个源头的古典概率论产生于 17 世纪中期,奠基人包括法国的帕斯卡(B. Pascal)和费马特(P. D. Fermat).但在他们之前,已有一些数学家在研究赌博中的数量规律性.意大利诗人但丁早在 15 世纪就讨论过掷 3 颗骰子可能出现的各种点数.16 世纪中叶,意大利科学家伽利略讨论了掷 3 颗骰子出现 10 点次数多于 9 点次数的原因.在数学家对机会游戏研究的基础上,帕斯卡和费马特通过通信的方式,讨论赌博中出现的各种具体问题,提出了"概率"这一概念,用来描述某一事件发生的可能性,并归纳出了概率的一般原理.

此后,经过伯努利(J. Bernoulli)、德·莫佛尔(de Moivre)、拉普拉斯(Laplace)及高斯(Gauss)等著名数学家的相继努力,概率论在理论和应用方面都取得了重大发展,并为后来统计学的发展奠定了重要的基础.

自 17 世纪中叶,统计学从三个不同的源头开始萌芽,随后经过几代统计学家的艰苦努力,历经两个半世纪,到 19 世纪末终于建成了古典统计学(主要是描述统计学)的基本框架.

三、现代统计学的形成及其演变

(一)近代统计学的形成及演变

在统计学由古典统计学向现代统计学转变的过程中,比利时的凯特勒(A. Quetelet)是一个划时代的人物,他在世的年代,基本上同近代统计学的历史年代相当.凯特勒把国势学(当时主要是指表式学派统计、政府记录或政府统计)、政治算术与古典概率论结合在一起,构建了一门近代统计学,他称之为"社会物理学",从而奠定了数理统计学的基础.凯特勒第一次把概率论引进到统计学的研究中,强调正态分布理论可用于各种科学,从数量方面研究随机现象的规律性,为统计方法提供了理论基础,在解决数量观察的准确性方面,为统计学开拓了广阔的道路.他把作为社会科学的古典统计学扩展为一门近代的实质性通用科学,深刻地阐述了大数定律与平均数的作用,研究和揭示了社会经济现象的规律性,发展了统计方法.由于他对统计学的卓越贡献,欧美统计学界尊其为"近代统计学之父",更有人将其所处的年代称为"统计学的凯特勒时代".

在凯特勒的近代统计学的基础上,19 世纪末期以后,欧美统计学界产生了两门现代统计学,即社会统计学和数理统计学.

(二)社会统计学的产生与统计学的演变

社会统计学产生于德国,它是由梅尔(G. V. Mayr)在政府统计(由国势学分化出来的表式学派发展而成)的基础上接受了凯特勒的主张而创立的,并由此而推动了从记述的统计学向分析的统计学的转化.

德国社会统计学的研究对象是社会集团的规律性,研究方法限定于大量观察法,强调统计学是一门独立的、具有特殊研究方法的实质性社会科学,从而在欧美统计学界形成了一门与方法论科学在意识上相对立的统计科学.19 世纪 80 年代以后, 在统计学的研究中产生了方法论派，由此首先在社会统计学派内部引发了一场关于统计学是实质性科学还是方法论科学的争论，并最终发展成为社会统计学派与数理统计学派之间争论的核心问题之一.

(三)数理统计学的产生与统计学的演变

应该说，自从凯特勒把概率论引进到统计学之后，数理统计学便开始在通用统计学中孕育成长起来."数理统计学"一词始见于德国统计学者韦斯特坦(T. Wittstein)1867年发表的《关于数理统计学及其在政治经济学和保险学中的应用》一文，此后，数理统计学的名称被广泛应用.但直到皮尔逊(K. Pearson)和费雪(R. A. Fisher)之前，数理统计学还没有形成一门独立的学科.

一般认为，数理统计学系由描述统计学和推断统计学所构成，并分成两个派别，即以葛尔登(F. Galton)与皮尔逊为代表的描述统计学派和以戈塞特(W. S. Gosset)与费雪为代表的推断统计学派.按美国数理统计学者斯蒂尔(R. G. D. Steel)和托里(J. H. Torrie)的说法，数理统计"是20世纪的产物.对科学工作者，尤其是对生物科学工作者来说，数理统计这门学科是在1925年左右，费雪的《研究工作者用数理统计方法》一书问世时开始的".

在20世纪20年代前后，葛尔登和皮尔逊等把近代统计学的理论与方法应用于生物遗传学的研究，整理和提出了今天描述统计学的许多概念与方法，如频度分布、频度分布函数、回归、相关、拟合度等，从而建立了描述统计学.同时他们还编制了很多数学用表，为从事统计调查、科学实验以及应用数学等领域的工作者提供了重要的工具.与此同时，戈塞特与费雪等人则把近代统计学的理论与方法应用于酿酒工业和田间试验研究，总结导出了分布法则，提出了方差分析方法以及各种统计检验方法，创立了估计理论和检验理论等统计学的理论体系，开拓了统计学的新领域，也就是创立了与描述统计学不同的推断统计学.

描述统计学与推断统计学都以概率论为其理论基础，都把统计学看做是通用科学，可以用于研究自然与社会现象，并在发展过程中，都由通用的实质性科学，逐步演变为通用的方法论科学.第二次世界大战以后，推断统计学的研究成为数理统计学的主流，特别是在美国，在推断统计学的理论和应用方面都取得了很大的成就.

(四)现代统计学的最新发展

进入20世纪50年代以后，现代统计学的发展呈现出许多新的特点：

1. 社会统计学和数理统计学相互渗透，成为统计学的发展方向.

2. 推断统计学的应用领域不断拓展，在自然科学、社会科学、医学、心理学、行为科学、管理、工农业生产、商业、气象等几乎所有的领域，推断统计学都得以应用.

3. 数理统计学的理论和方法不断完善和深化.从线性到非线性、从低维到高维、从显在到潜在、从连续到离散等，现在基本上都有了相应的较为完备的理论和方法，并且新的课题和方向也在继续探索研究之中.

4. 计算机及其相应的统计软件已逐步成为统计科学研究和统计实践活动中不可缺少的工具.

思考与练习

1. 什么是统计？统计有哪些作用？
2. 统计学的研究对象及其特点是什么？
3. 什么是大量观察法？
4. 统计学与其他学科的关系是什么？
5. 什么是变量？它有哪些类型？
6. 统计数据的测量尺度有哪些？
7. 什么是统计指标？它有哪些类型？

第二章　统计资料搜集

　　众所周知,当今社会已步入信息时代,"谁拥有了信息,谁就拥有了财富".这说明信息作为一种重要的生产要素,在现代经济生活中已扮演着越来越重要的角色.如果我们浏览一下世界各国的经济发展史就会发现,在近几十年内,信息产品的生产与消费在国民总产品的生产与消费中所占的比重,和其他任何产品相比,均呈现出加速增长的趋势.那么,信息这种产品是怎样被生产出来的? 实际上,信息产品作为国民总产品的一个组成部分,其生产过程与其他产品相比,并没有什么本质上的差异.例如,一般产品的生产要经过原材料的购进和加工这样两个基本阶段,而信息产品的生产也一样,同样包括原材料的购进——数据资料的搜集和原材料的加工——数据资料的整理这样两个阶段.本章先介绍统计资料的搜集,下一章介绍统计资料的整理.

第一节　统计资料及其搜集方法

　　统计资料的种类很多,但根据其取得途径的不同,一般分为两类:一类是通过间接渠道,例如,查阅有关报纸书刊、统计年鉴,或者通过计算机网络查阅数据库等,来取得有关统计资料,在统计学中,我们将这些来源于别人通过统计调查或科学试验所取得的,并且已经经过加工整理的统计资料,称为次级资料;另一类是直接通过统计调查或科学实验所取得的统计资料,称为原始资料.资料的种类不同,搜集的方法也就不同,如图 2-1 所示.

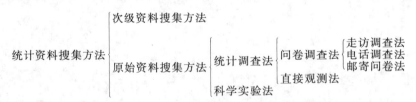

图 2-1　统计资料搜集方法

　　所谓搜集统计资料,既包括对原始资料的搜集,也包括对次级资料的搜集. 对于社会上绝大多数研究工作者和管理工作者来说,所谓搜集统计资料,实际上主要是指通过间接渠道来搜集次级资料.因此,对于统计资料的使用者,搜集统计资料的基本顺序应该是:先通过公开出版物搜集别人已经加工整理好的综合性次级资料;如果这些资料不能满足我们的需要,第二种方法应该是通过内部渠道,尽量利用别人已经取得,但尚未公开发布或者根本就不准备公开发布的综合性次级资料;如果还不能满足需要,第三种方法就是想方设法从内部渠道取得有关原始性次级资料,然后按照自己的研究目的,对其进行重新加工整理.如果通过以上三种渠道所取得的统计资料还不能满足我们研究或管理的需要，那只有委托调查公司或者自己组织调查,或进行科学实验,以获得必要的数据资料.原始统计资料的搜集属于一种很重要的社会生产活动,那么,根据这种生产活动的不同工艺特点,将取得原始资料的具体方法又分为两种:一种是统计调查法,另一种是科学实验法.但是,一方面,由于社会经济现象的不可重复性,通过科学实验取得统计资料,往往是就自然现象而言的,在社会科学研究和经济管理中,取得统计资料的方法主要是靠统计调查来进行的;另一方面,由于次级资料归根到底是从原始资料过渡而来的,没有原始资料的生产,次级资料便成了无源之水,无本之木了.所以,本章的主要内容是在简单介绍次级资料的搜集方法之后,主要介绍社会经济现象原始统计资料的生产过程——统计调查问题,至于通过科学实验法取得统计资料的问题,仅在本节的最后一个问题中作一些简单介绍.

一、次级资料的搜集

对于次级资料的搜集与利用,作为使用者来说,主要是要搞清楚从哪些渠道可以取得这些资料.由于次级资料种类的多样性,因此,其取得途径也是各不相同,但概括起来,不外乎以下两种主要渠道:

(1)来源于公开出版物的数据.这也是取得次级统计资料的主要渠道.在我国,公开出版或报道的社会经济统计数据主要来自国家或地方的政府统计部门或比较有权威的研究部门组织的统计调查.其中,又可以根据其反映的地域范围或经济内容不同,分为三类:一类是反映世界社会经济发展概况的有关统计年鉴或公开报道,例如中国社会科学出版社出版的《世界经济年鉴》、中国财政经济出版社出版的《国外经济统计年鉴》、世界银行每年发布的《世界发展报告》等;第二类是反映我国社会经济发展概况的有关统计年鉴或公开报道,例如,其中比较典型的是中国统计出版社出版的《中国统计年鉴》、《中国社会统计年鉴》、《中国工业经济统计年鉴》、《中国农村统计年鉴》、《中国人口统计年鉴》、《中国市场统计年鉴》,以及国家统计局每月在国内各大报纸或其他新闻媒体上定期发表的有关社会经济发展的统计公报等;第三类是各省、市、地区和各行业主管部门所编制的反映各地区或各部门社会经济发展概况的统计年鉴或统计公报等.

(2)来源于内部数据.虽然通过公开出版物取得统计资料是搜集统计资料的一种很重要的渠道,但有时候只通过这种渠道所搜集的统计资料并不能满足我们的研究或管理的全部需要.在这种情况下,可能需要组织专门的统计调查,但在很多情况下,只要想方设法利用有关内部数据,问题也能顺利解决.因为,一方面,这些资料别人可能已经取得,但是由于各方面的原因,例如处于保密的目的等,没有将这些资料公开发布;另一方面,由于次级资料是通过对原始资料进行加工整理所得到的各种综合性统计指标,加工整理的目的不同,所得到的统计指标就不同.所以,如果我们的研究目的与这些次级资料生产者的目的出现较大差异时,我们通过公开出版物所取得的统计资料往往与我们的实际需要不相符.但在很多情况下,只要我们能取得别人已经通过统计调查所搜集到的原始性次级资料,则按照自己特定的研究目的,对这些资料进行重新加工整理,就可以满足我们的需要.因此,在统计研究或经济管理中,充分利用内部数据资料是我们取得有关统计资料的一种很重要的渠道.当然,在取得这种统计资料时,关键是要取得原调查单位的合作.而这种合作的成功与否,关键又在于两个方面的因素,一个是资料的有偿性问题,另一个是资料的保密性问题.对于前者,这是一个经济问题,需要双方协商解决;而对于后者,则需要资料的使用者,一方面加强和表明自己的保密意识,另一方面通过制订一套利用内部资料的方案,以保证能对其依法保密.

二、原始资料的搜集——统计调查法

所谓统计调查,是指根据特定的统计研究目的,应用科学的调查方法,有计划、有组织地从构成统计研究总体的个体——总体单位那里取得统计资料的工作过程.很显然,要成功地完成一个统计调查,主要应该解决好三个方面的问题:(1)向总体单位取得统计资料的具体方法问题,我们称其为统计调查方法;(2)统计调查的组织形式及其统计调查方案问题;(3)统计调查问卷的设计问题.本节先介绍统计调查的方法问题,后面两节再分别介绍另外两个问题.

根据调查对象的特征和统计调查的目的、内容不同,原始资料的统计调查方法可以分为不同类型,如图2-1所示.下面分别介绍这些方法.

(一)走访调查法

走访调查法是指由调查组织者派调查员对被调查者(单位或个人)围绕既定的研究目的和内容进行访问交谈,以获取所需数据资料的一种调查方法.

1. 走访调查的种类与特点

走访调查按照问卷的填写形式,可以有访问式问卷和自填式问卷两种.调查员按问卷向被调查者询问,然后将对方的回答记入问卷,称访问式问卷;调查员将问卷交给被调查者,说明填写方法,请对方填写,称自填式问卷.

走访调查按访问的地点,又分成入户(或单位)访问和拦截访问.入户访问是由调查员深入到被调查者家中或单位进行直接接触访问,拦截访问是在某个场所(如商场、公园等)随机地拦截在场的一些人进行访问调查.

走访调查按访问的控制方式不同,分成标准式访问和非标准式访问.标准式访问又称结构式访问,是按事先设计好的标准化问卷进行访问;非标准式访问又称无结构式访问,是由调查员围绕调查题目与被调查者自由交谈访问.

走访调查的特点:(1)问卷回收率和合格率高,数据资料的准确性有保证;(2)可以采用比较复杂的调查问卷;(3)适于复杂、抽象及探索性现象的调查研究;(4)费用高、时间长;(5)受调查员自身素质高低的影响大.

2. 走访调查的程序与技巧

一般说来,走访调查需经历这样几个阶段:

(1)访问前的准备

访问前的准备工作主要包括:①挑选和培训调查员.调查员应具备较高的读、说能力,并对问卷有深刻的理解,掌握正确的抽样程序和访问技巧.②初步了解调查对象,选择确定被访者,并尽可能事先以某种方式予以邀约.③合理地规划访问路线,以节约路途转移时间和减少花费.④认真选择访问的时间.有人曾在一次主妇消费行为的调查中发现,访问的日期和访问的成功率关系相当密切,一般星期一到星期四成功率较高,且上午的成功率高于下午及晚上.⑤准备好有关的记录、计算工具及其他必要的材料,如介绍函等.

(2)进入访问过程

进入访问过程,要求调查员注意做好以下几点:①访问开始,应尽可能以精练的语言向被调查者介绍清楚自己的身份、来访的目的和需要的时间等内容,以取得被调查者的配合和支持.②尽可能避免使被调查者有被强迫的感觉,要让其感到因参与调查而快乐.③穿着打扮要尽可能同被调查者的社会经济地位保持一致,以取得调查对象的充分合作.④言谈举止热情、大方、得体,充分尊重被调查者的个人生活习惯.⑤准确地表述出所要了解的每一个问题,尽量避免做过多的随意的解释,切忌使用某种容易产生误导或诱导性质的语言或动作.⑥如实准确地记录被调查者回答的原意,切不可随意改动或曲解被调查者的意图.⑦正确引导被调查者按调查项目的要求回答问题,但不能粗暴地打断被调查者所谈与调查无关的话题.⑧加强对访问过程各环节的衔接和控制,营造并保持好访谈的良好氛围.⑨不要将问卷留给被调查者或其他家庭成员,由其在空闲时间自己完成问卷.⑩如果被调查者不在家,不要轻易放弃,可以选择不同的时间分别进行联系.

(3)结束访问

当所要了解的内容全部进行完成以后,应在结束谈话前向被调查者发出信号,如提出"您还有什么需要补充吗?"等问题,以给对方一定的心理准备.访问结束后,应向被调查者表示感谢.如需再次访问,则还应约好时间、地点和访问内容等.

3. 走访调查的质量控制

在走访调查中,影响调查结果准确性的一个重要原因来自于调查员方面,因此必须加强对调查员的监督管理.主要内容包括:

(1)检查调查员是否按要求正常地实施了调查,是否按原订计划实施了调查,是否取得了所有应该取得的资料,以及问卷记录是否清晰.

(2)检查调查员是否严格按照抽样方案去抽取样本,有没有根据调查的方便或接近的难易来挑选被调查者的情况,有没有随意用一个抽样单元顶替另一个抽样单元的情况,有没有自行扩大样本配额的情况等.

(3)检查调查员有没有弄虚作假的行为,即有没有伪造一部分问题的答案,甚至根本没有进行调查而自填了答案的情况.为此,通常由调查组织者抽查 10%~25% 的被调查者,询问调查员是否真地进行了访问调查,并核实调查结果的准确性.

(4)在上述检查的基础上,对调查员的工作质量情况和调查数据的质量状况作出全面评价.

(二)电话调查法

电话调查是调查人员利用电话这种通讯工具,同被调查者进行交流,通过询问被调查者以获取所需资料的一种数据搜集方法.由于电信事业的迅速发展,通过电话来进行调查已收到显著的效果,所以,目前越来越多的调查改用电话调查.近年来,随着电子计算机技术的发展和电脑的逐步普及,利用电脑辅助电话调查而开发的调查访问作业系统——电脑辅助电话调查系统(CATI)正在受到许多人的重视和被逐步推广应用,电话调查也因此进入了一个新的时代.目前,电话调查主要用于市场调查、民意调查和学术研究.

1. 电话调查的发展

(1)传统的电话调查

传统的电话调查就是抽取一个被调查者的样本,然后拨通电话询问一系列问题,调查员用一份问卷和一张答题纸,在访问过程中用笔随时记录下答案.

电话调查的历史不长,它最早始于美国.1936年,美国总统竞选前,《文学摘要》杂志采用电话调查的方式,就谁能当选总统进行大范围的民意测验.虽然这次调查结果是失败的(因为当时美国家庭的电话普及率大体只有35%),但调查本身给了人们许多的启示,尤其是在电话调查的应用上开创了先河.进入20世纪80年代以来,随着电话普及程度的提高,利用电话调查结果推论调查总体的数量特征才变得可行,并逐渐得到社会科学家们的认同.所以,电话调查的长足发展仅仅是近30年的事.一些电话调查专家指出,在电话普及率达40%以上时,电话调查就有广阔的用武之地.据统计①,截至2010年8月底,我国电话用户已经达到11.3亿户,普及率83%.因此,电话调查在我国具有广阔的前景.

(2)电脑辅助电话调查(CATI)

电脑辅助电话调查主要是用来协助调查员进行电话调查.它使用一份按计算机设计方法设计的问卷,用电话向被调查者进行访问,调查员坐在CRT终端(与总控的计算机相连的带屏幕和键盘的终端设备,CRT代替了问卷、答案纸和笔)前,头戴小型耳机式电话,通过计算机拨打所要的号码,电话接通后,调查员就照读CRT屏幕上的问卷题目,并直接将被调查者的回答用键盘输入计算机进行在线检查和即时处理,调查结束时可以马上得到相应的统计图表,从而大大提高了调查工作的效率.

CATI系统最早出现在美国.20世纪70年代中期,在大学及研究机构都强调应用CATI系统进行概率抽样.80年代初,美国的CATI系统有了突破性的发展,他们利用综合CATI系统,使用电脑处理派员访查和邮寄问卷,亦即混合调查,收到良好的效果.

目前,国外正渐渐兴起一种新的人员面对面访问调查方式,称为电脑辅助人员访问(CAPI),它是CATI的进一步发展.设想若是在面对面的调查访问时,能通过与总部主机相连的便携式计算机(终端)代替传统的利用纸和笔记录方式,并通过通讯网络,将结果立即传送回主机,主机和终端之间还可以进行线上对话,这将会给抽样调查带来一场技术革命.

2. 电话调查的特点

电话调查是调查员按调查问卷或提纲的内容,通过电话或计算机网络与被调查者进行访问交谈,并记录所需资料的方法.与走访调查相比,电话调查有如下优缺点:(1)速度快,时效性高.(2)调查费用低.据测算,一般电话调查的费用低于走访调查10%~20%.(3)可信度较高.因为电话调查减少了面对面交谈时的某些顾虑.(4)联系方便.(5)样本的代表性可能比较低,因为抽样框本身受电话普及率的影响而存在一定的偏差,所以应用电话调查一般要求电话普及率在90%以上或更高.资料表明,美国的电话普及率1970年为90%,1982年为97%;中国台湾1996年住宅电话普及率也达到97%.在电话没有全面普及以前,电话调查只能用于对拥有电话或计算机网络的某些特定群体进行调查.另一方面,由于种种原因,许多电话用户对电话号码予以保密,这使得电话号码簿上的电话号码不完整,由此也会使样本的代表性受到影响.有些学者在研究通过改进抽样方法来弥补这方面的影响,并已取得了一些有用的成果,如美国康州昆尼比亚大学民意调查研究所的方法等.(6)访问时间受限制,访问时间不能太长.(7)访问内容不宜太多.(8)回答率可能较低.(9)电话调查可能会遇到读、听、写方面的困难,因此要求电话调查员要能讲几种方言.(10)电话调查不能用于敏感性问题的调

---

①中国工业和信息化部副部长杨学山在"2010全球城市信息化论坛"公布。

查,也无法使用相关的模型.

3. 电话调查的技巧

(1)在设计调查问题时,要尽可能地做到精练和便于回答.精练包括两个方面的要求,一是每个问题的提问方式要精确,二是所提问题不宜过多,力求避免回忆性问题及多项答案的问题.

(2)如果将电话调查比做工厂的生产,那么每个电话调查员就负责一条生产线,可见,在访谈过程中调查员的影响非常大.因此,必须要加强对电话调查员的监督、控制和业务培训,不允许调查员别出心裁,访问应程式化.同时,为调查员设计一个好的开场白也是十分重要的.开场白应充分注意文明礼貌、语气和缓、充满自信,并在以下三个方面得到被调查者的认同:①你来自一个合法、有影响的组织;②你在从事重要而富有价值的研究工作;③被调查者的回答对研究工作能否取得成功至关重要.同时,调查员要认真回答被调查者所提出的可能与调查本身无关的每一个问题,如"你怎么知道我的电话?"、"为什么要找×××回答?"、"谁支持该调查?"等.为此,常需要准备一份诚实而又标准化的备用稿,要对被调查者所做的每一个合乎要求的回答及时给予肯定,并认真做好反馈.标准的反馈是对被调查者回答问题态度的鼓励,而不是对回答的鼓励.

(3)电话调查的时机对调查效果也会有较大影响,因此,需要认真选择.台湾的经验表明,星期日、星期四晚上、星期六下午一般为电话调查的最好时间.另外,还要注意对一个号码要反复试打多次才决定是否放弃,一般一个号码一次打通的不到一半,除非强烈拒绝,都应再试,再试成功率为25%~40%.据统计,在美国1979年电话调查中,拨号44 000次,通13 000次,完成4 000份问卷;而到1992年,拨号18 000次,通2 400次,完成1 500份问卷.

(4)做好调查结果的记录.电话调查中,记录的速度要快,要尽可能减少因记录而使被调查者长时间等待.一般用录音方式、代码方式、简语方式或其他临时符号方式作记录都可以提高记录的速度.调查访问结束后,应立即对记录结果进行整理.同时,还应记录下关于被调查者自身的有关情况,以及电话打给谁、通否、打了几次等,以便进一步查寻核对.

(5)特别需要强调的是,无论是电话调查还是走访调查,在一些以个人为调查对象的项目中,当利用多阶段抽样方法抽中住户以后,都存在着户中选人的问题.为此,要事先制定一套规则,并要求调查员严格按规则进行户中选人.对此,美国统计学家基什曾进行过较为深入的研究,并设计制作了8种适于从每个住户家庭抽选一个成年人的表格.

(三)邮寄问卷法

邮寄问卷调查指调查组织者将设计好的调查问卷,通过邮政或有关媒体(如报纸、杂志、电视、广播、互联网等)传递给被调查者,由被调查者填写后再传递回调查组织者的一种调查方法.

1. 邮寄问卷的特点

(1)节省经费.问卷调查所需的费用主要是问卷设计费、印刷费、邮资费、调查员培训费、差旅费等.一般来说,邮寄问卷所需的设计费、印刷费、邮资费高于走访调查,但调查员培训费、差旅费远远小于走访调查.从总体上看,邮寄问卷调查的全部费用远远低于走访调查和电话调查.

(2)适用于大样本调查.当样本较大时,特别是从地理位置上看样本分布较分散时,走访调查几乎是不可能的,这时采用邮寄问卷调查比较合适.

(3)节省时间.邮寄问卷可以同时将问卷调查表寄给所有调查对象,大多数调查对象在一周内即可收到,而走访调查要一个一个地顺次进行,需要较长的时间.

(4)调查对象可以在有空的时间填写,不受时间限制.

(5)适用于敏感性问题的调查.由于没有调查员在场,对一些敏感性问题、个人隐私、不受欢迎的问题等,更有可能按真实情况回答.

(6)免受调查员的影响.调查员在谈话中的语气、语调、态度等很可能影响调查对象的回答,也可能出现调查员误解原意或在记录时发生笔误等情况,邮寄问卷可以避免这些情况的发生.

2. 邮寄问卷调查的缺点

(1)回收率低.由于没有调查员的监督,回收率较低,并且了解不到问卷不能回收的原因.

(2)合格率低.由于调查者与调查对象不能直接接触,得不到调查员的指导与解释,调查对象可能不理解题意,对有些问题不回答,或者填错了地方,或者答非所问等.

(3)答题的顺序无法控制.

(4)无法保证不由他人代填.答卷由他人代填是经常发生的,如夫妻代填.从调查对象的角度看,谁填都可以,从调查者角度看,不论由谁代填,都破坏了样本抽选原则,使调查结果产生偏差.

(5)不适用于较复杂的问卷调查表.邮寄问卷调查表所列的问题应比较简单、容易理解,以使样本中文化水平较低的人也能充分理解.特别是后续性问题设计得不能过于复杂.

3. 回收率、合格率与回收合格率

从理论上说,调查分析所使用的推断统计是建立在构成样本的所有成员都填写问卷并寄出问卷这一假设之上的.由于种种原因,这一点是绝对做不到的,因此必须考虑回收率、合格率和回收合格率.

回收率(或回复率)指回收的问卷总数占样本单位数的百分比,它是反映问卷回收程度的指标,其计算公式为:

回收率=回收问卷总数/样本单位数×100%.

其中"样本单位数"的取值有两种口径:一种是以寄出数为准,即寄出多少问卷就统计多少;二是以收到数为准,收到数指有多少问卷到达调查对象手中,它等于寄出问卷减去邮局退回的问卷数.因为退回的问卷并没有投递到调查对象手中,它既不属于回答者拒绝回答,也不属于调查者所能控制的,所以计算回收率时不包括这部分.回收率的高低,对样本的代表性影响很大,回收率高,样本的代表性则高;回收率低,样本的代表性则低.那么回收率最低应达到怎样的水平,才能使样本有足够的代表性呢? 实际调查时应具体问题具体分析,当样本较大时,回收率可相对低些,样本较小时,回收率应高些.

合格率指合格问卷占样本单位数的比重,它是反映发出问卷可用程度的指标,其计算公式为:

合格率=合格问卷数/样本单位数×100%.

回收合格率指合格问卷占回收问卷数的比重,它也是反映回收问卷可用程度的指标,其计算公式为:

回收合格率=合格问卷数/回收问卷数×100%.

4. 提高问卷回收率的方法

提高邮寄问卷回收率的方法很多,以下几点被证明是有效的.

(1)事前联系

在邮寄问卷给调查对象之前,先以电话、明信片、信函或人员等方式预先通知他们某项调查将要开始,将会有助于提高问卷的回收率.事前联系就是要说服被调查者给予合作,认真填写问卷,以减少问卷被丢弃的可能性.在各种事前联系的方法中,一般认为电话联系和明信片通知效果比较好.美国一位学者在以大学生为调查对象的一项实证研究中发现,不事先联系样本的回收率只有20.5%,而事先以信函联系样本的回收率为43.7%,事先以电话通知样本的回收率达68.2%.经验表明,事前联系不仅可以提高回收率,也可以提高有效问卷的比例,同时还可以加速问卷回收的速度.

(2)追踪催促

研究发现,对调查对象给予必要的提醒或催促可望提高10%~30%的回收率.从追踪催促的形式上看,可分催促信与催促电话两种. 在催促调查对象回复时,必须注意催促信一定要写得适当,它只是一封提醒信,而不是最后通牒.

邮寄问卷的关键是要设法知道哪些人已经寄回了问卷,哪些人未寄出问卷.其主要处理办法有三种：一是在每份问卷寄出之前编一个密号，然后记下每个密号代表的调查对象姓名；二是在向每位调查对象邮寄问卷的同时,附一张明信片,并说明,若已完成了问卷,就将明信片寄回,问卷表单独寄回,明信片署名,问卷不署名；三是不搞匿名调查,但需要向调查对象保证,所有回答内容将予以保密.

(3)对调查对象的酬谢

如给调查对象赠送纪念邮票、袖珍笔记本等小纪念品.对调查对象的酬谢并不是为补偿调查对象耽误时间的价值,而是为了引起调查对象的注意,并给予合作.

(4)回寄问卷的方便程度

为使调查对象能方便地寄回问卷，调查者应在邮寄问卷的同时，附寄一份写好回信地址、贴好邮票的信封.设想一下：调查对象填好问卷后,却要自己买信封、写地址、贴邮票,他会感到很麻烦,以至拒绝回答.

(5)邮寄的时间

一般来说,调查对象在节假日到来之前、节日期间收到问卷,由于忙于其他事务,很容易忘记或没有时间填写,调查时应避开这段时间.

5. 没有回复的原因及处理

从调查对象角度看,为什么没有及时寄回调查表是有原因的,只有掌握了这些原因,才能避免问题的发生,并提高回收率.

调查对象没有回复的原因大致有四种:(1)无法投寄,如邮寄地址不详、调查对象迁移新址等.(2)受调查对象本人能力限制,无法完成问卷的填写. 如调查对象身体不适无法填写；对问卷内容不十分了解,放弃填写；文盲或半文盲不能填写等.(3)调查对象虽然有能力填写问卷, 但由于种种原因暂未填写. 如忙于其他事情忘记填写， 忘记问卷调查表放在何处等.(4)调查对象拒绝填写.如有的人认为这种调查是浪费时间,浪费钱财,调查结果毫无意义,不解决问题；认为调查是对个人隐私的侵犯；多次被抽中,产生厌烦心理等.

对以上几类调查对象应区别情况分别对待.对于第一种及第二种情况,要求调查者在邮寄问卷之前,尽可能多地掌握调查对象的有关信息,了解他们的详细地址,是否已迁移本地,是否有能力填写问卷等,使第一及第二种情况降到最低限度;第三种调查对象是潜在的回答者,对于他们可通过邮寄催促信的办法来解决;第四种调查对象较难处理,但在催促信中重述一下调查目的、资料用途、主办单位的性质等,也会有一定效果.

(四)观测法

观测法是由调查人员深入调查现场,根据研究目的,运用感觉器官或借助科学仪器,对调查对象进行直接观察和测量,以获取所需数据资料的一种调查方法.这种调查的特点是,不直接向调查对象提问,也不要求调查对象作任何回答.

1.观测法的种类

按观测的具体内容是否确定可分为结构式观测与无结构式观测.结构式观测是调查组织者事先详细地规定了所需观测的内容以及如何记录测量的结果,这样可以减少观测误差,保证数据的可靠性,它最适于结构性的研究.无结构式观测是调查者对可能与研究目的有关现象的所有方面都进行监控,它最适于用做探索性的研究.

按观测方式不同,分为隐蔽性观测与非隐蔽性观测.在隐蔽性观测中,被调查者并不知道他们受到观测,故容易获取真实可靠的资料.非隐蔽性观测中,被调查者知道他们受到观测,因此可能会产生不自然的举止行为,影响资料的可靠性.

按观测的环境分为自然观测和设计观测.自然观测是由观测者在自然环境中对被调查者进行观测.设计观测是由观测者在一种人为的环境中观测被调查者的行为.此外,按观测的手段不同也可将观测法分为人员观测、机器观测等.

2.观测法的特点

观测法作为一种重要的调查方法,同问卷调查法相比,具有以下一些显著的优点:

(1)可以客观地收集、记录调查对象的现场情况,较少受到主观因素的干扰,调查结果比较可靠.

(2)可以搜集调查对象不能自我提供的资料,如公路交通状况、火山爆发情况等.这也是问卷法无法得到的.

(3)观测法操作简便,灵活性大.

当然,观测法也有其局限性,主要表现在:

(1)观测者的角色是被动的.所要调查的问题只有在其发生时才能被观测,而且也必须在发生现场才能观测到,而观测者事先难以预料所调查的问题将在何时何地发生,因此,往往处在一种被动状态.

(2)观测法通常容易得到有关现象的一般资料,却不易观测到关于现象的内在本质.

(3)观测法的应用受被观测对象自身特点的影响,有些现象并不一定能够运用观测法,如个人的心理活动等.

3.观测法的运用

运用观测法,关键是要提高观测的准确性、信度和效度,为此需做好下述几方面的工作:

(1)提高观测者本身的观察能力,包括良好的感知能力、敏锐的识别能力、出色的记忆能力和快速的记录能力.

(2)要注意消除观测中的偏见,坚持全面、客观地观测问题,努力减少观测中的主观性和随意性.

(3)灵活掌握观测方法和技巧,合理选择观测的角度.

(4)加强对观测活动的组织与管理.

(5)要充分利用各种科学的观测手段.

三、原始资料的搜集——实验法

实验法是在影响现象变化的若干因素中,选出一个或几个因素作为实验因素,并假设在其余因素不变的条件下,了解实验因素变化对现象变动的影响程度.因此,实验法通常适用于研究现象的因果关系.

(一)实验法的种类

按实验调查的环境(场所)不同,实验法可分为现场实验和实验室实验.

现场实验顾名思义是在被研究现象所处的现场进行的实验.这种实验方式的好处是实验结果具有实用意义,但却只能部分地控制实验环境的变化,所以无法准确地确定有关因素的关系形态.实验室实验是在人工模拟的环境中进行的实验.此法所运用的实验环境可以得到有效的控制,因而能精确地确定有关因素间的关系形态.但其实验结果常常难以直接有效地推广应用到现实生活中.

按实验调查的目的不同,实验法又可分为研究性实验和应用性实验.前者以揭示实验对象的本质及其发展规律为主要目的,后者则以解决实际工作中存在的问题为主要目的.但在实际运用时,二者之间的界限常常不十分明显.

按实验调查的组织方式不同,实验法可分为单一组实验、对照组实验和多实验组实验.单一组实验只选择一批实验对象作为实验组,通过观察实验前后所发生的变化得出实验的结论.对照组实验是在实验中确定两个组,一个作为实验组(由实验对象组成),一个作为对照组(由与实验对象相同或相似的对象组成).实验时,在相同或相似的环境中,对实验组给予实验激发(某种刺激),而对照组不给予实验激发,通过观测比较两组在实验前后的变化以确定实验效果,得出实验结论.多实验组实验是选择若干批实验对象组成多个实验组,分别进行实验,然后将得到的反映各不同方面信息的多个实验结果进行综合比较分析,最后得到总的实验结论.多实验组实验对同类的实验对象分组后,采用不同的实验环境控制,或在相同实验环境下,采用不同的实验激发方式.所以,从本质上看,多实验组是若干个单一实验组和实验对照组的有机结合.

(二)实验法的特点

实验调查的优点:利用实验调查法可以直接揭示现象之间的因果关系;实验调查可以排除主观干扰,调查资料比较客观,因此,其结论具有较强的说服力;通过实验调查有利于探索解决问题的具体途径;实验法可以重复进行.

实验调查的局限性:难以完全排除非实验因素对实验过程的影响;实验环境的要求难以得到充分满足,因此,实验法的应用受到一定程度的限制;同时,实验调查的周期更长,费用也较高,实验的结果也不易直接用于比较.

第二节　统计调查的组织形式与统计调查方案

一、统计调查的组织形式

统计调查的组织形式是指组织统计调查、采集信息资源的方式和方法.社会经济统计调查的组织形式有普查、抽样调查、统计报表制度、重点调查和典型调查等种类.统计调查组织形式决定于调查对象的特点和调查的目的要求.不同情况应该采用不同的组织形式.因此,要进行统计调查,关键就是要选择科学的统计调查组织形式.这里所谓"科学的组织形式"是相对而言的,即相对于统计调查的目的、调查对象的特点以及调查方法本身所固有的优缺点,进行综合考虑,选择最合理的统计调查组织形式.我国社会经济情况复杂,还要注意各种调查组织形式的结合运用,协调配套,相互补充,形成科学的统计调查体系.下面分别介绍统计调查中几种常用的组织方式.

(一)普查

普查是根据统计研究的特定目的而专门组织的一次性全面调查.普查一般用来调查属于一定时点上的社会经济现象的总量,并且这些总量通常都是表明一个国家或地区的基本国情国力的指标,如全国人口数、全部生产设备、第三产业状况等.普查也可以用来调查一定时期的社会经济现象的总量,如出生人口数、死亡人口数等.

普查是一种很重要的统计调查方式和方法,是其他调查方法不可代替的.虽然有些情况可以通过统计报表搜集全面的基本统计资料,但它不能代替普查.因为有些社会经济现象,如人口增长及其构成变化、物资库存、耕地面积、工业设备等情况不可能也不需要组织经常性的全面调查,而国家又需要掌握这方面比较全面、详细的资料,这就需要通过普查来解决.

普查作为一种重要的数据搜集方式,具有以下几个特点:(1)普查经常是一次性的或周期性的.由于普查的涉及面广、调查单位多,需要耗费大量的人力、物力、财力和时间,一般需要间隔较长的时间进行一次.改革开放以来,我国全国性统计普查工作逐渐规范化、制度化.例如,每逢末尾数为"0"的年份进行人口普查,每逢末尾数为"3"的年份进行第三产业普查,每逢末尾数为"5"的年份进行工业普查,每逢末尾数为"7"的年份进行农业普查等.这些普查都是每隔10年进行一次.(2)因为普查一般调查的是存量现象,因此需要规定统一的标准调查时间,以保证调查结果的准确性,避免调查数据的重复或遗漏.并且,这种标准时间一般定在调查对象比较集中、变动相对较小的时间上.例如,我国人口普查的标准时间在过去的几次普查中都定在普查年的7月1日0时或6月30日24时,这在当时是合理的.但随着我国经济体制改革的不断深入,近十几年的情况有所变化,即人口流动数量不断增加,特别是农村剩余劳动力在城乡之间、地区之间的流动更是年盛一年,而每年的春夏季节则往往是这种流动的高峰期.所以,将普查年的7月1日0时作为调查的标准时间显然已经不合适了.因此,在2000年的第五次人口普查中,将普查的标准时间改为11月1日0时.2010年第六次人口普查依然如此.(3)普查的数据一般比较准确,标准化程度也较高,因此它可以为抽样调查或其他调查提供基本的参照依据.(4)普查的适用范围比较狭窄,只能调查一些最基本、最一般的现象.

(二)抽样调查

抽样调查是一种非全面调查,它是按照随机原则从调查对象(即总体)中抽取部分单位进行调查, 用调查所得指标数值对调查对象相应指标数值作出具有一定可靠性的估计和判断的一种统计调查方法.随着我国社会主义市场经济体制的逐步建立和不断完善,社会对统计信息的需求量越来越大,而通过全面统计报表和普查已经远远满足不了这种需要,其他非全面调查,包括重点调查和典型调查又不能准确推断总体的数量特征.因此,为满足这种形势发展的需要,尽快从根本上改变过去过分依赖全面统计报表的状况,我国政府统计调查体系的目标模式已确定为:"以必要的周期性普查为基础,以经常性的抽样调查为主体,同时辅之以全面统计报表、重点调查和科学推算综合运用的统计调查体系."由此看来,大力加强与充分发挥抽样调查在统计调查中的作用已成为国民经济与社会发展的必然选择.抽样调查及其用样本资料科学推断总体数量特征的方法已经发展成为统计学中的一个独立的分支,其具体内容将在第七章中予以介绍.

(三)统计报表

统计报表是依照国家有关法规的规定, 自上而下地统一布置, 以一定的原始记录为依据,按照统一的表式、统一的指标项目、统一的报送时间和统一的报送程序,自下而上地逐级定期提供基本统计资料的一种调查方式.统计报表所包括的范围比较全面,项目比较系统,分组比较齐全,指标的内容和调查周期相对稳定,因此,它是我国统计调查中取得统计资料的一种重要的调查方式.

统计报表与其他调查方式相比,其特点可以概括为以下几点:

(1)报表可以根据研究任务事先布置到基层填报单位,基层单位可以根据报表的要求,建立和健全各种原始记录.这样,就可以使统计报表的资料来源建立在可靠的基础上.基层单位也可以利用统计报表资料,对生产、经营活动进行科学管理.

(2)由于统计报表是逐级上报、汇总的,因此,各级领导部门都能得到各自管辖范围内的统计报表资料,可以经常了解本地区、本部门经济和社会发展的情况.

(3)由于统计报表属于经常性调查,内容相对稳定,有利于经常搜集和积累资料,可以系统地进行历史资料的对比,研究经济建设和社会发展变化的规律性.

(4)统计报表的实质是一种制度,即它是依据国家的有关法规的规定,凭借国家的强制力所组织实施的一整套搜集统计资料的方法,通常称其为统计报表制度.这意味着:首先,这种调查方式的组织实施者只能是政府,其他一切非政府统计调查机构,例如民间调查公司,在没有政府依据一定的法规授权的情况下, 均无权使用统计报表这种特殊的统计调查组织形式.凡未按有关法定程序审批的统计报表均属非法报表,各地区、各部门、各单位均有权拒报,并加以检举.其次,凡按国家有关法律规定,经审批为合法的统计报表,有关地方、部门和单位必须依法填报.再次, 由于统计报表是依法颁布,强制执行,并且实施范围又往往比较广,因此,为尽量减轻企业负担,提高统计报表质量,在制订统计报表时,一定要遵循适用与精简的原则.这既包括报表数量的适用与精简,也包括统计项目的适用与精简.

(四)重点调查

重点调查是一种非全面调查. 它是在调查对象中只选择其中的一部分重点单位所进行的调查.所谓重点单位,是指这些单位虽然数目可能不多,但就调查的项目来说,它们在总体中却占有很大的比重,能够反映出总体的基本情况.例如,要了解我国原油生产的基本情况,只要调查占全国原油产量比重很大的大庆、大港、胜利等几个油田的原油产量即可,它们虽然只有少数几个单位,但原油产量却占很大比重.重点调查的重点单位虽然不完全等于工作重点,但这些单位的基本情况对全局工作却有举足轻重的作用.因此,重点调查对于决策者及时了解总体的基本情况,掌握有关生产和工作的进度,指导全局工作,具有重要的作用.

重点调查的具体做法可以根据调查任务的需要灵活选择. 当调查的任务是只要掌握总体基本情况、基本趋势,而无须对其数量特征进行精确的统计推断,并且调查对象又具有明显的重点单位时,一般即可以采用重点调查.就时间而言,它即可以用于一次性调查,对重点单位的某些数量标志值组织专门机构进行调查,也可以进行经常性调查,对重点单位布置统计报表,经常取得资料,以便作系统的观察和研究;就单位数的多少而言,可多可少,完全根据研究目的而定.

(五)典型调查

典型调查是从调查对象的全部单位中选择几个具有典型意义的单位进行深入细致的调查.它是在我国的具体条件下,被实践证明是一种行之有效的调查方法.这种调查具有两个特征:第一,它是一种深入、细致的调查方法.它的调查范围小、调查单位少,因而指标可以多一些,用来研究某些比较复杂的问题.第二,调查单位是根据调查的目的与任务,在对调查总体进行全面分析的基础上,有意识地选择出来的.所谓典型,可以是先进典型,也可以是中等典型,还可以是落后典型,选择何种类型的典型单位,完全取决于研究目的.

典型调查是一种比较灵活的统计调查方法,根据认识社会经济现象的需要,典型调查所研究的专门问题,可以注重对现象的量的方面和数量关系的分析,也可以从质的方面深入分析数量和数量关系的形成原因.例如,要研究国营企业的经济效益问题,可以从为数众多的国营企业中分别只选择一个或几个效益比较好的和效益比较差的典型单位进行深入细致的调查研究,从中找出效益比较好或差的原因.

二、统计调查方案

统计调查是一种复杂的社会实践活动.一个全国性调查往往要涉及社会的方方面面,甚至每一个成员.因此,为了在统计调查中统一认识、统一方法、统一步调,以期顺利完成调查任务,在调查前,就需要有一个统一的行动纲领,在统计理论与实践中,把这个用以指导整个调查活动过程的纲领性文件称为统计调查方案. 尽管不同调查的调查方案在内容上有很大的差别,但总体上看,一个完整的统计调查方案,至少应回答或解决以下几个方面的主要问题:

1. 为什么进行调查?
2. 向谁调查?
3. 调查什么?
4. 调查何时? 何时调查?

5. 怎样调查?

下面就围绕这几个方面的问题，概括介绍一个完整的统计调查方案应该包括的主要内容.

（一）调查目的与任务

制订统计调查方案的首要问题是明确调查的目的和任务，它是回答"为什么进行调查"的问题.目的和任务不同，调查的内容和范围也就不同.目的不明，任务不清，就无法确定向谁调查，调查什么，以及用什么方式方法进行调查等问题.由此产生的结果必然是：调查得来的资料可能并不都是需要的，这就浪费了人力、物力和时间；而需要了解的情况，却又得不到充分的反映，这又会延误工作.

目的与任务的规定要具体.任何调查，都可以从不同的角度，根据不同的目的来确定.例如，人口可以从职业结构上来研究，也可以从文化水平上来研究.目的不同，调查项目也会有很大差异.

调查目的与任务的确定，一般来说，应该服从以下两个方面的要求：(1)从研究工作的需要出发，抓住实际上最为重要的问题；(2)从调查对象的实际出发，把需要与可能结合起来.

（二）调查对象与调查单位

确定调查对象与调查单位，是回答"向谁调查"的问题.在统计调查中，当我们明确了调查目的与任务后，接下来的工作就是据此来确定调查对象与调查单位.调查对象，就是需要调查的那些现象的总体，而调查单位就是组成调查对象的那些个体.调查对象和调查单位是统计实践活动中经常使用的一对概念，它和统计理论中经常使用的一对概念——总体和总体单位的涵义在本质上是一样的，它们的区别仅仅是范围上的不同而已.也就是说，如果是全面调查，则这两对术语的涵义完全相同；而如果是非全面调查，则被抽中进行调查的总体单位就是调查单位，而所有调查单位就构成了调查对象.因此，在统计调查中，所谓确定调查对象与调查单位，其实质就是确定统计研究的总体与总体单位.因为，不管是全面调查还是非全面调查，如果统计研究的总体一旦确定，即哪些单位应该包括到我们的研究总体中，哪些单位不包括到我们的研究总体中这些问题一旦明确，则调查对象和调查单位的确定就不会有什么大的问题了.

确定调查对象或统计研究总体的依据只能是统计调查或统计研究的目的与任务.在一般情况下，当统计调查的目的与任务确定后，调查对象的基本范围也就随之而定，但是，往往有一些比较特殊的单位却需要作具体分析，最终决定其归属问题.在这里举一个在统计实践中比较典型的例子.例如，我们要调查一个国家或地区的经济总体在一定时期内所生产的社会最终产品的数量总和，这是调查目的，它只是从理论上说明了调查的范围，即一个国家或地区的经济总体；但是，从国家的角度观察问题，构成这一总体的经济单位是非常复杂的，对于绝大多数经济单位，主要指由本国政府和公民举办的各种经济单位，应该包括到我们的调查对象之中.但是，对于一些具有特殊意义的企业和单位，例如外资企业，它们是否也应该包括到我们的调查总体中来，就不是那么容易确定的了.因此，在1993年之前，世界各国反映其社会最终产品数量大小的指标都有两个：一个是按照国土原则计算的，称为国内生产总值；另一个是按照国民原则计算的，称为国民生产总值.前者是只看地域不看人，只要你在我国地理领土范围内从事生产，不管你是中国人还是外国人，均包括在调查对象之中；而后者是只看人而不看地域,只要你是中国人(具有中华人民共和国国籍),不管你是在国内生产还是在国外生产,都属于我们调查对象的一个组成部分,而如果是外国人,即使他在国内从事生产活动,也不属于我们的调查对象.1993年以后,随着世界经济形势的不断变化,按照这两种原则所确定的两种总体范围都不能很好地满足宏观经济管理的需要.因此,在确定国民经济这一总体的范围时,改用"常住单位"原则.所谓常住单位,是指在一国经济领土上,具有经济利益中心的经济单位.而所谓经济领土主要是由该国政府拥有的地理领土所组成,但需加上由该国政府所控制的驻外使领馆、新闻机构、援助机构和科研机构等,并相应扣除外国驻本国的上述机构.所谓经济利益中心,是指如果一个经济单位在一国经济领土上拥有一定的活动场所,从事一定规模的经济活动,并超过一年以上,那么这个单位就是该国具有经济利益中心的经济单位.按照这个原则,所谓国民经济就可以认为是这个国家所有常住单位所组成的一个"集合体".明确了这一点,则统计调查对象和该对象中所包括的具体单位就随之而定.所以,根据调查目的确定调查对象和调查单位,是一个在大部分情况下比较容易而有时候却非常困难的问题,需要具体问题具体分析.

在统计调查实践中,还经常使用一个术语,叫"填报单位",它是指负责填写、上报统计资料的单位,它和调查单位有时一致,而有时不一致,不管它们是一致,还是不一致,在概念上却是截然不同的.调查单位是组成调查对象的基本单位,它是调查项目的直接承担者;而填报单位在性质上属于一种统计调查的工作单位,即它仅仅是指填写上报统计资料的单位.

(三)调查项目和调查表

这里所要回答的是"调查什么"和采取什么形式调查的问题.调查项目就是调查的具体内容,它相当于统计理论中经常使用的"统计标志",即反映总体单位特征的变量.只不过一个总体单位的标志可能很多,但每一种统计调查都不可能,也不需要将其全部进行调查.因此,在统计实践中,就将我们需要调查的那些统计标志称为"调查项目".调查项目可以是调查单位的数量特征,如人的年龄、企业的职工人数、各种产值、产量等;也可以是调查单位的属性特征,如人的性别、民族,企业的所有制性质等.

调查项目的确定,其基本依据也只能是统计研究的目的或者说是统计调查的目的.其基本顺序应该是:首先,根据统计研究的目的,设计一个反映总体有关数量特征的统计指标体系;其次,确定为了计算这些指标的数值而需要调查的项目.由于在统计调查的过程中,所要调查的项目越多,统计调查的成本就越高,因此,在确定指标体系中所包括的指标数目,进而在确定所要调查的项目时,应该本着"少而精"的原则进行取舍,能满足统计研究的基本要求就行,切忌"贪多求全",否则,既增加了调查的成本,又影响了调查的质量.

调查项目通常是以表的形式来表示,称为统计调查表,它是用于登记调查数据或资料的一种表格.调查表一般由表头、表体和表脚三部分构成.表头用来说明调查表的名称、性质、隶属关系等;表体是调查表的主要部分,内容主要包括统计调查的具体项目;表脚通常由填表人签名、填表日期等内容构成.在统计实践中,经常根据调查表中所反映的调查单位的多少,将其分为单一表和一览表:如果一张调查表中只反映一个调查单位的资料,则称为单一表;如果一张调查表中同时反映多个调查单位的资料,则称为一览表.

(四)调查时间与调查方法

调查时间包括两个方面的涵义:一个是统计资料的所属时间,它回答的是"调查何时"的问题;另一个是统计调查的工作时间,它回答的是"何时调查"的问题.不管是哪一个时间,在统计调查方案中都要明确作出规定.

对于统计资料的所属时间,应该分两种情况确定:如果要调查的对象属于流量现象,则应规定统计资料的起止时间,即它是一个时间段的概念;如果要调查的对象属于存量现象,则应规定统计资料的截止时间,在统计调查实践中,将其称为标准时间,它是一个时间点的概念.例如,在人口普查中,不仅要调查存量人口,同时也要调查流量人口.前者就要规定标准时间,例如,我国从 2000 年第五次人口普查开始定在普查年的 11 月 1 日 0 时,即截止到这一时刻为止,已经出生并具有生命现象的人口都是统计调查的对象;而后者则要规定是在哪一段时间内出生、死亡或迁入、迁出的人口.

统计调查的工作时间是指从搜集资料开始起,到将资料报送到调查方案所规定的部门和机构为止的整个调查工作所需要的时间.对这一时间,在统计调查方案中也必须作出明确的规定,否则,会直接影响到统计调查工作的按时完成,最终影响数据资料的时效性.

确定调查方法,解决的是"怎样调查"的问题,包括调查的组织形式和搜集资料的具体方法的选择问题.这是一个很实际的问题,例如,资料的具体搜集方法一般可以分为直接观察法、采访法、报告法等几种,就某一次调查而言,到底哪一种方法最好,要将每一种方法本身的特点与调查单位的具体情况结合起来,辩证选择.调查的具体组织形式也是一样的道理.

(五)调查工作的组织实施计划

为了保证整个统计调查工作的顺利进行,在调查方案中还应该有一个周密考虑的组织实施计划.其主要内容应包括:调查工作的领导机构和办事机构;调查人员的组织;调查资料报送办法;调查前的准备工作,包括宣传教育、干部培训、调查文件的准备;调查经费的预算和开支办法;调查方案的传达布置、试点及其他工作等.

第三节 问卷设计

一、问卷设计综述

问卷是以提出问题和回答问题的形式记录调查内容和调查(初步)结果的一种工具.问卷的设计,是确保调查获得成功的关键.一份成功的问卷设计,应该体现出三个方面的作用:(1)将调查者需了解的内容准确地传递给被调查者;(2)使被调查者乐于回答,积极配合;(3)尽可能地减少回答误差.问卷的设计没有科学的理论依据,它更多的是经验和智慧的结合,因此,与其说问卷设计是一门科学,还不如说是一门艺术,需要长期的试验和经验积累.

(一)问卷的类型

问卷的类型常随研究的问题、对象和方式的不同而不同.

1. 按调查方式的不同,可将问卷分成自填式问卷和访问式问卷.

自填式问卷是通过面访或邮寄方式将问卷交由被调查者,由其根据自身情况自行填写的问卷;访问式问卷是在面访或电话调查中由调查员将问题念给被调查者听,并由调查员根据被调查者的回答而填写的问卷.

2. 按结构的不同,可将问卷分成结构型问卷和非结构型问卷.

结构型问卷又称标准问卷或控制式问卷. 其特点是每个问题的提问和可能答案都是依据研究目的和主题精心设计、事先固定的,是具有具体结构的问卷.

按回答问题的形式不同,又可将结构型问卷划分成封闭式问卷、开放式问卷和半封闭式问卷.

封闭式问卷是将每个问题的备选答案全部列出,由被调查者从中进行选择的问卷.封闭式问卷便于汇总处理,也便于组织实施,但容易限制被调查者的思维,且会增大设计的难度.

半封闭式问卷是封闭式问卷和开放式问卷的综合问卷. 它通常有两种具体表现形式:(1)对每一个问题除给出一部分备选答案外,还给出"其他"等开放式答案;(2)在整个问卷的设计中,给出一部分封闭式问题和一部分开放式问题.

开放式问卷是只提出所要了解的问题内容,不设计任何备选答案,由被调查者根据自己的情况和理解自由回答的问卷.因此,开放式问卷比较灵活,易于回答和设计,但却不便于数据的汇总处理.

非结构型问卷指事先不准备标准表格、提问方式和标准化备选答案,而只是限定调查方向和询问内容,然后由调查者和调查对象以自由交谈形式搜集资料的问卷.

(二)问卷的构成

1. 问卷按其形式可由开头、正文和结尾三部分组成.

问卷的开头是致被调查者的信或问候语,也叫介绍词.介绍词的意义在于通过积极的宣传工作,使被调查对象了解到该项调查的重要性及其合理、合法性,因而能对调查给予积极的配合和合作.

介绍词的主要作用是:(1)表明进行该项调查的人或组织的身份;(2)说明该项调查的重要性;(3)使被调查者认识到他的回答的意义;(4)让被调查者了解他的回答将会受到保密;(5)向被调查者表示感谢.同时,为使答案能尽可能规范、统一,以利于编码及计算机录入和统计汇总,在问卷的开头须写一段填表说明,对问题的回答和选择作出解释,为被调查者的回答提供帮助.

正文是问卷的核心,就是所要了解的具体内容——问题.正文的编排一般是先一般性问题或关于基本情况的问题,接着是涉及调查主题的实质和细节性的问题,最后是一些敏感性问题或开放式的问题.这样编排容易取得被调查者的配合,有利于获得所需资料.

结尾一般给被调查者留出一个自由发表意见的机会,并再次向被调查者表示感谢,同时还应将调查现场的有关情况进行记录,并由调查员(或填表人)签名.

2. 如果从内容上进行考察,则一份比较完整的问卷可包括基本资料、行为资料和态度资料三部分.

基本资料是关于调查对象基本情况的资料,用于描述调查对象的基本特征,不论哪种问卷,几乎都要包括这些内容.这部分内容也是对总体进行分组分类研究的基础,因此在问卷中占有重要地位.

行为资料是关于调查对象社会行为的资料.

态度资料是关于调查对象对本人或他人(或事件)能力、兴趣、意见、评价、情感、动机等方面的态度资料.

(三)问卷设计的原则

为了能保证取得比较好的调查效果，在问卷设计时应突出体现以下原则：一要主题鲜明.即从调查的主题出发拟定问题,使提问的目的明确、重点突出.二要结构合理.问卷中调查项目的排列顺序必须遵循一定的逻辑顺序;符合被调查者的思维程序;做到先易后难、先简后繁、先具体后抽象,敏感性问题尽可能地放在问卷的后面,这样就可以使被调查者能不受拘束,比较自然地发表自己的看法,顺利地完成问卷中各问题的回答.三要通俗易懂.调查问卷应使被调查者容易看懂,并且愿意回答.问卷中的语言要亲切,尽可能避免使用专业术语或不规范的简称.四要长度适当.对问卷的长度要适当控制,被调查者回答问卷的时间一般不要超过30分钟.实践证明,问卷过长,容易使被调查者产生厌倦心理,从而或放弃回答,或随意回答,影响调查的质量.五要便于处理.也就是便于计算机汇总处理,包括易于编码、录入、汇总等处理工作.

(四)问卷设计的步骤

1. 确定所需的调查资料.依调查的主题要求,研究要完成预定的目标需哪些资料,这些资料可从哪些地方得到,划定调查的范围,进而考虑问卷设计的整体构想.第一步,将初步考虑所需的资料全部列出,然后进一步研究删减那些可要可不要的资料;第二步,对需调查资料的收集方式进行研究,对那些可通过有关部门及各类文献查询得到的资料,就不必花费较多的人力、财力去进行问卷调查;第三步,对那些需通过问卷调查取得的资料,则需确定调查的范围、对象、时间及地点等.

2. 明确调查对象的类型.不同的调查对象具有不同的特点,问卷必须针对具体调查对象的特点进行设计.因此要求对将作为调查对象的被调查者所处的环境、生活习俗、文化层次、知识水准、理解能力等特征进行研究,并依这些特征来拟定问题.

3. 确定问题.这是问卷设计的关键环节.成功的问卷,必须科学、合理地拟定每一个问题.首先依所需资料尽可能详尽地列出问题;然后对列出的问题逐题检查,看有无遗漏或多余,及有无不适合的问题,并作进一步补充、删除及调换;再决定问题的结构和措词(提问方式);最后依问卷设计的原则排列问题的先后.问题的形式要同调查主题、调查方式、调查对象、分析方法及解释种类相适应,以求得最好的调查效果.

4. 进行试点调查.问卷初步设计后,应按正式调查的程序进行试点调查,以检查问卷是否合适.一看提问是否清楚,用语是否恰当,被调查者是否明了;二看被调查者是否能够和愿意回答,问题排列顺序是否符合逻辑,回答问题的时间是否适当;三看所得资料是否能满足调查的要求,是否包含了想调查的所有内容;四看问题的提法是否具有诱导性;五看问卷的编码、录入、汇总过程有无问题.

5. 依试点调查的情况对问卷进行修改和格式调整,必要时可再进行试调查,如此反复,直到完全合格后确定问卷的格式和排版,定稿付印.

二、问题的设计

构成调查问卷设计的最核心的内容就是设计调查项目,即需要了解的问题.

(一)问题设计的原则

在设计所要调查的问题时,要注意的基本原则有:

(1)围绕调查目的进行精选.要紧紧围绕调查目的,结合总体的具体特点,选取那些最为必要的项目,凡属可有可无的项目尽可能舍弃,以最大限度地节约调查费用.

(2)便于取得确切资料.调查项目的设置必须考虑实际获取资料的可能性.凡可能获取资料,或经过努力能够获取资料,并且与调查目的密切相关的项目,列入调查问卷之中,凡不能获得资料的问题,即使其同调查目的关系密切,也不能列入调查问卷之中.

(3)涵义清楚、标准统一.问题的涵义是否清楚,标准是否统一,对于调查员和被调查对象正确理解和准确回答都会产生直接的影响,并且最终对调查结果的可靠性产生影响.因此,问题必须要具体明确、主题鲜明.①避免使用模糊性的提问.②避免使用泛指性的提问.③避免使用多意语设问.④避免采用引导性的提问方式,干扰被调查者的回答.⑤避免用假设性问题.⑥避免双重否定的问法.⑦避免让被调查者估算答案.⑧避免询问难以回答的事项.

(4)彼此联系、相互衔接.各问题都是为体现调查目的而设置的,它们之间应该相互关联、紧密衔接.而且在不同时期的相同调查中,问题也应保持相对稳定,以保证资料的可比性.

(5)对于敏感性问题避免正面直接询问,而注意采用迂回的提问方法.

(二)问题的种类与设计

按答题的形式,可划分为开放性、封闭性和半封闭半开放性问题.

开放性问题又称自由问题,应答者可依自己的情况或想法,自由地发表意见,在问卷上没有已拟定的答案.如:你练书法有多少年了?你喜欢看哪一类的电视节目?

封闭性问题的答案事先由调查者拟定,应答者只需在这些答案中选择一个或多个合适的答案.

在决定采用开放性问题或封闭性问题时,必须考虑问题答案的分散程度.若答案的可能性较多,用封闭性问题会使答案范围过于狭窄,不能发掘出应答者的真正答案.有些封闭性问题的答案,应答者以前根本没考虑过,其选择时,必然不慎重,影响到调查的准确性.

半封闭半开放性问题是在一个问题中,答案的选择既有封闭性又有开放性.最常见的形式是让应答者在作了"封闭性"的选择后,紧接着作"开放性"回答.如:你是否打算毕业时报考研究生?

①是　　　理由是:＿＿＿＿＿＿＿＿；

②否　　　理由是:＿＿＿＿＿＿＿＿.

按答题的性质,又可分为事实性问题、意见性问题和解释性问题.

事实性问题是要求被调查者回答一些有关事实的问题.如:你月平均生活费收入是多少?

事实性问题可以依所获资料将被调查者分类,所以又称为"分类型问题".事实性问题经常会碰到的麻烦是被调查者记不清事实.同时,事实性问题还必须有一个特定的范围,不能笼统地设问.

意见性问题实际上就是了解被调查者对某事的态度或评论性见解的问题.如:你是否喜欢《统计学》?

态度调查不仅需要考虑真实的态度,还有必要考虑态度的强度,这就牵涉到态度测量的技术.然而态度调查常会出现对态度判断的标准不一致的问题,另外,被调查者通常会受问题所用的措辞和问题次序的影响,产生不同的反应.因此,意见性问题的设计要较事实性问题难一些.

解释性问题是要求被调查者回答关于所持个人意见的理由或行为动机的问题, 也就是要求解释持某种意见或行为的理由.如:你为什么要学习抽样技术?

对解释性问题,被调查者通常很难一下子把理由完整地表达出来,因此,多采用列出备选答案的封闭或半封闭式设计方式. 有时候,解释性问题又可能会遇到有关个人隐私等忌讳,需要有高明的问题设计去加以克服.

由此可见,事实性问题询问"是什么",意见性问题询问"怎么样",而解释性问题则要询问"为什么".

按答案类型的不同,对封闭性问题又可分成两项式、多项式、等级式、排序式、后续式、数字评定式与评语评定式,以及多级差异式等不同类型.

两项式问题也称是非题,即对问题只给出非此即彼的两个答案供选择.其特点是拟题容易,便于记分整理.如:请问您近半年来是否购买过服装?①是;②否.

多项式问题是同时给出两个以上的各种可能的答案, 要求被调查者从中选择一个或多个答案.其中限定选择一定数量答案的为限制性多项式问题,任选答案数量回答的为非限制性多项式问题.如:目前您家有几台彩电? ①0 台;②1 台;③2 台;④3 台以上.再如:您家有下列哪些家用电器? ①电视机;②电冰箱;③收录机;④洗衣机;⑤热水器;⑥淋浴器;⑦录像机.

等级式问题是指问题的答案按一定等级顺序加以排列.如:您对《统计学》教材质量的评价是:①很好;②较好;③一般;④较差;⑤很差.

排序式问题是要求被调查者对备选答案按其所认同的重要程度排序. 排序式问题又分成部分排序和全排序两类.如:请从下面的广播节目类型中选出您经常收听的三个:

①_____;②_____;③_____(按程度排序).

A.新闻类   B.财经类   C.体育类

D.教育与服务类   E.广播剧   F.评书

G.相声   H.戏曲   I.音乐

J.点播   K.其他(请说明)_____

再如:您选择工作时考虑问题的顺序依次是:_____.

A.企业发展前途   B.住房条件   C.福利待遇

D.离家远近   E.能发挥才能

F.出国机会   G.较高的社会地位

H.工作安稳舒适   I.解决户口

对于全排序问题,其答案不能设计太多,否则会影响被调查者的情绪和调查质量.

后续式问题是对于选择某一答案的应答者进一步提供后续答案的一种渐进性问答方式.如:

您是否参加了学生社团组织?

①参加了.

您参加了哪些社团组织?_____.

A.文学社   B.足球俱乐部   C.经济沙龙

D.英语角　　　　E.其他(请说明)＿＿＿＿＿＿＿＿＿.

②没参加.

您近期是否打算参加?

A.参加　　　　　　B.不参加

数字评定式问题是只给出评定等级,不作具体说明的问题.如:您认为自己的学习状况是:＿＿＿＿＿＿＿.

①优—5　　　②良—4　　　③中—3　　　④及格—2　　　⑤不及格—1

评语评定式问题是对每一评定等级(答案)的涵义都作出具体明确的规定,供选择时参照,因此,它基本上克服了数字评定式问题的缺陷.

多级差异式问题是按五级、七级、九级、十一级式的等级差异程度来划分答案的类型.特点是把态度的方向和强度数量化了,便于处理.

如七级式答案:

非常不赞成　　不赞成　　较不赞成　　中立　　较赞成　　赞成　　非常赞成

需要说明的是,在封闭性和半封闭性问题的设计过程中,要求所提供的备择答案必须是穷尽的,而且又应是互斥的.也就是所列答案应包括各种可能的结果,同时答案之间不能有交叉重复.

另外,在实际工作中我们发现,有的被调查者在回答多项式问题时,受答案排列的导向,较多地选择前面的答案.为避免这方面的调查误差,一是在印刷问卷时,将问题后面供选择的答案的次序加以换转,印成数种不同答案次序的问卷,但这需要增加费用;二是在询问被调查者时,可依一定的方法,从不同顺序的答案开始询问,这样可降低由于答案排列次序的不同而产生的导向性误差.

思考与练习

1. 统计资料有哪些种类? 对于不同的统计资料,应该采用哪些搜集方法?

2. 统计调查法主要包括哪些方法? 各自有什么特点?

3. 采用实验法取得统计资料有什么特点?

4. 常用的统计调查组织形式有哪些? 各自的特点是什么?

5. 一个完整的统计调查方案包括哪些内容?

6. 问卷设计的步骤有哪些?

7. 在问卷设计中,问题设计的原则是什么?

第三章　统计整理

统计整理是统计调查的继续，也是统计分析的前提和基础条件，它具有承上启下的作用，是人们对社会经济现象从感性认识上升到理性认识的过渡阶段.同时，统计整理的质量会直接影响统计分析的效果.

第一节　统计整理概述

一、统计整理的概念及意义

统计整理，是指根据统计研究目的和任务的要求，对统计调查阶段所搜集到的各项原始资料进行科学的分类和汇总，为统计分析提供准确、系统、条理的，能在一定程度上反映总体特征的综合资料的工作过程.从广义上讲，这项工作也包括对次级资料进行的再加工.

统计整理，是统计工作过程中的第三个阶段，是实现统计研究的一个重要环节.一是因为统计调查阶段搜集的资料都是零星分散的，只能反映总体单位的个体特征，不能反映研究对象的总体情况.只有通过统计整理，对这些原始资料进行科学的分类、汇总，去粗取精，去伪存真，综合概括，才能取得综合反映总体数量特征的数据资料.二是因为即使统计调查搜集的资料十分丰富、正确和详尽，如果统计整理使用的方法不当，可能会使丰富的材料失去其价值，也不可能进行科学的分析，难以得出满意的分析结果.

二、统计整理的程序

统计整理一般要经过以下程序：

(1)制订统计整理方案.统计整理是一项细密的工作，正确制订整理方案是保证统计整理有计划、有组织地进行的依据.通常，统计整理方案将需要整理的指标体系和分组体系表现在一套空白整理表或综合表上，并制订编制说明和具体工作计划，所以，统计整理方案是统计整理工作的指导文件.

(2)对统计资料进行审核.对统计资料进行整理时，首先要进行审核，以确保统计资料的质量，为进一步的整理和分析打下基础.

(3)对统计资料进行分组和汇总.将全部调查资料，按照分组要求进行分组汇总，计算各组的单位数和合计总数，并计算各组指标及综合指标，它是统计整理的中心工作.

(4)编制统计图表.统计图表是表现统计整理成果最常用的一种形式.

(5)进行统计资料汇编，系统地积累历史资料，以备需要时查用.

三、统计整理的组织形式

统计整理的组织形式主要有三种:逐级汇总、集中汇总、综合汇总.

(一)逐级汇总

逐级汇总,就是按照一定的统计管理体制,自下而上逐级地汇总调查资料.我国现行的统计报表主要是采用这种形式.这种方式的优点是,便于就地审核调查资料,汇总的结果能及时地满足各地区、各部门的需要;不足之处是,由于汇总层次较多,容易产生汇总误差,同时费时较多,影响资料的时效性.

(二)集中汇总

集中汇总,就是将全部调查资料集中到一个统计部门(一般为最高一级统计部门)进行一次性汇总.其优点是,汇总速度快,便于电子计算机汇总,提高汇总资料的准确性和及时性;不足之处是,不便于审核和订正原始资料,同时,汇总的资料也不能及时满足各地、各部门的需要.

(三)综合汇总

综合汇总是将逐级汇总和集中汇总结合起来的一种组织形式,即将各部门、各地区所需要的最基本的统计指标实行逐级汇总,同时又将全部原始资料实行集中汇总.这种做法兼有上面两种汇总方法的优点,但不足之处是浪费人力、物力和财力.

随着计算机的普及和计算机技术的飞速发展,借助现代计算机技术和网络技术可以实现逐级统计、集中汇总的同步进行,因此,逐级汇总、集中汇总、综合汇总的含义也将发生变化.例如,采用逐级汇总方式进行资料汇总时,只要各基层将原始资料输入计算机数据库,各级汇总工作可同时展开,上级部门的汇总工作不再需要等下一级部门的汇总工作结束之后才能进行.

四、统计整理的技术

统计整理的技术分为两种:手工汇总和计算机汇总.

随着计算机的广泛应用,我国统计部门现已广泛采用电子计算机对调查资料进行整理汇总的工作,手工汇总已很少使用.因此,在此对手工汇总方法不再赘述,只对计算机汇总进行介绍.

应用电子计算机进行统计资料的汇总,速度快、精确度高、存储数据多,而且具有记忆和逻辑判断能力,又便于联网实现信息资源的共享.

电子计算机汇总,大致有以下几个步骤:

(1)选择计算机软件或自编程序.随着电子计算机技术的发展,已有各种各样的统计分析软件问世,如 Excel、SPSS、SAS 等,这些软件都有数据处理的功能,但又有所不同,需要根据统计整理的要求和原始资料的情况选择适用的软件.同时,由于不同的统计整理任务往往有特殊的要求,需要自编程序.

(2)编码.就是根据计算机程序的规定,将汉字信息数字化.如对需要进行汇总的分组标志、指标名称等按先后顺序给它们编一套适当的代码.这是一项繁重而细密的工作,需要大量的人力和时间,需要严密组织.

(3)数据录入.就是将实际数值和编码通过录入设备(如键盘、光电扫描仪等)把它们存到计算机存储介质(如磁带、磁盘、光盘等)上.

(4)数据编辑.也称逻辑检查,就是按照事先规定的程序,由计算机对录入的数据进行审核、改正的过程.

(5)计算与制表.就是按规定的程序,完成各项综合指标的计算,尤其是各种分组、复合分组的计算;然后,将运算的结果按事先规定的汇总表式和汇总层次进行制表,并通过输出设备把结果打印出来.

如果再把预先设计好的分析程序、数学模型输入电子计算机,还可对有关数据进行必要的数量分析.

电子计算机汇总在统计中的广泛应用,标志着我国统计现代化进入了一个新的阶段.

五、统计资料的审核

对调查资料进行审核是统计整理的第一步,包括以下内容.

(一)审核资料的完整性和及时性

审核资料的完整性,就是看调查单位或填报单位是否齐全,规定的项目是否都有答案,应报资料的份数是否符合规定.

审核资料的及时性,是看填报单位是否按时报送了有关资料.对不报、漏报或迟报的现象都要及时查清.

(二)审核资料的准确性

审核资料的准确性,是检查所填报的资料是否准确可靠.常用的审核方法有逻辑检查和计算检查两种.

1. 逻辑检查

首先,从理论上或常识上检查资料是否有悖常理、有无不切实际或不符合逻辑的地方.比如,一张调查表中,年龄是 9 岁,职业是教师,其中必有一项是错误的.又如,若在某劳动密集型行业的报表中,企业规模为大型,而职工人数则是 100 人,这其中也必有一项是错误的.

其次,是检查各项目之间有无相互矛盾的地方.例如,企业的净产值大于同期总产值就是明显的逻辑错误.

2. 计算检查

即检查各项指标的计算口径、计量单位是否符合规定,并通过各种计算方法来检查各指标间的数字是否相互衔接.

(三)历史资料的审核

在利用历史资料(或其他间接资料)时,应审核资料的可靠程度、指标含义、所属时间与空间范围、计算方法和分组条件与规定的要求是否一致.一般可以从调查资料的历史背景、调查者搜集资料的目的以及资料来源等,来判断资料的可靠程度,也可以从指标间的相互关系以及指标的变动趋势来检查它的正确性.对不能满足现在要求、缺漏或有疑问的资料,要进行有科学根据的推算、弥补和订正.

（四）资料审核后的订正

通过上述审核,如发现有缺报、缺份和缺项等情况,应及时催报、补报;如有不正确之处,则应区别不同情况作如下处理:

(1)对于可以肯定的一般错误,应及时代为更正,并通知原报单位.

(2)对于可疑之数或无法代为更正的错误,应要求原单位复查更正.

(3)如果所发现的差错在其他单位也可能发生时,应将错误情况通报所有单位,以免发生类似错误.

(4)对于严重的错误,应发还重新填报,并查明发生错误的原因,若属于违法行为,则应依法严肃处理.

第二节　统计分组

一、统计分组的概念

统计分组,就是根据统计研究的目的,按照一定的标志将总体划分为若干个性质不同的部分的一种统计方法.标志则是反映总体单位某种属性或数量特征的名称.统计分组同时具有两个方面的含义:对总体而言是"分",即将整体划分为性质相异的若干部分;对总体单位而言是"合",即将性质相同的总体单位合并到同一组.这样,对于作为分组标准的标志而言,组与组之间具有差别性,而同一组内的单位保持相对的同质性.例如,人口按性别分组,可将人口分为男性和女性两组;工业企业按规模可分为大型、中型、小型三组等.

社会经济现象总是复杂多样的,统计总体单位之间必须具有某一方面的共性,才能构成总体,但总体单位间又存在某些差别,有了这些差别才有可能和必要进行统计分组.通过统计分组,以便对总体所有单位在质量上、数量上、空间上存在的差异进行分析,进一步认识事物的本质特征及其发展变化的规律性.

只有对统计总体进行科学的分组,才能对统计资料进行科学的加工和分析,得出正确的结论.统计分组是统计整理的关键,它直接关系到整个统计工作的成败.

二、统计分组的作用

统计分组的作用主要有以下三个方面:

(1)区分社会经济现象的类型

这是统计分组的根本性作用.社会经济现象是一个复杂整体,其中存在多种多样的类型,各种不同类型的现象存在自身的运动形式和本质特征,受不同规律的支配,决定了各类现象在规模、水平、速度、结构、比例关系等方面的数量表现也各不相同.由此可见,在区分事物性质的过程中,划分社会经济现象的类型极为重要.通过统计分组,将现象区分为各种性质不同的类型,来研究各类现象的数量差异、特征及相互关系,从而揭示各种类型现象的本质及其规律.例如,企业按照所有制形式分为国有企业、集体企业、私营企业和其他类型企业,在此基础上,通过比较分析,就可以充分揭示出各类企业的本质及其发展规律.

(2)研究总体的内部结构及其变化

利用统计分组,将社会经济现象分成若干个组成部分,计算出各组成部分的数值在总体中所占的比重,就能揭示总体的内部构成情况,反映出部分与总体、部分与部分之间的关系.同时,对现象内部结构的变化进行动态分析研究,还可以反映总体发展变化的过程、趋势和规律.

(3)探讨现象之间的依存关系

社会经济现象之间都不是孤立的,存在着不同程度的相互联系、相互制约的依存关系.例如,粮食单产与施肥量、企业的利润率与劳动生产率、商品的销售量和商品的价格之间都存在一定的依存关系.而利用统计分组,观察相关的标志值的变化情况可以揭示现象之间的这种依存关系,并具体表明现象之间相互依存关系的紧密程度.

三、统计分组的原则和方法

(一)统计分组的原则

统计分组,在逻辑上要遵循"穷尽"和"互斥"的原则.

所谓穷尽,即总体内的每个单位都能找到各自所属的组.这样就要求分组以后的各子项(划分以后的组)之和应等于母项(须划分的总体).例如,如果把教师按职称分为讲师、副教授、正教授三组,那么,职称为助教的人就无所归属.

所谓互斥,就是各个组的范围应该互不相容,互相排斥.即每个总体单位在特定的分组标志下只能归属于某一组.例如,人口按年龄分组后,每个人只能在某一个年龄组中,因为一个人不可能有两个年龄而出现在两个年龄组中.

(二)统计分组的方法

1. 分组标志的选择

分组标志,就是划分总体单位为性质不同的组的标准或依据.统计分组的关键在于正确选择分组的标志和划分各组界限.如果分组标志选择不当,分组结果就难以正确反映总体特征;如果各组界限划分不清,难免失去分组的意义.任何事物都有许多标志,但如何在特定的研究目的下选择合适的分组标志,对于达到统计研究目的至关重要.一般来说,必须遵循以下的基本原则:

(1)根据研究的目的与任务,选择分组标志.对于同一总体,由于研究的目的和任务不同,应分别采用不同的分组标志.例如,为了研究在校学生的性别比例,那么就应该选择性别作为分组标志.如果要研究在校学生的年龄构成,那么就应该选择年龄作为分组标志.所以,分组标志是随着任务的不同而变化的.

(2)要选择能够反映现象本质特征的标志.明确了分组的目的,还不等于能够选择好的分组标志.在总体单位所具有的若干标志中,有的标志能够揭示总体的本质特征,是具有决定意义的重要标志,有的则是非本质的、次要的.只有选择最能够说明问题的标志作为分组标志,才能得出科学的分组.例如,要研究各地区的经济发展水平,国内生产总值、国民收入、社会总产值、人均国内生产总值等都可以作为分组标志.但相比之下,人均国内生产总值较优一些,因为,它消除了地区大小这一因素的影响.

(3)考虑现象所处的历史条件及经济条件,选择分组标志.历史条件及经济条件总是在不断变化的,同一分组,在过去适用,现在就不一定适用;在这一场合适用,在另一场合则未必适用.同一分组标志,在不同时期,其具体意义也不尽相同.这就需要我们对具体现象进行具体分析,根据需要,按照不同的时期、地点、经济条件等选择相适应的分组标志.例如,划分企业的规模,在生产力水平不高的情况下,企业人数是反映企业规模的重要标志,因此,一般用企业人数作为分组标志.而在现代化大生产条件下,企业的销售额、资产总额等也成为反映企业规模的重要标志,如果仍只用企业人数作为分组标志就不太适宜.

2. 按品质标志分组和数量标志分组

标志按其表现形式可分为数量标志和品质标志.

按品质标志分组也就是按事物的性质、属性分组.例如,人口按性别、民族分组,企业按所有制、所在地区分组等.这种分组在一般情况下比较简单,如人口按性别分组等;但有时也很复杂,主要是在于组与组之间的性质界限不容易划分,如国民经济按行业分组就相当复杂,农业人口与非农业人口也难以划清.在实际工作中,对于这些复杂的分组,往往根据分析任务的需要,经过事先研究,规定统一的划分标准.为了使一些复杂的分类在全国统一起来,国家有关部门制定了各种分类标准,如《关于城乡划分标准的规定》、《工业产品目录》、《主要商品目录》等,供全国各地区、各部门、各单位分组时查用.

按数量标志分组,就是按事物数量多少作为分组标志的分组.例如,人口按年龄分组,企业按计划完成程度、职工人数分组等.

按数量标志分组,要从各组的量的变化中反映各组的质的特征.虽然现象在数量上的差异比较明显,而性质上的差异并不显著.因此,决定现象性质差异的数量界限往往依赖人的主观认识.按数量标志分组,其中涉及变量值的多少、变化范围的大小、变量的类型以及组数、组限、组距等问题,这些必须根据现象的特点与研究目的来具体分析确定.分组结果不仅要反映各组数量上的差异,更重要的是要反映出各组间性质上的差异.

3. 简单分组与分组体系

简单分组,是指对总体只按一个标志进行分组.例如,按性别对人口总体进行分组,按计划完成程度对企业分组,按所有制形式对国民经济分组等.但是,对统计总体往往要进行多方面的研究,仅仅按一个标志进行分组是难以满足需要的,必须利用许多标志进行多种分组,形成分组体系,才能满足其要求.

统计分组体系,就是根据统计分析的要求,通过对同一总体进行多种不同分组而形成的一种互相联系、相互补充,并从多方面反映总体内部关系的体系.例如,对国民经济这一总体进行统计研究,通过按所有制、按部门、按地区、按产业形式等多种分组,就形成了国民经济分组体系.统计分组体系有以下两种形式:

(1)平行分组体系.对同一总体同时选择两个或两个以上的标志分别进行简单分组,然后并列在一起就形成了平行分组体系.例如,为了认识我国工业企业的一些基本情况,可以按所有制、轻重工业、企业规模等分组,得到如下分组体系:

● 按所有制分组

　　国有企业

　　集体企业

　　私营企业

　　……

●按轻重工业分组

　　轻工业

　　重工业

●按企业规模分组

　　大型企业

　　中型企业

　　小型企业

　　平行分组体系的特点是,每一分组只能固定一个因素对差异的影响,不能固定其他因素对差异的影响.

　　(2)复合分组体系.对同一总体选择两个或两个以上标志层叠进行分组,形成复合分组体系.例如,为了认识我国人口构成的基本状况,可以先按城乡这一标志进行分组,然后在此基础上再按性别这一标志进行分组,得到如下分组体系:

●城镇人口	●农村人口
男性	男性
女性	女性

　　复合分组体系的特点是,第一次分组只固定一个因素对差异的影响,第二次分组同时固定两个因素对差异的影响,依次类推.在选择分组标志时,要注意它们的主次顺序.建立复合分组体系时,应考虑统计分组的要求,以便更好地满足分析的需要.

　　统计中广泛使用统计分组体系,往往与统计指标体系相联系,形成一个统计资料的信息系统.

四、统计再分组

　　在利用次级资料进行统计研究中,有时资料的分组显得不科学、不合理,或者原分组不能适合分析研究的目的需要,这时需要对原分组资料重新进行再分组.在再分组时,需要按比例进行调整有关数据.统计再分组有两种方法.

　　1.按原来的分组标志,但改变组距及各组界限,据此计算各新组次数.

　　例3.1　某次调查得到农户拥有电视机资料如表 3-1.请根据需要,把分组组距和组数调整如下:800 元以下,800~1 200 元,1 200~1 600 元,1 600~2 000 元,2 000 元以上后,再重新进行分组.

表 3-1　某地区农户拥有电视机情况

按农户收入分组(元)	农户数(户)	拥有电视机数(台)
500 以下	200	10
500~1 000	400	40
1 000~1 500	800	180
1 500~2 000	400	160
2 000 以上	200	120
合　计	2 000	510

　　解:再分组的方法与步骤如下:

　　新的第 1 组是 800 元以下,它包括表 3-1 的第一组,第二组有本组的一部分,这部分有多大,只能按比例调整,将其分为 500~800 元、800~1 000 元两段,则前一段占原组距的 3/5,后段占 2/5,所以,新的第一组为 200+400×3/5=440,10+40×3/5=34,这就是新表第一组的各项数值.由此形成新的分组资料(见表 3-2).

其他各组依此类推.

表 3-2　某地区农户拥有电视机情况

按农户收入分组(元)	农户数(户)	拥有电视机数(台)
800 以下	440	34
800~1 200	480	88
1 200~1 600	560	140
1 600~2 000	320	118
2 000 以上	200	120
合　计	2 000	510

2. 变换分组标志,重新分组并计算各组次数.

例 3.2　将表 3-1,改设为低收入组占农户总数的 20%,中收入组占农户总数的 50%,高收入组占农户总数的 30%,将原资料按农户所占比重重新分组.

解:按照要求,依据表 3-1 就可得到如下再分组资料(见表 3-3).

表 3-3　某地区农户拥有电视机情况

按收入等级分组	占农户数(%)	农户数(户)	拥电视机数(台)
低收入组	20	400	30
中收入组	50	1 000	200
高收入组	30	600	280
合　计	100	2 000	510

第三节　次数分布

一、次数分布的概念

在统计分组基础上,将总体中所有的单位按某个标志分组后,形成了总体单位数在各组之间的分布,称为次数分布或频数分布,分布在各组的单位数叫次数,又称频数.各组次数与总次数之比叫频率,又称比重.分别将组别与次数或频率按一定的顺序排列所形成的数列叫分布数列,分布数列可以直观地反映总体的分布特征和分布状况,在此基础上还可以进一步研究其构成、平均水平和变动规律.次数分布的形式虽然简单,但在统计研究中具有重要的意义,是进行统计分析的一种重要手段.

根据分组标志性质不同,分布数列可分为品质分布数列与变量分布数列.按品质标志分组形成的分布数列称为品质分布数列,简称品质数列.按数量标志分组形成的分布数列称为变量分布数列,简称变量数列.

将总体按数量标志分组形成的变量数列在统计分组中尤为重要,下面将专门介绍.

二、变量数列

(一)变量数列的概念

变量数列,就是将总体按数量标志分组,将分组后形成的各组变量值与该组出现次数或频率按照一定的顺序对应排列所得的分布数列.例如,某车间工人按日生产的零件数分组编制的变量数列,如表3-4所示.

表 3-4 某车间工人加工零件情况

按日生产的零件数分组 (件)	工人数 (人)	工人数比重 (%)
15	10	5.56
16	20	11.11
17	30	16.67
18	50	27.77
19	40	22.22
20	30	16.67
合 计	180	100.00
各组变量值	次数(频数)	比率(频率)

变量数列包括两个构成要素:一是变量值,二是总体单位在各组中出现的次数或频率,二者缺一不可.

(二)变量数列的分类

变量数列按分组标志性质的不同可分为离散型变量数列和连续型变量数列两种,两种变量数列又可进一步分类如下:

$$
变量数列
\begin{cases}
离散型
\begin{cases}
单项式 \\
组距式
\begin{cases}
等距数列 \\
异距数列
\end{cases}
\end{cases} \\
连续型
\begin{cases}
等距数列 \\
异距数列
\end{cases}
\end{cases}
$$

离散型变量数列,是按离散型变量分组形成的变量数列;连续型变量数列,是按连续型变量分组形成的变量数列.

单项式分组数列,简称单项数列,它是指数列中每一个组的变量值只有一个,即一个变量值代表一个组,如表3-4.组距式分组变量数列,简称组距数列,它是指每个组是用两个变量值所确定的一个区间范围来表示,如表3-5,如果各组的组距相等,就叫等距数列,若不等就叫异距数列.

表 3-5 某车间职工工资分组资料

工人按工资分组(元)	工人数(人)
0~600	5
600~1 200	20
1 200~1 800	70
1 800~2 400	40
合 计	135

三、变量数列的编制

变量数列的编制比较复杂,因此有必要对变量数列的编制方法、编制过程中需注意的问题进行探讨.

变量数列按照形式的不同分为单项式数列和组距式数列两种.是编制单项式数列还是编制组距式数列,主要取决于所研究变量的类型以及变量的变动幅度.如果按连续型变量分组,一般只能编制组距式数列.对于按离散型变量分组则要根据其变量值个数的多少以及变动幅度的大小来确定,如果变量值个数较少且变动幅度较小时,可编制单项式数列;如果变量值个数较多且变动幅度较大时,应编制组距式数列.

编制单项式数列,是直接将每一变量值作为一组,汇总计算各组相应的单位数,然后利用表格形式列示即可,所以它的编制比较简单,这里就不再讨论了.组距式数列的编制要比单项式数列的编制复杂得多,下面就举例说明它的编制方法.

设某班 40 名学生的《统计学》考试成绩如下:

51 53 57 58 60 62 63 65 66 69
70 71 71 73 74 74 75 77 78 79
80 82 82 83 84 85 85 85 88
89 89 91 93 93 94 95 97 97 99

根据上述资料试编制一个组距数列,来反映该班学生《统计学》考试成绩的分布状况.

(一)求全距

全距是最大变量值与最小变量值之差,表明标志值的变动范围,一般用字母 R 表示.以上资料已按从小到大的顺序排列,全距为:99−51=48.

(二)确定组距、组数和组限

组限是指分组的数量界限,包括上限和下限,上限是各组的最大变量值,下限是指各组最小变量值,上限一般用 U 表示,下限用 L 表示.组距是各组的最大变量值与最小变量值之差,一般用 d 表示.即:$d=U-L$.组距的大小和组数的多少是相互制约、呈反比例关系.组距越大,组数就越少,反之,则越多.在决定组距和组数时,原则上要使所分的组能够反映现象的不同特征,即通过组距分组以后,能把性质相同的单位归并在一起,把各组内部单位的次要差异抽象掉,使各组间的差异突出起来.

组距数列有等距数列和异距数列两种,是选择等距数列还是异距数列,主要是根据所研究对象的分布特点来决定,如果变量值变化较均匀可采用等距数列.等距数列由于各组组距相等,因此,组距=全距/组数.上述资料假设分为 5 组,以便观察优、良、中、及格、不及格各类分布情况,这样,组距=48/5=9.6.为了计算方便,组距宜取 5 或 10 的倍数,故将组距定为 10.

等距数列便于各组单位数的直接对比和绘制统计图,也便于计算各项综合指标,简化计算方法,因此,应尽可能采用等距分组.

如果现象的分布近于正态分布,进行等距分组可以根据美国统计学家斯特吉斯(H. A. Sturges)提出的组数公式来计算分组数,即:

$$n=1+3.322\lg N \tag{3.1}$$

式中,N 为总体单位数,n 为分组的组数, 这时组距 d 的大小可以用全距 R 除以组数求

得,即:

$$d=\frac{R}{1+3.322\lg N} \tag{3.2}$$

这些公式可供分组时参考,但不能生搬硬套.确定组距和组数时应考虑以下两个方面:第一,要尽可能区分出组和组之间性质上的差异;第二,要尽量能反映总体单位的分布特征及总体单位分布的集中趋势.

在社会经济统计中有些现象的分布高度偏斜,标志值的变动并不均衡,变动的幅度差异很大,就不宜采用等距分组,就必须采用异距分组.对于异距分组的组距和组数的确定,必须综合现象的性质特点和统计研究的目的全面综合考虑,要尽可能地反映组与组之间性质上的差异.在异距分组时各组的次数多少受组距大小的影响,组距大的次数可能大,组距小的次数也可能小,为了清除这些影响,需要计算次数密度(次数密度=次数/组距).

组数和组距确定之后,需要进一步确定组限.在确定组限时,具体应考虑以下几个方面:

(1)应当尽可能地反映相邻组之间性质的差异.

(2)组限最好采用整数表示,一般为 5、10 或 100 等数的整数倍.

(3)应使最小组的下限低于或等于最小变量值,最大组的上限高于或等于最大变量值.

当变量值中有极小值或极大值时,就需用开口组表示.所谓开口组,就是缺上限或缺下限的组,通常用"××以上"或"××以下"表示.

(4)对于连续性变量,相邻两组的组限应重叠,并习惯上按照"本组上限不在内"的原则处理.

也就是说变量值与某组限值相等的单位,应计入把该值作为下限值的这一组中,而不计入将该值作为上限值的这一组中.如表 3-2 中,收入为 800 元的农户应归入第二组,而不列入第一组.对于离散变量,相邻两组的上、下限必须间断.但是,在实际工作中,为了保证不重复、不遗漏总体单位,对于离散型变量也常常采用连续型变量的组限表示方法.

根据以上所述,可将上述资料分为以下 5 组:60 分以下、60~70 分、70~80 分、80~90 分、90 分以上.

在编制组距数列时,分布在各组的实际变量值已被变量值变动的范围所取代,因此,在统计分析时,往往用组中值来反映各组实际变量值的一般水平,即取各组变量变化的中间值.组中值的计算公式为:

$$组中值=(上限+下限)/2 \tag{3.3}$$

实际中,对于开口组的组中值,一般是用相邻组的组距作为开口组的组距,因而其组中值的计算公式为:

$$组中值=下限+邻组组距/2(缺上限)$$
$$=上限-邻组组距/2(缺下限).$$

(三)计算各组的单位数

通过手工汇总或电子计算机汇总,在变量分组确定之后,直接计算各组的单位数,然后将其用数列表示即可.上述资料的编制结果见表 3-6.

表 3-6　某班《统计学》考试成绩变量数列

按成绩分组(分)	学生人数(人)
60 以下	4
60~70	6
70~80	10
80~90	12
90 以上	8
合　计	40

四、次数分布的特征

由于社会经济现象性质的不同,各种统计总体都有不同的次数分布,形成各种不同类型的分布特征.研究各种类型的次数分布特征,对于准确认识不同社会经济性质的变量在形成整体数量表现中的作用有着重要意义.次数分布,概括起来主要有下列三种类形:钟型分布、U 型分布、J 型分布.

1. 钟型分布

钟型分布的特征是"两头小中间大",靠近中间变量值分布的次数多,而靠近两端的变量值分布的次数少.如将其绘制成曲线图,其形状宛如一口古钟,如图 3-1.

钟型分布具体可分为对称分布和非对称分布.对称分布的特征是,以变量的平均值为中心,左右严格对称,越接近中心,变量值的分布次数越多,两侧变量值分布随着与中心变量值的距离增大而减小,如图 3-1(a).社会经济现象整体的分布大多数趋近于正态分布,例如,农作物平均亩产的分布、商品市场价格分布等.正态分布在社会经济统计中具有重要意义.非对称分布中,主要有左偏分布和右偏分布.左偏分布的特征是次数分布偏在变量值小的一侧,如图 3-1(b);右偏分布的特征是次数分布偏在变量值大的一侧,如图 3-1(c).

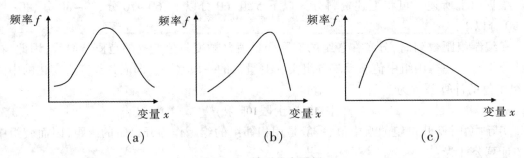

(a)　　　　　　　(b)　　　　　　　(c)

图 3-1　钟型分布图例

2. U 型分布

U 型分布的特征与钟型分布相反,是"两头大中间小",即靠近中间位置的次数少,靠近两端的变量值分布的次数多,绘制成曲线图,像英文字母"U",如人口死亡率按年龄分布,就是这种分布,如图 3-2.

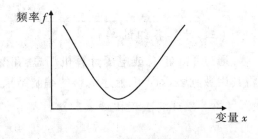

图 3-2　U 型分布图例

3. J型分布

J型分布的曲线图如英文字母"J",其中有正J型与反J型分布两种.正J型分布次数随着变量值的增大而增多,如投资额按利润率大小的分布,如图3-3(a).反J型分布次数随着变量值的增大而减小,如随着产品产量的增加,单位产品成本下降,如图3-3(b)所示.

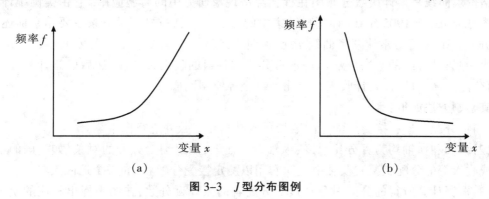

(a)　　　　　　　　　(b)

图3-3　J型分布图例

五、累计次数分布

(一)累计次数的计算

在次数分布的基础上,将各组的次数或频率依次累加以后所形成的分布就叫做累计次数分布,它能够反映截止到某组的累计的次数或频率的多少.各组次数依次累加之和叫做累计次数,各组频率累加之和叫做累计频率.计算累计次数或累计频率有两种方式:一种是由变量值较小的组向变量值较大的组方向进行累计,这叫做向上累计;另一种是由变量值较大的组向变量值较小的组的方向进行累计,这叫做向下累计.以表3-6的数据为依据,分别计算向上和向下累计的频数和频率,具体计算结果见表3-7.

表3-7　某班《统计学》考试成绩分布

按成绩分组 (分)	次数		向上累计		向下累计	
	人数(人)	比率(%)	人数(人)	比率(%)	人数(人)	比率(%)
60以下	4	10	4	10	40	100
60~70	6	15	10	25	36	90
70~80	10	25	20	50	30	75
80~90	12	30	32	80	20	50
90以上	8	20	40	100	8	20
合　计	40	100	—	—	—	—

向上累计的次数和频率,分别表示小于或低于某组上限的共有多少单位和占单位总数的比重.如根据表3-7可以看出,在全班40个学生中,考试成绩在80分以下的人数有20人,占总数的50%.

向下累计的次数和频率,分别表示大于或高于某组下限的共有多少单位和占单位总数的比重.如由表3-7可以看出,在全班40个学生中,考试成绩在70分以上的人数有30人,占总数的 75%.

(二)累计次数分布的应用

1. 洛伦茨曲线

洛伦茨曲线是累计次数分布图在社会经济现象研究中的典型应用. 它由美国统计学家洛伦茨(Lorenz)于 1905 年在《计量财富集中的方法》一文中提出,是一条主要用来描述社会财富分配公平程度的累计频率曲线.洛伦茨曲线是将一个国家或地区的家庭(或人口)按收入分组,并累计各组的家庭(或人口)数百分比和各组的收入百分比,然后以累计家庭(或人口)百分比为横坐标,以累计收入百分比为纵坐标绘制而成.

其绘制方法如下:

(1)将分配对象和接受分配者的数量化成结构相对数并进行向上累计.

(2)纵轴和横轴均为百分比尺度,纵轴自下而上,用以测定分配的对象(如一国的财富、土地或收入等的分配状况),横轴由左向右用以测定接受分配者(如一个地区人口).

(3)根据计算所得的分配对象和接受分配者的累计百分数,在图中标出相应的绘示点,连接各点并使之平滑化,所得曲线即所要求的洛伦茨曲线.

具体图形如图 3-4 所示.

图 3-4 中,OI 表示收入百分比,OP 表示人口百分比.联结两对角的直线 OY 是绝对平均曲线,用 a 表示,线上任何一点到纵轴和横轴的距离都是相等的. 如果社会收入分配情况正是如此,那就说明社会收入分配是绝对平均的.

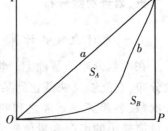

图 3-4 洛伦茨曲线

OPY 是绝对不平均曲线,用 C 表示.这条曲线说明社会成员中,只有一人占有了全部收入,其余人的收入都是零.

介于绝对平均曲线 a 与绝对不平均曲线 C 之间的是实际收入分配曲线,用 b 表示.在这条曲线上,除了零点与终点以外,任何一点到两轴的距离都不相等.

实际收入分配曲线与绝对平均曲线越接近,社会收入分配越接近平均;反之,这两条曲线差距越大,社会收入分配越不平均.

2. 基尼系数

基尼是 20 世纪的意大利经济学家.他根据洛伦茨曲线图找出了判断收入分配平均程度的指标,这个指标就是基尼系数,用 G 表示.

在图 3-4 中,S_A 表示收入分配曲线与绝对平均线之间的面积,S_B 表示实际收入分配曲线与绝对不平均曲线之间的面积,据此,基尼提出,用 S_A 占 S_A 与 S_B 之和的比反映平均分配程度,即:

$$G=\frac{S_A}{S_A+S_B} \tag{3.4}$$

当 $S_A=0$ 时,$G=0$,收入绝对平均;当 $S_B=0$ 时,$G=1$,收入绝对不平均.基尼系数越接近 0,表示收入越平均,基尼系数越接近 1,说明收入越不平均.有人根据基尼系数对收入分配平均程度进行了分类,即:

$G<0.2$ 　　　　　　高度平均

$G(0.2\sim0.3)$ 　　　　相对平均

$G(0.3\sim0.4)$　　　比较合理

$G(0.4\sim0.5)$　　　差异偏大

$G>0.5$　　　　　两极分化

3. 基尼系数的计算

从洛伦茨曲线图可以看出,面积 S_A 与 S_B 之和等于三角形面积 OYP,当横坐标与纵坐标均为 1 时,面积 S_A 与 S_B 之和等于 1/2,这时,$G=2S_A$,因此,基尼系数的计算就转化成了面积 S_A 的计算. S_A 有多种计算方法,下面只介绍其中的一种方法——三角形面积法.

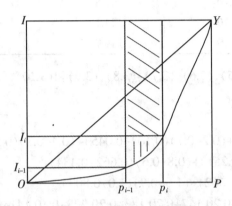

图 3-5　三角形面积法计算示意图

首先计算图 3-5 中阴影三角形的面积为:

$$S_{影}=\frac{1}{2}(P_i-P_{i-1})(I_i-I_{i-1}) \tag{3.5}$$

所有这类三角形面积之和为:

$$S_1=\frac{1}{2}\sum(P_i-P_{i-1})(I_i-I_{i-1}) \tag{3.6}$$

然后计算该三角形以上的矩形面积为:

$$S_{矩}=(P_i-P_{i-1})(1-I_i) \tag{3.7}$$

所有这类矩形面积之和为:

$$S_2=\sum(P_i-P_{i-1})(1-I_i) \tag{3.8}$$

最后用所有三角形的面积与所有矩形面积之和减去对角线以上的三角形面积即 1/2,则 S_A 的面积为:

$$S_A=S_1+S_2-1/2 \tag{3.9}$$

基尼系数 G 应该有如下的计算公式:

$$G=2S_A=2S_2+2S_2-1$$

$$=\sum(P_i-P_{i-1})(I_i-I_{i-1})+2\sum(P_i-P_{i-1})(1-I_i)-1 \tag{3.10}$$

例 3.3　已知某地城镇居民收入水平资料如表 3-8 所示,根据该表资料计算基尼系数.

表 3-8　某地区城镇居民收入水平

收入水平	该组人口占总人口的比重(%)	该组人口收入占全部收入的比重(%)	累计人口比重 P_i	累计收入比重 I_i
最低收入户	10	4.5	0.1	0.045
低收入户	10	5.9	0.2	0.104
中等偏下户	20	14.7	0.4	0.251
中等收入户	20	18.3	0.6	0.434
中等偏上户	20	22.8	0.8	0.662
高收入户	10	14.1	0.9	0.803
最高收入户	10	19.7	1.0	1.000

解:依据公式(3.4)、(3.5)、(3.6)、(3.7)、(3.8)、(3.9)和(3.10),可以得到如下的计算结果:

$$2S_1 = \sum (P_i - P_{i-1})(I_i - I_{i-1})$$

$$= (0.1-0)(0.045-0) + (0.2-0.1)(0.104-0.045) + (0.4-0.2)(0.251-0.104) +$$
$$(0.6-0.4)(0.434-0.251) + (0.8-0.6)(0.662-0.434) +$$
$$(0.9-0.8)(0.803-0.662) + (1.0-0.9)(1.0-0.803)$$
$$= 0.1 \times 0.045 + 0.1 \times 0.059 + 0.2 \times 0.147 + 0.2 \times 0.183 + 0.2 \times 0.228 + 0.1 \times 0.141 + 0.1 \times 0.197$$
$$= 0.1558$$

$$S_2 = \sum (P_i - P_{i-1})(1 - I_i)$$

$$= (0.1-0)(1-0.045) + (0.2-0.1)(1-0.104) + (0.4-0.2)(1-0.251) +$$
$$(0.6-0.4)(1-0.434) + (0.8-0.6)(1-0.662) +$$
$$(0.9-0.8)(1-0.803) + \cdots + (1.0-0.9)(1-1.0)$$
$$= 0.1 \times 0.955 + 0.1 \times 0.896 + 0.2 \times 0.749 + 0.2 \times 0.566 + 0.2 \times 0.338 + 0.1 \times 0.197 + 0$$
$$= 0.5354$$

$$G = 2S_1 + 2S_2 = 0.1558 + 2 \times 0.5354 - 1 = 0.2266$$

从图 3-5 可以看出,实际分配曲线是一条曲线,而非直线,因此它只能近似地看成三角形,当分组数目较多时,其近似程度较高,当分组数目较少时,用该方法得到的基尼系数与实际的基尼系数差异就较大,实际计算时,应注意这一点.

第四节　统计表和统计图

一、统计表

(一)统计表的意义和构成

1. 统计表的意义

统计表,是指用纵横交叉的线条所形成的用来表现统计资料的表格.它是表现统计资料最常用的形式.从广义上讲,统计表包括统计工作各阶段中所用的一切表格,如调查表、整理表、分析表.本节侧重讨论统计整理结果所用的统计表.

统计表,它能够系统地组织和合理安排大量的数字资料,简略过多的文字表述,使人阅读时一目了然,便于直接对照比较和分析研究.

2. 统计表的构成

统计表的形式多种多样,根据使用者的要求和统计数据本身的特点,可绘制形式多样的统计表.表 3-9 就是一种比较常见的统计表.

统计表从形式上看是由总标题、横行标题、纵栏标题、数字资料四部分构成,必要时可以加上表外附加.总标题就是表的名称,须概括统计表中的全部内容,一般在表的上端正中;横行标题是横行各组的名称,写在表的左方;纵栏标题就是纵栏的名称,写在表的上方;统计表中的数字资料,就是用来说明总体特征的各种指标值;表外附加通常放在统计表的下方,主要包括资料来源、指标解释和必要的说明等内容.

表 3-9 2003 年城镇居民人均消费支出情况 ← 总标题

消费支出项目	消费支出(元)	所占比重(%) ← 纵栏标题
食品	2416.92	37.12
衣着	637.72	9.79
家庭设备用品及服务	410.34	6.30 ← 数字资料
医疗保健	475.98	7.31
交通通信	721.12	11.08
教育文化娱乐服务	934.38	14.35
居住	699.38	10.74
杂项商品与服务	215.10	3.31
合　计	6510.34	100.00

横行标题 → 衣着（左侧标注）

主　词　　　　　　　　　宾　词

资料来源:国家统计局编.中国统计年鉴 2004.北京:中国统计出版社,2004.
注:本表为城市和县城的城镇居民家庭的抽样调查资料.　　　附加

统计表从内容上来看,包括主词和宾词两个部分,如表 3-9.主词是统计表所要说明的总体,或总体的各个组、各个单位的名称或者所属时期.宾词是说明总体特征的统计指标,包括指标名称和指标数值.在通常情况下,主词排列在表的左方,宾词排列在表的右方,但必要时也可互换位置.

(二)统计表的种类

1. 按主词结构不同可分为简单表、简单分组表和复合分组表.

(1)简单表

即主词不经过分组的统计表,主词仅罗列各单位的名称或时期的名称,如表 3-10.

表 3-10　第五次人口普查我国四个直辖市的人口

城市名称	人口数(万人)
北京市	1 382
天津市	1 001
上海市	1 674
重庆市	3 090
合　计	7 147

资料来源:国家统计局.中国统计年鉴 2001.北京:中国统计出版社,2001.

(2)简单分组表

即主词只按一个标志进行分组的统计表,如表 3-11 所示.简单分组表应用十分广泛,便于揭示不同类型现象的特征,研究总体内部构成,分析现象之间的依存关系.

表 3-11　我国 2008 年居民消费水平

按城乡分组	人均消费支出(元)	比上年增长(%)
农　村	2 361	2.7
城　镇	8 471	4.9
合　计	—	—

资料来源:国家统计局.中国统计年鉴 2009.北京:中国统计出版社,2009.

(3)复合分组表

即主词按照两个或两个以上的标志分组的统计表,有利于深入地分析比较复杂的综合现象,如表 3-12 所示.

表 3-12　2008 年底某地区人口数

按是否为农业分组	人口数(万人)	人口比重(%)
农业人口	260	66.67
其中:男性	140	53.85
女性	120	46.15
非农业人口	130	33.33
其中:男性	70	53.85
女性	60	46.15
合　计	390	100.00

2. 按其作用的不同,可分为调查表、整理表和分析表.

(1)调查表,是统计调查时用来搜集、登记原始资料的表格.

(2)整理表,是用于统计整理汇总过程及其结果的表格.

(3)分析表,是用于统计分析的表格,这类表格往往和整理表结合在一起,成为整理表的延续.

(三)统计表的编制规则

为使统计表能够正确地反映所研究对象的数量特征,使人们易于了解其内容,便于比较

分析,在设计统计表时,应遵循科学、美观、实用的原则,并应注意以下规则:

(1)统计表的各种标题,特别是总标题应简明、确切地概括反映表中的基本内容,以及资料所属的时间和空间.

(2)统计表的内容不要过于庞杂,以便阅读时一目了然,便于比较和分析.

(3)如果统计表的栏数较多,通常可以加上编号,并可以说明其相互关系,主词和计量单位栏常用(甲)、(乙)、(丙)、(丁)等文字编号,宾词各栏则用(1)、(2)、(3)、(4)等数字编号.

(4)统计表中,数字的位数要对齐,当有相同数时仍应填写该数,不能用"同上"、"同左"、"同右"等字样代替,没有数字或不应该有数字的单元格,需要用"—"表示.当缺乏某项资料时,用"……"标明,表示不是缺填.

(5)统计表中必须注明数字资料的计量单位或设计量单位栏.如表内数字都属同一计量单位,可以将它写在表的右上方.

(6)统计表的表式,一般是左右两边不封口的,表的上下端横线用粗线表示.

(7)统计表的资料来源以及其他需要附加的说明可以写在表的下端,以便查改.

二、统计图

如果说统计表能够集中有序地表现统计资料,统计图则能够将统计资料展示得更为生动具体,便于人们直观地认识事物的特征.随着计算机技术的不断发展,电脑制图功能日益强大,使得统计图的制作更加方便和精确.

统计图是除统计表以外反映现象总体次数分布特征的又一种方式,它比统计表更加形象、直观、简明和有效.编制统计图的目的就是要清晰地传递信息.

统计图的种类多种多样,如次数分布图、时间序列图、相关图、散点图等.不同的统计图常常适合于不同的统计数据资料.因此,在实际中究竟应该选择什么样的统计图,主要取决于所掌握资料的性质以及分析研究的需要.在此,我们只介绍几种常用的统计图.

(一)条形图

条形图是用宽度相同的条形的高度或长度来表示数据变动的图形. 条形图可以横置也可以纵置,纵置时又称为柱形图.也就是说,当各类别放在纵轴时,称为条形图;当各类别放在横轴时,称为柱形图.条形图有单式、复式等形式.

例 3.4　根据美国 1989 年 3 月按家庭收入分组的资料(见表 3-13),绘制条形图.

表 3-13　美国 1989 年 3 月按家庭收入分组的资料

家庭收入等级	家庭数(千家)
贫困	15.7
中下	34.7
中等	23.0
中上	16.4
富裕	2.9

解:利用 Excel 中的插入图表功能,就可以得到如图 3-6 的条形图.

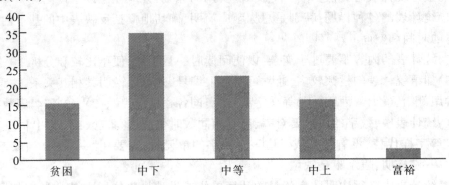

家庭数(千家)

图 3-6　美国 1989 年 3 月按家庭收入分组资料的条形图

(二)圆形图

又称饼图,是用圆形和圆内扇形的面积来表示数值大小的图形,主要用于表示总体中各组成部分所占的比例,对研究结构性问题十分有用.在绘制圆形图时,总体中各部分所占的百分比用圆内的各个扇形面积表示,这些扇形的中心角度是按各部分百分比占 360° 的相应比例确定的.

例 3.5　根据表 3-13 的数据,绘制圆形图.

解:利用 Excel 中的插入图表功能,就可以得到如图 3-7 的圆形图.

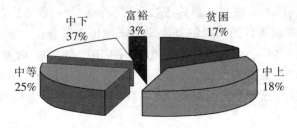

图 3-7　美国 1989 年 3 月按家庭收入分组资料的圆形图

(三)直方图

即用直方形的宽度和高度来表示次数分布的图形.绘制直方图时,横轴的划分应标明各组组限,以直方图的高度表示各组次数,其宽度与各组组距相适应,若根据表 3-6 的数据,就可以绘制某班《统计学》考试成绩分布的直方图,具体结果如图 3-8 所示.

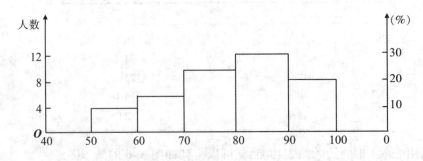

图 3-8　某班《统计学》考试成绩分布的直方图

对于异距分组变量数列,通常用频数密度绘制直方图,才能准确地反映客观实际情况.对于等距分组的数据,可以用矩形的高度直接表示频数的分布.如果是不等距分组数据,用矩形的高度来表示各组频数的分布就不再适用.这时,如果用矩形的面积来表示各组的频数分布,或根据频数密度来绘制直方图,就可以准确地表示各组数据分布的特征.实际上,无论是等距分组数据还是不等距分组数据,用矩形的面积或频数密度来表示各组的频数分布都更为合适,因为这样可使直方图下的总面积等于1.比如在等距分组中,矩形的高度与各组的频数呈比例,如果取矩形的宽度(各组组距)为一个单位,高度表示比例(即频率),则直方图下的总面积等于1.在直方图中,实际上是用矩形的面积来表示各组的频数分布.

直方图与条形图不同:第一,条形图是用条形的长度(横置时)表示各类别频数的多少,其宽度(表示类别)是固定的;直方图是用面积表示各组频数的多少,矩形的高度表示每一组的频数密度,宽度则表示各组的组距,因此其高度与宽度均有意义.第二,由于分组数据具有连续性,直方图的各矩形通常是连续排列,而条形图则是分开排列.

(四)折线图

折线图可以在直方图的基础上,利用折线连接直方图中各个直方形顶端中点,并在直方图形左右两侧各延伸一组,使折线与横轴相联结,即形成折线图.图 3-9 就是根据表 3-6 资料绘制的折线图.折线图的极限图就是曲线图.

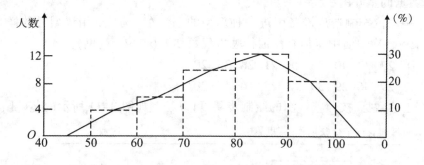

图 3-9 次数分布折线图

折线图还可用来表示累计次数分布,但累计次数分布图的画法和次数分布折线图的画法有些不同.画向上累计分布折线图时,从首组下限开始,将各累计次数组的上限所对应的纵坐标用折线联结起来.画向下累计分布折线图时,从末组上限开始,将各累计次数组的下限所对应的纵坐标用折线联结起来.图 3-10 就是根据表 3-7 绘制的次数分布累计折线图.

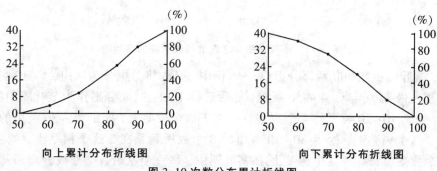

向上累计分布折线图　　　　　向下累计分布折线图

图 3-10 次数分布累计折线图

需要注意,折线图的两个终点要与横轴相交,具体的做法是将第一个矩形的顶部中点通过竖边中点(即该组频数一半的位置)联结到横轴,最后一个矩形顶部中点与其竖边中点连接到横轴.这样才会使折线图下所围成的面积与直方图的面积相等,从而使二者所表示的频数分布一致.

(五)茎叶图

茎叶图是基于 20 世纪 70 年代初期提出的一种探索性数据分析方法.它不涉及什么高深的理论,而只是提供了一种开始看一个数据批或一个数据样本的灵活而有效的技术.

茎叶图和它的近亲——直方图,在给分析者揭示一批数据的特征方面有很多共同点.但茎叶图是用数据值本身,而不是用直方图那样的面积来表示分布特征,因此,在某些情况下,它比直方图更有优越性.当用手算的时候,比较容易作茎叶图,并且在茎叶图中能够完成对数据进行排序的主要步骤;根据茎叶图中已排过序的数据批,我们可以很容易求出中位数或其他统计量;茎叶图可以帮助我们看见数据值在每个区间中的分布以及数据的基本模式;由于茎叶图保留了数据值的高位数字,因此可以很容易实现由图形到原始观测值的转换.

关于什么是茎叶图以及如何绘制的问题,这里不做过多的抽象描述,而只是借助几个例子来加以说明.

1. 简单数据的茎叶图

例 3.6   一家汽车制造厂准备引进一种新型的小汽车.为此,用该型号的样车作了 24 次表演,记录下各次表演中每加仑汽油行驶里程数如下(单位:英里):

30 33 18 27 32 40 26 28 21 28 35 20

27 19 32 29 36 29 30 22 25 16 17 30

解:依据上述数据,按照茎叶图的绘制步骤,可以绘制如图 3-11 所示的茎叶图.

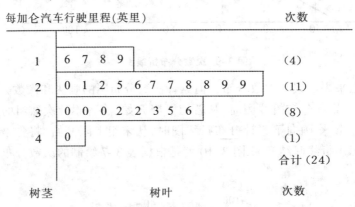

图 3-11   小汽车每加仑汽油行驶里程的茎叶图

可见,茎叶图由茎和叶两部分组成.在本例中,是先将数据分为四组,即 10~20 英里、20~30 英里、30~40 英里、40~50 英里,然后选择 1、2、3、4 分别作为茎叶图中的四个树茎,这样,处于 10~20 英里的 4 个数据就长在 1 这个树茎上,处于 20~30 英里的 11 个数据就长在 2 这个树茎上,处于 30~40 英里的 8 个数据就长在 3 这个树茎上,处于 40~50 英里的 1 个数据就长在 4 这个树茎上.在茎叶图中,每一个原始数据都被分成两部分,即树茎部分和树叶部分.对于长在同一茎上的几个数据来讲,树茎部分统一由一个数值来代表,而树叶部分则各自一一排列.从图 3–11 可以看出,长在第一个树茎上的 4 个数据 16 、17 、18 、19,它们共同的树茎为 1,而树叶部分为 6 、7 、8 、9 分别排列.这一茎叶图保留了原始数据的全部信息,使我们可以进一步准确地计算一系列反映数据分布状况的数字特征值.

绘制茎叶图时,要注意树叶部分的竖行必须对齐,树叶的个数就是各组分布的次数,并且形成一个横放的直方图,使我们可以一目了然地观察次数分布的形状.

2. 复杂数据的茎叶图

对于较为复杂的数据,绘制茎叶图的关键在于设计好树茎.树茎设计好了,树叶就可以自然地长到恰当的树茎上去.

例 3.7 一家生产汽车用收音机的企业越来越多地接到零售商的信,抱怨尚未得到所订购的收音机. 该企业为此事感到头痛,于是决定对目前的汽车收音机销售网络作一次调查.该企业在全国有 25 个货栈,按规定每个货栈必须经常保持 300 台车用收音机的合理库存.经过调查了解到的库存情况为(单位: 台):

150	283	60	10	85
160	305	170	253	180
0	150	90	0	50
110	300	25	400	610
100	320	200	330	210

要求用茎叶图描述上面的资料,并判断这些货栈的库存水平是否合乎要求.

解:由于数据为三位数,我们可以用每个数据的后两位数为树叶,绘制出如图 3–12 所示的两位茎叶图.

从以上数据可以看出,大多数货栈的库存量偏少,在全部 25 个货栈中只有 6 家的库存量在 300 台以上.所以总体看来,这些货栈的库存量不合乎要求.

汽车收音机库存量(台)　　　　　　　　　　　　　　　　　　　　次数

0	00	00	10	25	50	60	85	90	(8)
1	00	10	50	50	60	70	80		(7)
2	00	10	53	83					(4)
3	00	05	20	30					(4)
4	00								(1)
5									(0)
6	10								(1)

合计(25)

图 3–12 汽车收音机库存量的茎叶图

(六)制作统计图时应注意的问题

1. 正确选择尺度

在制作和解释统计图时,对于坐标轴上的尺度必须要认真加以选择,这一点非常重要.因为如果把含有相同信息的两张图用不同的尺度制作,那么,这两张图就会给人完全不同的印象.这对于条形图和时间序列图来说,尤其是这样.在某种尺度下,看上去差不多尺寸的两种分组可产生很大的差异.

2. 正确反映零点

除尺度外,坐标轴上零点(即原点)的确定也是十分重要的.如果坐标轴不以零点为起点,则容易给人造成视觉上的错觉.例如,若想在条形图上以两倍的高度的条形来比较高与矮的两个数值,则只有当纵坐标从 0 开始时才是正确的.

3. 绘制线图时应注意以下几点:

(1)时间一般绘在横轴,指标数据绘在纵轴;

(2)图形的长宽比例要适当,一般为横轴略大于纵轴的长方形,其长宽比大致为 10:7,图形过扁或过于瘦高,不仅不美观,而且会给人造成视觉上的错觉,不便于对数据变化的理解;

(3)一般情况下,纵轴数据下端应从 0 开始,以便于比较.数据与 0 之间的间距过大,可以采取折断的"∥"符号将纵轴折断.

Excel 在统计整理中的应用

进入 Excel 系统后,可按以下步骤完成数据分析功能的调用.

第一步:用鼠标左键单击屏幕上方主菜单中的"工具"栏,然后在其下拉菜单中找到"加载宏"子命令并点击(见附图 3-1),系统就会出现"加载宏"对话框.

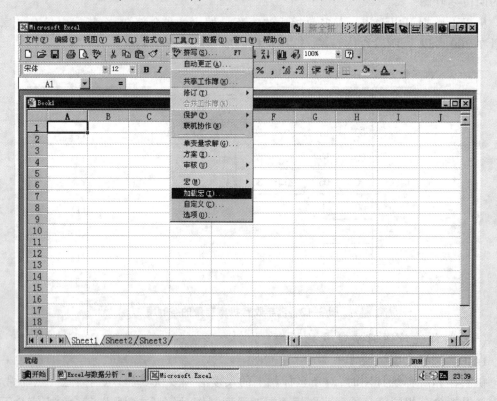

附图 3-1　选中"工具"菜单中的"加载宏"子命令

第二步:在"加载宏"对话框中选中"分析工具库"点击,并按"确定"按钮(见附图3-2),则系统就会将"数据分析"功能模块添加到"工具"栏的下拉菜单之中.当再次打开"工具"栏时,就会看到"数据分析"子命令已经存在.

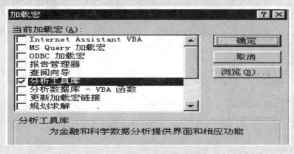

附图3-2　"加载宏"子命令框

第三步:单击"工具"菜单中的"数据分析",出现"数据分析"对话框.可以看到在"数据分析"对话框中包含有方差分析、相关系数、协方差、描述统计、指数平滑、F-检验、傅利叶分析、直方图、移动平均、随机数发生器、排位与百分比排位、回归、抽样、t-检验、z-检验等数据分析工具可供选择使用.

第四步:在"数据分析"对话框中选择合适的分析工具,就可以完成预定的数据分析任务.

附例3.1　已知某地区83个乡1993年的"农户年均收入(元)"资料如下:

13590	9890	7920	7830	9820	13520	6480	6780	4215
5480	5422	4998	5102	5211	5315	4992	4981	4821
4977	4824	4994	4997	5211	5419	5411	5208	4994
5108	5350	5560	7088	7090	5820	5980	7180	4112
9720	8640	8290	4001	3847	3714	3688	3684	4214
3714	3683	3713	3827	3972	3970	3814	3864	4501
3851	12950	3722	12948	3715	11925	3712	3708	4004
4002	4765	4512	4009	4207	4217	4315	4528	4653
4115	4008	4651	4005	4322	4113	4209	4508	4003
4111	4742							

请利用Excel根据以上资料编制农户年均收入的频数分布.

解:假定我们已经将上述农户年均收入资料输入到Excel工作表A列的第2—84行(见附图3-3).为了建立频数分布,设在本例中将农户年均收入分为5组,各组区间分别为4000元以下、4000~5000元、5000~6000元、6000~10000元、10000元以上.但在Excel中,要求使用者在做频数分布时必须(且只能)确定作为统计分组的各组上限值,故此,这里我们就指定各组的上限依次为4000元、5000元、6000元、10000元、14000元(已知资料中的最大值为13590).并将其按升序顺序输入到Excel工作表中B列的第2—6行(当然也可以将其输入到Excel工作表的某一行的若干列),在B列的第1行输入标题"农户年均收入",附图 3-3 显示了带有 B 列的农户年均收入的上限值的工作表.

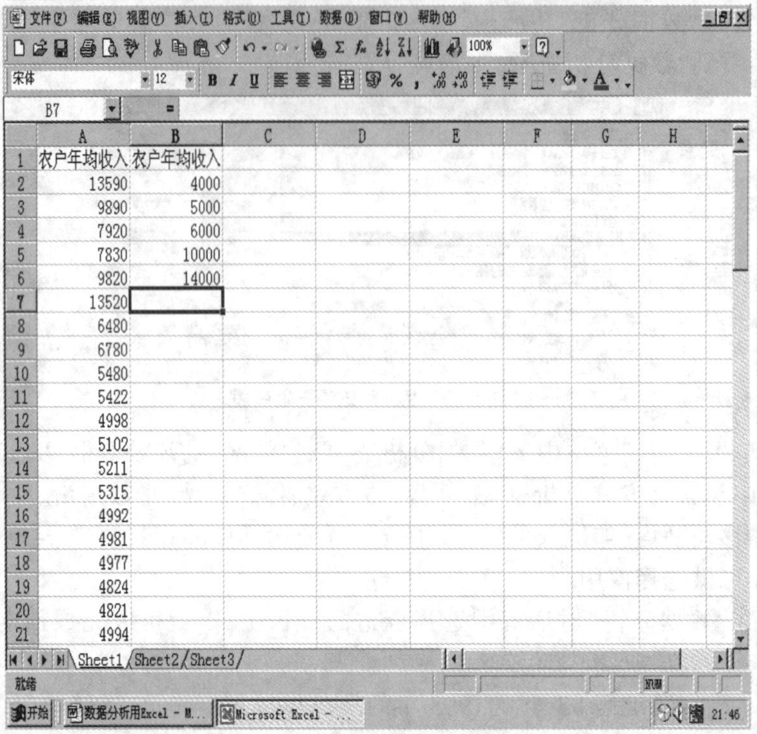

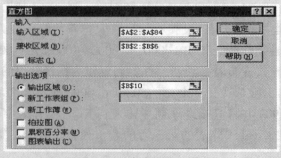

附图 3-3 输入农户年均收入数据的 Excel 工作表

在建立频数分布时,Excel 对数据值小于或等于第一组上限的项目数据提供一个计数器 1,对数据值大于第一组上限而小于或等于第二组上限的项目数据提供一个计数器 2…这样,各个计数器提供的合计数就是频数分布的各组频数.

接下来,我们分步骤说明使用 Excel 产生频数分布的过程:

第一步:点击"工具"栏,打开相应的下拉菜单.

第二步:在"工具"下拉菜单中选择"数据分析"子命令并点击,弹出"数据分析"对话框.

第三步:选择"数据分析"对话框中的"直方图",并点击"确定"按钮,打开"直方图"对话框.

第四步:出现如附图 3-4 所示的"直方图"对话框以后,依次完成以下操作:

附图 3-4 "直方图"对话框

在"输入区域"栏中输入"A2:A84";在"接受区域"栏中输入"B2:B6";击活"输出区域";在"输出区域"栏中输入"B10"(也可任意指定一个方便的输出位置);点击"确定"按钮.此时,系统将会在 Excel 工作表中以 B10 单元格为起点的右下方给出关于 83 户农户年均收入情况的频数分布(见附图 3-5 中的阴影部分).

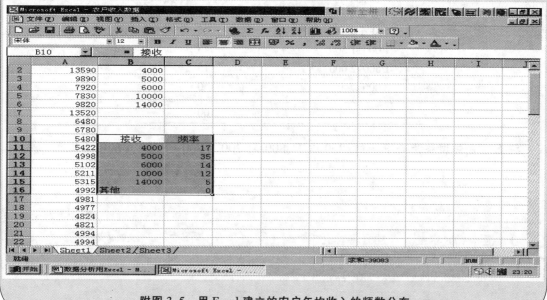

附图 3-5　用 Excel 建立的农户年均收入的频数分布

思考与练习

一、简答题

1. 简述统计整理的意义及步骤.

2. 简述统计资料审核的意义、内容和方法.

3. 简述统计分组的作用.

4. 简述选择分组标志应遵循哪些原则.

5. 简述编制变量数列的基本程序.

6. 简述组距、组限、组数与组中值的含义以及它们的计算方法.

7. 简述统计表的构成及分类.

8. 简述次数分布的主要类型及各自的分布特征.

二、计算题

1. 某班共有 40 名学生,2000 年年末《统计学》考试成绩如下(单位:分):

87　83　69　88　84　86　75　74　78　77

78　53　79　87　95　99　57　66　67　60

70　74　77　80　75　89　65　73　94　76

75　84　87　72　71　64　67　72　83　89

要求:(1)根据上述资料编制组距为 10 的分布数列;

　　　(2)将上述编制的分配数列绘制为直方图、次数分布折线图、递增累计次数分布折线图.

2. 某公司职工工资分组资料如下表:

按月工资分组(元)	人数比重(%)
500 以下	5
500~1 000	25
1 000~1 500	45
1 500~2 000	15
2 000 以上	0
合　计	100

将上述资料调整为如下四组:800 以下、800~1 200、1 200~1 600、1 600 以上.

第四章 统计数据分布特征的描述

统计数据的分布特征可从三个方面进行描述:一是数据分布的集中趋势;二是数据分布的离散程度;三是数据分布的形态.集中趋势和离散程度是数据分布特征对立统一的两个方面;数据分布的形态是判断数据分布对称与偏斜程度以及分布扁平程度的.

第一节 数据分布集中趋势的度量

集中趋势是指一组数据向某中心值靠拢的倾向,集中趋势的测度实际上就是对数据一般水平代表值或中心值的测度.不同类型的数据用不同的集中趋势测度值,低层次数据的集中趋势测度值适用于高层次的测量数据;反过来,高层次数据的集中趋势测度值并不适用于低层次的测量数据.选用哪一个测度值来反映数据的集中趋势,要根据所掌握的数据的类型来确定.

数据的测量层次与数据的测量方法之间有表 4-1 中的关系.

表 4-1 数据的测量层次与数据的测量方法之间的关系

数据的测量层次	数据测量的方法
定类	众数
定序	中位数和分位数
定距	数值平均数
定比	数值平均数

数据的特征决定了所要选择的测量方法,其对应关系如图 4-1.

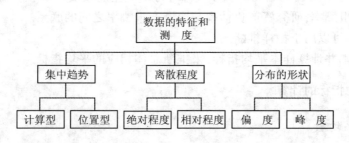

图 4-1 数据的特征与测度方法之间的关系

一般我们用平均指标作为集中趋势测度指标,图 4-1 中的数值型平均数包括算术平均数、调和平均数和几何平均数;位置型平均数包括众数、中位数和四分位数等.这是本节主要

应用统计学

介绍的内容,离散程度和分布形状的测度将分别在本章的第二节和第三节中介绍.

一、平均指标的概念和作用

(一)平均指标的概念

平均指标是在一定条件下,同一总体各单位某一数量标志值所达到的一般水平,也称为统计平均数,它反映了总体各单位数量标志值的集中趋势.如平均产量、平均成本、平均利润、平均收入、平均流通费用率、平均价格、平均成绩、平均身高和平均年龄等.

平均指标具有以下特点:

(1)同质性.平均指标表明的是同质总体各单位某一数量标志值的一般水平,因此具有同质性.

(2)抽象性.计算平均指标就是将总体各单位数量标志值的具体差异抽象化.

(3)代表性.由总体各单位的数量标志值计算得到平均指标后,平均指标就作为各单位数量标志值的一般代表.

在统计实际研究中,现象总体的数量标志值往往存在较大的差异,如果编制出变量分布数列,则距离平均数越近的标志值的个数越多,距离平均数越远的标志值的个数越少.所以,平均指标反映的是总体分布的集中趋势.

(二)平均指标的作用

平均指标在统计分析中主要具有以下作用:

(1)平均指标可以反映同类现象在不同时间的发展变化情况.

例如,通过观察某企业同类产品在不同时期的平均成本,可以研究成本的动态变化.又如,比较不同时期的居民消费水平,能够反映居民消费水平的增减变化方向和程度.

(2)利用平均指标可以消除不同总体范围而导致的总体数量差异,便于不同地区、不同单位和不同部门同类现象的比较分析.

例如,比较两个企业的工资水平,不能采用工资总额,因为工资总额是总量指标,它受到总体范围大小的影响,而要用平均工资.

(3)为了加深对现象的分析研究,常用平均指标分析现象之间的依存关系.

例如,将同类企业按规模大小分组后,再计算各组的同类产品平均成本,从而研究不同的企业规模与产品平均成本之间的关系.又如,将工业企业按资产负债率分组,再计算各组别的平均净资产报酬率,研究资产负债率与净资产报酬率之间的联系.

(4)平均指标可以用于抽样推断.

通过抽取样本并计算样本平均指标,来推断总体相应的平均指标.

二、各种平均指标的计算

(一)算术平均数

算术平均数是最常用的平均指标,为了表明同一总体某一数量标志值的一般水平,用该总体内各单位某一数量标志值之和除以总体单位总数, 即可得到算术平均数,其一般计算式为:

$$\bar{x} = \frac{\sum x}{n} \qquad\qquad (4.1)$$

式中，$\bar{x}$ 为算术平均数；x 是总体各单位数量标志值；n 是总体单位总量．

1. 简单算术平均数

在总体单位数较少的情况下，可将总体各单位数量标志值一一相加后，得到标志总量，再除以总体单位总量，求出算术平均数，这样计算的平均数称为简单算术平均数．

例 4.1　某小组有 10 位同学，《统计学》考试成绩分别为 77、80、81、83、86、91、75、73、82、68 分，计算小组《统计学》的平均成绩．

解：将某小组 10 位同学《统计学》的考试成绩代入公式(4.1)，得平均成绩为：

$$\bar{x} = \frac{77+80+81+83+86+91+75+73+82+68}{10} = 79.6(分).$$

2. 加权算术平均数

对总体各单位按被平均标志分组后，在各组间形成不同的次数分布，用各组标志值乘以相应的次数得到各组标志总量，将各组标志总量求和，再除以总次数，即得加权算术平均数，计算公式如下：

$$\bar{x} = \frac{\sum xf}{\sum f} \qquad\qquad (4.2)$$

式中，f 是各组标志值出现的次数，也称频数；$\dfrac{f}{\sum f}$ 是各组次数占总次数的比重，也称频率．

对于单项式变量数列，可直接采用上式计算；对于组距式变量数列，假定各组的标志值在组内是均匀分布，采用各组的组中值作为其标志值 x，再利用上式计算．需要注意的是：现实生活中完全均匀分布是不可能的，所以用组中值代替标志值具有一定的假定性．

例 4.2　某班级 30 名学生的《统计学》考试成绩如表 4-2，计算加权算术平均数．

表 4-2　学生《统计学》考试成绩

成绩(分)	组中值(分)x	人数(人)f
60~70	65	3
70~80	75	12
80~90	85	11
90~100	95	4
合计	—	30

解：用各组的组中值代替其标志值，加权平均数为：

$$\bar{x} = \frac{\sum xf}{\sum f} = \frac{65\times3+75\times12+85\times11+95\times4}{30} = \frac{2\,410}{30} = 80.3(分).$$

3. 算术平均数的数学性质

(1)各变量值与算术平均数的离差总和等于 0，即：

$$\sum (x-\bar{x})=0, \quad \sum(x-\bar{x})f=0 \qquad\qquad (4.3)$$

(2)各变量值与算术平均数的离差平方总和为最小值，即：

$$\sum (x-\bar{x})^2=最小值, \quad 或 \sum (x-\bar{x})^2 f = 最小值 \qquad\qquad (4.4)$$

(3)两个独立的同性质变量代数和的平均数等于各变量平均数的代数和,即:

$$\overline{(x+y)}=\bar{x}+\bar{y}$$ (4.5)

(4)两个独立的同性质变量乘积的平均数等于各变量平均数的乘积,即:

$$\overline{x \cdot y}=\bar{x} \cdot \bar{y}$$ (4.6)

为了正确理解和应用算术平均数,应注意以下几点:

(1)加权算术平均数的大小取决于两个因素,即各组的标志值 x 和各组次数占总次数的比重 $f/\sum f$.这里 $f/\sum f$ 起着权衡轻重的作用,$f/\sum f$ 较大的组,其组标志值在总平均值中所起的作用就较大.统计上将变量数列中各组出现的次数(f)称为权数,各组次数占总次数的比重($f/\sum f$)称为权重.

(2)当各组次数相等时(设为一任意常数 c),加权算术平均数就等于简单算术平均数,因为 $\bar{x}=\dfrac{\sum xf}{\sum f}=\dfrac{c\sum x}{nc}=\dfrac{\sum x}{n}$,所以简单算术平均数是加权算术平均数的一个特例.

(3)在总体单位数较少的情况下,算术平均数易受极端数值的影响,例如,某班组 6 人日产量分别为 10、42、43、46、50、51 件,算术平均数为:

(10+42+43+46+50+51)/6 = 40.3(件).

因为受极端数值 10 的影响,算术平均数偏小.

(4)对于组距式数列中的开口组,要按相邻组组距计算组中值,因而具有很大的假定性,在实际应用中,要注意这种假定性对分析结果的影响.

(二)调和平均数

调和平均数是各标志值倒数的算术平均数的倒数,又称为倒数平均数.它可以分为简单调和平均数和加权调和平均数.

1. 简单调和平均数

我们先来看一个实际例子.

例 4.3 有三种不同等级的同种蔬菜,其价格分别为一级品 3 元/千克,二级品 2 元/千克,三级品 1 元/千克,若三种不同等级的蔬菜各买 1 元钱,其平均价格为多少?

解:此例中价格表示为每千克多少元,即计算价格的分子为购买额,分母为购买量.

价格=购买额/购买量.

$$平均价格=\frac{1+1+1}{\frac{1}{3}+\frac{1}{2}+\frac{1}{1}}=\frac{3}{0.33+0.5+1}=1.64(元/千克).$$

由例 4.3,我们可以得到简单调和平均数的计算式:

$$H=\frac{n}{\sum \frac{1}{x}}$$ (4.7)

式中,H 为调和平均数;n 为变量值的个数;x 为各变量值.

2. 加权调和平均数

在例 4.3 中,若三种不同等级蔬菜的购买金额不等,一级品 1 元,二级品 2 元,三级品 3 元,此时:

$$平均价格=\frac{1+2+3}{\frac{1}{3}+\frac{2}{2}+\frac{3}{1}}=\frac{6}{0.33+1+3}=1.39(元/千克).$$

由于价格低的三级品购买金额较多,所以平均价格较低.若购买金额为:一级品 6 元,二级品 3 元,三级品 1 元,则:

$$平均价格=\frac{6+3+1}{\frac{6}{3}+\frac{3}{2}+\frac{1}{1}}=\frac{10}{2+1.5+1}=2.22(元/千克).$$

由于价格高的一级品购买金额较多,所以平均价格较高,这里购买金额起到了权数的作用.可见,加权调和平均数的计算式为:

$$H=\frac{\sum m}{\sum \dfrac{m}{x}} \tag{4.8}$$

式中,m 为权数,x 为变量值.

3. 由相对数和平均数计算平均数

根据相对数和平均数计算平均数时,如何正确选择和应用算术平均数与调和平均数,是实际中经常碰到的问题. 比如,由某局所属 10 个企业的利润计划完成程度指标计算该局的平均计划完成程度,由集团公司 5 家单位的劳动生产率计算该集团公司的平均劳动生产率等.

由于相对数和平均数是两个数字对比所形成的比值,设此比值为 x,分子为 m,分母为 f,则:

$$x=\frac{m}{f},\quad m=xf,\quad f=\frac{m}{x}.$$

(1)已知 x 和 f 时,有:

$$\bar{x}=\frac{\sum m}{\sum f}=\frac{\sum xf}{\sum f} \tag{4.9}$$

在缺少被平均标志 x 的分子资料时,要采用算术平均数,即"缺分子,用算术".如上述平均计划完成程度,其分子是实际利润额,分母是计划利润额,当已知各企业的利润计划完成程度和计划利润额时(缺少实际利润额),则采用算术平均数.

例 4.4　某局 10 家企业的利润计划完成程度和计划利润额资料如表 4-3 所示,计算平均利润计划完成程度.

表 4-3　各企业利润计划完成程度和计划利润额

利润计划完成程度(%)x	企业数(个)	计划利润额(万元)f
80~90	2	500
90~100	5	1 600
100~110	3	800
合　计	10	2 900

解:将表 4-3 各企业利润计划完成程度和计划利润额资料代入公式(4.9),可得平均利润计划完成程度:

$$\bar{x}=\frac{\sum xf}{\sum f}=\frac{85\times3\,500+95\times1\,600+105\times800}{500+1\,600+800}=96.03\%.$$

(2)已知 x 和 m 时,有:

$$H=\frac{\sum m}{\sum f}=\frac{\sum m}{\sum \frac{1}{x}m} \tag{4.10}$$

在缺少被平均标志的分母资料时,要采用调和平均数,即"缺分母,用调和."如例4.4中,当已知各企业的利润计划完成程度和实际利润额时(缺少计划利润额资料),则采用调和平均数.有关资料见表4-4.

表4-4　各企业利润计划完成程度和实际利润额

利润计划完成程度(%)x	企业数(个)	实际利润额(万元)f
80~90	2	425
90~100	5	1 520
100~110	3	840
合　计	10	2 785

$$H=\frac{\sum m}{\sum \frac{m}{x}}=\frac{425+1\ 520+840}{\frac{1}{0.85}\times425+\frac{1}{0.95}\times1\ 520+\frac{1}{1.05}\times840}$$

$$=\frac{2\ 785}{2\ 900}=96.03\%.$$

在实际应用中,究竟是采用算术平均数还是采用调和平均数,要根据资料的拥有情况来确定.

4. 关于权数的选择

无论是加权算术平均数或加权调和平均数,均存在权数的选择问题.选择权数时主要应考虑权数与标志值(或标志值的倒数)相乘应具有现实的经济意义,通常要形成被平均标志的分子(或分母).在例4.4中,若选择计划利润额为权数,则计划利润额与计划完成程度相乘后,形成计划完成程度指标的分子(实际利润额),所以,计划利润额应作为计算加权算术平均数的权数;若选择实际利润额为权数,则实际利润额与计划完成程度的倒数相乘后,形成计划完成程度指标的分母(计划利润额),因此,实际利润额应作为计算加权调和平均数的权数.

(三)几何平均数

在社会经济现象中,许多现象变化的总比率或总速度常常是各分段比率或分段速度的连乘积,所以适合用几何平均数计算平均比率或平均速度.几何平均数有简单几何平均数和加权几何平均数之分.

1. 简单几何平均数

简单几何平均数是 n 个变量值连乘积的 n 次方根,即:

$$G=\sqrt[n]{x_1\times x_2\times\cdots\times x_n}=\sqrt[n]{\prod_{i=1}^{n}x_i} \tag{4.11}$$

它可以看做是简单算术平均数的一种变形:

$$\lg G=\frac{1}{n}(\lg x_1+\lg x_2+\cdots+\lg x_n)=\frac{\sum\limits_{i=1}^{n}\lg x_i}{n} \tag{4.12}$$

例 4.5 我国国内生产总值 2001 年、2002 年、2003 年的环比发展速度分别是 107.5%、108.3%、109.3%,计算各年的平均发展速度.

解:将已知的环比发展速度代入公式(4.11),得各年的平均发展速度为:

$$G=\sqrt[3]{107.5\%\times108.3\%\times109.3\%}=108.4\%.$$

2. 加权几何平均数

当计算几何平均数的各个变量值的次数不相等时,要采用加权几何平均数,即:

$$G=\sqrt[\sum\limits_{i=1}^{n}f_i]{\prod_{i=1}^{n}x_i^{f_i}} \tag{4.13}$$

同样可看做是加权算术平均数的一种:

$$\lg G=\frac{1}{\sum f_i}(f_1\lg x_1+f_2\lg x_2+\cdots+f_n\lg x_n)=\frac{\sum\limits_{i=1}^{n}f_i\lg x_i}{\sum f_i} \tag{4.14}$$

例 4.6 某人有一笔款项存入银行 10 年,前 2 年的年利率为 6%,第 3 至 5 年的年利率为 5%,后 5 年的年利率为 3%,如果按复利计算,这笔款项的平均年利率为多少?

解:将已知的利率数据代入公式(4.13),得各年的平均年利率:

$$G=\sqrt[10]{1.06^2\times1.05^3\times1.03^5}=1.042,$$
$$1.042-1=0.042=4.2\%.$$

这笔款项的平均年利率为 4.2%.

(四)众数

1. 概念要点

众数是指一组数据中出现次数最多的变量值,用 M_0 表示.从变量分布的角度看,众数是具有明显集中趋势点的数值,一组数据分布的最高峰点所对应的数值即为众数.当然,如果数据的分布没有明显的集中趋势或最高峰点,众数也可以不存在;如果有多个高峰点,也就有多个众数.

众数具有以下的特点:

(1)出现次数最多的变量值;

(2)可能没有众数或有几个众数;

(3)主要用于定类数据,也可用于定序数据和数值型数据.

从以下三组数据的规律,可以看出众数的不唯一性:

无众数原始数据: 10 5 9 12 6 8

一个众数原始数据: 6 5 9 8 5 5

多于一个众数原始数据: 25 28 28 36 42 42

众数的取值与相邻两组频数的分布有关,相邻两组频数相等时,众数组的组中值就是众数;相邻两组频数不相等时,众数将介于众数组的上限与下限之间.具体关系见图 4-2

和图4-3.

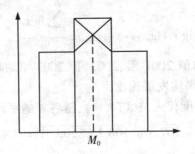

图 4-2   相邻两组频数相等时的众数位置

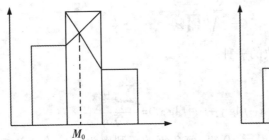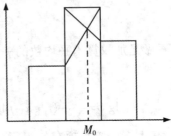

图 4-3   相邻两组频数不等时的众数位置

2. 众数的计算

(1)未分组数据或单项式数列

根据未分组数据或单变量值分组数据计算众数时,我们只需找出出现次数最多的变量值即为众数.

(2)组距式数列

对于组距分组数据,众数的数值与其相邻两组的频数分布有一定的关系,这种关系可作如下的理解:

设众数组的频数为f_m,众数前一组的频数为f_{m-1},众数后一组的频数为f_{m+1}.当众数相邻两组的频数相等时,即$f_{m-1}=f_{m+1}$,众数组的组中值即为众数;当众数组的前一组的频数多于众数组后一组的频数时,即$f_{m-1}>f_{m+1}$,则众数会向其前一组靠,众数小于其组中值;当众数组后一组的频数多于众数组前一组的频数时,即$f_{m-1}<f_{m+1}$,则众数会向其后一组靠,众数大于其组中值.基于这种思路,借助图4-2和图4-3,可得分组数据众数的计算公式如下:

下限公式:

$$M_0=L+\frac{f_m-f_{m-1}}{(f_m-f_{m-1})+(f_m-f_{m+1})}\times d=L+\frac{\Delta_1}{\Delta_1+\Delta_2}\times d \tag{4.15}$$

上限公式:

$$M_0=U-\frac{f_m-f_{m+1}}{(f_m-f_{m-1})+(f_m-f_{m+1})}\times d=U-\frac{\Delta_2}{\Delta_1+\Delta_2}\times d \tag{4.16}$$

式中,L表示众数所在组的下限;U表示众数所在组的上限;d表示众数所在组的组距.

例 4.7   某班组工人月产量的分组资料见表4-5,计算众数.

表 4–5　某班组工人月产量的次数分布

按月产量分组（件）	人数（人）	累计次数（人）	
		向上累计次数	向下累计次数
60 以下	2	2	20
60~65	3	5	18
65~70	8	13	15
70~75	4	17	7
75 以上	3	20	3
合　计	20	—	—

解：首先直观找出众数组为第三组，并确认：$L=65$，$U=70$，$f_m=8$，$f_{m-1}=3$，$f_{m+1}=4$，$d=5$，分别采用下限和上限公式计算众数如下：

按下限公式计算：

$$M_0 = L + \frac{f_m - f_{m-1}}{(f_m - f_{m-1}) + (f_m - f_{m+1})} \times d$$

$$= 65 + \frac{8-3}{(8-3)+(8-4)} \times 5$$

$$= 67.78（件）.$$

按上限公式计算：

$$M_0 = U - \frac{f_m - f_{m+1}}{(f_m - f_{m-1}) + (f_m - f_{m+1})} \times d$$

$$= 70 - \frac{8-4}{(8-3)+(8-4)} \times 5$$

$$= 67.78（件）.$$

可见，对于同一组数据，无论采用下限公式还是上限公式，计算结果不变。

当已知资料是相对次数时，同样可用相对次数代替绝对次数计算确定众数。

（五）中位数

1. 概念要点

中位数是将总体各单位标志值按大小顺序排列后，处于中间位置的那个数值。

中位数具有以下的特点：

(1)排序后处于中间位置上的值；

(2)主要用于定序数据，也可用数值型数据，但不能用于定类数据。

2. 中位数的计算

(1)对于未分组的原始资料，首先必须将标志值按大小排序。设排序的结果为：

$$x_1 \leqslant x_2 \leqslant x_3 \leqslant \cdots \leqslant x_n,$$

则中位数就可以按下面的方式确定：

$$M_e = x_{\frac{n+1}{2}}，当 n 为奇数 \tag{4.17}$$

$$M_e = \frac{x_{\frac{n}{2}} + x_{\frac{n}{2}+1}}{2}，当 n 为偶数 \tag{4.18}$$

(2)对于单项式变量数列，由于变量值以及序列化，故中位数可以直接按下面的方式确定：

$$M_e = x_{\frac{\sum f+1}{2}}, \quad \text{当} \sum f \text{为奇数} \tag{4.19}$$

$$M_e = \frac{x_{\frac{\sum f}{2}} + x_{\frac{\sum f}{2}+1}}{2}, \quad \text{当} \sum f \text{为偶数} \tag{4.20}$$

(3)对于组距式变量数列,确定中位数也需要分两步进行:

第一步,从变量数列的累计频数中找出第一个大于 $\frac{\sum f}{2}$ 的组,即"中位数组",该组的上限、下限就规定了中位数的可能取值范围;

第二步,假定在中位数组内的各单位是均匀分布的,就可利用下面的公式计算中位数的近似值:

$$M_e = L + \frac{\frac{\sum f}{2} - S_{m-1}}{f_m} \times d \tag{4.21}$$

$$M_e = U - \frac{\frac{\sum f}{2} - S_{m+1}}{f_m} \times d \tag{4.22}$$

上面两式分别称作中位数的"下限公式"和"上限公式".

式中, f_m 是中位数组的频数; S_{m-1} 是中位数组前一组的向上累计频数; S_{m+1} 是中位数组后一组的向下累计频数; $d=U-L$ 为中位数组的组距.

例4.8 某班组9人的月产量(件)分别为:62、65、66、70、71、73、76、79、80,试确定其中位数.

解:因为本例题中有9个原始数据,是奇数,依据公式(4.17),排在第五位的产量71件即为所求的中位数.

若该组有10人,月产量(件)分别为:62、65、66、70、71、73、76、79、80、82,则依据公式(4.18),将排在第五、第六位的产量进行简单算术平均,即:

$$M_e = (71+73) \div 2 = 72(\text{件}).$$

例4.9 仍利用上述某班组工人按月产量分组资料(表4-5),求中位数.

解:由表4-5可知,中位数所在组的位置: $\sum \frac{f}{2} = \frac{20}{2} = 10$,即中位数所在组为第三组,利用公式确定中位数的具体数值:

已知: $L=65, U=70, \sum f=20, f_m=8, S_{m-1}=5, S_{m+1}=7, d=5$.

按下限公式计算:

$$M_e = L + \frac{\frac{\sum f}{2} - S_{m-1}}{f_m} \times d = 65 + \frac{\frac{20}{2} - 5}{8} \times 5 = 65 + 3.125 = 68.125(\text{件}).$$

按上限公式计算:

$$M_e = U - \frac{\frac{\sum f}{2} - S_{m+1}}{f_m} \times d = 70 - \frac{\frac{20}{2} - 7}{8} \times 5 = 70 - 1.875 = 68.125(\text{件}).$$

由此可见,对于同一组数据,无论是下限公式还是上限公式,计算出的中位数是一样的.

有时已知的资料不是绝对次数,而是相对次数(各组次数占总次数的比重),同样可以用相对次数代替绝对次数来确定中位数.

(六)分位数

中位数是从中间点将全部数据等分为两部分.与中位数类似的还有四分位数(quartile)、十分位数(decile)和百分位数(percentile)等.它们分别是用 3 个点、9 个点和 99 个点将数据 4 等分、10 等分和 100 等分后各分位点上的值.这里只介绍四分位数的计算,其他分位数与之类似.

一组数据排序后处于 25% 和 75% 位置上的值,称为四分位数,也称四分位点.

四分位数是通过三个点将全部数据等分为四部分,其中每部分包含 25% 的数据.很显然,中间的四分位数就是中位数,因此通常所说的四分位数是指处在 25% 位置上的数值(下四分位数)和处在 75% 位置上的数值(上四分位数).与中位数的计算方法类似,根据未分组数据计算四分位数时,首先对数据进行排序,然后确定四分位数所在的位置.

1. 四分位数位置的确定

设下四分位数为 Q_L,上四分位数为 Q_U,对于未分组的原始数据,各四分位数的位置分别为未分组数据的四分位数位置和组距分组数据的四分位数位置.

(1)未分组数据的四分位数位置:

$$Q_L \text{ 的位置} = \frac{n+1}{4}, Q_U \text{ 的位置} = \frac{3(n+1)}{4} \tag{4.23}$$

当四分位数的位置不在某一个位置上时,可根据四分位数的位置,按比例分摊四分位数两侧的差值.

(2)组距分组数据的四分位数位置:

$$Q_L \text{ 的位置} = \frac{\sum f}{4}, Q_U \text{ 的位置} = \frac{3\sum f}{4} \tag{4.24}$$

2. 四分位数的计算

(1)未分组数据

例 4.10 在某城市中随机抽取 9 个家庭,调查得到每个家庭的人均月收入数据如下(单位:元/人):1 500、750、780、1 080、850、960、2 000、1 250、1 630,计算人均月收入的四分位数.

解:

$$Q_L \text{ 的位置} = \frac{n+1}{4} = \frac{9+1}{4} = 2.5,$$

即 Q_L 在第 2 个数值(780)和第 3 个数值(850)之间 0.5 的位置上,因此:

$$Q_L = (780+850) \div 2 = 815(\text{元/人}).$$

$$Q_U \text{ 的位置} = \frac{3(n+1)}{4} = \frac{3 \times (9+1)}{4} = 7.5,$$

即 Q_U 在第 7 个数值(1 500)和第 8 个数值(1 630)之间 0.5 的位置上,因此:

$$Q_U = (1\ 500+1\ 630) \div 2 = 1\ 565(\text{元/人}).$$

Q_L 和 Q_U 之间包含了 50% 的数据,因此,我们可以说有一半的家庭人均月收入在 815~1 565 元之间.

(2)分组数据

组距分组数据的四分位数的计算公式如下:

$$\text{上四分位数}: Q_L=L_L+\frac{\frac{\sum f}{4}-S_L}{f_L}\times d_L \tag{4.25}$$

$$\text{下四分位数}: Q_U=L_U+\frac{\frac{3\sum f}{4}-S_U}{f_U}\times d_U \tag{4.26}$$

三、平均数之间的关系

(一)算术平均数、调和平均数和几何平均数的关系

算术平均数、调和平均数和几何平均数都是数值平均数,即都是根据所有数据计算的.如果从纯数量关系上考察,这三种平均数的关系如下:

(1)当一组数据中所有数据不尽相同时,据此计算的三种平均数的结果为:算术平均数最大,调和平均数最小,几何平均数居中.它们的关系用公式表示为:$\bar{x}>G>H$.当一组数据中出现极端值时,通过这种关系我们不难看出,极端值对这三种平均数的影响程度是有差别的,它对算术平均数的影响最大,对几何平均数的影响次之,对调和平均数的影响最小.

(2)当一组数据中所有的数据都相同时,据此计算的三种平均数相等,即$\bar{x}=G=H$.

三种数值平均数的这种关系是纯数学意义上的.当然,在实际应用中,采用何种平均数应取决于现象的客观性质和研究目的.也就是说,适宜用算术平均数计算的,就不能用调和平均数或几何平均数计算,反之亦然.算术平均数是应用最为广泛的一种平均数,因为其计算方法是与许多社会经济现象的数量关系相符合的,即许多社会经济现象总体各单位的标志值之和等于总体的标志总量,且这种方法易理解并具有优良的数学性质.调和平均数在实际应用中,通常是作为算术平均数的变形使用的,即利用调和平均数的形式来计算算术平均数.几何平均数适合对一些特殊数据,如比率、速度等的平均.

(二)算术平均数与众数、中位数的关系

算术平均数与众数、中位数的关系取决于频数分布的状况.它们的关系如下:

(1)当数据具有单一众数且频数分布对称时,算术平均数与众数、中位数三者完全相等,即$\bar{x}=M_e=M_0$,这一关系如图4-4所示.

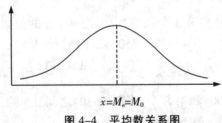

$$\bar{x}=M_e=M_0$$

图4-4 平均数关系图

(2)当频数分布呈现右偏态时,说明数据存在最大值,必然拉动算术平均数向极大值一方靠,则三者之间的关系为$\bar{x}>M_e>M_0$,这一关系如图4-5(a).

(3)当频数分布呈现左偏态时,说明数据存在最小值,必然拉动算术平均数向极小值一方靠,而众数和中位数由于是位置平均数,不受极值的影响,因此,三者之间的关系为$\bar{x}<M_e<M_0$,这一关系如图 4-5(b).

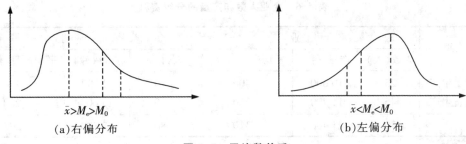

$$\bar{x}>M_e>M_0 \qquad\qquad\qquad\qquad \bar{x}<M_e<M_0$$

(a)右偏分布　　　　　　　　　　　　(b)左偏分布

图 4-5　平均数关系

从上面的分析我们可以看出,当频数分布出现偏态时,极端值对算术平均数产生很大的影响,而对众数、中位数没有影响.此时,用众数、中位数作为一组数据的中心值比算术平均数有较高的代表性.

算术平均数与众数、中位数如果从数值上的关系看,当频数分布的偏斜程度不是很大时,无论是左偏还是右偏,众数与中位数的距离约为算术平均数与中位数距离的 2 倍,即:

$$|M_e-M_0|=2|\bar{x}-M_e| \tag{4.27}$$

根据上述关系,可以得出:

$$M_0=\bar{x}-3(\bar{x}-M_e)=3M_e-2\bar{x} \tag{4.28}$$

对于一组数据,在已知两个代表值的情况下,可根据上式推算出另一代表值.

例 4.11　根据某城市住户家庭月收入的抽样调查资料算出众数为 2 043 元,中位数为 2 271 元,问算术平均数为多少? 其分布呈何形态?

解:由已知资料,推算样本的算术平均数为:

$$\bar{x}=\frac{3M_e-M_0}{2}=\frac{3\times2\ 271-2\ 043}{2}=2\ 385(元/人).$$

因为 2 385 >2 271> 2 043,即有$\bar{x}>M_e>M_0$.

所以,该城市住户家庭月收入分布呈右偏态分布.

四、平均指标的应用原则

(一)总体的同质性是计算和应用平均指标的基本前提

在计算和应用平均指标时,要把握现象总体的同质性.例如,计算某地区工业企业职工的平均工资,它所面对的现象总体是该地区工业企业的所有职工,其同质性体现在"工业企业"上,若将部分商业企业职工也加入其中,则计算出的平均工资就不能满足统计分析的要求,甚至是毫无意义的.

(二)分析时要用组平均数补充说明总平均数

总平均数作为总体各单位数量标志值的一般水平,掩盖了总体各单位或各个组别之间在一些其他属性上的差别,从而显示不出现象总体内部的结构状况,因此常用组平均数补充说明总平均数.

例 4.12　甲乙为两个生产同类型产品的企业,其人数和产量资料如表 4-6 所示,请使用相关知识进行分析.

表 4-6　企业人数和产量的分组资料

组　别	甲企业			乙企业		
	人数(人)	产量(件)	平均产量(件/人)	人数(人)	产量(件)	平均产量(件/人)
新型设备生产	25	10 000	400	10	4 200	420
老式设备生产	45	11 700	260	70	19 600	280
合　计	70	21 700	310	80	23 800	297.5

解:从表 4-6 可见,甲乙两企业的总平均产量分别是 310 件和 297.5 件,即甲企业的总平均产量高于乙企业,但从采用新、老设备的两个组别来看,甲企业各组的组平均产量均低于乙企业,这是由于两企业各组产量构成不同而致.所以必须将总平均数与组平均数结合起来,才能得出正确的分析结果.

(三)用分配数列和典型资料补充说明平均数

由于平均数反映了总体各单位数量标志值的集中趋势,掩盖了各单位之间的差异和分布状况,所以利用平均数反映现象总体特征时,要结合分配数列.例如:研究某地区工业企业利润计划完成情况时,除计算平均计划完成程度指标外,还要考察和分析分配数列,从而具体了解各工业企业利润计划完成情况.

为了深入全面地认识现象总体的特征,在应用平均数时,还要注意利用典型单位的事例补充说明平均数.

(四)平均数要与变异指标结合运用

平均数用来表明现象总体各单位标志值的集中趋势,但不能反映总体各单位标志值的差异程度. 因此,需要采用变异指标来反映总体各单位标志值的离中趋势,从而较全面地反映总体分布特征.

第二节　数据分布离散趋势的度量

一、变异指标的概念与作用

(一)变异指标的概念

在统计研究中,通常把一组数值之间的差异程度叫做标志变动度.测定标志变动度大小的指标叫做标志变异指标.标志变动度与标志变异指标在数值上呈正比.如果说平均指标说明总体分布的集中趋势的话,标志变异指标则说明总体分布的离中趋势.

(二)变异指标的作用

变异指标是描述数据分布的一个很重要的特征值,因此,它在统计分析、统计推断中具有很重要的作用.具体可以概括为以下几点:

(1)反映总体各单位变量值分布的均衡性.一般来说,标志变异指标数值越大,总体各单位变量值分布的离散趋势越高,均衡性越低;反之,变量值分布的离散趋势越低,均衡性就越高.

(2)判断平均指标对总体各单位变量值代表性的高低.平均指标作为总体各单位某一数量标志的代表值,其代表性的高低与总体差异程度有直接关系:总体的标志变异指标值愈大,平均数的代表性愈低;反之,标志变异指标值愈小,平均数代表性愈高.另一方面,平均指标代表性的高低同总体各单位变量值分布的均衡性也有直接关系:总体各单位变量值分布的均衡性越高,平均指标代表性就越高;反之,总体各单位变量值分布的均衡性越低,平均指标代表性就越低.

设两个班组工人的日产量如下(单位:件):

甲组　　10　11　12　13　14　15　16

乙组　　7　9　11　13　15　17　19

这两个组的平均日产量均为 13 件,但其标志值的分散程度不同,甲组标志值的分散程度比乙小,所以甲组平均日产量的代表性比乙组强.

(3)在实际工作中,借助标志变异指标还可以对社会经济活动过程的节奏性和均衡性进行评价.

(4)标志变异指标是衡量风险大小的重要指标.

(三)变异指标的类型

根据数据类型的不同,变异指标有异众比率、四分位差、全距、平均差、方差和标准差、离散系数等.

二、定类数据离散趋势的测度——异众比率

非众数组的频数占总频数的比率(variation ratio),称为异众比率,用 V_r 表示.

异众比率的计算公式为:

$$V_r = \frac{\sum f_i - f_m}{\sum f_i} = 1 - \frac{f_m}{\sum f_i} \tag{4.29}$$

式中,$\sum f_i$ 为变量值的总频数;f_m 为众数组的频数.

异众比率的作用是衡量众数对一组数据的代表性程度的指标.异众比率越大,说明非众数组的频数占总频数的比重就越大,众数的代表性就越差;反之,异众比率越小,众数的代表性就越好.异众比率主要用于测度分类数据的离散程度,当然,对于顺序数据也可以计算异众比率.

例 4.13　一家市场调查公司为研究不同品牌饮料的市场占有率,对随机抽取的一家超市进行了调查.调查员在某天对 50 名顾客购买饮料的品牌进行了记录.整理得不同品牌饮料的频数分布资料中,50 名顾客中购买可口可乐的人数最多,占 30%,要求根据资料计算异众比率.

解:因为 50 名顾客中购买可口可乐的人数最多,占 30%,这里的 30% 为众数的比例,依据公式(4.29)可得异众比率为:

$$V_r = \frac{\sum f_i - f_m}{\sum f_i} = 1 - \frac{f_m}{\sum f_i} = 1 - \frac{15}{50} = 0.7 = 70\%.$$

计算结果说明在所调查的 50 人当中,购买其他品牌饮料的人数占 70%,异众比率比较大.因此,用可口可乐来代表消费者购买饮料品牌的状况,其代表性不是很好.

此外,利用异众比率还可以对不同总体或样本的离散程度进行比较.假定我们在另一个超市对同一问题抽查了 100 人,购买可口可乐的人数为 40 人,则异众比率为 60%.通过比较可知,本次调查的异众比率小于上一次调查,因此,用可口可乐作为消费者购买饮料品牌的代表值比上一次调查要好些.

三、定序数据离散趋势的测度——四分位差

上四分位数与下四分位数之差,称为四分位差,亦称为内距或四分间距(inter-quartile range),用 Q_d 表示.

四分位差的计算公式为:

$$Q_d=Q_U-Q_L \tag{4.30}$$

四分位差反映了中间 50%数据的离散程度,其数值越小,说明中间的数据越集中;数值越大,说明中间的数据越分散.此外,由于中位数处于数据的中间位置,因此,四分位差的大小在一定程度上也说明了中位数对一组数据的代表程度.

四分位差主要用于测度顺序数据的离散程度.当然,对于数值型数据也可以计算四分位差,但不适合于分类数据.

例 4.14 根据例 4.10 资料,计算四分位差.

解:依据公式(4.30),结合例 4.10 资料,家庭人均月收入的四分位差为:

$$Q_d=Q_U-Q_L=1\ 565-815=750(元／人).$$

四、全距

(一)概念与计算

全距是总体标志值中最大值与最小值之差,即两个极端值之差,所以又称为极差,它是表明总体标志值变动范围的指标,其计算公式为:

$$R=\max(x_i)-\min(x_i) \tag{4.31}$$

式中,$\max(x_i)$、$\min(x_i)$分别表示一组数据中的最大值与最小值.由于全距是根据一组数据的两个极值计算的,所以全距表明了一组数据的变动范围.R 越大,表明数值变动的范围越大,即数列中各变量值差异大;反之,R 越小,表明数值变动的范围越小,即数列中各变量值差异小.

例 4.15 例 4.1 给出的 10 个同学《统计学》的考试成绩,其最高成绩为 91 分,最低成绩为 68 分,计算全距.

解:依据公式(4.31),结合例 4.1 的资料,10 个同学《统计学》的考试成绩的全距为:

$$R=91-68=23(分).$$

如果资料经过整理,并形成组距分配数列,全距可近似表示为:

$$R\approx 最高组上限值-最低组下限值.$$

(二)全距的特点

全距是描述离散程度的最简单度量值,计算简单直观,易于理解,但其数值大小易受极

端变量值的影响,且不反映中间变量值的差异,因而不能准确描述出数据的离中程度.

五、平均差(Mean deviation)

(一)概念与计算

平均差是总体各单位标志值对其算术平均数离差绝对数的平均数,是表明总体各单位数量标志值平均变动程度的指标,用 M_d 表示.由于各标志值对算术平均数的离差总和等于0,所以不能采用离差的代数值,而是利用离差的绝对值来求平均数.

平均差有以下两种计算方法:

1.简单平均法

对于未分组资料,采用简单平均法.其计算公式为:

$$M_d = \frac{\sum_{i=1}^{n}\left|x_i-\bar{x}\right|}{n} \tag{4.32}$$

2.加权平均法

在资料分组的情况下,应采用加权平均式:

$$M_d = \frac{\sum_{i=1}^{n}\left|x_i-\bar{x}\right|f_i}{\sum_{i=1}^{n}f_i} \tag{4.33}$$

例 4.16　某企业工人日产量资料如表4-7所示,求工人日产量的平均差.

表 4-7　工人日产量平均差计算表

日产量(件)x	工人数(人)f	$\left|x_i-\bar{x}\right|$	$\left|x_i-\bar{x}\right|f$
9	5	4	20
11	7	2	14
13	12	0	0
15	8	2	16
19	3	6	18
合　计	35	—	68

解:依据公式(4.33),结合表 4-7数据,可得工人日产量平均差为:

$$M_d = \frac{\sum_{i=1}^{n}\left|x_i-\bar{x}\right|f}{\sum_{i=1}^{n}f} = \frac{68}{35} = 1.94(件).$$

(二)平均差的特点

平均差计算简便,意义明确,而且平均差是根据所有变量值计算的,因此它能够准确地、全面地反映一组数值的变异程度.但是,由于平均差是用绝对值进行运算的,它不适宜于代数形式处理,所以在实际应用上受到很大的限制.

六、方差和标准差(Variance 、Standard deviation)

方差是各变量值与其算术平均数离差平方的算术平均数.标准差是方差的平方根.

方差和标准差同平均差一样,也是根据全部数据计算的,反映每个数据与其算术平均数相比平均相差的数值,因此它能准确地反映数据的差异程度.但与平均差不同之处是计算时的处理方法不同,平均差是取离差的绝对值消除正负号,而方差、标准差是取离差的平方消除正负号,这更便于数学上的处理.因此,方差、标准差是实际中应用最广泛的离中程度度量值.由于总体的方差、标准差与样本的方差、标准差在计算上有区别,因此下面分别加以介绍.

(一)总体的方差和标准差

设总体的方差为 σ^2,标准差为 σ,对于未分组整理的原始资料,方差和标准差的计算公式分别为:

$$\sigma^2 = \frac{\sum_{i=1}^{N}(X_i-\overline{X})^2}{N} \tag{4.34}$$

$$\sigma = \sqrt{\frac{\sum_{i=1}^{N}(X_i-\overline{X})^2}{N}} \tag{4.35}$$

对于分组数据,方差和标准差的计算公式分别为:

$$\sigma^2 = \frac{\sum_{i=1}^{K}(X_i-\overline{X})^2 F_i}{\sum F_i} \tag{4.36}$$

$$\sigma = \sqrt{\frac{\sum_{i=1}^{K}(X_i-\overline{X})^2 F_i}{\sum F_i}} \tag{4.37}$$

例 4.17 某企业工人日产量资料如表 4-8 所示,计算相应的标准差.

表 4-8 工人日产量标准差计算

日产量(件)X_i	工人数(人)F	$(X_i-\overline{X})^2$	$(X_i-\overline{X})^2 F$
9	5	16	80
11	7	7	28
13	12	0	0
15	8	4	32
19	3	36	108
合计	35	—	248

解:依据公式(4.35),结合表 4-8 的数据,计算其标准差为:

$$\sigma = \sqrt{\frac{\sum_{i=1}^{N}(X_i-\overline{X})^2}{N}} = \sqrt{\frac{248}{35}} = 2.66(件).$$

(二)样本的方差和标准差

样本的方差、标准差与总体的方差、标准差在计算上有所差别.总体的方差和标准差在对各个离差平方平均时是除以数据个数或总频数，而样本的方差和标准差在对各个离差平方平均时是用样本数据个数或总频数减 1 去除总离差平方和.

设样本的方差为 S_{n-1}^2，标准差为 S_{n-1}，对于未分组整理的原始资料，方差和标准差的计算公式为：

$$S_{n-1}^2 = \frac{\sum (x_i - \bar{x})^2}{n-1} \tag{4.38}$$

$$S_{n-1} = \sqrt{\frac{\sum (x_i - \bar{x})^2}{n-1}} \tag{4.39}$$

对于分组数据，方差和标准差的计算公式为：

$$S_{n-1}^2 = \frac{\sum_{i=1}^{k} (x_i - \bar{x})^2 f_i}{(\sum_{i=1}^{k} f_i) - 1} \tag{4.40}$$

$$S_{n-1} = \sqrt{\frac{\sum_{i=1}^{k} (x_i - \bar{x})^2 f_i}{(\sum_{i=1}^{k} f_i) - 1}} \tag{4.41}$$

当 n 很大时，样本方差 S_{n-1}^2 与总体的方差 σ^2 的计算结果相差很小，这时样本方差也可以用总体方差的公式来计算.

(三)方差(标准差的平方)的数学性质

1. 变量的方差等于变量平方的平均数减去变量平均数的平方.即：

$$\sigma^2 = \overline{X^2} - (\bar{X})^2 \tag{4.42}$$

2. 变量对于算术平均数的方差最小.

设任一常数 a，变量对于 a 的方差为 S^2，则($\sigma^2 \leqslant S^2$).

3. 在对总体分组的情况下，变量的总方差等于组内方差平均数与组间方差之和，即方差加法定理.

$$\sigma^2 = \overline{\sigma_i^2} + \delta^2 \tag{4.43}$$

式中，$\overline{\sigma_i^2}$ 为组内方差平均数：

$$\overline{\sigma_i^2} = \frac{\sum_i \sigma_i^2 f_i}{\sum f_i}$$

组内方差：

$$\sigma_i^2 = \frac{\sum_j (x_{ij} - \bar{x}_i)^2}{f_i}$$

组平均数：
$$\bar{x}_i = \frac{\sum\limits_{j} x_{ij}}{f_i}$$

(4.44)

δ^2 为组间方差：
$$\delta^2 = \frac{\sum\limits_{i} (\bar{x}_i - \bar{x})^2 f_i}{\sum f_i}$$

总平均数：
$$\bar{x} = \frac{\sum\limits_{i} \bar{x}_i f_i}{\sum f_i}$$

其中，x_{ij} 为第 i 组第 j 个总体单位的标志值；f_i 为第 i 组的总体单位数.

方差加法定理具有较强的实用性.对于既定的总体,总方差是一定的,可以通过不同标志进行分组,改变总方差在组间方差和组内方差平均数之间的分配,从而认识影响现象发展变化的因素类型和程度.

例 4.18 某公司员工的工资水平按文化程度分组如表 4-9 所示,计算标准差并进行分析.

表 4-9　公司员工的工资水平和标准差

文化程度	员工人数(人)	月平均工资(元)	工资标准差(元)
本科及以上	10	4 700	560
大中专及技工	20	2 900	450
其　他	170	1 600	370
合　计	200	—	—

解:依据公式(4.44),结合表 4-9 的数据,计算相关的指标如下:

$$\bar{x} = \frac{\sum \bar{x}_i f_i}{\sum f_i} = \frac{47\,000 + 58\,000 + 272\,000}{200} = 1\,885\,(\text{元}).$$

$$\overline{\sigma_i^2} = \frac{\sum \sigma_i^2 f_i}{\sum f_i} = \frac{30\,459\,000}{200} = 152\,295.$$

$$\delta^2 = \frac{\sum (\bar{x}_i - \bar{x})^2 f_i}{\sum f_i} = \frac{79\,242\,250 + 20\,604\,500 + 13\,808\,250}{200} = \frac{113\,655\,000}{200} = 568\,275.$$

$$\sigma^2 = \overline{\sigma_i^2} + \delta^2 = 152\,295 + 568\,275 = 720\,570$$

进一步可计算相关比:

$$\eta = \sqrt{\frac{\delta^2}{\sigma^2}} = \sqrt{\frac{568\,275}{720\,570}} = \sqrt{0.788\,65} = 0.888\,1.$$

相关比 η 值是介于 0~1 之间的数值,η 愈接近 1,表明分组标志与结果标志相关程度愈密切;反之,说明分组标志对结果标志影响很小.

上述计算结果表明:该企业职工工资水平的高低与文化程度有一定的相关性,工资水平的变动有 88.81%可由文化程度来解释.

（四）是非标志的方差与标准差

在实际生活中,有些事物或现象的特征只表现为两种性质上的差异,例如,产品的质量表现为合格或不合格,人的性别表现为男或女,人们对某种意见表示为同意或不同意,对学生考试成绩分为及格和不及格等.这些只表现为是与否、有或无的标志,称为是非标志,也称为交替标志.在进行抽样估计时,是非标志的方差或标准差具有很重要的意义.

1. 成数（比例）

如前所述,是非标志只有两种表现,我们把总体中或样本中具有某种表现或不具有某种表现的单位数占全部单位数的比重称为成数,它反映了总体或样本中"是"与"非"的构成,并且代表着两种表现或性质各反复出现的程度,即频率.例如,某一批产品,合格品占 95%,不合格品占 5%.在这里,95%和 5%均为成数.

若以 N_1 表示总体中具有某种表现的单位数,N_0 表示总体中不具有某种表现的单位数,N 表示总体单位数,则成数可表示为:$P=\dfrac{N_1}{N}$ 或 $1-P=\dfrac{N_0}{N}$.

对于样本来说,与总体 N_1 对应的就是 n_1,与总体 N_0 对应的就是 n_0,样本单位数为 n,则有:$p=\dfrac{n_1}{n}$ 或 $1-p=\dfrac{n_0}{n}$.

2. 是非标志的平均数

是非标志是一种品质标志,其表现为文字.因此,在计算平均数时,首先需要将文字表现进行数量化处理.用"1"表示具有某种表现,用"0"表示不具有某种表现,然后以"1"和"0"作为变量值,计算加权算术平均数.现以总体为例予以说明.

$$\overline{X}_P=\frac{1\times N_1+0\times N_0}{N_1+N_0}=\frac{N_1}{N}=P \tag{4.45}$$

由此可知,总体是非标志的平均数,即为被研究标志具有某种表现的成数 P,同样可得样本是非标志的平均数即为被研究标志具有某种表现的成数 p.

3. 是非标志的方差与标准差

将经过量化处理的是非标志的表现"1"和"0"作为变量值代入总体的方差计算公式:

$$\sigma_P^2=\frac{\sum (X_i-\overline{X})^2 F_i}{\sum F_i}=\frac{(1-P)^2 N_1+(0-P)^2 N_0}{N_1+N_0}=P(1-P).$$

为区别于一般变量值的方差,我们将是非标志的方差记为 σ_P^2,即

$$\sigma_P^2=P(1-P) \tag{4.46}$$

是非标志的标准差为:

$$\sigma_P=\sqrt{P(1-P)} \tag{4.47}$$

类似地,可得样本是非标志的方差和标准差:

$$S_P^2=p(1-p) \tag{4.48}$$

$$S_p=\sqrt{p(1-p)} \tag{4.49}$$

例 4.19　从一批产品中随机抽取 100 件产品进行质量测试,测试的结果为 96 件合格,4

件不合格,试计算成数的方差和标准差.

解:根据所给资料可得:

$$p=\frac{96}{100}=96\%,$$

$$1-p=\frac{4}{100}=4\%,$$

$$S_p^2=96\%\times4\%=3.84\%,$$

$$S_p=\sqrt{3.84\%}=19.6\%.$$

是非标志的方差、标准差,当 $p=0.5$ 时取得最大值,方差最大值为 0.25,标准差最大值为 0.5,也就是说,此时是非标志的变异程度最大.如某学生群体中男生数和女生数相等,即男女生的成数均为 0.5(或 50%),说明该学生群体性别比例的差异程度最大.是非标志的方差、标准差的最小值均为 0.

(五)相对位置的度量——标准分数

有了均值和标准差之后,我们可以计算一组数据中各个数值的标准分数(Standard score),以测度每个数据在该组数据中的相对位置,并可以用它来判断一组数据是否有离群值.

变量值与其平均数的离差除以标准差后的值,称为标准分数,也称标准化值或 Z 值.

设标准分数为 Z,则有:

$$Z_i=\frac{X_i-\mu}{\sigma} \text{ 或 } Z_i=\frac{x_i-\bar{x}}{s} \qquad (4.50)$$

标准分数也给出了一组数据中各数值的相对位置.比如,如果某个数值的标准分数为−2,我们就知道该数值低于均值 2 倍的标准差.公式(4.50)也就是我们常用的统计标准化公式,在对多个具有不同量纲的变量进行处理时,常常需要对各变量数值进行标准化处理.

实际上,Z 分数只是将原始数据进行了线性变换,它并没有改变一个数据在该组数据中的位置,也没有改变该组数分布的形状,而只是将该组数据变为均值为 0、标准差为 1.

经验法则表明,当一组数据对称分布时:

——约有 68.27%的数据在平均数加减 1 个标准差的范围内;

——约有 95.45%的数据在平均数加减 2 个标准差的范围内;

——约有 99.73%的数据在平均数加减 3 个标准差的范围内.

由此可见,一组数据中低于或高于平均数 3 个标准差以上的数据很少.因此,在统计上,往往将平均数 3 个标准差以外的数据称为异常值或离群值.

七、相对离散程度——离散系数

前面介绍的全距、平均差、方差和标准差都是反映一组数值变异程度的绝对值,其数值的大小,不仅取决于数值的变异程度,而且还与变量值水平的高低、计量单位的不同有关.所以,不宜直接利用上述变异指标对不同水平、不同计量单位的现象进行比较,应当先做无量纲化处理,即将上述反映数据的绝对差异程度的变异指标转化为反映相对差异程度的指标,然后再进行对比.

离散系数是反映一组数据相对差异程度的指标,是各变异指标与其算术平均数的比值.

离散系数是一个无名数,可以用于比较不同数列的变异程度.离散系数通常用 V 表示,常用的离散系数有平均差系数和标准差系数,其计算公式分别为:

$$V_{M_d}=\frac{M_d}{\overline{X}}\times100\% \tag{4.51}$$

$$V_\sigma=\frac{\sigma}{\overline{X}}\times100\% \tag{4.52}$$

例 4.20　甲乙两组工人的平均工资分别为 138.14 元、176 元,标准差分别为 21.32 元、24.67 元,计算两组工人工资水平离散系数.

解:两组工人工资水平离散系数计算如下:

$$V_{\sigma甲}=\frac{21.32}{138.14}\times100\%=15.43\%,$$

$$V_{\sigma乙}=\frac{24.67}{176}\times100\%=14.02\%.$$

从标准差来看,乙组工人工资水平的标准差比甲组大,但不能断言,乙组平均工资的代表性小.这是因为两组工人的工资水平处在不同的水平上,所以不能直接根据标准差的大小作结论.而正确的方法是要用消除了数列水平的离散系数比较.从两组的离散系数可以看出,甲组相对的变异程度大于乙组,因而乙组平均工资的代表性要大.

第三节　数据分布形状的度量

偏度是对数据分布的偏移方向和程度所作的进一步描述,峰度是用来对数据分布的扁平程度所作的描述.

一、偏态的度量

从前面的内容中我们已经知道,频数分布有对称的,有不对称的即偏态的.在偏态的分布中,又有两种不同的形态,即左偏和右偏.我们可以利用众数、中位数和算术平均数之间的关系来判断分布是左偏还是右偏,但要度量分布偏斜的程度,就需要计算偏态系数了.偏态系数的计算方法有很多,这里仅介绍两种.

(一)由算术平均数与众数之间的关系求偏态系数

任何一个频数分布的算术平均数与众数之间的差异情况,与这个频数分布的形态有固定的关系.若频数分布是对称的,则算术平均数等于众数;若频数分布为右偏,则算术平均数大于众数;若频数分布为左偏,则算术平均数小于众数.用其二者的差量除以标准差,即可求得偏态系数,计算公式为:

$$S_K=\frac{\overline{X}-M_0}{\sigma} \tag{4.53}$$

当 $\overline{X}=M_0$ 时,$S_K=0$,大体表明频数分布是对称的;

当 $\overline{X}>M_0$ 时,$S_K>0$,表明频数分布右偏,偏态系数越大,表明右偏程度越大;

当 $\overline{X} < M_0$ 时, $S_K < 0$, 表明频数分布左偏, 偏态系数越小, 表示左偏程度越大.

(二)动差法

动差又称矩, 原是物理学上用以表示力与力臂对重心关系的术语, 这个关系和统计学中变量与权数对平均数的关系在性质上很类似, 所以统计学也用动差来说明频数分布的性质.

一般地说, 取变量的 a 值为中点, 所有变量值与 a 之差的 K 次方的平均数称为变量 X 关于 a 的 K 阶动差. 用式子表示即为:

$$\frac{\sum (X-a)^K}{N} \tag{4.54}$$

当 $a=0$ 时, 即变量以原点为中心, 上式称为 K 阶原点动差, 用 M 表示.

一阶原点动差: $M_1=\dfrac{\sum X}{N}$, 即算术平均数,

二阶原点动差: $M_2=\dfrac{\sum X^2}{N}$, 即平方平均数,

三阶原点动差: $M_3=\dfrac{\sum X^3}{N}$,

......

当 $a=\overline{X}$ 时, 即变量以算术平均数为中心, 上式称为 K 阶中心动差, 用 m 表示.

一阶中心动差: $m_1=\dfrac{\sum (X-\overline{X})}{N}=0$,

二阶中心动差: $m_2=\dfrac{\sum (X-\overline{X})^2}{N}=\sigma^2$,

三阶中心动差: $m_3=\dfrac{\sum (X-\overline{X})^3}{N}$,

......

需要注意的是, 计算各阶原点动差和各阶中心动差, 如果依据的资料是分组资料, 则应用各组的频数或频率加权平均. 由于中心动差计算起来比较繁杂, 而计算原点动差相对比较简单, 通常多从原点动差来推算中心动差. 只要展开中心动差的各项, 就容易求得它与原点动差的关系.

$$m_1=M_1-M_1=0,$$
$$m_2=M_2-M_1^2,$$
$$m_3=M_3-3M_2M_1+2M_1^3,$$
$$m_4=M_4-4M_3M_1+6M_2M_1^2-3M_1^4,$$
$$......$$

采用动差法计算偏态系数是用变量的三阶中心动差 m_3 与 σ^3 进行对比, 计算公式为:

$$\alpha=\frac{m_3}{\sigma^3} \tag{4.55}$$

当分布对称时, 变量的三阶中心动差 m_3 由于离差三次方后正负相互抵消而取得 0 值, 则 $\alpha=0$; 当分布不对称时, 正负离差不能抵消, 就形成正的或负的三阶中心动差 m_3. 当 m_3 为正值时, 表示正偏离差值比负偏离差值要大, 可以判断为正偏或右偏; 反之, 当 m_3 为负值时,

表示负偏离差值比正偏离差值要大,可以判断为负偏或左偏.$|m_3|$越大,表示偏斜的程度就越大.由于三阶中心动差 m_3 含有计量单位,为消除计量单位的影响,就用 σ^3 去除 m_3,使其转化为相对数.同样的,α 的绝对值越大,表示偏斜的程度就越大.即:

当 $\alpha=0$ 时,说明分布是对称的;

当 $\alpha>0$ 时,说明分布是右偏,α 的值越大,说明分布的右偏程度越大;

当 $\alpha<0$ 时,说明分布是左偏,α 的值越大,说明分布的左偏程度越大.

具体表现可以参考图 4-6 进行分析和判断.

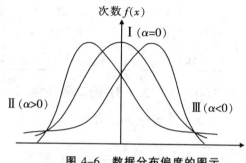

图 4-6 数据分布偏度的图示

二、峰度的度量

峰度是用来衡量分布的集中程度或分布曲线的尖峭程度的指标.计算公式如下:

$$\beta=\frac{m_4}{\sigma^4}-3 \tag{4.56}$$

分布曲线的尖峭程度与偶数阶中心动差的数值大小有直接的关系,m_2 是方差,于是就以四阶中心动差 m_4 来度量分布曲线的尖峭程度.m_4 是个绝对数,含有计量单位,为消除计量单位的影响,将 m_4 除以 σ^4,就得到无量纲的相对数.衡量分布的集中程度或分布曲线的尖峭程度往往是以正态分布的峰度作为比较标准的.在正态分布条件下,$\frac{m_4}{\sigma^4}=3$,将各种不同分布的尖峭程度与正态分布比较,即 $\frac{m_4}{\sigma^4}$ 减 3,就得峰度 β 的测定公式.

当峰度 $\beta>0$ 时,表示分布的形状比正态分布更瘦更高,这意味着分布比正态分布更集中在平均数周围,这样的分布称为尖峰分布,如图 4-7(a);

当 $\beta=0$ 时,分布为正态分布;

当 $\beta<0$ 时,表示分布比正态分布更矮更胖,意味着分布比正态分布更分散,这样的分布称为平峰分布,如图 4-7(b).

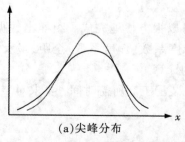

(a)尖峰分布

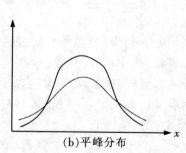

(b)平峰分布

图 4-7 尖峰分布与平峰分布示意图

例 4.21　某班组 20 名工人按日产量分组资料列于表 4–10，计算偏度和峰度系数，并进行分析.

表 4–10　20 名工人日产量分布的偏度和峰度计算表

日产量(件)x	人数(人)f	xf	$x-\bar{x}$	$(x-\bar{x})^2f$	$(x-\bar{x})^3f$	$(x-\bar{x})^4f$
60	2	120	−15.25	465.13	−7 093.16	108 170.63
65	3	195	−10.25	315.19	−3 230.67	33 114.39
75	8	600	−0.25	0.50	−0.13	0.03
80	4	320	4.75	90.25	428.69	2 036.27
90	3	270	14.75	652.69	9 627.14	142 000.32
合计	20	1 505	—	1 523.75	−268.13	285 321.64

解：依据公式(4.55)和公式(4.56)，结合表 4–10 的数据，计算相关的指标如下：

$$\bar{x}=\frac{\sum xf}{\sum f}=\frac{1\,505}{20}=75.25,$$

$$\sigma^2=m_2=\frac{\sum (x-\bar{x})^2f}{\sum f}=\frac{1\,523.75}{20}=76.187\,5,$$

$$\sigma=\sqrt{76.187\,5}=8.728\,545,$$

$$m_3=\frac{\sum (x-\bar{x})^3f}{\sum f}=\frac{-268.13}{20}=-13.406\,25,$$

$$m_4=\frac{\sum (x-\bar{x})^4f}{\sum f}=\frac{285\,321.64}{20}=14\,266.082\,03.$$

偏度系数为：

$$\alpha=\frac{m_3}{\sigma^3}=\frac{-13.406\,25}{8.728\,545^3}=-0.020\,16.$$

峰度系数为：

$$\beta=\frac{m_4}{\sigma^4}-3=\frac{14\,266.082\,03}{8.728\,545^4}-3=2.457\,75-3=-0.542\,3.$$

计算结果表明，20 名工人日产量的分布为左偏分布，同时为平峰分布.

附录

Excel 在统计数据分布特征描述中的应用

利用 Excel 中所提供的"描述统计"工具可以很方便地完成一组样本数据的平均数、估计标准误差、中位数、众数、标准差、方差、峰度系数、偏度系数、全距、最大值、最小值、总量及样本量(数据个数)等常用描述统计量的计算.

附例 4.1　附表 4–1 是 50 名工人完成某一装配工序所需时间，要求对装配工时利用 Excel 计算描述统计量.

附表 4-1　50 名工人完成某一装配工序所需时间　　　　　　　　　　分钟

35	38	44	33	44	43	48	40	56	30
45	32	42	39	49	37	45	37	36	42
35	41	32	46	34	30	43	37	44	49
36	46	45	36	37	37	45	36	46	42
38	43	34	38	47	35	29	41	40	41

主要操作步骤如下.

第一步:输入数据. 在 A2:A51 输入时间数据,在 A1 输入列标志"工时".

第二步:调出"描述统计"对话框,其主要选项的含义如下.

"输入区域":在此输入待分析数据区域的单元格范围.本例输入区域为"$A$1:$A$51".

"分组方式":如果需要指出输入区域中的数据是按行还是按列排列,则单击"逐行"或"逐列".本例分组方式为"逐列".

标志位于第一行/列:如果输入区域的第一行中包含标志项(变量名),则选中"标志位于第一行"复选框;如果输入区域的第一列中包含标志项,则选中"标志位于第一列"复选框,本例要选中该复选框;如果输入区域没有标志项,则不选任何复选框,Excel 将在输出表中生成适宜的数据标志.

"输出区域":在此框中可填写输出结果表左上角单元格地址,用于控制输出结果的存放位置.本例输出区域填"$C$1",整个输出结果分为两列,左边一列包含统计标志项,右边一列包含统计值.根据所选择的"分组方式"选项的不同,Excel 将为输入表中的每一行或每一列生成一个两列的统计表.

"新工作表":单击此选项,可在当前工作簿中插入新工作表,并由新工作表的 A1 单元格开始存放计算结果.如果需要给新工作表命名,则在右侧编辑框中键入名称.

"新工作簿":单击此选项,可创建一个新工作簿,并在新工作簿的新工作表中存放计算结果.

"汇总统计":指定输出表生成下列统计结果,则选中此复选框.这些统计结果有:样本的平均值($\overline{X}$)、抽样平均误差($S/\sqrt{n}$)、组中值(Median)、众数(Mode)、样本标准差(S)、样本方差(S^2)、峰度值、偏度值、极差(Max-Min)、最小值(Min)、最大值(Max)、样本总和、样本容量(n)和一定显著水平下总体均值的置信区间.本例选中该复选框.

"平均数置信度":若需要输出由样本均值推断总体均值的置信区间,则选中此复选框,然后在右侧的编辑框中,输入所要使用的置信度.例如,置信度 95% 可计算出的总体样本均值置信区间为 10,则表示:在 5% 的显著水平下总体均值的置信区间为 $(\overline{X}-10, \overline{X}+10)$.本例平均数置信度为 95%.

第 K 个大/小值:如果需要在输出表的某一行中包含每个区域数据的第 K 个最大/小值,则选中此复选框,然后在右侧的编辑框中,输入 K 的数值.

本例"描述统计"对话框的填写如附图 4-1 所示.

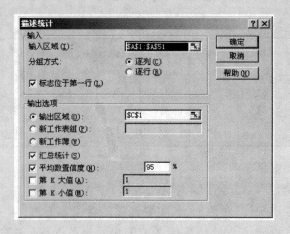

附图 4-1 输入数据

第三步:"描述统计"对话框填完后,单击"确定"按钮,结果如附图 4-2 所示.

	A	C	D	E
1	工时	工时		
2	35			
3	38	平均	39.74	=AVERAGE(A2:A51)
4	44	标准误差	0.745495315415275	=STDEV(A2:A51)/SQRT(COUNT(A2:A51))
5	33	中值	40	=MEDIAN(A2:A51)
6	44	模式	45	=MODE(A2:A51)
7	43	标准偏差	5.27144792872945	=STDEV(A2:A51)
8	48	样本方差	27.788163265306	=VAR(A2:A51)
9	40	峰值	-0.883316234068329	=KURT(A2:A51)
10	45	偏斜度	-0.141070083790798	=SKEW(A2:A51)
11	30	区域	20	=MAX(A2:A51)-MIN(A2:A51)
12	45	最小值	29	=MAX(A2:A51)
13	32	最大值	49	=MIN(A2:A51)
14	42	求和	1987	=SUM(A2:A51)
15	39	计数	50	=COUNT(A2:A51)
16	49	置信度(95.0%)	1.49812801662467	=TINV(0.05,COUNT(A2:A51)-1)*STDEV(A2:A51)/SQRT(COUNT(A2:A51))

附图 4-2 描述统计

有两点需要注意:

(1)各种分析工具对话框输出选项中"输出区域"、"新工作表组"和"新工作簿"的含义基本相同.

(2)附图 4-2 中指标的名称与统计中的习惯叫法不大一致,确切的指标名称如本例操作步骤第二步中所述.

思考与练习

一、简答题

1.什么是权数?计算加权平均数如何正确选择权数?

2.调和平均数与算术平均数分别适用于什么样的资料条件?

3.什么是众数和中位数?二者有何特点?如何运用?它们与算术平均数有何关系?

4.数值平均数与位置平均数是依据什么来区分的?这两类平均数之间有何异同?

5. 什么是离散指标？常用的离散指标有哪几种？其作用是什么？

6. 试比较平均差和标准差的异同，并说明为什么标准差是最常用的变异指标？

7. 什么是方差的加法定理？试举一例计算并说明之.

8. 什么是成数？怎样计算成数的平均数和标准差？

9. 在实际应用中，为什么要把平均指标和变异指标结合运用？

10. 在分析意义上，偏度和峰度指标与平均指标、变异指标有何区别？为什么要考察分布的偏度和峰度？

二、计算题

1. 某地区某年个体工商户开业登记注册资本金分组资料如下：

注册资本金分组(万元)	50 以下	50~100	100~150	150~200	200 以上
各组个体工商户比重(%)	60	20	10	8	2

试计算该地区个体工商户注册资本金的平均数.

2. 某企业 1999 年 3 月份职工工资分组资料如下：

按工资金额分组(元)	职工人数(人)
700 以下	40
700~750	100
750~800	170
800~850	220
850~900	190
900~950	150
950~1000	130
1000 以上	120
合　计	1 120

根据以上资料，计算工资的算术平均数、工资的众数和中位数，并绘制分布曲线图，观察算术平均数、中位数和众数的位置.

3. 某地区居民某年医疗费支出的众数为 300 元，算术平均数为 250 元.要求：

(1)计算中位数近似值；

(2)说明该地居民医疗费支出额分布的态势；

(3)若该地区居民医疗费支出额小于 400 元的占人数的一半，众数仍为 300 元，试估计算术平均数，并说明其分布态势.

4. 对某地区 120 家企业按利润额进行分组，结果如下：

按利润额分组(万元)	企业数(个)
200~300	19
300~400	30
400~500	42
500~600	18
600 以上	11
合　计	120

要求:(1)计算120家企业利润额的众数、中位数、四分位数和均值;

　　　(2)计算利润额的四份位差和标准差;

　　　(3)计算分布的偏态系数和峰度系数.

5. 有一消费者到三家商店购买花生仁,这三家商店花生仁价格分别为:5、10、20(元/千克).该消费者以两种方式购买:第一种是在每家商店各买1千克,另一种是在每家商店各花100元来购买.问:

(1)当他以第一种方式来购买花生仁时,求每千克的平均单价.

(2)当他以第二种方式来购买花生仁时,求每千克的平均单价.

6. 一批苹果自山东某地运往上海口岸,随机抽出200箱检验,其中有4箱不符合质量要求,试问是非标志的平均数和标准差各是多少?

7. 两种水稻分别在五块田地上试种,其产量如下:

地块标号	甲品种		乙品种	
	地块面积(亩)	产量(斤)	地块面积(亩)	产量(斤)
1	1.2	1 200	1.5	1 680
2	1.1	1 045	1.3	1 300
3	1.0	1 100	1.3	1 170
4	0.9	810	1.0	1 208
5	0.8	840	0.9	630
合计	5.0	4 995	6.0	5 988

假定每号地块上两个品种的生产条件相同,试计算这两个品种的平均收获率,进而确定哪一品种具有较大的稳定性和推广价值.

8. 根据平均数与标准差的性质,回答下列问题:

(1)已知标志平均数等于1 000,标准差系数为25.6%,试问标准差为多少?

(2)已知标志平均数等于12,各标志值平方的平均数为169,试问标准差系数为多少?

(3)已知标准差为3,各标志值平方的平均数为25,试问平均数为多少?

(4)标准差为30,平均数等于50,试问各标志变量对90的方差等于多少?

(5)各标志值对某任意数的方差为300,而该任意数与标志平均数之差等于10,试问标志方差为多少?

9. 某班组10个工人平均每小时加工18个零件,标准差为3件.此外,工龄两年以下的4个工人平均每小时生产15个零件,工龄两年以上的6个工人平均每小时生产20个零件,则组内方差的平均数为多少?

第五章　概率分布

前面的章节,我们介绍了搜集、整理和描述统计数据的一些基本方法.这些简单的描述方法只能对统计数据做些粗浅的利用,要进一步挖掘统计数据中隐含的重要信息,就得运用推断统计的方法,其基本特点是根据随机样本数据以及相关条件和假设,对未知事物作出概率形式表述的推断.因此,研究随机现象规律的概率论是统计推断的基础.本章将主要介绍概率与概率分布的相关基础知识.

第一节　随机事件及其概率

一、随机事件

自然界和人类社会普遍存在着两类现象,即确定现象和随机现象.前者如每天早晨太阳从东方升起,水在标准气压下 100 ℃时沸腾,做匀速直线运动的物体其外力不改变则其运动状态也不改变等,这是在一定条件下,必然会或必然不会发生的结果.后者如抛出一枚硬币出现正面或者反面,投掷一枚骰子时出现的点数,测量某物理量的误差等,这类事物发展的结果事先不能确定,对此我们称之为随机试验.随机试验所代表的现象就是随机现象.

一般地,把在相同条件下重复对某种随机现象进行观察的过程称为随机试验,随机试验中可能出现或可能不出现的结果称为随机事件,简称为事件.常以大写英文字母 A、B、C 等表示.在一定条件下,必然发生的事件,称必然事件;在一定条件下,必然不发生的事件,称不可能事件.我们称随机试验的每一可能结果为基本事件,记作 W;基本事件的全体称为基本事件组.显然,基本事件组也是必然事件.从几何意义上出发,可将随机试验的每一可能结果视为一个样本点,全体样本点构成样本空间.不难理解,样本空间与基本事件组的关系是一种对应关系,记为 $S=\{W_1,W_2,\cdots,W_n\}$.

例 5.1　样本空间的例子.

(1)随机试验:抛掷一枚骰子

样本空间: $S=\{1,2,3,4,5,6\}$.

(2)随机试验:抛掷两枚硬币

样本空间: $S=\{(正面,正面),(正面,反面),(反面,正面),(反面,反面)\}$.

(3)随机试验:对 100 件产品进行检验

次品数样本空间: $S=\{0,1,2,\cdots,100\}$.

(4)随机试验:观测某条交通干线中每天交通事故的次数

样本空间: $S=\{0,1,2,\cdots,n\}$.

以上这些例子中的样本空间称为离散型的,它们包含的事件是可以点数的.

(5)随机试验:观察某企业的赢利情况

样本空间:$S=\{-50$ 万元 $\leqslant X \leqslant 500$ 万元$\}$,X 表示企业的赢利额,可能从亏损 50 万元到赢利 500 万元.

(6)随机试验:投资 100 万元购买股票,观察股息

样本空间:$S=\{0\% \leqslant Y \leqslant 10\%\}$,$Y$ 表示股息,可能从 0% 到 10% 之间的任何值.

以上两个例子中的样本空间称为连续型的,它们所包含的事件只能通过测度得到,是不可点数的.

二、事件的关系

1. 包含

事件的包含是指若事件 A 发生必然导致事件 B 发生,则称事件 B 包含事件 A 或事件 A 包含于事件 B.记作 $B \supset A$ 或 $A \subset B$.

2. 相等

事件的相等是指若事件 B 包含事件 A 且事件 A 包含事件 B,则称事件 A 与 B 相等,记作 $A=B$.表示两事件 A 和 B 要么同时出现,要么同时不出现.

3. 和(或并)

事件的和(或并)是指事件 A 与 B 至少有一个发生的事件.它是由属于事件 A 或事件 B 的所有样本点组成的集合,记为 $A \cup B$ 或 $(A+B)$.

4. 差

事件的差是指事件 A 发生但事件 B 不发生的事件.它是由属于事件 A 而不属于事件 B 的那些样本点组成的集合,记为 $(A-B)$.

5. 积(或交)

事件的积(或交)是指事件 A 与 B 同时发生的事件.它是由属于事件 A 也属于事件 B 的公共样本点组成的集合,记为 $A \cap B$ 或 (AB).

6. 互斥

事件的互斥是指事件 A 与 B 不可能同时发生,互斥的充要条件是两个事件没有公共样本点.事件的互斥也称为事件互不相容.记为 $AB=\Phi$.

7. 逆

事件的逆是指事件 B 与 A 互斥,且事件 B 与事件 A 组成了整个样本空间,则称事件 B 是事件 A 的逆事件.它是由样本空间中所有不属于事件 A 的样本点组成的集合,记为 $B=\bar{A}$.此时,事件 B 也称为事件 A 的对立事件.必然事件 Ω 是不可能事件 Φ 的逆事件.

随机事件之间的关系及其运算如图 5-1 所示.

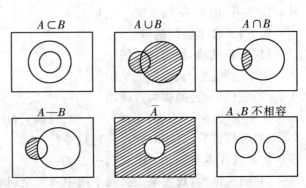

图 5-1　随机事件之间的关系及其运算

三、概率

(一)事件的概率

我们已经知道,随机现象可能出现的不同结果为随机事件.一般地,同一随机现象中,不同随机事件出现的可能性大小是不同的,按统计术语说就是概率不同.事件 A 的概率是对事件 A 出现的可能性大小进行的一种度量,数学表示为 $P(A)$.

一般意义上,概率是介于 0~1 之间的一个数,它表示了一个事件发生的可能性.概率为 0 表示事件不可能发生,为 1 表示事件必然发生.小概率(接近 0)的事件不太可能发生,而大概率(接近 1)的事件则很可能发生.

概率的数学性质有以下几点:

(1)非负性.对任意事件 A,有 $0 \leqslant P(A) \leqslant 1$.

(2)规范性.对必然事件 Ω,有 $P(\Omega)=1$;对不可能事件 Φ,有 $P(\Phi)=0$.

(3)可加性.若事件 A 与 B 互斥,有 $P(A \cup B)=P(A)+P(B)$.推广到两两互斥的事件,则有 $P(A_1 \cup A_2 \cup \cdots \cup A_n)=P(A_1)+P(A_2)+\cdots P(A_n)$.

(二)概率的定义

概率最早是从研究一些古典问题(如赌博中的赔率问题)时提出来的.概率的定义有古典定义(等可能事件)、统计定义(相对频数)和主观定义.

1. 古典定义

有一类简单的随机现象具有下面两个特征:

(1)在试验中它的全部可能结果只有有限个,而且这些结果是两两互斥的.

(2)每个结果的出现是等可能的,即它们发生的概率相等.

这类现象在概率论发展初期就被注意了,许多的概率论结果也是针对它提出的.一般把这类随机现象的数学模型称为古典概型.在古典概型意义下,某一随机试验的结果数量有限,每个结果出现的可能性相同,则事件 A 发生的概率为该事件包含的基本事件个数 m 与样本空间中所包含的基本事件个数 n 的比值,记为:

$$P(A) = \frac{\text{事件 } A \text{ 所包含的基本事件个数}}{\text{样本空间所包含的基本事件个数}} = \frac{m}{n} \tag{5.1}$$

例 5.2 一批产品共有 50 件,其中有 2 件次品.现从该批产品中任取 10 件,问其中恰有 1 件是次品的概率.

解:设事件 A 为"从该批产品中任取 10 件,其中恰有 1 件是次品".从 50 件产品中任取 10 件共有 C_{50}^{10} 种取法,每种取法为一基本事件,故样本空间 S 总数 $n=C_{50}^{10}$;又因任意抽取,所以每个基本事件的出现都是等可能性的.

组成 A 的基本事件的个数是:先由两件次品中任取 1 件,再从 48 件正品中任取 9 件,共有 $m=C_2^1 C_{48}^9$ 个.因此,所求事件 A 的概率为:

$$P(A) = \frac{m}{n} = \frac{C_2^1 C_{48}^9}{C_{50}^{10}} = 0.326\,5.$$

例 5.3 将 C,C,E,E,I,N,S 等 7 个英文字母随意排成一行,试求恰好排成 SCIENCE 的概率.

解：设事件 A 为 "将 C,C,E,E,I,N,S 等 7 个英文字母随意排成一行，恰好排成 SCI-ENCE".7 个字母的全排列总共有 7! =5 040 种不同的排法.为叙述方便,把 7 个字母依次编号:C 为 1,C 为 2,E 为 3,E 为 4,I 为 5,N 为 6,S 为 7.

在全部 5 040 种可能的排列中，恰好排成 SCIENCE 的有 4 种情形:(7154623),(7153624),(7254613),(7253614).于是:

$$P(A)=\frac{m}{n}=\frac{4}{5\ 040}\approx0.000\ 794.$$

2. 统计定义

虽然个别随机事件在某次试验或观察中可能出现也可能不出现，但在大量试验中它却呈现出明显的规律性——频率稳定性.

在相同条件下进行 n 次随机试验(说明试验可重复进行),事件 A 出现 m 次,则比值 m/n 称为事件 A 发生的频率.随着 n 的增大,该频率围绕某一常数上下摆动,且波动的幅度逐渐减小,趋于稳定,这个频率的稳定值就可看做事件 A 的概率,记为:

$$P(A)=\frac{m}{n}=p \tag{5.2}$$

历史上有人通过抛硬币验证了频率的稳定性.假如硬币均匀,直观上出现正面的机会和出现反面的机会应该相等,即在大量试验中出现正面的概率接近于 50%,验证结果见表 5-1.

表 5-1　抛硬币试验

试验者	掷硬币次数	出现正面次数	频　率
蒲　丰	4 040	2 048	0.506 9
皮尔逊	12 000	6 019	0.501 6
皮尔逊	24 000	12 012	0.500 5

例 5.4　某瓷砖制造商用蓝、红、白 3 种颜色生产某种标准型瓷砖.对其记录的检查表明,过去 6 个月里收到 800 份瓷砖订单中,蓝瓷砖 203 份,红瓷砖 40 份,白瓷砖 557 份.试问随机地接受订货,是白瓷砖订货单的概率为多少?

解：设事件 A 为"接受的是白瓷砖订货单",则依统计概率的计算公式有

$$P(A)=\frac{m}{n}=\frac{557}{800}\approx0.7.$$

3. 主观定义

用频率估计概率要求试验是可重复进行的或者掌握足够多的历史数据，但有些实际问题无法重复试验,也没有充分的历史数据可供使用.在此情形下,利用相对频数来逼近概率是无效的,可凭决策人的经验和所面对情况的分析,只能在主观层面上对事件出现的可能性大小作出判断.这种主观判断得出的概率,称为主观概率.

例 5.5　在一次电视采访中,一位销售经理认为在以后的两年中,某公司新上市的产品与老产品相比,销售量"无变化"和"改善"的可能性大致相等,他还估计"改善"的机会成本大致是"恶化"的两倍.试问他这种认识隐含的样本空间是什么?每一个样本点的概率是多少?

解：样本空间 $S=\{$无变化,改善,恶化$\}$

$P(\text{无变化})=P(\text{改善})=2P(\text{恶化})$,

$P(\text{无变化})+P(\text{改善})+P(\text{恶化})=1$,

$P(\text{无变化})=P(\text{改善})=\dfrac{2}{5}$, $P(\text{恶化})=\dfrac{1}{5}$.

本例中的概率代表该销售经理对所预测新产品销售各种状况的信心度量, 这就是一种主观概率.

四、概率的计算法则

1. 概率的加法定理

两个互斥事件之和的概率, 等于两个事件的概率之和, 即若事件 A 与 B 互斥, 则有:

$$P(A \cup B)=P(A)+P(B) \tag{5.3}$$

推广到两两互斥的事件, 则有:

$$P(A_1 \cup A_2 \cup \cdots \cup A_n)=P(A_1)+P(A_2)+\cdots P(A_n) \tag{5.4}$$

有的事件并不是互斥的, 有可能同时发生, 存在交集. 例如, 事件 A 为骰子点数是奇数, 事件 B 为骰子点数大于 4, 事件 A 发生并不意味着事件 B 一定不会发生, 骰子点数为 5 就是这两个事件的交集. 因此, 计算两个事件之和的概率, 应该减去一次交集的概率, 否则这部分就包括了两次, 重复计算了一次.

一般地, 两个事件之和的概率为:

$$P(A \cup B)=P(A)+P(B)-P(AB) \tag{5.5}$$

对任意事件 $A_1, A_2, \cdots, A_n$, 则有:

$$P\left(\sum_{i=1}^{n} A_i\right)=\sum_{i=1}^{n} P(A_i)-\sum_{i \neq j} P(A_i A_j)+\sum_{i \neq j \neq k} P(A_i A_j A_k)-\cdots+(-1)^{n-1} P(A_1 A_2 \cdots A_n) \tag{5.6}$$

例 5.6　如果接受一批产品时, 检验其中一半, 若不合格品率小于 2% 则接收, 否则就拒收. 假设该批产品共有 100 件, 其中有 5 件不合格品. 试求该批产品在检验中被接受的概率.

解: 设 $A_i=\{$检验的 50 件产品中恰有 i 件不合格品$\}$, $i=0,1$. 则 $A_0+A_1=\{$这批产品中最多有 1 件不合格品$\}=\{$该批产品被接受$\}$. 显然, A_0 和 A_1 不相容.

$$P(A_0)=\frac{C_{95}^{50}}{C_{100}^{50}} \approx 0.0281, \quad P(A_1)=\frac{C_5^1 C_{95}^{49}}{C_{100}^{50}} \approx 0.1529$$

于是

$$P(A_0+A_1)=P(A_0)+P(A_1) \approx 0.1810.$$

例 5.7　设某地有甲、乙两种报纸, 该地成年人中有 20% 读甲报纸, 16% 读乙报纸, 8% 两种报纸都读. 问该地成年人中至少读一种报纸的占百分之多少?

解: 设 $A=\{$读甲报纸$\}$, $B=\{$读乙报纸$\}$, $C=\{$至少读一种报纸$\}$, 则

$$P(C)=P(A \cup B)=P(A)+P(B)-P(AB)$$

由题意可知:

$$P(A)=0.2, P(B)=0.16, \ P(AB)=0.08$$

于是就有:

$$P(C)=0.2+0.16-0.08=0.28=28\%,$$

即该地有 28% 的成年人至少读一种报纸.

2. 概率的乘法定理

如果事件 A 的概率与事件 B 是否发生有关,则称事件 A 与 B 为相依事件,相依事件的概率可以分为条件概率、联合概率和边缘概率三种形式.

在已知事件 B 出现的条件下决定事件 A 出现的概率,称为 B 出现的情况下 A 出现的概率,用 $P(A|B)$ 表示.计算公式为:

$$P(A|B)=\frac{P(AB)}{P(B)} \tag{5.7}$$

乘法定理为:

$$P(AB)=P(B)\ P(A|B) \tag{5.8}$$

式中,$P(AB)$ 为事件 A 和 B 同时发生的概率,即联合概率;$P(B)$ 为事件 B 的边缘概率.据此,可推广为:

$$P(A_1A_2\cdots A_n)=P(A_1)P(A_2|A_1)P(A_3|A_1A_2)\cdots P(A_n|A_1A_2\cdots A_{n-1}) \tag{5.9}$$

例 5.8 在肝癌普查中发现,某地区的自然人群中,每 10 万人中平均有 40 人患原发性肝癌,有 34 人的甲胎球蛋白含量高,有 32 人既患原发性肝癌同时又甲胎球蛋白含量高.试求某人在已知甲胎球蛋白含量高的条件下患原发性肝癌的概率.

解:设 $A=\{$患原发性肝癌$\}$,$B=\{$甲胎球蛋白含量高$\}$

$$P(B)=0.000\ 34,\ P(AB)=0.000\ 32,$$

$$P(A|B)=\frac{P(AB)}{P(B)}=\frac{32}{34}=0.941\ 2.$$

例 5.9 某高校学生大学英语四级考试的及格率为 98%,其中 70% 的学生通过了大学英语六级考试.试求任意选出的一名学生通过六级考试的概率.

解:设 $A=\{$选出的学生通过了六级考试$\}$,$B=\{$选出的学生通过了四级考试$\}$

已知 $P(B)=0.98$,$P(A|B)=0.70$,由于 $A=AB$,故而有

$$P(A)=P(AB)=P(B)\ P(A|B)=0.98\times0.70=0.686.$$

若在事件 A 与事件 B 不相依的情形下,事件 B 的出现并不影响事件 A 的出现,就称事件 A 对事件 B 独立.

独立事件的条件概率为:$P(A|B)=P(A)$

独立事件的乘法定理为:$P(AB)=P(A)\ P(B)$

n 个独立事件的乘法定理为:

$$P(A_1A_2\cdots A_n)=P(A_1)P(A_2)P(A_3)\cdots P(A_n) \tag{5.10}$$

例 5.10 某时期利率上升的概率估计为 0.8,如果利率上升,股票价格指数下跌的概率估计为 0.9.如果利率不上升,股票价格指数仍下跌的概率估计为 0.4.试求股票价格指数下跌的概率.

解:设 $A=\{$股票价格指数下跌$\}$,$B=\{$利率上升$\}$

已知 $P(B)=0.8$,$P(A|B)=0.9$,$P(A|\bar{B})=0.4$,故而有

$$P(AB)=P(B)P(A|B)=0.8\times0.9=0.72,$$

$$P(A\bar{B})=P(\bar{B})P(A|\bar{B})=(1-0.8)\times0.4=0.08,$$

$$P(A)=P(AB+A\bar{B})=P(AB)+P(A\bar{B})=0.72+0.08=0.8.$$

3. 全概公式和贝叶斯公式

全概公式和贝叶斯公式用来计算复杂的概率问题，它们实质上是加法公式和乘法公式的综合运用与推广.

(1) 全概公式

设 n 个事件 $A_1, A_2, \cdots, A_n$ 两两互斥，并有 $A_1+A_2+\cdots+A_n=\Omega$，说明 n 个事件两两互斥没有交集，且组成了整个样本空间，满足这两个条件的事件组称为一个完备事件组.

若 $P(A_i) > 0, i=1, 2, \cdots, n$ 对任意事件 B，有：

$$P(B) = \sum_{i=1}^{n} P(B|A_i)P(A_i) \tag{5.11}$$

例 5.11　某企业生产甲、乙、丙三种产品，各种产品的次品率分别为 4%、6%、7%，各种产品的数量分别占总数量的 30%、20%、50%，将三种产品组合在一起，试计算任取一个是次品的概率.

解：设 $A_1=\{$产品为甲$\}, A_2=\{$产品为乙$\}, A_3=\{$产品为丙$\}, B=\{$产品为次品$\}$. 根据全概公式，由题意有

$$P(B) = \sum_{i=1}^{3} P(B|A_i)P(A_i) = 4\% \times 30\% + 6\% \times 20\% + 7\% \times 50\% = 5.9\%.$$

(2) 贝叶斯公式

贝叶斯公式是在条件概率的基础上寻找事件发生的原因，其要解决的问题正好与全概公式相反.

设 n 个事件 $A_1, A_2, \cdots, A_n$ 两两互斥，并有 $A_1+A_2+\cdots+A_n=\Omega$，则：

$$P(A_i|B) = \frac{P(B|A_i)P(A_i)}{\displaystyle\sum_{i=1}^{n} P(B|A_i)P(A_i)} \tag{5.12}$$

这就是贝叶斯公式，它是基于事件 B 已经发生的情形下，推导事件 A 发生的概率，所以，又称之为逆概公式.

例 5.12　某企业生产甲、乙、丙三种产品，各种产品的次品率分别为 4%、6%、7%，各种产品的数量分别占总数量的 30%、20%、50%，将三种产品组合在一起，若任取一个是次品，分别求该次品是甲、乙、丙产品的概率.

解：设 $A_1=\{$产品为甲$\}, A_2=\{$产品为乙$\}, A_3=\{$产品为丙$\}, B=\{$产品为次品$\}$. 先根据全概公式，由题意有 $P(B)=5.9\%$.

再根据贝叶斯公式，则有：

$$P(A_1|B) = \frac{P(B|A_1)P(A_1)}{P(B)} = \frac{4\% \times 30\%}{5.9\%} = 20.34\%,$$

$$P(A_2|B) = \frac{P(B|A_2)P(A_2)}{P(B)} = \frac{6\% \times 20\%}{5.9\%} = 20.34\%,$$

$$P(A_3|B) = \frac{P(B|A_3)P(A_3)}{P(B)} = \frac{7\% \times 50\%}{5.9\%} = 59.32\%.$$

応用統計学

第二节 随机变量及其分布

一、随机变量与概率分布

1. 随机变量

直观上,随机变量是随机试验中被测量的量.数学中,它是定义在基本事件空间(样本空间)上的函数.随机变量是取值具有随机性的变量,它在不同试验中可能取不同值;它的取值具有随机性,因为在一次试验中它究竟取何值事先是不确定的.通常用大写字母 X、Y 等来表示随机变量.

随机变量由于所取的数值不同,可以分为离散型随机变量和连续型随机变量两种.当随机变量所有可能取值的集合只包含有限个元素或所有取值可以逐个列举出来时, 就称为离散型随机变量.例如,抛掷一枚骰子出现的点数是从 1~6 的某个整数,产品检验的样品中出现的废品数,电话问题中某时段的话务量等都属于离散型随机变量.当随机变量所有可能取值的集合为无穷不可列集合时,就称为连续型随机变量.例如,测量误差,分子运动速度,候车等待时间等就都是连续型随机变量.

2. 概率分布

随机变量的一切可能取值与它取各种可能值或在值域内各部分取值的概率, 称为随机变量的概率分布.它描绘随机变量的统计规律和各种特征.概率分布可以用表格、图形或(函数)公式来表示.

(1)离散型随机变量的概率分布

离散型随机变量的概率分布可以表示为:

$$P(X=x_i)=p_i \qquad i=1,2,\cdots,n \tag{5.13}$$

或可表示为离散型随机变量概率分布表,见表 5-2.

表 5-2 离散型随机变量概率分布表

$X=x_i$	x_1	x_2	$\cdots$	x_n
$P(X=x_i)=p_i$	p_1	p_2	$\cdots$	p_n

其中 $p_i \geq 0$, $\sum_{i=1}^{n} p_i=1$,习惯上把 X 的可能值按递增序号编排,即 $x_1<x_2<x_3<\cdots$,这时,分布可用图形表示,如图 5-2 所示.

设 A 是任意与 x 相联系的事件, 如 $A=\{a<X\leq b\}$,则:

$$P(A)=\sum_{x_i \in A} p_i=\sum_{(x_i;a<x_i\leq b)} p_i \tag{5.14}$$

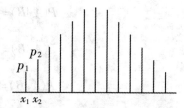

图 5-2 离散型随机变量的概率分布图

例 5.13 设 10 件产品中恰好有 2 件次品,现在接连进行非放回抽样,每次抽取 1 件产品,直到取出合格品为止.求抽取次数 X 的分布和 $P(X>1)$.

100

解：10件中只有2件次品，所以最多取3次就可以取到合格品，故而X的可能取值为1,2,3.

$$P(X=1)=\frac{8}{10}=\frac{4}{5},$$

$$P(X=2)=\frac{2\times 8}{10\times 9}=\frac{8}{45},$$

$$P(X=3)=\frac{2\times 1\times 8}{10\times 9\times 8}=\frac{1}{45}.$$

于是，X的概率分布见表5-3.

表5-3　X的概率分布表

$X=x_i$	1	2	3
$P(X=x_i)=p_i$	36 / 45	8 / 45	1 / 45

$$P(X>1)=P(X=2)+P(X=3)=\frac{8}{45}+\frac{1}{45}=\frac{9}{45}=\frac{1}{5}.$$

(2)连续型随机变量的概率分布

连续型随机变量的概率分布，可以用连续型随机变量取值区域内的各段区间及其概率来表示.由于连续型随机变量的取值是一段区间,因此必须以面积的形式来表示x取某段区间值的概率.

若X是一个随机变量,假设存在非负可积函数$f(x)\geqslant 0$,使对任意实数$a,b(a<b)$都有

$$P(a<x\leqslant b)=\int_a^b f(x)\mathrm{d}x \tag{5.15}$$

称$f(x)$为x的概率密度或密度函数,如图5-3所示.

显然,密度函数$f(x)$满足$\int_{-\infty}^{+\infty}f(x)\mathrm{d}x=1$.

对于x的任何指定值x_0,由定义可知

$$P(X=x_0)=0$$

即连续型随机变量取任何给定数值的概率都是0.此外,

$$P(a<x<b)=P(a\leqslant x<b)=P(a<x\leqslant b)=P(a\leqslant x\leqslant b)$$

该式对离散型随机变量则未必成立.

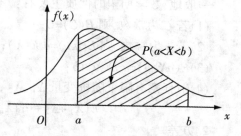

图5-3　x的概率密度曲线图

例5.14 设随机变量的密度函数为$f(x)=\begin{cases}1/5,0<x\leqslant 5\\0,其他\end{cases}$,求关于$Y$的二次方程$4Y^2+4XY+X+2=0$有实根的概率.

解：二次方程变量Y为实数时必有

$$(4X)^2-4\times 4(X+2)\geqslant 0,X^2-X-2\geqslant 0,(X-2)(X+1)\geqslant 0$$

解不等式,得$X\leqslant -1$或$X\geqslant 2$;又由于$X\leqslant -1$时$f(x)=0$,则

$$P(X\geqslant 2)=\int_2^{+\infty}f(x)\mathrm{d}x=\int_2^5 \frac{1}{5}\mathrm{d}x=\frac{3}{5}=0.6.$$

3. 随机变量的分布函数

随机变量的分布函数是以累积的方式来表示随机变量的概率分布. 对于任意随机变量

X,函数 $F(x)=P(X\leqslant x)(-\infty<x<+\infty)$ 称为 X 的分布函数.

对于概率分布为离散型的随机变量 X,其分布函数为:

$$F(x)=P(X\leqslant x)=\sum_{x_i\in X}p_i \tag{5.16}$$

对于概率分布为连续型的随机变量 X,其分布函数为:

$$F(x)=P(X\leqslant x)=\int_{-\infty}^{x}f(t)\mathrm{d}t,且\ F'(x)=f(x) \tag{5.17}$$

对于任意随机变量 X,$a<b$,有

$$P\{a<X\leqslant b\}=F(b)-F(a) \tag{5.18}$$

二、随机变量的期望值和方差

如同频数分布具有集中趋势量(如算术平均数)和离中趋势量(如方差)一样,概率分布也有其集中趋势量和离中趋势量.

1. 数学期望

由于随机变量表示的是出现不同的可能结果,所以它的平均数一般称之为期望值,又称均值,它是随机变量所有可能取值的加权算术平均数,记为 $E(X)$,其权数就是对应的概率.

对离散型随机变量 X,

$$E(X)=\sum_i x_i p\{X=x_i\} \tag{5.19}$$

对连续型随机变量 X,

$$E(X)=\int_{-\infty}^{+\infty}xf(x)\mathrm{d}x \tag{5.20}$$

一般地,数学期望的性质主要有:

(1)若 C 为常数,则 $E(C)=C$;

(2)若 a 为常数,则 $E(aX)=aE(X)$;

(3)$E(aX+b)=aE(X)+b$;

(4)对任意有限个随机变量 X_1,X_2,$\cdots$,X_n,若 $E(X_1)$,$E(X_2)$,$\cdots$,$E(X_n)$ 存在,则有

$$E(X_1+X_2+\cdots+X_n)=E(X_1)+E(X_2)+\cdots+E(X_n).$$

2. 方差

对随机变量 X,$E[X-E(X)]^2$ 称作平方偏差,也是随机变量,其数学期望称作方差,记为 $D(X)$,即

$$D(X)=E[X-E(X)]^2=E(X^2)-[E(X)]^2 \tag{5.21}$$

方差的平方根称作标准差,记为 $\sigma=\sqrt{D(X)}$.

对离散型随机变量 X,

$$D(X)=\sum_i^n[x_i-E(X)]^2 P(X=x_i) \tag{5.22}$$

对连续型随机变量 X,

$$D(X)=\int_{-\infty}^{+\infty}[X-E(X)]^2 f(x)\mathrm{d}x \tag{5.23}$$

一般地,方差的性质主要有:

(1)若 C 为常数,则 $D(C)=0$;

(2)若 a 为常数,则 $D(aX)=a^2D(X)$;

(3)$D(aX+b)=a^2D(X)$;

(4)若随机变量 $X_1,X_2,\cdots,X_n$ 两两独立,则有 $D(X_1+X_2+\cdots+X_n)=D(X_1)+D(X_2)+\cdots+D(X_n)$.

例 5.15　某开发公司准备研发新型净水器.开始时要支出 100 万元,研发时间 1 年.如果很成功,该公司可望在产品为期 5 年的寿命周期内获得 150 万元收益;如果相当成功,收益为 120 万元;如果不成功,将没有任何收益.该公司对这项产品 5 年期间的各种收益情况赋予如下概率:很成功 0.6,相当成功 0.3,不成功 0.1.假定计算中不考虑货币时间价值,则该产品的期望利润和收益的标准差是多少?

解:设 X 表示 5 年的利润,它等于 5 年期间的总收益减去研发费用.于是

$$E(X)=\sum x_i p_i=500\,000\times0.6+200\,000\times0.3+(-1\,000\,000)\times0.1=260\,000(元),$$

$$E(X^2)=\sum x_i^2 p_i=500\,000^2\times0.6+200\,000^2\times0.3+(-1\,000\,000)^2\times0.1=26.2\times10^{10}(元),$$

$$D(X)=E(X^2)-[E(X)]^2=26.2\times10^{10}-6.76\times10^{10}=19.44\times10^{10}(元),$$

$$\sigma=\sqrt{D(X)}=\sqrt{19.44\times10^{10}}=440\,908(元).$$

三、常用概率分布

常见的离散型随机变量的概率分布有二项分布,泊松分布,超几何分布等;而常见的连续型随机变量的概率分布有均匀分布,正态分布,指数分布等.在此,我们主要介绍二项分布、泊松分布和均匀分布、正态分布.

1. 二项分布

确定随机变量 X 服从二项分布,先要明确 X 仅有两个可能值,可把其中一个取值 A 理解为"成功",另一个取值 $\overline{A}$ 就可理解为"失败",并要知道每次试验时"成功"的概率,然后对该变量进行一定数量的独立观察,即进行 n 次试验,而试验成功的次数 X 就服从二项分布.像这种每一次试验只有两个结果的重复试验称为 n 重贝努利试验. 一旦我们知道某个随机变量服从二项分布,就可以直接运用这种概率模型计算.

如果随机变量满足

$$P(X=m)=C_n^m p^m q^{n-m}\qquad m=0,1,2,\cdots,n\qquad(5.24)$$

称随机变量 X 服从参数为 n,p 的二项分布,记作 $X\sim B(n,p)$,其中 $0<p<1,q=1-p,n\geq1$;而二项分布 $B(n,p)$ 的概率函数如图 5-4 所示.

二项分布的期望值和方差分别为:

$$E(X)=\sum_{m=0}^{n} mp_m=\sum mC_n^m p^m(1-p)^{n-m}=np\qquad(5.25)$$

$$D(X)=np(1-p)=npq\qquad(5.26)$$

根据二项分布公式,我们不仅可以知道随机变量整个概率分布的全貌,还可以推算出很多变量取值在某一区间内的概率:

(1)事件 A 至多出现 m 次的概率为

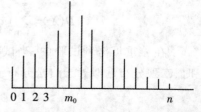

图 5-4　$B(n,p)$ 的概率密度函数图

$$P(0 \leqslant X \leqslant m) = \sum_{x=0}^{n} C_n^x p^x (1-p)^{n-x}.$$

(2)事件 A 至少出现 m 次的概率为

$$P(m \leqslant X \leqslant n) = \sum_{x=m}^{n} C_n^x p^x (1-p)^{n-x}.$$

(3)事件 A 出现次数不小于 a 而不大于 b 的概率为

$$P(a \leqslant X \leqslant b) = \sum_{x=a}^{b} C_n^x p^x (1-p)^{n-x}.$$

(4)根据事件的完备性,必然有

$$\sum_{x=0}^{n} C_n^x p^x (1-p)^{n-x} = 1.$$

例 5.16 如果生三胞胎的概率为 10^{-4},试求在 10 万次生育中,有 0,1,2 次三胞胎的概率.

解:这可看做是 n 重贝努利试验. $n=100\,000$, $p=10^{-4}$,由二项分布的概率计算有

$$B(0;100\,000,0.000\,1) = C_{100\,000}^0 p^0 q^{100\,000} = 0.000\,045\,378,$$

$$B(1;100\,000,0.000\,1) = C_{100\,000}^1 p^1 q^{99\,000} = 0.000\,453\,82,$$

$$B(2;100\,000,0.000\,1) = C_{100\,000}^2 p^2 q^{99\,998} = 0.002\,269\,3,$$

$$E(X) = np = 100\,000 \times 10^{-4} = 10,$$

$$D(X) = np(1-p) = 100\,000 \times 10^{-4} \times (1-10^{-4}) = 9.999.$$

二项分布通常只在小样本中使用,对于大样本而言,从例 5.16 可知,二项分布下概率的计算是比较麻烦的,更好的办法就是对二项分布用泊松分布近似.

2. 泊松分布

随着概率理论和实践的发展,证实泊松分布对某一类随机现象有很贴切的描述,它可以描述在一指定时间范围或指定的面积、体积内,某一事件出现次数的分布,如一定页数的书刊上出现的错别字个数,一匹布上发现的瑕疵点个数,单位时间内到达银行提款机请求服务的人数等,都服从泊松分布.

称取非负整数的随机变量 X 服从参数为 λ 的泊松分布,如果

$$P(X=x) = \frac{\lambda^x e^{-\lambda}}{x!} \qquad x=0,1,2,\cdots \tag{5.27}$$

记作 $X \sim P(\lambda)$.

服从泊松分布的随机变量的数学期望和方差分别为:

$$E(X) = \sum_{x=0}^{\infty} x p(X=x) = \sum_{x=0}^{\infty} x \frac{\lambda^x e^{-\lambda}}{x!} = \lambda \tag{5.28}$$

$$D(X) = \sum_{x=0}^{\infty} (x-\lambda) p(X=x) = \sum_{x=0}^{\infty} (x-\lambda)^2 \frac{\lambda^x e^{-\lambda}}{x!} = \lambda \tag{5.29}$$

在 n 重贝努利试验中,当试验次数 n 很大,成功概率 p 相对很小,而乘积 np 大小适中时,二项分布近似等于泊松分布,即

$$B(x;n,p) \approx \frac{\lambda^x e^{-\lambda}}{x!}$$

式中$\lambda=np$.

例 5.17　试用泊松分布,解决例 5.16 的问题.

解:这里因为 n 很大,而 p 很小,$\lambda=np=10$,所以可用泊松分布近似计算

$$P(X=0)=\frac{10^0 e^{-10}}{0!}=0.000\ 045\ 40,$$

$$P(X=1)=\frac{10^1 e^{-10}}{1!}=0.000\ 045\ 40,$$

$$P(X=2)=\frac{10^2 e^{-10}}{2!}=0.002\ 270.$$

3. 均匀分布

当连续型的随机变量 X 的概率密度值为常数,即都相同时,则 X 服从均匀分布.

设所有可能的取值从 a 到 b,由 $\int_{-\infty}^{+\infty}f(x)\mathrm{d}x=\int_{a}^{b}f(x)\mathrm{d}x=1$,得 X 的概率密度函数为:

$$f(x)=\begin{cases}\dfrac{1}{b-a},a\leqslant x\leqslant b\\[2mm]0,\quad \text{其他}\end{cases}\tag{5.30}$$

称 X 在区间 $[a,b]$ 服从均匀分布.分布函数为:

$$F(x)=\int_{-\infty}^{x}f(t)\mathrm{d}t=\begin{cases}0,x<a\\[2mm]\dfrac{x-a}{b-a},a\leqslant x\leqslant b\\[2mm]1,x>b\end{cases}\tag{5.31}$$

数学期望和方差分别为:

$$E(X)=\int_{-\infty}^{+\infty}xf(x)\mathrm{d}x=\int_{a}^{b}x\frac{1}{b-a}\mathrm{d}x=\frac{a+b}{2}\tag{5.32}$$

$$D(X)=\int_{-\infty}^{+\infty}[x-E(X)]^2f(x)\mathrm{d}x=\int_{a}^{b}(x-\frac{a+b}{2})^2\frac{1}{b-a}\mathrm{d}x=\frac{(b-a)^2}{12}\tag{5.33}$$

4. 正态分布

正态分布是描述连续型随机变量最重要的分布.理论上,满足正态分布的随机变量的取值可以从负无穷大到正无穷大,即 $-\infty\leqslant x\leqslant +\infty$,其概率密度函数为:

$$f(x)=\frac{1}{\sigma\sqrt{2\pi}}e^{-\frac{(x-\mu)^2}{2\sigma^2}}\qquad -\infty\leqslant x\leqslant +\infty\tag{5.34}$$

式中 X 是正态随机变量,称 X 服从正态分布,记为 $X\sim N(\mu,\sigma^2)$,μ 和 σ 分别是 X 的数学期望和标准差,$\pi=3.141\ 59$,$e=2.718\ 28$.不同的 μ 和 σ,确定不同的正态分布.正态分布概率密度函数如图 5-5 所示.

X 的分布函数为

$$F(x)=\int_{-\infty}^{x}f(t)\mathrm{d}t=\int_{-\infty}^{x}\frac{1}{\sigma\sqrt{2\pi}}e^{-\frac{(t-\mu)^2}{2\sigma^2}}\mathrm{d}t\tag{5.35}$$

数学期望和方差分别为:

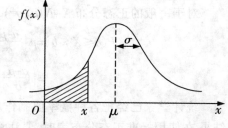

图 5-5 正态分布概率密度函数图

$$E(x)=\int_{-\infty}^{+\infty} xf(x)\mathrm{d}x=\int_{-\infty}^{+\infty} x\frac{1}{\sigma\sqrt{2\pi}}\mathrm{e}^{-\frac{(x-\mu)^2}{2\sigma^2}}\mathrm{d}x=\mu \tag{5.36}$$

$$D(x)=\int_{-\infty}^{+\infty}(x-\mu)^2 f(x)\mathrm{d}x=\int_{-\infty}^{+\infty}(x-\mu)^2\frac{1}{\sigma\sqrt{2\pi}}\mathrm{e}^{-\frac{(x-\mu)^2}{2\sigma^2}}\mathrm{d}x=\sigma^2 \tag{5.37}$$

正态密度曲线具有如下基本特征:

(1)x 取值区域是整个 x 轴,$x\to\pm\infty$ 时,曲线以 x 轴为渐近线.

(2)曲线都在 x 轴上方,它和 x 轴所围成的区域,其总面积等于 1.

(3)在 $x=\mu$ 处,曲线达到最高点,曲线的形状呈现"中间高,两头低"的钟形.

(4)曲线以 $x=\mu$ 为对称轴,在 $x=\pm\sigma$ 处各有一个曲线上升与下降的转折点,即拐点.

(5)μ 是曲线的位置参数,σ 是曲线的形状参数,参数对曲线的影响如图 5-6 所示.

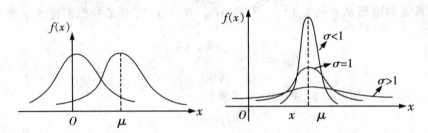

图 5-6　参数 μ 和 σ 对正态分布曲线形状的影响

一般的正态分布取决于均值和标准差,每一个不同的正态分布在计算概率时都是不同的,具体可用其密度函数通过定积分计算,但非常复杂.如果把一般的正态分布转化为标准正态分布后,计算概率就是唯一的.

标准正态分布的均值为 0,方差为 1,即 $N(0,1)$.标准化的方法是:设 $Z=\dfrac{X-\mu}{\sigma}$,将其带入 $f(x)$,则有 $Z\sim N(0,1)$.

Z 变量的概率密度函数为

$$f(z)=\frac{1}{\sqrt{2\pi}}\mathrm{e}^{-\frac{z^2}{2}} \tag{5.38}$$

Z 变量的分布函数为

$$F(z)=\int_{-\infty}^{z}\frac{1}{\sqrt{2\pi}}\mathrm{e}^{-\frac{t^2}{2}}\mathrm{d}t \tag{5.39}$$

标准正态分布的概率密度函数和分布函数是唯一的.概率密度函数 $f(z)$ 一般用 $\varPhi(z)$ 来表示,分布函数 $F(z)$ 一般用 $\varPhi(z)$ 来表示.

对于一般的正态分布 $X\sim N(\mu,\sigma^2)$,有:

$$P(a\leqslant X\leqslant b)=p\left(\frac{a-\mu}{\sigma}\leqslant\frac{X-\mu}{\sigma}\leqslant\frac{b-\mu}{\sigma}\right)$$

$$=\left(\frac{a-\mu}{\sigma}\leqslant z\leqslant\frac{b-\mu}{\sigma}\right)=\varPhi\left(\frac{b-\mu}{\sigma}\right)-\varPhi\left(\frac{a-\mu}{\sigma}\right) \tag{5.40}$$

统计学家已经把各种概率值制作成了一张标准正态分布表,只需查表就能得到相应的结果.在使用标准正态分布表时,要注意:

(1)查标准正态分布表即可得概率 $\Phi(z)$,其中 $\Phi(-\infty)=0,\Phi(0)=0.5,\Phi(+\infty)=1$.

(2)对于负 Z,可由 $\Phi(z)=1-\Phi(-z)$ 得到.

(3)$P(a\leqslant Z\leqslant b)=\Phi(b)-\Phi(a)$.

(4)$P(|Z|\leqslant a)=2\Phi(a)-1$.

例 5.18　假设零售商的周薪服从正态分布,均值为 150 元,标准差为 12 元,试求周薪在 147 元~156 元之间和超过 165 元的概率.

解:由题意知 $X\sim N(150,12^2)$

$$P(147<x<156)=\left(\frac{147-150}{12}<Z<\frac{156-150}{12}\right)$$
$$=P(-0.25<Z<0.5)=P(-0.25<Z<0)+P(0<Z<0.5)$$
$$=0.098\ 7+0.191\ 5$$
$$=0.290\ 2.$$
$$P(x>165)=P\left(Z>\frac{165-150}{12}\right)$$
$$=P(Z>1.25)$$
$$=0.5-P(0<Z\leqslant1.25)$$
$$=0.5-0.394\ 4$$
$$=0.105\ 6.$$

第三节　抽样分布

我们已经知道,样本统计量是一个随机变量,那么它就有相应的概率分布,样本统计量的概率分布称之为抽样分布.某些样本的函数虽然含有未知参数,但是其分布不含任何未知参数,这样的分布也称作抽样分布.此外,抽样分布包括精确分布和极限分布(渐进分布).

一、精确分布

当总体 X 的分布类型已知时,如果任一自然数 n 都能导出统计量 $T=T(X_1,X_2,\cdots,X_n)$ 分布的明显表达式,这种寻求抽样分布的方法称为精确方法,所得分布称为精确分布.它对样本容量 $n(n\leqslant30)$ 较小的统计推断问题特别有用,故又称小样本方法.目前,精确抽样分布大多是在正态总体条件下得到的.在一维正态总体下,主要有 χ^2 分布,t 分布,F 分布,它们都是正态随机变量函数的分布.

1.χ^2 分布

设 $X_1,X_2,\cdots,X_n$ 是 n 个相互独立且同分布的随机变量,其公共分布为标准正态分布 $N(0,1)$,则 $Y=x_1^2+x_2^2+\cdots+x_n^2$ 就服从自由度为 n 的 χ^2 分布,记为 $\chi^2(n)$.这里,自由度是指可以自由取值的个数.图 5-7 给出了若干个不同自由度的 $\chi^2(n)$ 分布.

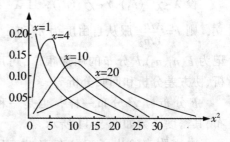

图 5-7　与几种自由度对应的 χ^2 分布

从图 5-7 可看出,$\chi^2(n)$ 分布具有以下特点:

(1)$\chi^2(n)$ 分布是一个以自由度 n 为参数的分布族,

自由度 n 决定了分布的形状.

(2)$\chi^2(n)$分布是一种非对称分布,一般为正偏分布.当自由度 n 达到相当大时,χ^2 分布就接近于正态分布.

(3)$\chi^2(n)$分布的变量值始终为正.

本书附表给出了 χ^2 分布表.在使用该表时,必须同时具备置信度和自由度两个条件.置信度表示被估计的总体参数落入置信区间的概率,然而,χ^2 分布表给出的是 α 值,即表示所估计的总体参数不落入置信区间的概率,或落入置信区间以外的可能性,图 5-8 便是对这一问题的说明.

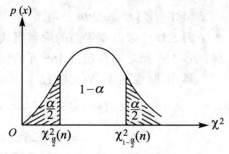

图 5-8　χ^2 分布的双侧临界值图

2. t 分布

设 $X \sim N(0,1)$,$Y \sim \chi^2(n)$,且 X 与 Y 独立,则 $t = \dfrac{X}{\sqrt{Y/n}}$ 服从自由度为 n 的 t 分布,记为 $t(n)$,t 分布的性质如下:

(1)t 分布是对称分布,且其均值为 0.

(2)当样本容量 n 较小时,t 分布的方差大于 1,当 n 增大到大于或等于 30 时,t 分布的方差就趋近于 1,t 分布也就渐近于标准正态分布. 可见,t 分布与标准正态分布的重要区别之一是样本容量的大小.

(3)t 分布是一个分布族.

(4)$t_{1-\alpha}(n) = -t_{1-\alpha}(n)$.

t 分布与标准正态分布的比较如图 5-9 所示.

本书也给出了 t 分布表,其应用与 χ^2 分布相同,可用图 5-10 说明.

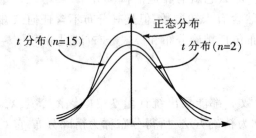

图 5-9　正态分布与两个样本容量不同的 t 分布

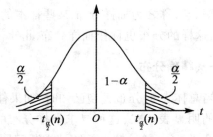

图 5-10　t 分布的双侧临界值图

3. F 分布

设 $X \sim \chi^2(n_1)$,$Y \sim \chi^2(n_2)$,且 X 与 Y 相互独立,则 $F = \dfrac{X/n_1}{Y/n_2}$ 服从自由度为 n_1 和 n_2 的 F 分布,记为 $F(n_1, n_2)$.F 分布的用途很广,可用于方差分析、协方差分析和回归分析等.

F 分布与 χ^2 分布一样,也是一种非对称分布,其密度函数如图 5-11 所示.

本书附表给出了 F 分布表,查表时,常常要

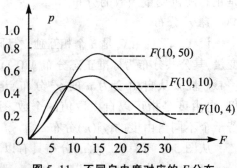

图 5-11　不同自由度对应的 F 分布

用到 F 分布的一条重要性质：

$$F_{1-\alpha}(n_1,n_2)=\frac{1}{F_\alpha(n_2,n_1)} \tag{5.41}$$

二、正态总体抽样分布

一个正态总体样本均值和样本方差的分布，以及两个正态总体样本均值和样本方差比的分布可用于正态总体参数的推断.

1. 样本均值和方差的分布

设总体服从均值为 μ，方差为 σ^2 的正态分布，即 $X\sim N(\mu,\sigma^2)$，$X_1,X_2,\cdots,X_n$ 是来自 X 的简单随机样本，$\overline{X}$ 是样本均值，S^2 是样本方差，S_x^2 是修正样本方差.

$$\overline{X}=\frac{1}{n}\sum_{i=1}^{n}x_i;\ S^2=\frac{1}{n}\sum_{i=1}^{n}(x_i-\overline{X})^2;\ S_x^2=\frac{1}{n-1}\sum_{i=1}^{n}(x_i-\overline{X})^2$$

则有：

$$\overline{X}\sim N\left(\mu,\frac{\sigma^2}{n}\right) \tag{5.42}$$

$$\frac{nS^2}{\sigma^2}\sim\chi^2(n-1),\ \frac{(n-1)S_x^2}{\sigma^2}\sim\chi^2(n-1) \tag{5.43}$$

$$\frac{\overline{X}-\mu}{S/\sqrt{n-1}}\sim t(n-1),\ \frac{\overline{X}-\mu}{S_x/\sqrt{n}}\sim t(n-1) \tag{5.44}$$

证明从略.

由此，我们可以得出如下分布定理.

定理 1 从均值为 μ，方差为 σ^2 的正态总体中随机抽取容量为 n 的样本，所有样本的平均数 $\overline{X}$ 也服从正态分布，其平均数为 μ，方差为 $\frac{\sigma^2}{n}$，统计量 $Z=\frac{\overline{X}-\mu}{\sigma/\sqrt{n}}$ 服从标准正态分布.此定理称为正态分布的再生定理.

定理 2 正态总体的均值为 μ，方差未知时，从这个总体抽取样本容量为 $n(n\leq30)$ 的全部样本，样本平均数为 $\overline{X}$，则样本统计量 $t=\frac{\overline{X}-\mu}{S/\sqrt{n-1}}$ 和 $t=\frac{\overline{X}-\mu}{S_x/\sqrt{n}}$ 服从自由度为 $n-1$ 的 t 分布.此定理称为小样本分布定理.

例 5.19 设"托福"的考试成绩服从平均数 580 分，标准差 100 分的正态分布，问当随机抽取 20 人进行调查，样本平均分数等于和超过 600 分的概率是多少？

解：因为总体服从正态分布，且 $\mu=580,\sigma=100$，即 $X\sim N(580,100^2)$，又 $n=20$.

由定理 1：$\overline{X}\sim N\left(580,\frac{100^2}{20}\right)$，统计量 $Z=\frac{\overline{X}-\mu}{\sigma/\sqrt{n}}$ 服从标准正态分布.

$$P(\overline{X}\geq600)=1-P(\overline{X}<600)=1-P\left(Z<\frac{600-580}{100/\sqrt{20}}\right)$$

$$=1-P(Z<0.89)=1-[0.5+P(0<Z<0.89)]$$

$$=0.5-P(0<Z<0.89)=0.5-0.313\,3=0.186\,7.$$

例 5.20 某彩电装配线的工人平均劳动生产率是 200 件/天，对 24 名工人调查结果表明其劳动生产率的标准差为 50 件/天. 若该装配线上的工人劳动生产率服从正态分布, 问样本的劳动生产率介于 180 件/天至 225 件/天的概率是多少?

解: 因为总体服从正态分布, $\mu=200$, 总体方差未知. 又 $S^2=2\,500$, $n=24$, 由定理 2: 样本统计量 $\dfrac{\bar{X}-\mu}{S/\sqrt{n-1}} \sim t(n-1)$, 自由度 $n-1=23$.

$$P(180<\bar{X}<225)=P\left(\frac{180-200}{50/\sqrt{23}}<t<\frac{225-200}{50/\sqrt{23}}\right)$$
$$=P(-1.91<t<2.39)=P(t<2.39)-P(t<-1.91)$$
$$=P(t<2.39)-[1-P(t<1.91)]\approx 0.99-(1-0.95)=0.94.$$

2. 样本均值差和方差比分布

设有两个正态总体: $X \sim N(\mu_1, \sigma_1^2)$, $Y \sim N(\mu_2, \sigma_2^2)$ 相互独立; $(X_1, X_2, \cdots, X_m)$ 和 $(Y_1, Y_2, \cdots, Y_N)$ 为分别来自 X 和 Y 的简单随机样本; $\bar{X}$ 和 $\bar{Y}$, S_x^2 和 S_y^2 相应为样本均值和修正样本方差. 记作

$$S_{xy}^2=\frac{(m-1)S_x^2+(n-1)S_y^2}{m+n-2}$$

则

(1) $\bar{X}-\bar{Y} \sim N\left(\mu_1-\mu_2, \dfrac{\sigma_1^2}{m}+\dfrac{\sigma_2^2}{n}\right)$ (5.45)

(2) 当 $\sigma_1^2=\sigma_2^2=\sigma^2$ (已知或未知常数) 时, 随机变量

$$t=\frac{(\bar{X}-\bar{Y})-(\mu_1-\mu_2)}{S_{xy}\sqrt{\dfrac{1}{m}+\dfrac{1}{n}}} \sim t(m+n-2) \tag{5.46}$$

$$\chi^2=\frac{(m+n-2)S_{xy}^2}{\sigma^2} \sim \chi^2(m+n-2) \tag{5.47}$$

(3) 随机变量: $F=\dfrac{S_x^2/\sigma_1^2}{S_y^2/\sigma_2^2} \sim F(m-1, n-1)$ (5.48)

三、极限分布

在抽样分布理论中, 至今已求出的精确抽样分布并不多, 在大多数场合下, 人们需借助于极限定理寻求在样本容量 n 无限增大时, 统计量的极限分布 (渐近分布).

1. 样本均值的极限分布

设 X 是任一总体, 均值为 μ, 方差为 σ^2 (已知或未知), $\bar{X}$ 和 S^2 为样本均值和 (修正或未修正) 样本方差, 则当样本容量 n 充分大时 ($n>30$), 统计量 $Z=\dfrac{\bar{X}-\mu}{\sigma/\sqrt{n}}$ 和 $Z=\dfrac{\bar{X}-\mu}{S/\sqrt{n}}$ 近似服从标准正态分布.

由此, 我们得出中心极限定理.

定理 3 从均值为 μ, 方差为 σ^2 的任一总体中抽取样本容量为 n 的随机样本, 样本平均数的分布随着 n 的增大而趋近于平均数为 μ, 方差为 $\dfrac{\sigma^2}{n}$ 的正态分布, 统计量 $Z=\dfrac{\bar{X}-\mu}{\sigma/\sqrt{n}}$ 近

似服从标准正态分布.总体方差未知时,用样本方差 S^2 代替$[E(S^2)=\sigma^2]$.

例 5.21 在例 5.19 中,假设我们不知道"托福"考分的具体分布,但已知"托福"考分平均数为 580 分,标准差为 100 分,抽取 64 人进行调查,问样本平均数居于 560 分至 600 分的概率是多少?

解:因为样本容量 $n=64$,总体分布不知,但已知总体平均数和标准差 $\mu=580$,$\sigma=100$,由定理 3:随机变量 $Z=\dfrac{\overline{X}-\mu}{\sigma/\sqrt{n}}$ 近似服从标准正态分布,可得

$$P(560<\overline{X}<600)=P\left(\frac{560-580}{100/\sqrt{64}}<Z<\frac{600-580}{100/\sqrt{64}}\right)$$
$$=P(-1.6<Z<1.6)$$
$$=2\,P(0<Z<1.6)$$
$$=2\times0.445\,2$$
$$=0.890\,4.$$

2. 比率的极限分布

对于任意一个总体比率为 P 的二项分布总体作随机抽样,当样本容量足够大时比率 p 逼近于以 P 为期望值,$\dfrac{P(1-P)}{n}$ 为方差的正态分布,统计量 $Z=\dfrac{p-P}{\sqrt{P(1-P)/n}}$ 近似服从标准正态分布.

例 5.22 某农业银行推行一项每笔贷款额为 1 万元的农村扶助生产贷款,在贷出的 2 000 笔贷款中,有 600 笔收不回来,若随机从中抽取 100 笔调查,问样本中的呆账比例超过 40% 的可能性有多大?

解:因为 $P=\dfrac{600}{2000}=0.3$,$n=100$,

由比例极限分布定理:统计量 $Z=\dfrac{p-P}{\sqrt{P(1-P)/n}}$ 近似服从标准正态分布,可得

$$P(p>0.4)=P\left[Z>\frac{0.4-0.3}{\sqrt{0.3\times(1-0.3)/100}}\right]$$
$$=P(Z>2.18)$$
$$=0.5-P(0<Z<2.18)$$
$$=0.5-0.485\,4$$
$$=0.014\,6.$$

至此,我们已阐述了样本统计量抽样分布的形态及有关特征值与总体参数的关系.在总体分布确定的情况下,可以推知样本统计量取某一区间值的概率.这种由已知总体参数推算样本统计量取值概率的统计推理是统计演绎,而本章所阐明的一切都是为了统计归纳——由观察值所计算的样本统计量去推算未知的总体参数——准备必要的理论.

附 录

Excel 在概率分布中的应用

利用 Excel 中的函数工具,可以计算有关分布的概率.在本附录中,将主要简单介绍泊松分布和正态分布概率的计算方法.

一、泊松分布概率的计算

利用 Excel 中的泊松(POISSON)函数可以计算出泊松分布的概率以及累积概率.该函数有 3 个参数:X(事件出现的次数);Mean(泊松分布均值);Cumulative(该参数是一个逻辑值,设试验成功的次数为 m,若为 True,则计算出累计概率分布函数的概率;若为 False,则计算出概率密度函数的概率).

附例 5.1 假定某航空公司预订票处平均每小时接到 42 次订票电话,那么 10 min 时间内恰好接到 6 次电话的概率是多少?

具体操作步骤如下.

第一步:选择"插入"下拉菜单.

第二步:选择数据"函数"选项.

第三步:当出现对话框时,从"函数分类"窗口选择"统计"选项,并在"函数名"窗口中选择"POISSON",然后选"确定".

第四步:当"POISSON"对话框出现时,在 X 设置框中输入时间出现的次数(本例为6),在 Mean 窗口中输入泊松分布均值(本例为7),在 Cumulative 窗口中输入 0 或 False,表示计算成功次数恰好等于指定数值的概率(输入 1 或 True,表示计算成功次数小于或等于指定数值的累积概率值).

第五步:单击"确定"按钮,在指定的单元格出现所求结果(本例中出现 10min 内恰好接到 6 次电话的概率是 0.149 003).

二、正态分布概率的计算

利用 Excel 中的 NORMDIST 函数可以计算出正态分布的概率以及累积概率.该函数有 4 个参数:X(正态函数计算的区间点),Mean(正态分布均值),Standard-dev(正态分布的标准差),Cumulative(该参数是一个逻辑值,若为 True,则计算出累计概率分布函数的概率;若为 False,则计算出概率密度函数的概率).

附例 5.2 假定某公司职员每周的加班津贴服从均值为 50 元,标准差为 10 元的正态分布,那么全公司中有多少比例的职员每周的加班津贴会超过 70 元? 又有多少比例的职员每周的加班津贴在 40~60 元之间?

具体操作步骤如下.

第一步:选择"插入"下拉菜单.

第二步:选择数据"函数"选项.

第三步:当出现对话框时,从"函数分类"窗口选择"统计"选项,并在"函数名"窗口中选择"NORMDIST",然后选"确定".

第四步:当"NORMDIST"对话框出现时,在 X 后输入正态分布函数计算的区间点(本例为 70),在 Mean 后输入正态分布均值 μ(本例为 50),在 Standard-dev 后输入正态分布标准差 σ(本例为 10),在 Cumulative 后输入 1 或 True,表示计算事件出现次数小于或等于指定数值的累积概率值(输入 0 或 False,表示计算事件出现次数恰好等于指定数值的概率).

第五步:单击"确定"按钮,在指定的单元格出现所求结果(本例中出现加班津贴不超过 70 元的概率是 0.977 249 938).

对本例,再用 1 减去计算结果 0.977 249 938 即得到 $P(X>70)$ 概率值,为 0.022 750 062. 同理,为计算出加班津贴在 40~60 元之间的职员比例,首先要算出 $P(X \leqslant 60)$ 和 $P(X \leqslant 40)$ 的值(只需将上述 X 设置框中的 70 改为 60 和 40 后分别继续计算),再相减即可得到 $P(40 \leqslant X \leqslant 60)$ 的值.

思考与练习

一、简答题

1. 频率与概率有什么关系?

2. 独立性与互斥性有什么关系?

3. 概率有哪些基本性质?

4. 举例说明离散型随机变量和连续型随机变量.

5. 简述密度函数和分布函数的定义.

6. 描述正态分布概率密度函数曲线的特点.

7. 解释样本统计量的概率分布.

二、计算题

1. 写出下列随机试验的样本空间:

(1)记录某班一次统计学测验的平均成绩;

(2)观察某骑自行车人在公路上遇到第一个红灯停下来前遇到的绿灯次数;

(3)生产产品,直到有 10 件正品为止,记录生产产品的总件数.

2. 甲乙两人独立地对同一目标射击一次,其命中率分别为 0.5 和 0.4,现已知目标被命中,求它是乙命中的概率.

3. 设 A 与 B 是两个随机事件,已知 $P(A)=P(B)=1/3$,$P(A|B)=1/6$,试求 $P(\overline{A}|\overline{B})$.

4. 盒中放有 10 个乒乓球,其中有 8 个是新的.第一次比赛从中任取 2 个来用,比赛后仍放回盒中.第二次比赛时再从盒中取 2 个,求第二次取出的球都是新球的概率.

5. 某种品牌的电视机用到 5 000 h 未坏的概率为 75%,用到 10 000 h 未坏的概率是 50%. 现在有 1 台该品牌电视机已经用了 5 000 h 未坏,问它能用到 10 000 h 的概率是多少?

6. 某人花 2 元钱买彩票,他抽中 100 元奖的概率是 0.1%,抽中 10 元奖的概率是 1%,抽中 1 元奖的概率是 20%,假设各种奖不能同时抽中.试求:

(1)此人收益的概率分布;

(2)此人收益的期望.

7. 设随机变量 X 服从参数为 λ 的泊松分布,且已知 $P(X=1)=P(X=2)$,试求 $P(X=4)$.

8. 一本书排版后一校时出现错误处数 X 服从正态分布 $N(200,400)$,试求:

(1)出现错误处数不超过 230 的概率;

(2)出现错误处数在 190~210 之间的概率.

第六章　参数估计与假设检验

统计学研究的一个主要内容就是统计推断,而统计推断的对象为研究现象的全体,其目的在于获得一般性的结论.对总体进行推断,必须从中抽取样本.要使样本能够推断总体,则样本应是随机样本,因为随机样本才能代表总体,具有总体的特性.此外,随机样本构成一种随机现象,随机现象才能应用概率理论以建立有关推断方法.可见样本是统计推断的手段,但样本可以有许多个变量,而推断的对象即未知的总体参数通常只有一个,因此,统计推断的第一步工作就是如何根据样本资料求算一个代表值(样本统计量)以推估未知参数,这在统计学中称点估计.点估计只提供未知参数的一个可能值,至于其误差则未曾涉及,为此需要根据点估计量及其抽样分布进一步为未知参数提供一个可能所在范围的方法,这是统计推断的第二步,称区间估计.现实中,人们往往先对总体的参数作出某种假设,然后通过对样本资料的观察来决定假设是否成立,即假设检验,这是统计推断的第三步.综合以上所述,参数估计(包括点估计和区间估计)与假设检验就构成了统计推断的基本内容.本章主要介绍参数估计和假设检验的基本原理与方法.

第一节　参数估计的基本方法

一、点估计

点估计就是用样本估计量的一个具体估计值直接代表总体参数值的一种简单估计方法.在具体应用中,通常将某一样本观测值 $X_1, X_2, \cdots, X_n$ 的平均值 $\overline{X}$ 作为总体平均数 μ 的点估计值;将某一样本观测值的成数 p 作为总体成数 P 的点估计值;将某一样本观测值的方差 S^2 作为总体方差 σ^2 的点估计值;等等.点估计的过程有两步,即根据样本各变量的符号建立一个估计式(又称估计量)和将样本的一组实际观测值代入估计量中求得一个确定的数值(称估计值).

点估计的最终目的虽为寻求未知参数的一个估计值,但确定出估计量后再求估计值,不但其过程十分简单,同时又不影响估计的效率.因此,点估计所讨论的对象是估计量,而非估计值.研究估计量时有两个问题需要解决:一是什么样的估计量是最好的,二是如何才能确定出所需要的估计量.例如估计总体的平均数 μ,根据样本建立估计量时,样本的算术平均数 $\overline{X}$ 是一个估计量,样本中最大数与最小数的平均数也是一个估计量,诸如此类的估计量很多,究竟这其中哪一个估计量最好,必须加以评判.进行评判就应该有评判的准则,这样点估计的第一项工作就是为最佳估计量设定若干评判准则.另外,一个未知参数的估计量为数众多,但我们所知道的毕竟有限,那么如何将估计量寻找出来就成了点估计的第二项工作.可见,点估计的研究范围主要是设立评判最佳估计量的准则和建立确定估计量的方法.

二、评判最佳估计量的准则

评价估计量优劣的准则一般有无偏性、有效性和一致性.

1. 无偏性

由于参数 θ 的估计量 $\hat{\theta}$ 是一个随机变量,因而评价其好坏不能从其一个观测值的好坏来判定,而必须根据估计量的分布从整体上来作评判.评价估计量好坏通常总希望 $\hat{\theta}$ 与真值 θ 的偏离越小越好.由于 $\hat{\theta}$ 是随机变量,根据具体样本求得的观测值有时与 θ 偏离小些,有时可能会偏离大些,有时为正偏差,有时为负偏差.因而,我们只能从平均意义上讲,希望 $E(\hat{\theta})$ 与 θ 越接近越好,一旦其差值为零时就说明无偏差.故而:

设 $\hat{\theta}=\hat{\theta}(X_1,X_1,\cdots,X_n)$ 是参数 θ 的估计量,若 $E(\hat{\theta})=\theta$,即估计量 $\hat{\theta}$ 的数学期望等于参数的真值 θ,则称 $\hat{\theta}$ 为 θ 的满足无偏性准则的估计量.

可以证明:

$$E(\overline{X})=\mu,$$

$$E(S_{n-1}^2)=E\left[\frac{1}{n-1}\sum_{i=1}^{n}(X_i-\overline{X})^2\right]=\sigma^2.$$

2. 有效性

一个参数的无偏估计量可以有许多,那么在这些估计量中取哪个为好呢?直观的想法是希望所找到的估计围绕其真值的波动要尽可能的小. 通常用偏差平方的期望值来衡量估计量偏差的大小,称之为均方误差,并记为:

$$MSE(\hat{\theta})=E(\hat{\theta}-\theta)^2.$$

由于 $MSE(\hat{\theta})=E(\hat{\theta}-\theta)^2=E[\hat{\theta}-E(\hat{\theta})]^2+[E(\hat{\theta}-\theta)]^2$,它表明 $MSE(\hat{\theta})$ 是两部分组成的.一部分是偏差平方 $[E(\hat{\theta}-\theta)]^2$,另一部分是方差 $E[\hat{\theta}-E(\hat{\theta})]^2$.当 $\hat{\theta}$ 是 θ 的无偏估计量时,$[E(\hat{\theta}-\theta)]^2=0$,于是有 $MSE(\hat{\theta})=D(\hat{\theta})=E[\hat{\theta}-E(\hat{\theta})]^2$.要 $MSE(\hat{\theta})$ 小也就是要 $\hat{\theta}$ 的方差小.

设 $\hat{\theta}_1$、$\hat{\theta}_2$ 为 θ 的两个无偏估计量,若有 $V(\hat{\theta}_1)<V(\hat{\theta}_2)$,即估计量 $\hat{\theta}_1$ 的方差小于估计量 $\hat{\theta}_2$ 的方差,则称 $\hat{\theta}_1$ 是较 $\hat{\theta}_2$ 有效的估计量.

可以证明,样本平均数和样本中位数都是总体均值的无偏估计量,但是,其方差分别为 $V(\overline{X})=\frac{1}{n}\sigma^2$ 及 $V(X_{me})=\frac{\pi}{2n}\sigma^2$.由于 $V(\overline{X})<V(X_{me})$,故在估计总体均值时,样本平均数比样本中位数更为有效.

3. 一致性

以样本统计量估计总体参数,要求当样本的单位数 n 充分大时,样本统计量也充分地靠近总体参数.如果:

设 $\hat{\theta}$ 为未知总体参数 θ 的估计量,当 $n\to\infty$ 时,要求 $\hat{\theta}$ 按概率收敛于 θ,即 $\lim_{n\to\infty}P(|\hat{\theta}-\theta|<\varepsilon)=1$,

ε 为任意小正数,则称 $\hat{\theta}$ 为 θ 的满足一致性标准要求的估计量.

可以证明,样本平均数 $\overline{X}$ 和样本方差 S^2 分别是总体均值 μ 和总体方差 σ^2 的一致估计量.

综上所述,评价点估计量优劣的准则主要有无偏性、有效性、一致性.不过有一点需要注意,参数绝对最佳的估计量通常不存在,所存在的多为互有优劣的估计量.另外,任何评判准则都是挂一漏万的,因此,合乎评判准则的估计量不一定较不合乎者为佳,但就平均而言,合乎者较不合乎者为佳的可能性更大.

三、点估计的方法

点估计的方法有矩估计法、顺序统计量法、最大似然估计法、最小二乘法等.我们这里暂且只介绍最大似然估计法,最小二乘法放在回归分析部分介绍.

总体分布类型已知时,最大似然估计是一种常用的点估计方法.该方法首先由德国数学家高斯(C. F. Gauss)在 1821 年提出,又经英国统计学家费雪(R. A. Fisher)于 1922 年重新发现并研究了其性质后被广泛应用. 最大似然估计是利用总体的分布密度或概率分布的表达式及其样本所提供信息建立起求未知参数估计量的一种方法.

最大似然估计的直观想法可用以下事例来说明:一个老猎人带领一个新手进山打猎,遇见一只飞奔的野兔,他们各发一弹,野兔被打中了,但身上只有一个弹孔,对此多数人会认为是老猎人打中的;医生看病,在问明症状后(包括必要的检查)作诊断时总是会对那些可能直接引起这些症状的疾病多加考虑;又如当机器发生故障时,有经验的修理工总是先从易损部件、薄弱环节查起;再有,公安人员在侦破一起他杀案时,为便于寻找凶手,往往先把与被害人密切来往又有可能作案者列为重点嫌疑对象.这些事例尽管有很大差别,但它们具有一个共同规律,即在获得了一些观测资料后,给参数选取一个数值,使得前面的观测结果出现的可能最大.这就是最大似然估计的基本思想.

(1)似然函数.设随机变量 X 的概率密度函数为 $f(x;\theta)$,其中 θ 为未知参数.从其所代表的总体中随机抽取容量为 n 的样本,对于给定的一组样本观测值 $(x_1, x_2, \cdots, x_n)$,则有样本各变量的联合密度为:

$$f(x_1, x_2, \cdots, x_n; \theta) = f(x_1; \theta) f(x_2; \theta) \cdots f(x_n; \theta) = \prod_{i=1}^{n} f(x_i; \theta).$$

当参数 θ 为未知时,上式为样本各变量联合概率密度的概似形式(似然形式),而非确定形式.此时可将上式视为 θ 的函数,用 $L(\theta)$ 表示,则称 $L(\theta) = \prod_{i=1}^{n} f(x_i; \theta)$ 为似然函数.

(2)最大似然估计.如果 $L(\theta)$ 作为 θ 的函数,它在 $\hat{\theta}$ 达到最大值,则称 $\hat{\theta}$ 为 θ 的最大似然估计.

(3)最大似然估计的步骤.设已知总体分布密度为 $f(x;\theta)$,从中随机抽取容量为 n 的样本,随机样本为 $X_1, X_2, \cdots, X_n$.试求未知参数的最大似然估计量,其具体过程如下:

第一步,由总体分布导出样本的联合概率密度函数,得似然函数 $L(\theta)$.

第二步,对似然函数 $L(\theta)$ 中的自变量 θ,用微分原理求似然函数的最大值点,即对 θ 偏微分后,令 $\partial L(\theta)/\partial \theta = 0$(称似然方程),从中解出 θ.

第三步,在最大值点的表达式[从 $\partial L(\theta)/\partial \theta = 0$ 解出的 θ 表达式]中,用样本观测值代入就得出参数 θ 的估计值 $\hat{\theta}$.

例 6.1 设某机床生产的轴承直径与图纸规定的中心尺寸的偏差服从正态分布 $N(\mu, \sigma^2)$，其中 μ、σ^2 均未知，为估计 μ 与 σ^2，现从中抽取 $n=100$ 根，测得其偏差 $x_1, x_2, \cdots, x_{100}$，经分组整理后数据见表 6-1.

表 6-1 轴承偏差分组整理数据表

x_i	−0.7	−0.5	−0.3	−0.1	0.1	0.3	0.5	0.7	0.9	1.1	1.3
频数	3	4	13	13	15	13	11	12	10	4	2

试求 μ 与 σ^2 的最大似然估计.

解：首先，写出似然函数

$$L(\mu, \sigma^2) = \prod_{i=1}^{n} \frac{1}{\sqrt{2\pi}\,\sigma} e^{-\frac{(x_i-\mu)^2}{2\sigma^2}} = \frac{1}{(\sqrt{2\pi}\,\sigma)^n} e^{-\frac{1}{2\sigma^2}\sum_{i=1}^{n}(x_i-\mu)^2}.$$

其次，由于对似然函数 $L(\theta)$ 取对数后得到的对数似然函数 $l(\theta) = \ln L(\theta)$ 与 $L(\theta)$ 在同一点上达到最大，故出于求导数的方便，现就上式 $L(\mu, \sigma^2)$ 写出对数似然函数

$$l(\mu, \sigma^2) = \ln L(\mu, \sigma^2) = -\frac{n}{2}\ln(2\pi\sigma^2) - \frac{1}{2\sigma^2}\sum_{i=1}^{n}(x_i-\mu)^2.$$

再次，将 $l(\mu, \sigma^2)$ 分别对 μ 与 σ^2 求偏导数，并令其结果都等于 0，得似然方程

$$\begin{cases} \dfrac{\partial l(\mu, \sigma^2)}{\partial \mu} = \dfrac{1}{\sigma^2}\sum_{i=1}^{n}(x_i-\mu) = 0 \\[3mm] \dfrac{\partial l(\mu, \sigma^2)}{\partial \sigma^2} = -\dfrac{n}{2\sigma^2} + \dfrac{1}{2\sigma^4}\sum_{i=1}^{n}(x_i-\mu)^2 = 0. \end{cases}$$

然后解此方程得

$$\hat{\mu} = \frac{1}{n}\sum_{i=1}^{n}x_i = \bar{x},$$

$$\hat{\sigma}^2 = \frac{1}{n}\sum_{i=1}^{n}(x_i-\bar{x})^2 = S_n^2.$$

最后，将样本观测值代入 $\hat{\mu}$ 和 $\hat{\sigma}^2$ 两式中计算可得 $\hat{\mu}$ 与 $\hat{\sigma}^2$ 的最大似然估计值分别为：

$$\hat{\mu} = 0.26, \quad \hat{\sigma}^2 = 0.232\ 8.$$

一般而言，最大似然方法的估计效果比较好，但需要知道总体的分布且计算也较复杂. 由于最大似然估计的统计思想符合人们的认识和经验，同时最大似然估计的渐近分布为正态分布的性质，为以后在大样本情况下讨论参数的区间估计及假设检验提供了方便，所以最大似然估计很受人们重视.

四、区间估计

在点估计中，某一估计量即使满足评判最佳统计量的全部准则，但用其一次观测值去估计总体参数，总会难免存在一定误差. 也就是说，用估计量的一次观测值作为总体参数的点估计值，并不是绝对可靠的. 显然，点估计方法虽然简单，但未考虑总体参数的真值与其相应点估计值之间客观上可能存在着的误差大小，也没有给出估计的可靠程度. 为此，还需要进

行参数的区间估计.

设总体分布含有一个未知参数 θ, 而 $X_1, X_2, \cdots, X_n$ 是来自该总体的一个随机样本, 对给定的 $\alpha (0 < \alpha < 1)$, 由该样本确定的两个统计量 $\theta_1 = \theta_1(X_1, X_2, \cdots, X_n)$ 与 $\theta_2 = \theta_2(X_1, X_2, \cdots, X_n)$, 满足

$$P(\theta_1 \leqslant \theta \leqslant \theta_2) = 1 - \alpha \tag{6.1}$$

则称随机区间 $[\theta_1, \theta_2]$ 为参数 θ 在置信水平(又称置信概率, 有时可称置信度)是 $(1-\alpha)$ 下的置信区间, θ_1 与 θ_2 分别称为置信下限与置信上限, 百分数 $100(1-\alpha)\%$ 称置信系数, α 称显著性水平.

区间估计, 实质就是根据上述要求所确定出的参数的置信区间. 对于特定的总体, 参数总是一个确定的量, 样本统计量则不然. 由于随机样本 $X_1, X_2, \cdots, X_n$ 可以有多个具体观测值, 或者说随机样本 $X_1, X_2, \cdots, X_n$ 本身就是一个随机向量, 故由它所决定的样本统计量必然也是一个随机变量. 因此, 由 θ_1 与 θ_2 所构成的置信区间 $[\theta_1, \theta_2]$ 也是一个随机区间. 对于随机样本的每一观测值, 样本统计量也相应地得到一个观测值, 从而确定了一个具体的置信区间. 在由全部可能样本观测值所确定的所有置信区间中, 有的区间可能包括了参数的真值, 有的可能没有包括. 在置信水平 $(1-\alpha)$ 下的置信区间 $[\theta_1, \theta_2]$ 的确切含义是: 由全部样本观测值确定的所有估计区间 $[\theta_1, \theta_2]$ 中, 有 $100(1-\alpha)\%$ 的估计区间包括了参数 θ 的真值, 另外 $100\alpha\%$ 的区间没有包括参数 θ 的真值. 即随机区间 $[\theta_1, \theta_2]$ 以概率 $(1-\alpha)$ 包含其参数 θ. 显然, 一个置信区间在样本抽出以前, 我们可声称其包括未知参数真值在内的概率是 $(1-\alpha)$; 但当样本具体被抽出以后, 置信区间即行确定, 此时该置信区间包括未知参数真值在内的概率不是 100% 便是 0%.

区间估计和点估计类似, 有两个问题需要解决: 一是什么样的置信区间是最佳的, 二是如何才能寻找到一个置信区间. 因此, 区间估计的研究范围主要有最佳置信区间的探讨和置信区间的求法两方面内容.

五、建立置信区间的方法

置信区间的构造通常有两种方法: 一是适用于所有情况的一般方法, 二是用于某些特殊情况的特殊方法. 前者由于其复杂性而较少运用, 后者由于其简便性而被大量使用. 在此, 我们仅介绍常用的构造置信区间的枢轴量法.

枢轴量法的具体步骤是:

(1)从总体参数 θ 的一个最大似然统计量 $\hat{\theta}$ 出发, 构造 $\hat{\theta}$ 与 θ 的一个函数 $G(\hat{\theta}; \theta)$, 使得 $G(\hat{\theta}; \theta)$ 的分布(在大样本场合, 可以是 G 的渐近分布)是已知的, 而且与 θ 无关. 通常称这种函数 $G(\hat{\theta}; \theta)$ 为枢轴量.

(2)适当选取两个常数 c 和 d, 使对给定的显著性水平 α 有

$$P[c \leqslant G(\hat{\theta}; \theta) \leqslant d] \geqslant 1 - \alpha.$$

这里的不等号(上式中联系左右两端的"$\geqslant$")是专门为离散分布而设置的; 当 $G(\hat{\theta}; \theta)$ 的分布是连续分布时, 应选 c 与 d 使该式中的等号成立. 这样就能充足地使用置信水平 $(1-\alpha)$.

(3)利用不等式运算, 将上述概率区间中的不等式 $c \leqslant G(\hat{\theta}; \theta) \leqslant d$ 进行等价变形, 使得

最后能得到形如 $\theta_1 \leqslant \theta \leqslant \theta_2$ 的不等式.若这一切都可能,则 $[\theta_1, \theta_2]$ 就是 θ 的置信水平为 $(1-\alpha)$ 的置信区间.因为这时有

$$P[c \leqslant G(\hat{\theta};\theta) \leqslant d] = P(\theta_1 \leqslant \theta \leqslant \theta_2) = 1-\alpha.$$

在枢轴量法构造置信区间的过程中,关键是其中的第一步,即构造枢轴量 $G(\hat{\theta};\theta)$.为了后面两步可行,$G(\hat{\theta};\theta)$ 的分布必须与未知参数 θ 无关.由于标准正态分布、χ^2 分布、t 分布、F 分布等抽样分布均与总体参数无关,因此,在构造枢轴量时,一般都要尽量使 $G(\hat{\theta};\theta)$ 的分布为上述一些常用分布.至于如何确定 c 与 d,在 $G(\hat{\theta};\theta)$ 的分布为单峰时可用如下两种方法确定:

第一种情况,当 $G(\hat{\theta};\theta)$ 的分布为对称时(如标准正态分布、t 分布),可取 d,使得

$$P[-d \leqslant G(\hat{\theta};\theta) \leqslant d] = P\left[\left|G(\hat{\theta};\theta)\right| \leqslant d\right] = 1-\alpha$$

这时 $c = -d$,d 为 $G(\hat{\theta};\theta)$ 分布的 $\left(1-\dfrac{\alpha}{2}\right)$ 分位数.

第二种情况,当 $G(\hat{\theta};\theta)$ 的分布为非对称时(如 χ^2 分布、F 分布)可这样选取 c 与 d,使得

$$P[G(\hat{\theta};\theta) \leqslant c] = \frac{\alpha}{2}, \quad P[G(\hat{\theta};\theta) \leqslant d] = 1-\frac{\alpha}{2},$$

即取 c 为 $G(\hat{\theta};\theta)$ 分布的 $\dfrac{\alpha}{2}$ 分位数,d 为 $G(\hat{\theta};\theta)$ 分布的 $\left(1-\dfrac{\alpha}{2}\right)$ 分位数.

例 6.2 设有一张桌面的长度 μ 未知,为估计其长度可用直尺去度量.由于度量是有误差的,因而所得度量结果是一个随机变量,通常服从正态分布.当直尺度量的误差标准差为 0.1 cm 时,可认为度量结果服从 $N(\mu, 0.1^2)$.现对该桌面度量 5 次,有如下结果(单位:cm),

$$100.63 \quad 99.86 \quad 98.95 \quad 101.01 \quad 100.08$$

现将其看成来自该总体的一个容量为 5 的样本观测值.试对 μ 作置信水平为 0.95 的区间估计.

解:首先,由于 μ 是总体的均值,故可用最大似然估计量 $\overline{X}$ 去估计它;又因在正态总体下,样本统计量 $\overline{X} \sim N(\mu, \sigma^2/n)$,现已知 $n=5, \sigma=0.1$,从而

$$Z = \frac{\overline{X}-\mu}{\sigma/\sqrt{n}} \sim N(0,1).$$

由于 Z 是估计量 $\overline{X}$ 与未知总体参数 μ 的函数,且其分布为 $N(0,1)$,可知 Z 的分布与参数 μ 无关,故将 Z 作为枢轴量.

其次,Z 服从 $N(0,1)$,是对称的连续分布,所以取 $c = -d$,对给定的置信水平 $(1-\alpha)$,要求

$$P(-d \leqslant Z \leqslant d) = P(|Z| \leqslant d) = 1-\alpha$$

由标准正态分布可知以其 $\left(1-\dfrac{\alpha}{2}\right)$ 分位数 $Z_{1-\frac{\alpha}{2}}$ 作为 d.

再次,对上述概率区间中的不等式 $|Z| \leqslant d$ 即 $\left|\dfrac{\overline{X}-\mu}{\sigma/\sqrt{n}}\right| \leqslant Z_{1-\frac{\alpha}{2}}$ 进行等价变形,得

$$\overline{X} - \frac{\sigma}{\sqrt{n}} Z_{1-\frac{\alpha}{2}} \leqslant \mu \leqslant \overline{X} + \frac{\sigma}{\sqrt{n}} Z_{1-\frac{\alpha}{2}}$$

从而 μ 的置信水平为 $(1-\alpha)$ 的置信区间是

$$\left[\overline{X} - \frac{\sigma}{\sqrt{n}} Z_{1-\frac{\alpha}{2}}, \overline{X} + \frac{\sigma}{\sqrt{n}} Z_{1-\frac{\alpha}{2}} \right].$$

最后,在本例中 $n=5$,$\sigma=0.1$;当 $(1-\alpha)=0.95$ 时,得 $\alpha=0.05$,对 $Z_{1-\frac{\alpha}{2}} = Z_{1-\frac{0.05}{2}} = Z_{0.975}$ 查正态分布表知 $Z_{0.975}=1.96$;又经计算得 $\overline{X} = \frac{1}{n} \sum_{i=1}^{n} X_i = 100.106$.将这些数据代入所求出的置信区间中,则得 μ 的置信水平为 0.95 的一个具体的估计区间 $[100.018, 100.194]$.

在使用枢轴量法构造置信区间的过程中,不仅要求我们必须熟悉大量的抽样分布,还常涉及许多专门的统计技巧.所以,较之参数的点估计,寻求参数的 $(1-\alpha)$ 置信区间的参数区间估计要复杂得多.

六、最佳置信区间的探讨

一个未知总体参数的区间估计有多种形式,如何从中选一个好的区间估计呢?这就涉及如何评价一个区间估计的好坏问题.其常用的衡量标准有两类:一是置信度,二是精确度.

1. 置信度

在参数真值为 θ 时,希望随机区间 $[\theta_1, \theta_2]$ 包含 θ 的概率 $P(\theta_1 \leqslant \theta \leqslant \theta_2) = 1-\alpha$ 愈大愈好,这是符合实际的一项要求.这个概率称为置信度.一般说来,上述概率将依赖于 θ.

2. 精确度

它经常是指随机区间 $[\theta_1, \theta_2]$ 的平均长度 $E[\theta_2 - \theta_1]$.前面已提到,置信区间是一个随所出现样本的不同而不同的随机区间,因此,不能根据某一组特殊样本所求得的置信区间来判断其长度,而应以所有可能样本下置信区间长度的期望数为依据.当然符合实际要求的是希望区间平均长度越短越好.

很显然,最佳置信区间要求其置信度大而区间长度小,但是,在样本容量 n 一定的条件下,最佳置信区间的这两个基本要求往往是相互矛盾的.若置信度增大,则区间必然放大,这就减小了精确度;若提高精确度,则置信度又必然会降低.面对这种此消彼长的情势,英国统计学家尼曼(Neyman)建议采取一种妥协方案:在保证置信度的前提下,尽可能提高精确度.

一般地,影响置信区间大小的因素主要有 4 个,即样本统计量、区间上下限的取法、样本容量和置信水平.由于样本容量和置信水平是我们所能够控制的,所以真正影响置信区间的只有样本统计量与区间上下限的取法.

在其他因素不变的条件下,样本统计量不同,则所得置信区间也就不同.例如,设总体 X 的分布为 $N(\mu, \sigma^2)$,随机样本为 $X_1, X_2, \cdots, X_n$.由样本求得两个统计量,其一为样本平均数 $\overline{X}$,另一为样本中第一个出现的变量 X_1.若置信水平 $(1-\alpha)=0.95$,则知 $\overline{X}$ 的抽样分布为 $N\left(\mu, \frac{\sigma^2}{n}\right)$,于是得总体均值 μ 的置信区间为

$$(\overline{X} - 1.96\sigma / \sqrt{n}, \overline{X} + 1.96\sigma / \sqrt{n}),$$

区间长度为

$$\left(\overline{X}+1.96\sigma/\sqrt{n}\right)-\left(\overline{X}-1.96\sigma/\sqrt{n}\right)=3.92\sigma/\sqrt{n}.$$

而 X_1 的抽样分布为 $N(\mu,\sigma^2)$，由此求得总体均值 μ 的置信区间为

$$[X_1-1.96\sigma,X_1+1.96\sigma],$$

区间长度为

$$(X_1+1.96\sigma)-(X_1-1.96\sigma)=3.92\sigma.$$

比较这两个区间的长度知相差 $\sqrt{n}$ 倍.

在其他因素不变的情况下，区间上下限的取法不同，则置信区间也不同.例如，设总体 X 的分布为 $N(\mu,\sigma^2)$，随机样本为 $X_1,X_2,\cdots,X_n$.求得样本平均数 $\overline{X}$，$\overline{X}$ 的抽样分布为 $N(\mu,\sigma^2/n)$. 若置信水平 $(1-\alpha)=0.95$，当以两尾各取 $\alpha/2$ 的方式确定概率区间，则总体均值 μ 的置信区间就为

$$\left[\overline{X}-1.96\sigma/\sqrt{n},\overline{X}+1.96\sigma/\sqrt{n}\right],$$

区间长度为

$$\left(\overline{X}+1.96\sigma/\sqrt{n}\right)-\left(\overline{X}-1.96\sigma/\sqrt{n}\right)=3.92\sigma/\sqrt{n}.$$

而当概率区间的左尾为 0.01，右尾为 0.04（左右尾合起来仍为 $\alpha=0.05$）时，则总体均值 μ 的置信区间为

$$\left[\overline{X}-2.33\sigma/\sqrt{n},\overline{X}+1.75\sigma/\sqrt{n}\right],$$

区间长度为

$$\left(\overline{X}+1.75\sigma/\sqrt{n}\right)-\left(\overline{X}-2.33\sigma/\sqrt{n}\right)=4.08\sigma/\sqrt{n}.$$

比较这两个区间，则知抽样分布为单峰对称分布时，以两尾各取 $\alpha/2$ 的方式所确定的置信区间长度最短.

通过以上分析可知，优良的样本统计量即参数优良的点估计量是建立优良置信区间的先决条件.由点估计的说明已知，参数绝对最佳的估计量通常是不存在或很难找到的，因此，参数绝对最佳的置信区间一般也不存在.另外，由最大似然法的原理知道，当样本范围较大时，最大似然估计量较佳，以其为基础建立的置信区间也较佳.当抽样分布为单峰对称分布时，以两尾各取 $\alpha/2$ 方式确定上下限，所得总体均值的置信区间其长度为最小.当抽样分布为单峰不对称时，可分两种情形：一是在样本范围较大条件下，由中央极限定理知抽样分布接近对称，可近似地以两尾各取的方式确定上下限，这样所得区间虽非最小，但与最小区间相差不远；二是样本范围较小条件下，抽样分布偏颇程度较大，必须以精确分布的方式计算，否则所得区间与最小区间相去甚远，会降低区间估计的效率.

第二节　总体参数的置信区间

在区间估计实践中，通常是先给定显著性水平 α 的数值，再计算出满足置信水平 $(1-\alpha)$ 的估计区间.因此，可以说，区间估计实质上就是要根据样本信息，计算出总体参数的取值区

间,并给出该随机区间包含总体参数的概率.在本节,我们将主要就一些常用的总体参数置信区间的计算问题作必要介绍.

一、总体均值的置信区间

1. 正态总体均值的置信区间

设总体 $X \sim N(\mu, \sigma^2)$;$X_1, X_2, \cdots, X_n$ 是 X 的一个简单随机样本,其样本平均数为$\overline{X}$.对于未知的参数 μ,根据样本信息估计其$(1-\alpha)$的置信区间.

(1)若方差 σ^2 已知,则由抽样分布原理得 $\overline{X} \sim N(\mu, \frac{\sigma^2}{n})$,统计量 $Z = \dfrac{\overline{X}-\mu}{\sigma/\sqrt{n}} \sim N(0,1)$,于是有

$$P\left\{-Z_{1-\frac{\alpha}{2}} \leqslant \frac{\overline{X}-\mu}{\sigma/\sqrt{n}} \leqslant Z_{1-\frac{\alpha}{2}}\right\} = 1-\alpha \tag{6.2}$$

故 μ 的$(1-\alpha)$置信区间为

$$\left[\overline{X}-Z_{1-\frac{\alpha}{2}} \cdot \frac{\sigma}{\sqrt{n}}, \overline{X}+Z_{1-\frac{\alpha}{2}} \cdot \frac{\sigma}{\sqrt{n}}\right] \tag{6.3}$$

(2)若方差 σ^2 未知,根据抽样分布原理,用样本无偏方差 S^2 代替未知参数 σ^2 时,得到统计量 $t = \dfrac{\overline{X}-\mu}{S/\sqrt{n}} \sim t(n-1)$,于是有

$$P\left\{-t_{1-\frac{\alpha}{2}} \leqslant \frac{\overline{X}-\mu}{S/\sqrt{n}} \leqslant t_{1-\frac{\alpha}{2}}\right\} = 1-\alpha \tag{6.4}$$

故 μ 的$(1-\alpha)$置信区间为

$$\left[\overline{X}-t_{1-\frac{\alpha}{2}}(n-1) \cdot \frac{S}{\sqrt{n}}, \overline{X}+t_{1-\frac{\alpha}{2}}(n-1) \cdot \frac{S}{\sqrt{n}}\right] \tag{6.5}$$

例6.3 某工厂为确定生产某种产品的定额时间,工厂管理部门随机抽取了16名工人进行调查,得知平均生产时间为 13 min,标准差为 3 min.如果生产时间服从正态分布,试以95%的置信度估计该厂生产这种产品平均所需时间的置信区间.

解:在本例题中,已知 $X \sim N(\mu, \sigma^2)$,$\overline{X}=13$,$S^2=9$,$(1-\alpha)=0.95$,$n=16$.

因此,$T = \dfrac{\overline{X}-\mu}{S/\sqrt{n}} = \dfrac{13-\mu}{\sqrt{16}} \sim t_{1-\frac{0.05}{2}}(15)$,查 t 分布表知 $t_{0.975}(15)=2.131$,于是得 μ 的 95%置信区间$\left[13-2.131 \times \dfrac{13}{\sqrt{16}}, 13+2.131 \times \dfrac{13}{\sqrt{16}}\right]$,即该厂生产这种产品平均所需时间的95%置信区间是$[11.4, 14.6]$.

2. 总体分布形式未知(或非正态总体)均值的置信区间

设总体不能假定服从正态分布或分布形式未知,而总体均值 μ 和方差 σ^2 均存在,$\overline{X}$ 和 S^2 分别是其样本平均数和样本方差.对于未知的参数 μ,亦可根据样本信息估计其$(1-\alpha)$的置信区间.

若方差 σ^2 已知,则 μ 的$(1-\alpha)$近似置信区间为

$$\left[\overline{X}-Z_{1-\frac{\alpha}{2}}\cdot\frac{\sigma}{\sqrt{n}},\overline{X}+Z_{1-\frac{\alpha}{2}}\cdot\frac{\sigma}{\sqrt{n}}\right] \tag{6.6}$$

若方差 σ^2 未知,则用 S^2 代替 σ^2 后 μ 的 $(1-\alpha)$ 近似置信区间为

$$\left[\overline{X}-t_{1-\frac{\alpha}{2}}(n-1)\cdot\frac{S}{\sqrt{n}},\overline{X}+t_{1-\frac{\alpha}{2}}(n-1)\cdot\frac{S}{\sqrt{n}}\right] \tag{6.7}$$

二、总体比例(成数)的置信区间

总体比例的估计就是根据样本中具有某种特征的单位所占的比例来估计总体比例,其理论与方法都与前述总体均值的估计十分相似. 它实质上是总体均值估计的一种特例,即总体单位只有两种取值的情况,以具有某特征的单位取值为 1(用 $X=1$ 来表示),不具有某种特征的单位取值为 0(用 $X=0$ 来表示).在 N 个单位中若具有某种特征的单位数为 N_1,即 $N_1/N=P$ 时,X 便服从二点分布 $b(1,p)$:

$$P(X=1)=p,P(X=0)=1-p.$$

p 便是该二点分布的期望 $E(X)=p$,而方差 $\text{var}(X)=p(1-p)$.

为估计总体比例 p,可从二点分布总体中抽取容量为 n 的简单随机样本 $X_1,X_2,\cdots,X_n$. 一般取样本平均数 $\overline{X}=\frac{1}{n}\sum\limits_{i=1}^{n}X_i$ 作为 p 的点估计($\hat{p}=\overline{X}$).

1. 小样本场合下总体比例 p 的精确置信区间

设 $X_1,X_2,\cdots,X_n$ 为取自二点分布 $b(1,p)$ 的一个样本,则 $T=\sum\limits_{i=1}^{n}X_i$ 服从二项分布 $b(n,p)$. p 的置信水平为 $(1-\alpha)$ 的置信区间 $[p_L,p_U]$ 可由有关定理求得

$$\begin{cases} \sum\limits_{x=0}^{k-1}\binom{n}{x}p_L^x(1-p_L)^{n-x}=1-\frac{\alpha}{2}, \\ \sum\limits_{x=0}^{k}\binom{n}{x}p_U^x(1-p_U)^{n-x}=\frac{\alpha}{2}. \end{cases}$$

这里 k 是 $T=\sum\limits_{i=1}^{n}X_i$ 的观测值(k 是样本单位中具有某种特征的单位数).对该式通过利用 F 分布最终可得总体比例 p 的 $(1-\alpha)$ 置信区间 $[p_L,p_U]$ 为

$$\begin{cases} p_L=\dfrac{v'_1 F_{\frac{\alpha}{2}}(v'_1,v'_2)}{v'_2+v'_1 F_{\frac{\alpha}{2}}(v'_1,v'_2)}, \\ p_U=\dfrac{v_1 F_{1-\frac{\alpha}{2}}(v_1,v_2)}{v_2+v_1 F_{1-\frac{\alpha}{2}}(v_1,v_2)}. \end{cases} \tag{6.8}$$

其中:$v'_1=2k,v'_2=2(n-k+1),v_1=2(k+1),v_2=2(n-k)$.

例 6.4 从一批产品中随机抽查 68 件,发现 8 件不合格品.求这批产品的不合格品率 p 的 0.90 置信区间.

解:在本例中,$n=68,k=8$,故 p 的点估计 $\hat{p}=k/n=0.118$.由于

$$v'_1=2k=2\times8=16,v'_2=2(n-k+1)=2(68-8+1)=122,$$

$$F_{\frac{\alpha}{2}}(v'_1,v'_2)=F_{0.05}(16,122)=\frac{1}{F_{0.95}(122,16)}=\frac{1}{2.11},$$

$$v_1=2(k+1)=2(8+1)=18, v_2=2(n-k)=2(68-8)=120,$$

$$F_{1-\frac{\alpha}{2}}(v_1,v_2)=F_{0.95}(18,120)=1.66.$$

得到$p_L=\dfrac{16/2.11}{122+16/2.11}=0.059, p_U=\dfrac{18\times1.66}{120+18\times1.66}=0.199.$

故这批产品的不合格率的 0.90 置信区间为$[0.059, 0.199]$.

2. 大样本场合下总体比例 p 的近似置信区间

对于总体比例,由于 $E(\overline{X})=p, Var(\overline{X})=p(1-p)/n$,在大样本条件下($n$ 足够大),根据中心极限定理,可以认为统计量 $Z=\dfrac{\overline{X}-p}{\sqrt{p(1-p)/n}}$ 近似服从标准正态分布 $N(0,1)$,于是就近似地有

$$P\left\{\left|\frac{\overline{X}-p}{\sqrt{p(1-p)/n}}\right|\le Z_{1-\frac{\alpha}{2}}\right\}=1-\alpha \tag{6.9}$$

当 n 很大时,可由样本比例 $\overline{X}=\dfrac{1}{n}\sum_{i=1}^{n}X_i$ 去估计总体比例 p 也就是 $\hat{p}=\overline{X}$,得简化后的置信限为

$$\begin{cases} P_L=\hat{p}-Z_{1-\frac{\alpha}{2}}\sqrt{\dfrac{\hat{p}(1-\hat{p})}{n}} \\ \\ P_U=\hat{p}+Z_{1-\frac{\alpha}{2}}\sqrt{\dfrac{\hat{p}(1-\hat{p})}{n}} \end{cases} \tag{6.10}$$

例 6.5 为了对某地区成年男子中吸烟的比例进行调查,用重复抽样得 200 名成年男子中有 68 人经常吸烟,试以 0.95 的置信水平估计该地区成年男子中吸烟者所占比例的置信区间.

解:在本题中,$\hat{p}=\dfrac{68}{200}=0.34, (1-\alpha)=0.95, n=200.$则知符合大样本的条件,故

$$p_L=0.34-1.96\sqrt{\frac{0.34\times0.66}{200}}=0.274\,3,$$

$$p_U=0.34+1.96\sqrt{\frac{0.34\times0.66}{200}}=0.405\,6.$$

即该地区成年男子中吸烟者所占比例的 0.95 置信区间为$[0.27, 0.41]$.

三、两总体均值之差的置信区间

在实际工作中,经常遇到需要比较两个总体均值的问题,这就要求对两个总体均值之差进行区间估计.

1. 两正态总体均值之差的置信区间

设两个正态总体分别为 $X_1\sim N(\mu_1,\sigma^2_1)$ 和 $X_2\sim N(\mu_2,\sigma^2_2)$,且 $X_{11},X_{12},\cdots,X_{1n_1}$ 和 $X_{21},X_{22},\cdots,$ X_{2n_2}是分别来自这两个总体的相互独立的简单随机样本,其样本平均数分别为 $\overline{X}_1$ 和 $\overline{X}_2$.对于未知的这两正态总体均值之差$(\mu_1-\mu_2)$,根据样本信息估计其$(1-\alpha)$的置信区间.

(1)若两正态总体的方差 σ_1^2 和 σ_2^2 都已知,则由抽样分布原理得 $(\overline{X}_1-\overline{X}_2)\sim N[\mu_1-\mu_2,(\sigma_1^2/n_1)+(\sigma_2^2/n_2)]$

故统计量

$$Z=\frac{(\overline{X}_1-\overline{X}_2)-(\mu_1-\mu_2)}{\sqrt{\dfrac{\sigma_1^2}{n_1}+\dfrac{\sigma_2^2}{n_2}}}\sim N(0,1).$$

于是有

$$P\left\{-Z_{1-\frac{\alpha}{2}}\leqslant \frac{(\overline{X}_1-\overline{X}_2)-(\mu_1-\mu_2)}{\sqrt{\dfrac{\sigma_1^2}{n_1}+\dfrac{\sigma_2^2}{n_2}}}\leqslant Z_{1-\frac{\alpha}{2}}\right\}=1-\alpha \tag{6.11}$$

故 $(\mu_1-\mu_2)$ 的 $(1-\alpha)$ 置信区间为

$$\left[(\overline{X}_1-\overline{X}_2)-Z_{1-\frac{\alpha}{2}}\cdot\sqrt{\frac{\sigma_1^2}{n_1}+\frac{\sigma_2^2}{n_2}},\ (\overline{X}_1-\overline{X}_2)+Z_{1-\frac{\alpha}{2}}\cdot\sqrt{\frac{\sigma_1^2}{n_1}+\frac{\sigma_2^2}{n_2}}\right] \tag{6.12}$$

(2) 若两正态总体的方差 σ_1^2 和 σ_2^2 未知但相等 $(\sigma_1^2=\sigma_2^2=\sigma^2)$,为了给出 σ^2 的估计,我们必须利用两个样本中关于 σ^2 的信息联合起来估计 σ^2,这个联合估计量为

$$S_p^2=\frac{(n_1-1)S_1^2(n_2-1)S_2^2}{n_1+n_2-2}.$$

根据抽样分布原理,可以证明

$$t=\frac{(\overline{X}_1-\overline{X}_2)-(\mu_1-\mu_2)}{S_p\sqrt{\dfrac{1}{n_1}+\dfrac{1}{n_2}}}\sim t_{1-\frac{\alpha}{2}}(n_1+n_2-2).$$

于是有

$$P\left\{-t_{1-\frac{\alpha}{2}}(n_1+n_2-2)\leqslant\frac{(\overline{X}_1-\overline{X}_2)-(\mu_1-\mu_2)}{S_p\sqrt{\dfrac{1}{n_1}+\dfrac{1}{n_2}}}\leqslant t_{1-\frac{\alpha}{2}}(n_1+n_2-2)\right\}=1-\alpha \tag{6.13}$$

故 $(\mu_1-\mu_2)$ 的 $(1-\alpha)$ 置信区间为

$$\left[(\overline{X}_1-\overline{X}_2)-t_{1-\frac{\alpha}{2}}(n_1+n_2-2)S_p\sqrt{\frac{1}{n_1}+\frac{1}{n_2}},\ (\overline{X}_1-\overline{X}_2)+t_{1-\frac{\alpha}{2}}(n_1+n_2-2)S_p\sqrt{\frac{1}{n_1}+\frac{1}{n_2}}\right] \tag{6.14}$$

(3)若两正态总体的方差 σ_1^2 和 σ_2^2 未知且不等 $(\sigma_1^2\neq\sigma_2^2)$,则自然需要用 S_1^2 和 S_2^2 分别估计 σ_1^2 和 σ_2^2,从而得到 $(\overline{X}_1-\overline{X}_2)$ 的方差 σ^2 的估计为 $(\dfrac{S_1^2}{n_1})+(\dfrac{S_2^2}{n_2})$.此时,$\dfrac{(\overline{X}_1-\overline{X}_2)-(\mu_1-\mu_2)}{\sqrt{\dfrac{S_1^2}{n_1}+\dfrac{S_2^2}{n_2}}}$ 不服从

自由度为 (n_1+n_2-2) 的 t 分布,而是近似服从自由度为 f 的 t 分布,其中 f 的计算公式为

$$f=\frac{[(S_1^2/n_1)+(S_2^2/n_2)]^2}{\dfrac{(S_1^2/n_1)^2}{n_1-1}+\dfrac{(S_2^2/n_2)^2}{n_2-1}}.$$

若 f 不为整数,可取与 f 最接近的整数作为自由度的取值,也可用插值法求 t 分布的分位数值.所以,近似地有

$$P\left\{-t_{1-\frac{\alpha}{2}}(f) \leqslant \frac{(\bar{X}_1-\bar{X}_2)-(\mu_1-\mu_2)}{\sqrt{\frac{S_1^2}{n_1}+\frac{S_2^2}{n_2}}} \leqslant t_{1-\frac{\alpha}{2}}(f)\right\}=1-\alpha \tag{6.15}$$

这样, $(\mu_1-\mu_2)$ 的 $(1-\alpha)$ 置信区间为

$$\left[(\bar{X}_1-\bar{X}_2)-t_{1-\frac{\alpha}{2}}(f)\sqrt{\frac{S_1^2}{n_1}+\frac{S_2^2}{n_2}},\ (\bar{X}_1-\bar{X}_2)+t_{1-\frac{\alpha}{2}}(f)\sqrt{\frac{S_1^2}{n_1}+\frac{S_2^2}{n_2}}\right] \tag{6.16}$$

2. 两非正态总体(或分布形式未知)均值之差的置信区间

设总体 X_1 和 X_2 都是非正态总体(或其分布形式未知),且 $X_{11},X_{12},\cdots,X_{1n_1}$ 和 $X_{21},X_{22},\cdots,$ X_{2n_2} 是分别来自这两个总体的相互独立的简单随机样本,其样本平均数分别为 $\bar{X}_1$ 和 $\bar{X}_2$. 对于未知的这两总体均值之差 $(\mu_1-\mu_2)$,在 n_1 和 n_2 都为大样本的条件下,根据样本信息估计其 $(1-\alpha)$ 的置信区间.

若两非正态总体的方差 σ^2_1 和 σ^2_2 都已知,则 $(\mu_1-\mu_2)$ 的 $(1-\alpha)$ 近似置信区间为

$$\left[(\bar{X}_1-\bar{X}_2)-Z_{1-\frac{\alpha}{2}}\sqrt{\frac{\sigma_1^2}{n_1}+\frac{\sigma_2^2}{n_2}},\ (\bar{X}_1-\bar{X}_2)+Z_{1-\frac{\alpha}{2}}\sqrt{\frac{\sigma_1^2}{n_1}+\frac{\sigma_2^2}{n_2}}\right] \tag{6.17}$$

若两非正态总体的方差 σ_1^2 和 σ_2^2 都未知,可用样本方差 S_1^2 和 S_2^2 分别去估计总体方差 σ_1^2 和 σ_2^2,这时 $(\mu_1-\mu_2)$ 的 $(1-\alpha)$ 置信区间近似为

$$\left[(\bar{X}_1-\bar{X}_2)-Z_{1-\frac{\alpha}{2}}\sqrt{\frac{S_1^2}{n_1}+\frac{S_2^2}{n_2}},\ (\bar{X}_1-\bar{X}_2)+Z_{1-\frac{\alpha}{2}}\sqrt{\frac{S_1^2}{n_1}+\frac{S_2^2}{n_2}}\right] \tag{6.18}$$

例 6.6　为比较两位营业员办理售货服务的平均时间长度,现分别给这两位营业员随机安排 30 位顾客,并记录为每位顾客办理售货服务所需的时间(单位:min),相应的样本平均数和方差分别是: $\bar{X}_1=12.2$, $S_1^2=3.1$; $\bar{X}_2=14.6$, $S_2^2=5.2$. 试估计这两位营业员办理售货服务所需时间之差的 95% 的置信区间.

解: 由题意可知两总体的分布形式未知,且其方差亦未知,但从中抽取的两个样本都为大样本 $(n_1=n_2=30)$,故而可用两个样本方差分别估计总体的两个方差.又因 $\bar{X}_1=12.2$, $\bar{X}_2=14.6$, $S_1^2=3.1$, $S_2^2=5.2$, $n_1=n_2=30$,当 $(1-\alpha)=0.95$ 时, $Z_{1-\frac{\alpha}{2}}=Z_{0.975}=1.96$,可得所求近似置信区间为

$$\left[(12.2-14.6)-1.96\sqrt{\frac{3.1}{30}+\frac{5.2}{30}},\ (12.2-14.6)+1.96\sqrt{\frac{3.1}{30}+\frac{5.2}{30}}\right]$$

即 $[-3.431,-1.369]$.

该结果显示有 95% 的把握认为第一个营业员服务的平均时间比第二个营业员服务的平均时间要最少快 1.369 min,最多快 3.431 min.总之,有 95% 的把握认为第一个营业员比第二个营业员平均服务时间短.

四、两总体比例(成数)之差的置信区间

设两个二项总体分别为: $X_1 \sim b(N,p_1)$ 和 $X_2 \sim b(N_2,p_2)$,其中 p_1 和 p_2 分别为这两个总体中某种特征的单位数所占比例.如果 $X_{11},X_{12},\cdots,X_{1n_1}$ 和 $X_{21},X_{22},\cdots,X_{2n_2}$ 为分别独立地抽自总体 X_1 和 X_2 的简单随机样本,样本比例分别为 $\hat{p}_1$ 即 $\bar{X}_1$ 和 $\hat{p}_2$ 即 $\bar{X}_2$.根据抽样分布原理,当两个样本均为大样本时,两样本比例之差 $(\hat{p}_1-\hat{p}_2)$ 近似服从正态分布,即

$$(\hat{p}_1-\hat{p}_2)\sim N\left[p_1-p_2,\frac{p_1(1-p_1)}{n_1}+\frac{p_2(1-p_2)}{n_2}\right],$$

而统计量 $Z=\dfrac{(\hat{p}_1-\hat{p}_2)-(p_1-p_2)}{\sqrt{\dfrac{p_1(1-p_1)}{n_1}+\dfrac{p_2(1-p_2)}{n_2}}}$ 就近似服从标准正态分布 $N(0,1)$.于是有

$$P\left[-Z_{1-\frac{\alpha}{2}}\leqslant\frac{(\hat{p}_1-\hat{p}_2)-(p_1-p_2)}{\sqrt{\frac{p_1(1-p_1)}{n_1}+\frac{p_2(1-p_2)}{n_2}}}\leqslant Z_{1-\frac{\alpha}{2}}\right]=1-\alpha \tag{6.19}$$

这样可得总体比例之差 (p_1-p_2) 的 $(1-\alpha)$ 近似置信区间为

$$\left[(\hat{p}_1-\hat{p}_2)-Z_{1-\frac{\alpha}{2}}\sqrt{\frac{p_1(1-p_1)}{n_1}+\frac{p_2(1-p_2)}{n_2}},(\hat{p}_1-\hat{p}_2)+Z_{1-\frac{\alpha}{2}}\sqrt{\frac{p_1(1-p_1)}{n_1}+\frac{p_2(1-p_2)}{n_2}}\right] \tag{6.20}$$

需要注意的是:在 $\sqrt{\dfrac{p_1(1-p_1)}{n_1}+\dfrac{p_2(1-p_2)}{n_2}}$ 中总体比例 p_1 和 p_2 未知,故应用样本比例 $\hat{p}_1$ 和 $\hat{p}_2$ 去代替.

例 6.7 天意照相机厂为了分析其所生产的美时达牌照相机在市场上的竞争能力,委托某咨询机构进行市场调查.该咨询机构在北京市场和上海市场分别随机抽选了 400 名和 500 名购买照相机的顾客,调查后得知分别有 110 人和 130 人购买了"美时达"相机.若取置信水平为 0.99,试估计这两个市场上购买"美时达"相机比例之差的置信区间.

解:由题意知这是大样本下两总体比例之差 (p_1-p_2) 的 $(1-\alpha)$ 区间估计问题;又因 $\hat{p}_1=\dfrac{110}{400}=0.275,\hat{p}_2=\dfrac{130}{500}=0.260,n_1=400,n_2=500,(1-\alpha)=0.99$ 时 $Z_{1-\frac{\alpha}{2}}=Z_{0.995}=2.58$.这样可得所求置信水平为 0.99 的近似置信区间是

$$\left[(0.275-0.260)-2.58\sqrt{\frac{0.275\times0.725}{400}+\frac{0.26\times0.74}{500}},\right.$$

$$\left.(0.275-0.260)+2.58\sqrt{\frac{0.275\times0.725}{400}+\frac{0.26\times0.74}{500}}\right]$$

即 $[-0.060\,2,0.093\,2]$.

该结果说明有 99% 的把握认为北京市场的占有率比上海市场的占有率最少低 6.02%,最多高 9.32%.

五、正态总体方差的置信区间

设总体 $X\sim N(\mu,\sigma^2)$,其中 μ 与 σ^2 均未知;$X_1,X_2,\cdots,X_n$ 是 X 的一个简单随机样本,其样本平均数和样本方差分别为 $\overline{X}$ 和 S^2.对未知参数 σ^2,根据样本信息估计其 $(1-\alpha)$ 的置信区间.

由于总体方差 σ^2 未知,可用样本方差 S^2 作为 σ^2 的点估计量,且 $(n-1)S^2/\sigma^2\sim\chi^2(n-1)$,根据有关分布原理,得

$$P\left\{\chi^2_{1-\frac{\alpha}{2}}(n-1)\leqslant(n-1)S^2/\sigma^2\leqslant\chi^2_{\frac{\alpha}{2}}(n-1)\right\}=1-\alpha \tag{6.21}$$

故而参数 σ^2 的 $(1-\alpha)$ 置信区间为

$$\left[\frac{(n-1)S^2}{\chi^2_{1-\frac{\alpha}{2}}(n-1)},\frac{(n-1)S^2}{\chi^2_{\frac{\alpha}{2}}(n-1)}\right] \tag{6.22}$$

其中 $\chi^2_{\frac{\alpha}{2}}$ 的 $\chi^2_{1-\frac{\alpha}{2}}$ 分别为自由度 $(n-1)$ 的 χ^2 分布的 $\frac{\alpha}{2}$ 分位数和 $\left(1-\frac{\alpha}{2}\right)$ 分位数.若总体分布未知或为非正态分布时,只要样本容量足够大(大样本),也可用该区间作近似估计.

例 6.8 某厂生产的钢丝的强度服从 $N(\mu,\sigma^2)$,现从中随机抽取 20 根,测得其强度的方差为 $S^2=120^2\,\mathrm{kg}$,试以 95% 的置信水平估计总体方差 σ^2 的置信区间.

解: 由题意知,$n=20$,$S^2=120^2$,$(1-\alpha)=0.95$,通过查 χ^2 分布表得 $\chi^2_{\frac{\alpha}{2}}(n-1)=\chi^2_{0.025}(19)=8.907$,$\chi^2_{1-\frac{\alpha}{2}}(n-1)=\chi^2_{0.975}(19)=32.852$.于是,总体方差 σ^2 的 95% 置信区间为

$$\left[\frac{(20-1)\times120^2}{32.852},\frac{(20-1)\times120^2}{8.907}\right],$$

这也就是说,该厂钢丝强度的总体方差 σ^2 的 95% 置信区间为 $[8\,328.26,30\,717.41]$.

六、两正态总体方差之比的置信区间

设两个正态总体分别为 $X_1\sim N(\mu_1,\sigma_1^2)$ 和 $X_2\sim N(\mu_2,\sigma_2^2)$,且 $X_{11},X_{12},\cdots,X_{1n_1}$ 和 $X_{21},X_{22},\cdots,X_{2n_2}$ 是分别来自这两个正态总体的相互独立的简单随机样本,其样本平均数和样本方差分别为 $\overline{X}_1$、$\overline{X}_2$ 和 S_1^2、S_2^2.对于未知的这两个总体方差之比 σ_1^2/σ_2^2,根据样本信息估计其 $(1-\alpha)$ 的置信区间.

由于总体方差比 $\frac{\sigma_1^2}{\sigma_2^2}$ 未知,可以用样本方差比 $\frac{S_1^2}{S_2^2}$ 作为其估计量,且 $\frac{S_1^2}{\sigma_1^2}/\frac{S_2^2}{\sigma_2^2}=\frac{\sigma_2^2}{\sigma_1^2}\cdot\frac{S_1^2}{S_2^2}\sim F(n_1-1,n_2-1)$,根据有关分布原理,得

$$P\left\{F_{1-\frac{\alpha}{2}}(n_1-1,n_2-1)\leqslant\frac{\sigma_2^2}{\sigma_1^2}\cdot\frac{S_1^2}{S_2^2}\leqslant F_{\frac{\alpha}{2}}(n_1-1,n_2-1)\right\}=1-\alpha \tag{6.23}$$

故而总体方差比 σ_1^2/σ_2^2 的 $(1-\alpha)$ 置信区间为

$$\left[\frac{S_1^2}{S_2^2}\cdot\frac{1}{F_{1-\frac{\alpha}{2}}(n_1-1,n_2-1)},\frac{S_1^2}{S_2^2}\cdot\frac{1}{F_{\frac{\alpha}{2}}(n_1-1,n_2-1)}\right] \tag{6.24}$$

其中 $F_{\frac{\alpha}{2}}$ 和 $F_{1-\frac{\alpha}{2}}$ 分别为第一自由度 (n_1-1)、第二自由度 (n_2-1) 的 F 分布的 $\frac{\alpha}{2}$ 分位数和 $\left(1-\frac{\alpha}{2}\right)$ 分位数,且 $F_{\frac{\alpha}{2}}(n_1-1,n_2-1)=[F_{1-\frac{\alpha}{2}}(n_1-1,n_2-1)]^{-1}$.

例 6.9 现有两个化验员 A 与 B 独立地对某种聚合物中的含氯量用同一方法各作 10 次测定,其测定值的方差分别为 $S_A^2=0.541\,9$ 和 $S_B^2=0.606\,5$.假定各自的测定值分别服从正态分布,方差分别为 σ_A^2 和 σ_B^2,试求 σ_A^2/σ_B^2 的置信水平为 0.90 的置信区间.

解: 由题意知这是两正态总体方差之比的区间估计问题,因 $S_A^2=0.541\,9$,$S_B^2=0.606\,5$,$n_A=n_B=10$;当 $(1-\alpha)=0.90$ 时,查 F 分布表有 $F_{1-\frac{\alpha}{2}}(n_A-1,n_B-1)=F_{0.95}(9,9)=3.18$,而 $F_{\frac{\alpha}{2}}(n_A-1,n_B-1)=F_{0.05}(9,9)=\dfrac{1}{F_{0.95}(9,9)}=0.314\,5$.于是得 σ_A^2/σ_B^2 的 0.90 置信区间为

$$\left[\frac{0.541\,9}{0.606\,5}\cdot\frac{1}{3.18},\frac{0.541\,9}{0.606\,5}\cdot\frac{1}{0.314\,5}\right]$$

即 $[0.281\,0,2.841\,3]$.

第三节 假设检验的基本原理

统计推断中的假设检验可以划分为参数假设检验和非参数假设检验. 如果总体的具体分布形式未知, 先从经验出发假设其服从某种指定的分布形式, 再根据取自该总体的样本所提供的信息, 检验事先所作经验性假定的合理性, 因这类检验甚至可以完全不涉及总体参数, 故称之为非参数假设检验. 一般情况下, 我们常接触到的多是参数假设检验, 而且这种检验与参数估计的联系更为密切. 故以下将主要就参数的假设检验问题作一些介绍和讨论.

一、参数假设检验

所谓参数假设检验, 就是在总体 X 的分布函数为 $F(x;\theta)$ 是已知的条件下, 对其中未知的参数 θ, 事先可以给出先验假设, 再通过构造适当的统计量, 根据取自该总体的样本所提供的信息, 以一定显著性水平判断这种假设是否成立的过程.

譬如, 某工厂制造的产品, 从过去较长一段时间的生产情况来看, 其不合格率不超过 1%. 某天开工后, 为检验生产过程是否稳定, 随机抽查 100 件产品, 发现其中有 3 件不合格品, 由此可算得不合格率为 3%. 我们当然不能强求这批抽检产品的不合格率正好等于或小于 1% 时才认为生产过程稳定, 这是由于我们不可能对所有产品都进行检验. 因此, 即使生产过程稳定, 不合格率不超过 1%, 在随机抽查中, 不合格品出现的频率 (样本不合格率) 也有可能比 1% 大. 那么, 我们应该如何确认生产过程是否稳定呢? 这就需要首先给出一种关于生产过程是否稳定的假设, 然后制定一个检验法则, 再根据样本观测值利用该法则对给定的假设进行一定程度的判断, 从而得到假设成立与否的最终结论. 这样, 关于生产过程是否稳定的假设, 就可利用样本所提供的信息作出明确的检验. 类似这种解决问题的过程, 实质上就是参数的假设检验.

二、参数假设检验的原理

设总体 X 的分布函数为 $F(x;\theta)$, 其中 θ 为未知参数, 而 $X_1, X_2, \cdots, X_n$ 为取自该总体的简单随机样本. 为检验参数 θ 是否等于某个已知数值 θ_0, 可先给出关于未知参数 θ 的两种统计假设: $\theta = \theta_0$ 及 $\theta \neq \theta_0$, 再构造合适的检验统计量, 然后在一定显著性水平下, 最终决定是接受 "$\theta = \theta_0$" 的假设 (拒绝 "$\theta \neq \theta_0$" 的假设) 还是接受 "$\theta \neq \theta_0$" 的假设 (拒绝 "$\theta = \theta_0$" 的假设).

为简单起见, 现以正态总体均值为例. 设总体 $X \sim N(\mu, \sigma^2)$, 其中 μ 为未知参数, 而 $X_1, X_2, \cdots, X_n$ 为取自该总体的简单随机样本. 先给定参数 μ 的有关假设为

$$H_0: \mu = \mu_0; \quad H_1: \mu \neq \mu_0.$$

如果显著性水平 $\alpha = 0.05$, 那么是否可接受 H_0 假设呢?

虽然总体均值 μ 为未知, 但一定有一个具体数值, 即总体均值的真值, 现令其为 μ^*. 原假设 H_0 是否接受, 主要是看假设值 μ_0 与真值 μ^* 的差距, 即 $(\mu^* - \mu_0)$. 若 $(\mu^* - \mu_0)$ 的差距很小, 就承认 "$\mu = \mu_0$" 的假设; 若 $(\mu^* - \mu_0)$ 的差距很大, 就要放弃 "$\mu = \mu_0$" 的假设, 而承认 "$\mu \neq \mu_0$" 的假设. 但遗憾的是总体均值的真值 μ^* 恒为未知, 无法将其与 μ_0 进行比较. 其解决的办法就是从总体中抽取一组随机样本, 求算一个样本统计量并以其值代表总体均值的真值. 由前述点估

计已知正态总体均值 μ 的最大似然估计量为样本平均数 $\bar{X}$，因此，以 $\bar{X}$ 代表 μ^* 与假设值 μ_0 进行比较，即有 $(\bar{X}-\mu_0)$．

由于样本平均数 $\bar{X}$ 作为随机变量，随所出现样本的不同而不同．此外，$\bar{X}$ 还具有单位，例如以千克为单位的 $(\bar{X}-\mu_0)$ 较之以吨为单位的 $(\bar{X}-\mu_0)$ 小．无疑，$\bar{X}$ 具有分散度，根据前述有关抽样分布原理可知，$\bar{X}$ 分散度的大小与其抽样分布的标准差 $\sigma/\sqrt{n}$ 成正比．因此，$(\bar{X}-\mu_0)$ 中包含有性质不同的三种成分，即 μ^* 与 μ_0 间的实质差异、单位与分散度、抽样误差．在这三种成分中，决定原假设 H_0 是否成立的关键是实质差异，而非其他两种成分．所以，必须设法将 $(\bar{X}-\mu_0)$ 中的单位与分散度以及抽样误差予以消除，才能判断其是否有实质差异．如果有实质差异，则放弃"$\mu=\mu_0$"的原假设；否则，就接受这一原假设．

在 $(\bar{X}-\mu_0)$ 中，为了消除单位与分散度，可在 $(\bar{X}-\mu_0)$ 下除以 $\bar{X}$ 抽样分布的标准差 $\sigma/\sqrt{n}$，即有 $\dfrac{(\bar{X}-\mu_0)}{\sigma/\sqrt{n}}$，如此不但分子部分的单位被消除，同时 $\bar{X}$ 的分散度亦被消除；又由于概率是研究随机现象的工具，一般地，在样本容量不变的条件下，随机误差只能利用其发生的概率加以控制．为了消除抽样误差（随机误差），则可借助于给变量 $Z=\dfrac{(\bar{X}-\mu_0)}{\sigma/\sqrt{n}}$ 一个较大的发生概率 $(1-\alpha)$ 来实现，即对标准正态变量 $Z=\dfrac{(\bar{X}-\mu_0)}{\sigma/\sqrt{n}}$ 存在

$$p\left\{\left|\frac{(\bar{X}-\mu_0)}{\sigma/\sqrt{n}}\right|\leq Z_{\frac{\alpha}{2}}\right\}=1-\alpha \tag{6.25}$$

由此可得概率区间

$$-Z_{\frac{\alpha}{2}}\leq Z\leq Z_{\frac{\alpha}{2}} \tag{6.26}$$

这说明：若 Z 在 $[-Z_{\frac{\alpha}{2}},Z_{\frac{\alpha}{2}}]$ 区间内，则 Z 的绝对值较小，从而表示 $(\bar{X}-\mu_0)$ 经 $\sigma/\sqrt{n}$ 调整后，虽然还有差异但不显著，所谓不显著是指这种差异由抽样误差而来的可能性较大，由实质差异而来的可能性较小，因此，应当接受"$\mu=\mu_0$"的原假设；反之，若 Z 不在上述概率区间 $[-Z_{\frac{\alpha}{2}},Z_{\frac{\alpha}{2}}]$ 内，则 Z 的绝对值较大，这表示 $(\bar{X}-\mu_0)$ 经 $\sigma/\sqrt{n}$ 调整后，其差异仍很显著，故而由抽样误差导致的可能性较小，由实质差异导致的可能性较大，因此，应当放弃"$\mu=\mu_0$"的原假设（接受"$\mu\neq\mu_0$"的备择假设）．这样，只要确定并计算出 $Z=\dfrac{(\bar{X}-\mu_0)}{\sigma/\sqrt{n}}$，并将其绝对值 $|Z|$ 与给定 α（一般为很小的一个数）后的 $Z_{\frac{\alpha}{2}}$ 加以比较，就能检验出原假设 H_0 是否成立．

在上述对原假设 H_0 作出判断的过程中，实际上运用了小概率原理．因为，对

$$P\left\{\left|\frac{(\bar{X}-\mu_0)}{\sigma/\sqrt{n}}\right|\leq Z_{\frac{\alpha}{2}}\right\}=1-\alpha$$

进行变换，则有

$$P\left\{\mu_0-Z_{\frac{\alpha}{2}}\cdot\frac{\sigma}{\sqrt{n}}\leqslant\overline{X}\leqslant\mu_0+Z_{\frac{\alpha}{2}}\cdot\frac{\sigma}{\sqrt{n}}\right\}=1-\alpha \tag{6.27}$$

这说明,若确有原假设"$\mu=\mu_0$"成立,则从总体 X 中取得某简单随机样本,其样本平均数 $\overline{X}$ 属于区间 $\left[\mu_0-Z_{\frac{\alpha}{2}}\cdot\frac{\sigma}{\sqrt{n}},\mu_0+Z_{\frac{\alpha}{2}}\cdot\frac{\sigma}{\sqrt{n}}\right]$ 的概率应为 $(1-\alpha)$,而不属于该区间的概率应为 α.如果给 α 一个很小的值(通常取 $\alpha=0.01$ 或 $\alpha=0.05$),那也就是说,样本平均数 $\overline{X}$ 落在区间 $\left[\mu_0\mp Z_{\frac{\alpha}{2}}\cdot\frac{\sigma}{\sqrt{n}}\right]$ 之外是一个小概率事件.从理论上讲,小概率事件并非不可能事件,但由于小概率事件发生的概率极小,故在实际应用中,常将小概率事件视为不可能事件,这就是所谓的小概率原理.根据这一原理,可以认为:从总体 X 中抽取一个简单随机样本,其平均数 $\overline{X}$ 不属于区间 $\left[\mu_0\mp Z_{\frac{\alpha}{2}}\cdot\frac{\sigma}{\sqrt{n}}\right]$ 实际上是不可能的.如果对我们具体抽出的某简单随机样本,其平均数 $\overline{X}$ 的确不在区间 $\left[\mu_0\mp Z_{\frac{\alpha}{2}}\cdot\frac{\sigma}{\sqrt{n}}\right]$ 之内,那么,我们宁可相信根据原假设"$\mu=\mu_0$"所确定的这个区间是不合理的,原假设"$\mu=\mu_0$"不成立,应予拒绝(备择假设"$\mu\neq\mu_0$"显得更加可信,应予接受);反之,若样本平均数 $\overline{X}$ 落入区间 $\left[\mu_0\mp Z_{\frac{\alpha}{2}}\cdot\frac{\sigma}{\sqrt{n}}\right]$ 之内,这表明有理由相信根据原假设"$\mu=\mu_0$"所确定的该区间是合理的,即原假设"$\mu=\mu_0$"是成立的,应予接受.

三、最佳检验的探讨

参数假设检验所研究的问题,类似于参数估计研究的两个问题,其一是什么样的检验为最佳检验,其二是假设检验的方法怎么建立.在此,我们首先探讨最佳检验的问题.

1. 假设检验中的两类错误

参数的假设检验是依据样本提供的信息进行判断的,由于样本的随机性,这种由部分来推断总体的假设检验就不可能绝对准确,它有可能犯两类错误:一类错误是原假设 H_0 为真,却被我们利用样本信息判断为假而放弃,这类错误称第Ⅰ类错误或弃真错误,犯弃真错误的概率常用 α 来表示[$P(Ⅰ)=\alpha$];另一类错误是原假设 H_0 为假,却被我们利用样本信息判断为真而接受,这类错误称第Ⅱ类错误或取伪错误,犯取伪错误的概率常用 β 来表示[$P(Ⅱ)=\beta$].这样,在假设检验中各种可能判断结果的概率见表6-2所示.

表6-2 假设检验中各种可能结果及其概率

总体事实	检验结果	
	接受 H_0(拒绝 H_1)	拒绝 H_0(接受 H_1)
H_0 为真	$1-\alpha$(正确决策)	α(弃真错误)
H_0 为假	β(取伪错误)	$1-\beta$(正确决策)

例6.10 设总体 $X\sim N(\mu,\sigma^2)$,已知 $\sigma^2=16$,μ 只有两种可能的取值 $\mu=0$ 与 $\mu=5$.现从该总体中抽得容量为4的一个简单随机样本 X_1,X_2,X_3,X_4,则知样本平均数 $\overline{X}$ 的抽样分布为 $N(\mu,\sigma^2/n)$.在本题中则可建立如下假设

$$H_0:\mu=0;\quad H_1:\mu=5.$$

将已知 $\sigma^2=16$、$n=4$ 代入样本平均数的抽样分布 $N(\mu,\sigma^2/n)$ 后有

$$\begin{cases} 当\ \mu=0\ 时,\bar{X}\sim N(0,4); \\ 当\ \mu=5\ 时,\bar{X}\sim N(5,4). \end{cases}$$

若再假定有如下检验法则

$$\begin{cases} 当\ \bar{X}\leqslant 3\ 时,承认\ H_0,放弃\ H_1; \\ 当\ \bar{X}>3\ 时,放弃\ H_0,承认\ H_1. \end{cases}$$

则犯两种错误的概率见图 6-1 所示.

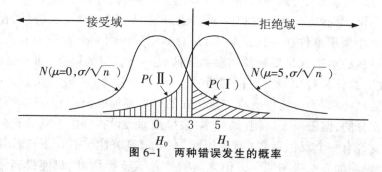

图 6-1　两种错误发生的概率

由图 6-1 可以看出,在接受域为 $\bar{X}\leqslant 3$ 和拒绝域为 $\bar{X}>3$ 的检验法则下,当原假设 $\mu=0$ 为真时,$\bar{X}$ 的抽样分布 $N(\mu=0,\sigma^2/n)$ 有部分落在拒绝域内,如果一个样本平均数 $\bar{X}$ 出现在此区域内,就会放弃原假设 $\mu=0$,此为第Ⅰ类错误,其发生概率为图中斜线所覆盖的部分,以 $P(Ⅰ)$ 来表示;而当备择假设 $\mu=5$ 为真时,$\bar{X}$ 的抽样分布 $N(\mu=5,\sigma^2/n)$ 有部分落在接受域内,如果一个样本平均数 $\bar{X}$ 出现在此区域内,就会接受原假设 $\mu=0$,此为第Ⅱ类错误,其发生的概率为图中竖线所覆盖的部分,以 $P(Ⅱ)$ 来表示.

毫无疑问,在表 6-2 所反映的结果中,人们自然希望犯弃真错误和取伪错误的概率越小越好,但对于一定的样本容量 n,从图 6-1 中就可发现不能同时做到犯这两类错误的概率都很小.这也就是说,当样本容量 n 为固定不变时,α 与 β 之间存在着此消彼长的变化关系.对这种两难问题,唯一有效的解决办法是在固定一方的条件下,使得另一方为最小.一般地说,哪一类错误所带来的后果越严重,其危害越大,在假设检验中就应当把哪一类错误作为首要的控制目标.但在假设检验实践中,人们常遵循这样的原则,即首先控制犯第Ⅰ类错误的概率(先固定 α,从而给 β 一个很小的数值).这样做的原因在于:一是大家都遵循一个统一的原则,讨论问题就比较方便;二是从实用的观点看,原假设的具体内容是什么往往较为明确,而备择假设的具体内容是什么一般模糊不清.显然,人们更愿意接受一个含义清楚的假设,在此背景下,人们更为关心如果原假设 H_0 为真时,却被放弃的概率会有多大,而这正是 α 错误所表现的内容.

2. 显著性水平的意义

在参数的假设检验中,由于样本的随机性,根据样本信息对总体参数的原假设作出判断时,有可能发生弃真错误.也就是说,需要冒一定风险才能对原假设作出判断.一般地,用事件

"原假设 H_0 为真但被拒绝"的概率来表示这一风险的大小,习惯上称此概率为显著性水平,记为 α.可见,所谓显著性水平,就是拒绝原假设的概率.由于参数假设检验中两类错误发生的概率是此消彼长的,因此可借助显著性水平的改变以调整两类错误的相对重要性,即显著性水平 α 的缩小,可减少第Ⅰ类错误发生的概率而增加第Ⅱ类错误发生的概率,从而表示对第Ⅰ类错误的重视和对第Ⅱ类错误的轻视;显著性水平 α 的加大,可减少第Ⅱ类错误发生的概率而增加第Ⅰ类错误发生的概率,这表明对第Ⅱ类错误的重视和对第Ⅰ类错误的轻视.

在参数假设检验中,相对于备择假设而言,原假设的具体内容往往较为明确清楚.因此,为保护原假设不被轻易否定,以使犯弃真错误成为一个小概率事件,就需要将显著性水平 α 控制在尽可能小的范围内,通常人们取 $\alpha=0.01$ 或 $\alpha=0.05$.这样,在检验中要拒绝原假设,就必须是抽样结果与总体参数原假设值之间存在的差异要显著(存在实质差异).由此可知,显著是指有显著的差异,而不是有显著的相同.这样去理解"显著"的含义,其原因在于两方面:一是为了便于观察小概率事件在一次试验中(从总体中只抽取一个容量为 n 的简单随机样本)是否发生,假设检验本来就是要给总体参数原假设一个否定的机会,而不是给其一个肯定的机会;二是在对总体参数原假设进行判断时,只用一个样本(一般只从总体中抽取一个容量为 n 的简单随机样本,不可能将所有容量为 n 的样本都抽取出来)去证明原假设的正确性在逻辑上是不充分的,但用一个反例(如样本)去推翻原假设在理由上则是充分的(因为一个命题成立时不允许有一个反例存在).有鉴于此,在给定显著性水平 α 下,当不能否定总体参数的原假设时,说明抽样结果与原假设值之间的差异不显著.因此,只能得到结论:原假设 H_0 也许是真的(没有足够证据去否定,故暂且保留原假设);相反,当能够否定总体参数的原假设时,说明抽样结果与原假设值之间有显著的差异,于是基本上可以肯定地说原假设 H_0 是不真的.

3. 最佳检验的含义

通过上面的论述可知,所谓最佳检验,就是在第Ⅰ类错误发生概率 $P(Ⅰ)\leqslant\alpha$ 的条件下,能使第Ⅱ类错误发生概率 $P(Ⅱ)=\beta$ 为最小的检验.从图 6-2 中观察,若 α 固定不变,要 β 为最小,实质也就是要 $(1-\beta)$ 达最大.一般,在统计的参数假设检验中,把原假设 H_0 不真时而将其正确放弃的概率定义为检验力,记为 $g(\theta)$.显然,有 $g(\theta)=1-P(Ⅱ)=1-\beta$.可见,检验力 $g(\theta)$ 具有三点性质,即 $g(\theta)$ 是待检验参数 θ 的函数,$g(\theta)$ 与 $P(Ⅱ)$ 成反比例关系和 $0\leqslant g(\theta)\leqslant 1$.这样,所谓最佳检验,也就是在第Ⅰ类错误发生概率 $P(Ⅰ)\leqslant\alpha$ 的条件下,能使检验力 $g(\theta)=1-\beta$ 为最大的检验.

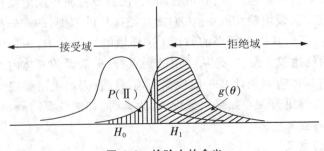

图 6-2　检验力的含义

一般地,把对应于未知总体参数 θ 的每个假设值的检验力值 $(1-\beta)$ 绘成的曲线,称为检验力曲线(或称检验功效曲线),其形状如图 6-3 所示.

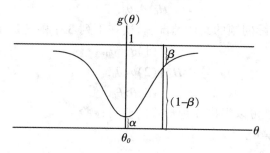

图 6-3　检验力曲线示意图

从检验力曲线图 6-3 中直观地看,在给定显著性水平 α 下,当总体未知参数 θ 的真值越接近于原假设值 $\theta_0(H_0:\theta=\theta_0)$ 时,第 II 类错误发生的概率 β 就随之增大,检验力 $(1-\beta)$ 则随之减小,从而检验力曲线不断降低.因此,一个检验如果其检验力曲线全部不低于其他任何检验的检验力曲线,则此检验就是最佳检验.

4. 影响检验功效的因素

一般地,影响检验功效的因素主要有 4 个,即样本统计量、拒绝域的方位、样本容量和显著性水平.由于样本容量和显著性水平是我们能够控制的,因此,真正影响检验功效的因素是样本统计量与拒绝域的方位.

在其他因素不变的条件下,样本统计量不同,则检验功效也就不同.例如,设总体 X 的分布为 $N(\mu,4^2)$,容量为 4 的随机样本是 X_1,X_2,X_3,X_4.由样本求得两个统计量,一个为样本平均数 $\bar{X}$,另一个为样本中第一个出现的变量 X_1.取显著性水平 $\alpha=0.05$,总体未知参数的统计假设为

$$H_0:\mu=0;\quad H_1:\mu=5.$$

若样本统计量为样本平均数 $\bar{X}$,根据前述有关内容可知,其右侧检验(备择假设 $H_1:\mu=5>0$;右侧检验可见下面的论述)为

$$\begin{cases} 当\bar{X}\leqslant3.28 \text{ 时,接受 } H_0(\text{拒绝 } H_1); \\ 当\bar{X}>3.28 \text{ 时,拒绝 } H_0(\text{接受 } H_1). \end{cases}$$

其检验力为 $g(\mu=5)=1-\beta=1-\Phi\left(\dfrac{3.28-5}{4/\sqrt{4}}\right)=0.805\ 1$.

若样本统计量为样本中第 1 个出现的变量 $X_1[$可知 $X_1\sim N(u,\sigma^2)]$,其右侧检验为

$$\begin{cases} 当\bar{X}\leqslant6.56 \text{ 时,接受 } H_0(\text{拒绝 } H_1); \\ 当\bar{X}>6.56 \text{ 时,拒绝 } H_0(\text{接受 } H_1). \end{cases}$$

其检验力为 $g(\mu=5)=1-\beta=1-\Phi\left(\dfrac{6.56-5}{4}\right)=0.348\ 3$.

一般而言,参数假设检验所用的样本统计量绝大多数都是总体参数的最大似然估计量,原因在于以最大似然估计量所建立的检验,当第 I 类错误发生的概率 $P(\text{I})\leqslant\alpha$ 时,在某些假设情况下是最佳检验,在其他假设情况下虽不是最佳检验,但与最佳检验相差不多,尤其是样本容量较大时,最大似然估计量通常较佳,由其所建立的检验通常也较佳.

在其他因素不变的条件下,拒绝域的方位不同,则检验的功效也就不同.在参数假设检

验问题中,原假设 H_0 与备择假设 H_1 是两个处于对立位置的假设,当提出原假设为

$$H_0:\theta=\theta_0,$$

那么,备择假设按实际问题的具体情况,就要在下列 3 个中选定 1 个

$$H_1:\begin{cases}(1)\theta\neq\theta_0.\\(2)\theta<\theta_0.\\(3)\theta>\theta_0.\end{cases}$$

这也就是说对参数 θ 可以提出 3 种形式的假设检验

(1) $H_0:\theta=\theta_0$; $H_1:\theta\neq\theta_0$.

(2) $H_0:\theta=\theta_0$; $H_1:\theta<\theta_0$.

(3) $H_0:\theta=\theta_0$; $H_1:\theta>\theta_0$.

其中(1)称为双侧检验,(2)称左侧检验,(3)称右侧检验,一般将(2)和(3)统称为单侧检验.

在参数假设检验中,给定显著性水平 α 下,被检验统计量的全部可能实际值即被分为两部分:一部分是原假设 H_0 的接受域,另一部分是原假设 H_0 的拒绝域,这两部分的分界点称为被检验统计量的临界值.显然,接受域和拒绝域的具体分布情况与假设的形式有关.就服从标准正态分布的检验统计量 $Z=\dfrac{\overline{X}-\mu}{\sigma/\sqrt{n}}$ 而言,其在 3 种假设形式下的接受域及拒绝域分别为:

(1)双侧检验时,检验统计量的实际值(根据具体抽取的样本观测值求得)大于 $-Z_{\frac{\alpha}{2}}$ 或小于 $Z_{\frac{\alpha}{2}}$,则接受原假设 H_0;反之,则拒绝原假设 H_0,如图 6-4 所示.

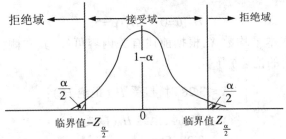

图 6-4 双侧检验示意图

(2)左侧检验时,检验统计量的实际值不小于 $-Z_\alpha$,则接受原假设 H_0;反之,则拒绝原假设 H_0,如图 6-5 所示.

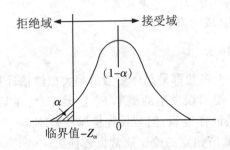

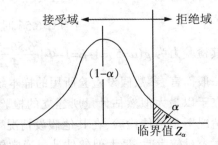

图 6-5 左侧检验示意图   **图 6-6 右侧检验示意图**

（3）右侧检验时,检验统计量的实际值不大于 Z_α,则接受原假设 H_0;反之,则拒绝原假设 H_0,如图 6-6 所示.

在明确了拒绝域的几种方位后,现就上述总体 $X \sim N(\mu, 4^2)$ 时的假设,将其拒绝域分别放在右侧和左侧进行检验,以观察拒绝域的方位对检验功效的影响.该问题中,样本容量 $n=4$,显著性水平 $\alpha=0.05$,若样本统计量为样本平均数 $\overline{X}$,则有

拒绝域在右侧时,检验为

$$\begin{cases} \text{当} \overline{X} \leqslant 3.28 \text{ 时,接受 } H_0(\text{拒绝 } H_1); \\ \text{当} \overline{X} > 3.28 \text{ 时,拒绝 } H_0(\text{接受 } H_1). \end{cases}$$

其检验力为 $g(\mu=5)=0.805\ 1$.

拒绝域在左侧时,检验为

$$\begin{cases} \text{当} \overline{X} \leqslant -3.28 \text{ 时,接受 } H_0(\text{拒绝 } H_1); \\ \text{当} \overline{X} > -3.28 \text{ 时,拒绝 } H_0(\text{接受 } H_1). \end{cases}$$

其检验力为 $g(\mu=5)=1-\beta=1-\Phi\left(\dfrac{-3.28-5}{4/\sqrt{4}}\right)=0.000\ 1$.

由此可知,拒绝域与备择假设同处一侧时检验功效较大,即其检验较佳.因检验力实际上是在备择假设为真的情况下,检验统计量出现在拒绝域内的概率,此概率越大检验越佳.所以,作为一般原则有:在固定第 Ⅰ 类错误发生概率的条件下,只有将拒绝域与备择假设置于同一侧时,才能使第 Ⅱ 类错误发生的概率为最小,即检验力为最大.

四、建立检验的方法

在假设检验中,建立检验的最一般方法就是所谓的广义似然比检验,其构造检验统计量及进行检验的过程如下:

设总体 X 的密度函数为 $f(x;\theta)$,其中 θ 是未知参数,Ω 为参数空间.$X_1, X_2, \cdots, X_n$ 为抽取自该总体的一个简单随机样本,现对未知总体参数 θ 提出有关假设为

$$H_0: \theta \in \omega; \quad H_1: \theta \in \Omega-\omega.$$

其中 ω 为参数空间 Ω 中的一个部分空间.

根据样本各变量的联合概率密度函数可得似然函数为

$$L(\theta)=\prod_{i=1}^{n} f(x_i;\theta) \tag{6.28}$$

当 $\theta \in \omega$ 时,有 $L(\omega)=\prod f(x;\theta \in \omega)$ $\tag{6.29}$

当 $\theta \in \Omega$ 时,有 $L(\Omega)=\prod f(x;\theta \in \Omega)$ $\tag{6.30}$

记 $\hat{\omega}$ 为在 ω 范围内 θ 的最大似然估计量,$\hat{\Omega}$ 为在 Ω 范围内 θ 的最大似然估计量.代入似然函数后,得

$$L(\hat{\omega})=\prod f(x;\hat{\omega}) \tag{6.31}$$

$$L(\hat{\Omega})=\prod f(x;\hat{\Omega}) \tag{6.32}$$

记其比值为

$$\lambda=\lambda(X_1,X_2,\cdots,X_n)=\frac{L(\hat{\omega})}{L(\hat{\Omega})} \tag{6.33}$$

称 λ 为广义似然比,且具有下列性质:

(1) $L(\hat{\omega})$ 与 $L(\hat{\Omega})$ 均为样本的函数,故 λ 也为样本的函数,可知 λ 是一个样本统计量.

(2)因 ω 为 Ω 的一个部分空间,故 $L(\hat{\omega})\leqslant L(\hat{\Omega})$,且 $L(\hat{\omega})>0$、$L(\hat{\Omega})>0$,故有 $0\leqslant\lambda\leqslant1$.

(3)由于似然函数可以看成是给出样本后 θ 出现可能性的一种度量,因而当 H_0 为真时,$L(\hat{\omega})$ 应取较大的值,这样就使 λ 的值也较大.当 H_1 为真时,$L(\hat{\omega})$ 应取较小的值,从而使 λ 的值也较小.所以,λ 的大小可作为判断原假设 H_0 是否成立的依据.

由此,对于未知总体参数 θ 的有关假设,利用检验统计量 λ 可建立以下检验法则

$$\begin{cases} 当 \lambda\geqslant c \text{ 时},接受 H_0(拒绝 H_1); \\ 当 \lambda< c \text{ 时},拒绝 H_0(接受 H_1). \end{cases}$$

若记 λ 的抽样分布为 $h(\lambda;\theta)$,则 c 根据事先给定的显著性水平 α 由下式决定

$$P(I)=\int_0^c h(\lambda;\theta\in\omega)\mathrm{d}\lambda=\alpha \tag{6.34}$$

一般地,为了简化有关的求算过程,广义似然比检验通常是先根据备择假设在双侧及原假设只有一点的复合假设($H_0:\theta=\theta_0$;$H_1:\theta\neq\theta_0$)建立检验,待获得检验后再按假设情况调整拒绝域的方位即可.同样出于简化求算的目的,还常把广义似然比化为 4 种主要抽样分布统计量(Z、χ^2、t、F)的函数,从而尽可能使各种检验问题都可应用这 4 种主要抽样分布来解决.

例 6.11 设总体 $X\sim N(\mu,\sigma^2)$,参数空间 $\Omega=\{(\mu,\sigma^2):-\infty<\mu<+\infty,\sigma^2>0\}$,从该总体获得一个简单随机样本 $X_1,X_2,\cdots,X_n$.现就未知参数 μ 的统计假设

$$H_0:\mu=\mu_0; \quad H_1:\mu\neq\mu_0.$$

进行广义似然比检验.

解:在本题的检验问题中,$\omega=\{(\mu,\sigma^2):\mu=\mu_0,\sigma^2>0\}$,且似然函数为

$$L(\mu,\sigma^2)=\prod_{i=1}^n \frac{1}{\sqrt{2\pi}\,\sigma}e^{-\frac{(x_i-\mu)^2}{2\sigma^2}}$$

在 Ω 上 μ 与 σ^2 的最大似然估计量分别为 $\hat{\mu}=\bar{X}$ 和 $\hat{\mu}^2=S^2_n$;而在 ω 上 $\mu=\mu_0$,且 σ^2 的最大似然估计量为 $\hat{\sigma_0}^2=\frac{1}{n}\sum_{i=1}^n(X_i-\mu_0)^2$.将它们代入似然函数,可得

$$L(\hat{\Omega})=L(\hat{\mu},\hat{\sigma}^2)=\left(\frac{1}{\sqrt{2\pi}\,\hat{\sigma}}\right)^n e^{-\frac{n}{2}},$$

$$L(\hat{\omega})=L(\mu_0,\hat{\sigma_0}^2)=\left(\frac{1}{\sqrt{2\pi}\,\hat{\sigma_0}}\right)^n e^{-\frac{n}{2}}.$$

于是有似然比统计量

$$\lambda=\frac{L(\hat{\omega})}{L(\hat{\Omega})}=\frac{L(\mu_0,\hat{\sigma_0}^2)}{L(\hat{\mu},\hat{\sigma}^2)}=\left(\frac{\hat{\sigma_0}}{\hat{\sigma}}\right)^{-n}=\left(\frac{\sum(X_i-\mu_0)^2}{\sum(X_i-\bar{X})^2}\right)^{-\frac{n}{2}}$$

$$= \left[\frac{\sum (X_i - \overline{X})^2 + n(\overline{X} - \mu_0)^2}{\sum (X_i - \overline{X})^2} \right]^{-\frac{n}{2}} = \left(1 + \frac{t^2}{n-1} \right)^{-\frac{n}{2}}.$$

这里 $t = \dfrac{\overline{X} - \mu_0}{S/\sqrt{n}}$. λ 是 t^2 的严格单调减函数, 如果拒绝域记为 $W = \{\lambda < c\}$, 则其等价于 $W = \{t^2 > c'\}$, 也就等价于 $W = \{|t| > c''\}$.

由于在原假设 H_0 成立($\mu = \mu_0$)时, $t = \dfrac{\overline{X} - \mu_0}{S/\sqrt{n}} \sim t(n-1)$, 所以当给定显著性水平 α 后, c'' 满足

$$P_{\mu_0}(|t| > c'') = \alpha,$$

即 $c'' = t_{1-\frac{\alpha}{2}}$, 这样就有检验的拒绝域为

$$W = \left\{ |t| > t_{1-\frac{\alpha}{2}}(n-1) \right\}.$$

五、参数假设检验的基本步骤

1. 提出统计假设

在参数假设检验中, 统计假设就是关于总体分布函数中未知参数的一种假定. 统计假设可以分为原假设(常记为 H_0)和备择假设(常记为 H_1)两种. 原假设又称零假设, 它是人们根据样本信息需要推断其正确与否的命题; 而与原假设相对立的假设就是备择假设, 又称替换假设. 如果经过检验, 没有足够的理由支持原假设, 则备择假设自动成立.

一个参数所有可能的取值中, 怎样去确定其原假设与备择假设, 一般有三个原则: 一是因检验方法的建立系以原假设为主, 故何种假设能使检验方法简化即定之为原假设; 二是因检验结果的效率(检验力)与备择假设有关, 备择假设包含的范围越广, 则检验结果的效率越易于评定, 所以常将数值较多且较繁复的一方定为备择假设, 而把数值较少且较简整的一方定为原假设; 三是视实际问题的具体性质而定, 尤其是单侧检验问题, 其原假设往往与题意相反. 从形式上看, 通常以 $\theta = \theta_0$、$\theta \geqslant \theta_0$ 及 $\theta \leqslant \theta_0$ 作为原假设, 对应地以 $\theta \neq \theta_0$、$\theta < \theta_0$ 及 $\theta > \theta_0$ 作为备择假设.

2. 确定检验统计量及其分布

在参数的假设检验中, 如同在参数估计中一样, 不是直接通过样本的实际观测值而是通过由样本所构造的适当的统计量进行统计推断. 把用于假设检验问题的统计量称为检验统计量, 它应符合三个基本条件: 一是在原假设成立的条件下, 其分布或渐近分布是已知的; 二是必须包含被检验的总体参数; 三是计算检验统计量的实际值时, 其中各项均应为已知或能由样本得出.

检验统计量服从什么分布, 是由许多因素决定的, 如统计量是样本平均数、样本比例或样本方差等, 还要看是大样本还是小样本, 是否知道总体方差, 是单个样本还是多个样本, 等等. 不过, 在多数情况下, 都是用最大似然法求得总体参数 θ 的最大似然估计量 $\hat{\theta}$, 然后再化为 4 种主要抽样分布的统计量 $Y = U(\hat{\theta}; \theta)$, 在原假设 H_0 成立的条件下, 代入 $\theta = \theta_0$ 后可得检

应用统计学

验统计量 $Y_0=U(\hat{\theta};\theta_0)$.

3. 选择显著性水平 α 并求出原假设的拒绝域

在总体的参数假设检验中,原假设 H_0 明确以后,要决定接受还是拒绝,都是根据检验统计量的具体值(由样本实际观测值计算得到)从一定的概率意义上来判断的.这样,就需要控制弃真错误发生的概率,从而选择合适的显著性水平 α.一般地,在样本容量 n 固定不变时,α 取多少为宜还应考虑检验问题的背景:如果检验中更关心弃真错误的发生,则可选择较小的数值(如取 $\alpha=0.01$ 或 $\alpha=0.05$);如果检验中更关心取伪错误的发生,则 α 可选择稍大的数值(如取 $\alpha=0.10$ 或 $\alpha=0.15$).

当选定显著性水平 α 后,根据检验统计量的分布,可求出其临界值,从而将样本空间划分为两个不相交的区域:接受原假设 H_0 的样本值全体组成的接受域和拒绝原假设 H_0 的样本值全体组成的拒绝域. 对于由 4 种主要抽样分布统计量的函数所构造的检验统计量 $Y=U(\hat{\theta};\theta)$,可据其分布求得原假设的有关临界值为:

(1)在双侧检验($H_0:\theta=\theta_0;H_1:\theta\neq\theta_0$)下,有两个临界值 c_1 和 c_2(此处 $c_1<c_2$),其中 c_1 由 $P(Y<c_1)=\alpha/2$ 查表而得,c_2 由 $P(Y>c_2)=\alpha/2$ 查表而得.

(2)在左单侧检验($H_0:\theta\geq\theta_0;H_1:\theta<\theta_0$)下,只有一个临界值 c,可由 $P(Y<c)=\alpha$ 查表而得.

(3)在右单侧检验($H_0:\theta\leq\theta_0;H_1:\theta>\theta_0$)下,只有一个临界值 c,可由 $P(Y>c)=\alpha$ 查表而得.

这样,根据上面已求出的临界值就能确定相应的原假设的拒绝域为:

(1)在双侧检验下:$Y<c_1$ 或 $Y>c_2$.

(2)在左单侧检验下:$Y<c$.

(3)在右单侧检验下:$Y>c$.

4. 计算检验统计量的具体值并作决策

在确定出原假设的拒绝域后,就可根据所抽取样本的实际观测值 $(x_1,x_2,\cdots,x_n)$ 计算出检验统计量的具体值 Y_0,然后进行如下形式的决策

$$\begin{cases} 若\ Y_0\ 落入拒绝域内,则拒绝原假设\ H_0(接受备择假设\ H_1); \\ 若\ Y_0\ 落在拒绝域外,则接受原假设\ H_0(拒绝备择假设\ H_1). \end{cases}$$

六、P 值及其检验决策方法

在统计检验中,确定了显著性水平 α 以后,拒绝域的位置也就相应地确定了.但是,根据事先确定显著性水平 α 围成的拒绝域作出决策,不管检验统计量的值是大还是小,只要它落入拒绝域就拒绝原假设 H_0,否则就不拒绝原假设 H_0.这样,无论检验统计量落在拒绝域的什么位置,只能说犯第 I 类错误的概率是 α.实际上,α 是犯第 I 类错误的上限控制值,检验统计量落在拒绝域的不同位置,决策时所犯第 I 类错误的概率是不同的,也就是说用 α 决策是有风险的.为了精确反映决策的风险度,可以利用 P 值进行决策.

P 值就是当原假设为真时所得到的样本观察结果或更极端结果出现的概率. 即 P 值反映的是在某个总体的许多样本中某一类数据出现的经常程度,它是当原假设 H_0 正确时得到目前这个样本数据的概率.如果 P 值很小,说明这种情况发生的概率很小;如果出现了,根据小概率原理,就有理由拒绝原假设 H_0.P 值越小,拒绝原假设 H_0 的理由就越充分.究竟多大的 P 值才有理由拒绝原假设 H_0 呢?这要根据两种情况来考虑:一是原假设 H_0 可信度的高

低.如果原假设 H_0 可信度高,就需要很强的证据,则应该选择较小的 P 值.二是拒绝原假设 H_0 的成本大小.如果拒绝原假设 H_0 的成本很高,就需要选择更小的 P 值.

P 值的大小取决于三个因素:样本数据与原假设之间的差异、样本量、被假设参数的总体分布.P 值是通过计算得到的,但手工计算很麻烦,一般都是用计算机自动计算.通常,统计上要求 P 值不能大于 0.1,有了 P 值,就可以通过与显著性水平 α 的比较进行决策.如 $\alpha=$ 0.05 时,在双侧检验中,P 值>0.025($\alpha/2=0.025$)不能拒绝原假设 H_0;反之,P 值<0.025 则拒绝原假设 H_0.在单侧检验中,P 值>0.05 不能拒绝原假设 H_0,P 值<0.05 就拒绝原假设 H_0.当然,也可以直接使用 P 值进行决策,这时 P 值本身就代表了显著性水平.

第四节　常见总体参数的假设检验

一、总体均值的假设检验

1. 正态总体均值的假设检验

设总体 $X\sim N(\mu,\sigma^2)$;$X_1,X_2,\cdots,X_n$ 为抽取自该总体的一个简单随机样本,其样本平均数为 $\bar{X}$,样本无偏方差为 S^2.在给定显著性水平 α 下,对未知总体参数 μ,就双侧、左单侧和右单侧三种不同形式的统计假设进行检验,根据总体方差 σ^2 是否为已知,在原假设 H_0 成立的条件下,由抽样分布原理可得有关检验统计量,并经查相应分布表就能求出对应的临界值及其拒绝域,具体见表 6-3.

表 6-3　正态总体均值的假设检验

检验法	条件	H_0	H_1	检验统计量	拒绝域
Z 检验	σ^2 已知	$\mu=\mu_0$	$\mu\neq\mu_0$	$Z=\dfrac{\bar{X}-\mu_0}{\sigma/\sqrt{n}}$	$\{|Z|\geq Z_{1-\frac{\alpha}{2}}\}$
		$\mu\geq\mu_0$	$\mu<\mu_0$		$\{Z\leq -Z_{1-\alpha}\}$
		$\mu\leq\mu_0$	$\mu>\mu_0$		$\{Z\geq Z_{1-\alpha}\}$
t 检验	σ^2 未知	$\mu=\mu_0$	$\mu\neq\mu_0$	$t=\dfrac{\bar{X}-\mu_0}{S/\sqrt{n}}$	$\{|t|\geq t_{1-\frac{\alpha}{2}}(n-1)\}$
		$\mu\geq\mu_0$	$\mu<\mu_0$		$\{t\leq -t_{1-\alpha}(n-1)\}$
		$\mu\leq\mu_0$	$\mu>\mu_0$		$\{t\geq t_{1-\alpha}(n-1)\}$

例 6.12　微波炉在炉门关闭时的辐射量是一个重要的质量指标.某厂该指标服从正态分布 $N(\mu,\sigma^2)$,长期以来 $\sigma^2=0.01$,且均值都符合要求不超过 0.12.为检查近期产品的质量,现随机抽查了 25 台,测得其炉门关闭时辐射量的均值 $\bar{X}=0.120\,3$.试问在显著性水平 $\alpha=0.05$ 下该厂生产的微波炉在炉门关闭时辐射量是否升高了?

解:由题意知这是一个正态总体均值右单侧显著性检验问题.因此,有统计假设

$$H_0:\mu\leq 0.12;\quad H_1:\mu>0.12.$$

选择检验统计量为 $Z=\dfrac{\bar{X}-\mu}{\sigma/\sqrt{n}}$,根据 $\sigma^2=0.01$,$\bar{X}=0.120\,3$,$n=25$,计算在原假设 H_0 成立时检验统计量的具体值为

$$Z=\frac{\overline{X}-\mu_0}{\sigma/\sqrt{n}}=\frac{0.120\ 3-0.12}{0.1/\sqrt{25}}=0.015.$$

由给定的显著性水平 $\alpha=0.05$，查正态分布表得其临界值 $Z_{1-\alpha}=Z_{0.95}=1.96$. 因为 $Z<Z_{0.95}$，所以不能拒绝原假设 H_0，即认为当前生产的微波炉关门时的辐射量并无明显升高.

2. 非正态总体均值的假设检验

设总体 X 的分布形式未知或为非正态分布，而总体均值 μ 和总体方差 σ^2 均存在，$\overline{X}$ 和 S^2 分别是其样本平均数和样本无偏方差. 当样本容量 n 充分大时，给定显著性水平 α，对未知总体参数 μ 就双侧、左单侧和右单侧三种不同形式的统计假设进行检验，可根据总体方差 σ^2 是否为已知，在原假设 H_0 成立的条件下，由抽样分布原理可得类似表 6-2 的有关检验统计量及对应的临界值、拒绝域.

例 6.13 某批发商经营的一种产品，其平均寿命在说明书上标示为 180 h，商品检验部门抽检了 60 件该产品，发现样本产品的平均寿命为 178 h，样本方差为 36 h，能否在 0.01 的显著性水平下断言该批产品不合格？

解：提出统计假设

$$H_0:\mu\geqslant 180；\quad H_1:\mu<180.$$

根据题意就知道总体分布形式不明确，且总体方差 σ^2 亦未知，由于样本容量 $n=60$ 为大样本，故可选择检验统计量 $t=\dfrac{\overline{X}-\mu}{s/\sqrt{n}}$.

又知 $\overline{X}=178$，$S^2=36$，在原假设 H_0 成立时计算检验统计量的具体值为

$$t=\frac{\overline{X}-\mu_0}{S/\sqrt{n}}=\frac{178-180}{6/\sqrt{60}}=-2.58.$$

由给定的显著性水平 $\alpha=0.01$，查自由度为 59 的 t 分布表得其临界值 $-t_{1-\alpha}(n-1)=-t_{0.99}(59)=-2.39$. 因为 $t<-t_{0.99}(59)$，所以拒绝原假设 H_0，即认为该批产品是不合格的.

二、总体比例（成数）的假设检验

所谓总体比例（成数）的假设检验，就是对总体全部单位中具有某种特征的单位数所占比例 p 的有关假设实施的检验. 很显然，这是二点分布总体中参数 p 的检验问题.

设总体 $X\sim b(1,p)$；$X_1,X_2,\cdots,X_n$ 为抽取自该总体的一个简单随机样本，样本比例 $\hat{p}=\dfrac{1}{n}\sum_{i=1}^{n}X_i$. 给定显著性水平 α，对未知总体参数 p 就双侧、左单侧和右单侧三种不同形式的统计假设进行检验时，可用 $\hat{p}=\dfrac{1}{n}\sum_{i=1}^{n}X_i$ 作为检验统计量，在样本容量 n 确定的情况下，也可用 $T=\sum_{i=1}^{n}X_i$ 作为检验统计量. 显然，$T=\sum_{i=1}^{n}X_i$ 服从二项分布 $b(n,p)$，这也就是说，如果用 k 表示 $T=\sum_{i=1}^{n}X_i$ 的观测值（k 是样本单位中具有某种特征的单位数），则有

$$P(T=k)=\binom{n}{k}p^k(1-p)^{n-k},k=1,2,\cdots,n \tag{6.35}$$

在确定总体比例 p 检验的临界值 c 时，一般主要有小样本下的二项分布求取和大样本

下的近似正态分布求取两种基本方法,具体见表 6-4 所示.

表 6-4　总体比例 p 的检验(检验统计量 $T=\sum\limits_{i=1}^{n}X_i$)

H_0	$p-p_0=0$		$p-p_0\geqslant 0$	$p-p_0\leqslant 0$
H_1	$p-p_0\neq 0$		$p-p_0<0$	$p-p_0>0$
拒绝域	$\{T\leqslant c_1$ 或 $T\geqslant c_2\}$		$\{T\leqslant c\}$	$\{T\geqslant c\}$
临界值确定方法	小样本下二项分布	满足 $\sum\limits_{k=0}^{c_1}\binom{n}{k}p_0^k(1-p_0)^{n-k}\leqslant\dfrac{\alpha}{2}$ 的最大整数 c_1 $\sum\limits_{k=c_2}^{n}\binom{n}{k}p_0^k(1-p_0)^{n-k}\leqslant\dfrac{\alpha}{2}$ 的最小整数 c_2	满足 $\sum\limits_{k=0}^{c}\binom{n}{k}p_0^k\cdot(1-p_0)^{n-k}\leqslant\alpha$ 的最大整数 c	满足 $\sum\limits_{k=c}^{n}\binom{n}{k}p_0^k\cdot(1-p_0)^{n-k}\leqslant\alpha$ 的最小整数 c
	大样本下正态近似	满足 $c_1\leqslant np_0-Z_{1-\frac{\alpha}{2}}\sqrt{np_0(1-p_0)}$ 的最大整数 c_1 $c_2\geqslant np_0+Z_{1-\frac{\alpha}{2}}\sqrt{np_0(1-p_0)}$ 的最小整数 c_2	满足 $c\leqslant np_0-Z_{1-\alpha}\cdot\sqrt{np_0(1-p_0)}$ 的最大整数 c	满足 $c\geqslant np_0+Z_{1-\alpha}\cdot\sqrt{np_0(1-p_0)}$ 的最小整数 c

例 6.14　现有一枚硬币共掷了 495 次,得到这样的结果:正面出现 220 次,反面出现 275 次.请在显著性水平 $\alpha=0.05$ 时,检验该硬币是否均匀.

解:用 X 表示掷这枚硬币时出现正面的次数,则

$$X=\begin{cases}1,\text{出现正面};\\0,\text{出现反面}.\end{cases}$$

$$P(X=1)=p,\quad P(X=0)=1-p.$$

即 $X\sim b(1,p)$,于是有统计假设

$$H_0:p=\frac{1}{2};\quad H_1:p\neq\frac{1}{2}.$$

方法一:如果选择 $T=\sum\limits_{i=1}^{n}X_i$ 作统计量,则 $T\sim b(n,p)$.由于样本容量 $n=495$ 为大样本,故二项分布可用正态分布作近似计算,即在原假设 H_0 成立时,有检验统计量

$$Z=\frac{T-np_0}{\sqrt{np_0(1-p_0)}}\sim N(0,1).$$

于是其临界值 c_1 与 c_2 分别满足:

$$c_1\leqslant np_0-Z_{1-\frac{\alpha}{2}}\cdot\sqrt{np_0(1-p_0)}\text{ 的最大整数},$$

$$c_2\geqslant np_0+Z_{1-\frac{\alpha}{2}}\cdot\sqrt{np_0(1-p_0)}\text{ 的最小整数}.$$

在给定的显著性水平 $\alpha=0.05$ 下,查正态分布表 $Z_{1-\frac{\alpha}{2}}=Z_{0.975}=1.96$,因此,依有关条件得

$$c_1\leqslant 495\times\frac{1}{2}-1.96\times\sqrt{495\times\frac{1}{2}\times\frac{1}{2}}=225.70,$$

$$c_2\geqslant 495\times\frac{1}{2}+1.96\times\sqrt{495\times\frac{1}{2}\times\frac{1}{2}}=269.30.$$

所以临界值取 $c_1=225$、$c_2=270$,即检验的拒绝域为 $T=\sum\limits_{i=1}^{495}X_i\leqslant c_1=225$ 或 $T=\sum\limits_{i=1}^{495}X_i\geqslant c_2=270$.

根据题意知 $T=\sum\limits_{i=1}^{495}X_i=220$,则应拒绝原假设 H_0,即可以认为这枚硬币不是均匀的.

方法二:如果选择 $\hat{p}=\overline{X}=\dfrac{1}{n}\sum\limits_{i=1}^{n}X_i$ 作统计量,由于样本容量 $n=495$ 为大样本,故 $\hat{p}$ 渐近服从正态分布 $N[p,p(1-p)/n]$,于是有检验统计量

$$Z=\frac{\hat{p}-p}{\sqrt{p(1-p)/n}}\sim N(0,1).$$

根据 $n=495$ 和 $\hat{p}=\dfrac{220}{495}=0.444$,在原假设 H_0 成立时的检验统计量的具体值为

$$Z=\frac{\hat{p}-p_0}{\sqrt{\dfrac{p_0(1-p_0)}{n}}}=\frac{0.444-\dfrac{1}{2}}{\sqrt{\left(\dfrac{1}{2}\times\dfrac{1}{2}\right)/495}}=-2.491\,8.$$

对于给定的显著性水平 $\alpha=0.05$,查正态分布表得其临界值 $Z_{1-\frac{\alpha}{2}}=Z_{0.975}=1.96$.因 $|Z|>Z_{0.975}$,所以应拒绝原假设 H_0,即认为这枚硬币是不均匀的.

三、两总体均值差的假设检验

1. 两正态总体均值差的假设检验

设两个正态总体分别为 $X_1\sim N(\mu_1,\sigma^2_2)$ 和 $X_2\sim N(\mu_2,\sigma^2_2)$,且 $X_{11},X_{12},\cdots,X_{1n_1}$ 和 $X_{21},X_{22},\cdots,X_{2n_2}$ 是分别来自这两个总体的相互独立的简单随机样本,其相应的样本平均数和样本方差分别为 $\overline{X}_1$、$\overline{X}_2$ 和 S_1^2、S_2^2.给定显著性水平 α,对于未知的这两正态总体的均值之差 $(\mu_1-\mu_2)$,就双侧、左单侧和右单侧三种不同形式的统计假设进行检验,可根据这两总体的方差 σ_1^2 和 σ_2^2 是否已知及相等的不同条件,在原假设 H_0 成立下,由抽样分布原理可得有关检验统计量,并经查相应分布表就能求出对应的临界值及其拒绝域,具体见表 6-5.

表 6-5　两个正态总体均值差的假设检验

检验法	条件	H_0	H_1	检验统计量	拒绝域
Z 检验	σ_1^2,σ_2^2 已知	$\mu_1-\mu_2=0$ $\mu_1-\mu_2\geqslant 0$ $\mu_1-\mu_2\leqslant 0$	$\mu_1-\mu_2\neq 0$ $\mu_1-\mu_2<0$ $\mu_1-\mu_2>0$	$Z=\dfrac{\overline{X}_1-\overline{X}_2}{\sqrt{\dfrac{\sigma_1^2}{n_1}+\dfrac{\sigma_2^2}{n_2}}}$	$\{|Z|\geqslant Z_{1-\frac{\alpha}{2}}\}$ $\{Z\leqslant -Z_{1-\alpha}\}$ $\{Z\geqslant Z_{1-\alpha}\}$
t 检验	$\sigma_1^2=\sigma_2^2=\sigma$ 未知	$\mu_1-\mu_2=0$ $\mu_1-\mu_2\geqslant 0$ $\mu_1-\mu_2\leqslant 0$	$\mu_1-\mu_2\neq 0$ $\mu_1-\mu_2<0$ $\mu_1-\mu_2>0$	$t=\dfrac{\overline{X}_1-\overline{X}_2}{S_p\sqrt{\dfrac{1}{n_1}+\dfrac{1}{n_2}}}$	$\{|t|\geqslant t_{1-\frac{\alpha}{2}}(n_1+n_2-2)\}$ $t\leqslant -t_{1-\alpha}(n_1+n_2-2)$ $t\geqslant t_{1-\alpha}(n_1+n_2-2)$
Z 近似检验	σ_1^2,σ_2^2 未知,n_1,n_2 充分大	$\mu_1-\mu_2=0$ $\mu_1-\mu_2\geqslant 0$ $\mu_1-\mu_2\leqslant 0$	$\mu_1-\mu_2\neq 0$ $\mu_1-\mu_2<0$ $\mu_1-\mu_2>0$	$Z=\dfrac{\overline{X}_1-\overline{X}_2}{\sqrt{\dfrac{S_1^2}{n_1}+\dfrac{S_2^2}{n_2}}}$	$\{|Z|\geqslant Z_{1-\frac{\alpha}{2}}\}$ $\{Z\leqslant -Z_{1-\alpha}\}$ $\{Z\geqslant Z_{1-\alpha}\}$
t 近似检验	σ_1^2,σ_2^2 未知,n_1,n_2 不太大	$\mu_1-\mu_2=0$ $\mu_1-\mu_2\geqslant 0$ $\mu_1-\mu_2\leqslant 0$	$\mu_1-\mu_2\neq 0$ $\mu_1-\mu_2<0$ $\mu_1-\mu_2>0$	$T^*=\dfrac{\overline{X}_1-\overline{X}_2}{\sqrt{\dfrac{S_1^2}{n_1}+\dfrac{S_2^2}{n_2}}}$	$\{|t^*|\geqslant t_{1-\frac{\alpha}{2}}(f)\}$ $\{t^*\leqslant -t_{1-\alpha}(f)\}$ $\{t^*\geqslant t_{1-\alpha}(f)\}$

其中:$S_p = \sqrt{\dfrac{(n_1-1)S_1^2+(n_2-1)S_2^2}{n_1+n_2-2}}$,

$$f = \dfrac{\left(\dfrac{S_1^2}{n_1}+\dfrac{S_2^2}{n_2}\right)^2}{\dfrac{S_1^4}{n_1^2(n_1-1)}+\dfrac{S_2^4}{n_2^2(n_2-1)}}.$$

例 6.15 为了比较甲、乙两个电影制片公司生产的影片放映时间的长短,现对甲、乙两公司分别随机抽取 5 部和 7 部影片,记录其放映时间见表 6-6.

表 6-6 甲、乙两公司影片放映时间表

甲公司影片放映时间(min)	102	86	98	109	92		
乙公司影片放映时间(min)	81	105	97	124	92	87	114

若假定这两个公司制作的影片放映时间均服从正态分布,试在 $\alpha=0.01$ 的显著性水平下检验这两个公司的影片平均放映时间是否一致.

解:从题意可知这是两总体方差均未知且不相等的正态总体均值之差的假设检验问题,故提出统计假设

$$H_0:\mu_1-\mu_2=0; \quad H_1:\mu_1-\mu_2\neq 0.$$

选择检验统计量

$$t^* = \dfrac{(\overline{X}_1-\overline{X}_2)-(\mu_1-\mu_2)}{\sqrt{\dfrac{S_1^2}{n_1}+\dfrac{S_2^2}{n_2}}}.$$

根据甲、乙两公司影片放映时间的样本实际观测值,经计算后得各自的样本平均值和样本无偏方差分别为 $\overline{X}_1=97.4$、$\overline{X}_2=100$ 和 $S_1^2=78.801$、$S_2^2=233.33$,又知 $n_1=5$、$n_2=7$,则在原假设 H_0 成立时检验统计量的具体值为

$$t^* = \dfrac{(\overline{X}_1-\overline{X}_2)-(\mu_1-\mu_2)}{\sqrt{\dfrac{S_1^2}{n_1}+\dfrac{S_2^2}{n_2}}} = \dfrac{(97.4-100)-0}{\sqrt{\dfrac{78.801}{5}+\dfrac{233.33}{7}}} = -0.371\,1,$$

而自由度 f 为

$$f = \dfrac{\left(\dfrac{S_1^2}{n_1}+\dfrac{S_2^2}{n_2}\right)^2}{\dfrac{S_1^4}{n_1^2(n_1-1)}+\dfrac{S_2^4}{n_2^2(n_2-1)}} = \dfrac{\left(\dfrac{78.801}{5}+\dfrac{233.33}{7}\right)^2}{\dfrac{78.801^2}{25\times4}+\dfrac{233.3^2}{49\times6}} = 9.747\,6 \approx 10.$$

由给定的显著性水平 $\alpha=0.01$,查自由度为 10 的 t 分布表,得其临界值为 $t_{1-\frac{\alpha}{2}}(f)=t_{0.995}(10)$ $=2.763\,8$.因 $|t|<t_{0.995}(10)$,所以不能拒绝原假设 H_0,即认为这两公司的影片平均放映时间无显著差异.

2. 两非正态总体均值差的假设检验

设总体 X_1 和 X_2 都是非正态总体(或其分布形式未知),其均值和方差分别为 μ_1、μ_2 和 σ_1^2、σ_2^2;且 $X_{11},X_{12},\cdots X_{1n_1}$ 和 $X_{21},X_{22},\cdots X_{2n_2}$ 是分别来自这两个总体的相互独立的简单随机样本,其样本平均数和样本无偏方差分别为 $\overline{X}_1$、$\overline{X}_2$ 和 S_1^2、S_2^2.当样本容量 n_1 和 n_2 都充分大(大样

本)时,给定显著性水平 α,对于未知的这两个非正态总体均值之差($\mu_1-\mu_2$),就双侧、左单侧和右单侧三种不同形式的统计假设进行检验,可根据这两总体的方差 σ_1^2 和 σ_2^2 是否都已知,在原假设 H_0 成立的条件下,由抽样分布原理可得有关检验统计量,并经查相应分布表就能求出对应的临界值及其拒绝域,具体见表 6-7.

表 6-7　用正态近似作大样本下两非正态总体均值差的检验

检验法	条件	H_0	H_1	检验统计量	拒绝域
近似 Z 检验	σ_1^2,σ_2^2 均已知	$\mu_1-\mu_2=0$ $\mu_1-\mu_2\geq0$ $\mu_1-\mu_2\leq0$	$\mu_1-\mu_2\neq0$ $\mu_1-\mu_2<0$ $\mu_1-\mu_2>0$	$Z=\dfrac{\bar{X}_1-\bar{X}_2}{\sqrt{\dfrac{\sigma_1^2}{n_1}+\dfrac{\sigma_2^2}{n_2}}}$	$\{|Z|\geq Z_{1-\frac{\alpha}{2}}\}$ $\{Z\leq -Z_{1-\alpha}\}$ $\{Z\geq Z_{1-\alpha}\}$
	σ_1^2,σ_2^2 均未知	$\mu_1-\mu_2=0$ $\mu_1-\mu_2\geq0$ $\mu_1-\mu_2\leq0$	$\mu_1-\mu_2\neq0$ $\mu_1-\mu_2<0$ $\mu_1-\mu_2>0$	$Z=\dfrac{\bar{X}_1-\bar{X}_2}{\sqrt{\dfrac{S_1^2}{n_1}+\dfrac{S_2^2}{n_2}}}$	$\{|Z|\geq Z_{1-\frac{\alpha}{2}}\}$ $\{Z\leq -Z_{1-\alpha}\}$ $\{Z\geq Z_{1-\alpha}\}$

例 6.16　有关人士想知道能否作出这样的结论:甲居民区中的家庭每周看电视的平均小时数比乙居民区中的家庭每周看电视的平均小时数少.为此,分别从甲、乙两居民区中抽得容量为 80 和 60 的两个独立随机样本,并测得有关数据为:$\bar{X}_1=19.5$ h,$\bar{X}_2=23.7$ h,$S_1=12$ h,$S_2=16$ h.设显著性水平 $\alpha=0.05$.

解:该题中的两个总体分布形式未知,且其总体方差亦未知,但 $n_1=80$ 和 $n_2=60$ 说明所得两个样本均为大样本,故而这是方差未知的两非正态总体均值之差的假设检验问题.提出统计假设

$$H_0:\mu_1-\mu_2\geq0;\quad H_1:\mu_1-\mu_2<0.$$

选择检验统计量为

$$Z=\frac{(\bar{X}_1-\bar{X}_2)-(\mu_1-\mu_2)}{\sqrt{\dfrac{S_1^2}{n_1}+\dfrac{S_2^2}{n_2}}}.$$

根据已知资料:$\bar{X}_1=19.5,\bar{X}_2=23.7,S_1=12,S_2=16,n_1=80,n_2=60$,计算在原假设 H_0 成立时检验统计量的具体值为

$$Z=\frac{(\bar{X}_1-\bar{X}_2)-(\mu_1-\mu_2)}{\sqrt{\dfrac{S_1^2}{n_1}+\dfrac{S_2^2}{n_2}}}=\frac{(19.5-23.7)-0}{\sqrt{\dfrac{12^2}{80}+\dfrac{16^2}{60}}}=-1.71.$$

由给定的显著性水平 $\alpha=0.05$,查正态分布表得其临界值为 $-Z_{1-\alpha}=-Z_{0.95}=-1.645$.因 $Z<-Z_{0.95}$,故应拒绝原假设 H_0,即认为甲居民区中的家庭每周看电视的平均时间比乙居民区中的家庭每周看电视的平均时间少.

四、两总体比例(成数)差的假设检验

设有两个二点分布总体为 $X_1\sim b(1,p_1)$ 和 $X_2\sim b(1,p_2)$;而 $X_{11},X_{12},\cdots,X_{1n_1}$ 和 $X_{21},X_{22},\cdots,X_{2n_2}$ 是分别抽取自这两个总体的相互独立的简单随机样本,其样本单位中具有某种特征的单位

数所占比例分别为 $\hat{p}_1=\overline{X}_1=\dfrac{1}{n_1}\sum\limits_{i=1}^{n_1}X_{1i}$ 和 $\hat{p}_2=\overline{X}_2=\dfrac{1}{n_2}\sum\limits_{i=1}^{n_2}X_{2i}$.当样本容量 n_1 和 n_2 均为大样本(充分大)时,给定显著性水平 α,对未知的这两总体比例之差(p_1-p_2)就双侧、左单侧和右单侧三种不同形式的统计假设进行检验,则根据中心极限定理可知:$(\hat{p}_1-\hat{p}_2)$近似服从正态分布 $N\left[p_1-p_2,\dfrac{p_1(1-p_1)}{n_1}+\dfrac{p_2(1-p_2)}{n_2}\right]$,因此近似地也就有

$$Z=\frac{(\hat{p}_1-\hat{p}_2)-(p_1-p_2)}{\sqrt{\dfrac{p_1(1-p_1)}{n_1}+\dfrac{p_2(1-p_2)}{n_2}}}\sim N(0,1).$$

当原假设 $H_0(p_1-p_2=0)$成立时,可用两个样本比例合并起来作为上式分母中未知 p_1 和 p_2 的共同估计,即有

$$\hat{p}=\frac{\sum\limits_{i=1}^{n_1}X_{1i}+\sum\limits_{i=1}^{n_2}X_{2i}}{n_1+n_2}.$$

于是就有检验统计量

$$Z=\frac{(\hat{p}_1-\hat{p}_2)-(p_1-p_2)}{\sqrt{\dfrac{\hat{p}(1-\hat{p})}{n_1}+\dfrac{\hat{p}(1-\hat{p})}{n_2}}}\sim N(0,1) \tag{6.36}$$

这样便可通过查表求得对应于不同统计假设下的有关临界值及其拒绝域,具体见表6-8.

表 6-8　用正态近似作两总体比例差的检验

H_0	H_1	检验统计量	拒绝域
$p_1-p_2=0$	$p_1-p_2\neq0$	$Z=\dfrac{\hat{p}_1-\hat{p}_2}{\sqrt{\left(\dfrac{1}{n_1}+\dfrac{1}{n_2}\right)\hat{p}(1-\hat{p})}}$	$\{|Z|\geqslant Z_{1-\frac{\alpha}{2}}\}$
$p_1-p_2\geqslant0$	$p_1-p_2<0$		$\{Z\leqslant -Z_{1-\alpha}\}$
$p_1-p_2\leqslant0$	$p_1-p_2>0$		$\{Z\geqslant Z_{1-\alpha}\}$

例 6.17　从随机抽取的 467 名男性中发现有 8 人色盲,而 433 名女性中发现有 1 人色盲,在 $\alpha=0.01$ 的水平上能否认为女性色盲比例较男性低?

解:从题意可知这是两总体比例差的假设检验问题,故提出统计假设
$$H_0:p_1-p_2\leqslant0;\quad H_1:p_1-p_2>0.$$

因样本容量 $n_1=467$ 和 $n_2=433$ 均为大样本,可选择检验统计量
$$Z=\frac{(\hat{p}_1-\hat{p}_2)-(p_1-p_2)}{\sqrt{\hat{p}(1-\hat{p})\left(\dfrac{1}{n_1}+\dfrac{1}{n_2}\right)}}.$$

根据已知数据资料:$\hat{p}_1=\dfrac{8}{467}=0.0171$、$\hat{p}_2=\dfrac{1}{433}=0.0023$、$n_1=467$、$n_2=433$ 及计算所得 $\hat{p}=\dfrac{8+1}{467+433}=0.01$,在原假设 H_0 成立时检验统计量的具体值为:

$$Z=\frac{(\hat{p}_1-\hat{p}_2)-(p_1-p_2)}{\sqrt{\hat{p}(1-\hat{p})\left(\dfrac{1}{n_1}+\dfrac{1}{n_2}\right)}}=\frac{(0.0171-0.0023)-0}{\sqrt{0.01(1-0.01)\left(\dfrac{1}{467}+\dfrac{1}{433}\right)}}=2.2328$$

由给定的显著性水平 $\alpha=0.01$，查正态分布表可得其临界值为 $Z_{1-\frac{\alpha}{2}}=Z_{0.995}=2.576$. 因 $Z<Z_{0.995}$，所以不能拒绝原假设 H_0，即认为女性色盲比例与男性色盲比例之间无显著的差异.

此外，如果要检验两个总体比例差为某一不为零的常数 $d_0(d_0\neq 0)$ 的假设，即有统计假设

$$H_0:p_1-p_2=d_0;\quad H_0:p_1-p_2\neq d_0.$$

当样本容量 n_1 和 n_2 都充分大时，在原假设 H_0 成立的条件下，近似地有

$$Z=\frac{(\hat{p}_1-\hat{p}_2)-(p_1-p_2)}{\sqrt{\frac{\hat{p}_1(1-\hat{p}_1)}{n_1}+\frac{\hat{p}_2(1-\hat{p}_2)}{n_2}}}=\frac{(\hat{p}_1-\hat{p}_2)-d_0}{\sqrt{\frac{\hat{p}_1(1-\hat{p}_1)}{n_1}+\frac{\hat{p}_2(1-\hat{p}_2)}{n_2}}}\sim N(0,1) \tag{6.37}$$

故可用该 Z 为检验统计量.这样通过查表可求得 α 水平下的临界值 $Z_{1-\frac{\alpha}{2}}$，若检验统计量的具体值 $|Z|\geq Z_{1-\frac{\alpha}{2}}$ 值，则拒绝原假设 H_0；反之，则接受原假设 H_0.

五、总体方差的假设检验

设总体 $X\sim N(\mu,\sigma^2)$，其中 μ 与 σ^2 均未知；$X_1,X_2,\cdots,X_n$ 为抽取自该总体的一个简单随机样本，其样本平均数为 $\bar{X}$，样本无偏方差为 S^2.给定显著性水平 α，对未知总体参数 σ^2 就双侧、左单侧和右单侧三种不同形式的假设进行检验，在原假设 H_0 成立的条件下，由抽样分布原理可得其检验统计量，并经查表求出有关临界值及相应的拒绝域，具体见表 6-9.

表 6-9　正态总体方差的假设检验

检验法	H_0	H_1	检验统计量	拒绝域
χ^2 检验	$\sigma^2=\sigma_0^2$	$\sigma^2\neq\sigma_0^2$	$\chi^2=\frac{(n-1)S^2}{\sigma_0^2}$	$\{\chi^2\leq\chi_{\frac{\alpha}{2}}^2(n-1)$ 或 $\chi^2\geq\chi_{1-\frac{\alpha}{2}}^2(n-1)\}$
	$\sigma^2\geq\sigma_0^2$	$\sigma^2<\sigma_0^2$		$\{\chi^2\leq\chi_{\alpha}^2(n-1)\}$
	$\sigma^2\leq\sigma_0^2$	$\sigma^2>\sigma_0^2$		$\{\chi^2\geq\chi_{1-\alpha}^2(n-1)\}$

例 6.18　新设计的某种化学天平，其测量误差服从正态分布，现要求 99.73% 的测量误差不超过 0.09 mg，即要求 $3\sigma\leq 0.1$.为此拿它与标准天平相比，得 10 个误差数据，求得样本方差 $S^2=0.000\ 9$，试问在 $\alpha=0.05$ 水平下能否认为该化学天平满足设计要求？

解：从题意可知这是正态总体方差的假设检验问题，故有统计假设

$$H_0:\sigma^2\leq 0.001\ 1;\quad H_1:\sigma^2>0.000\ 9.$$

选择检验统计量为 $\chi^2=\frac{(n-1)S^2}{\sigma^2}$.

根据题中已知资料：$n=10,S^2=0.000\ 9$，在原假设 H_0 成立时检验统计量的具体值为

$$\chi^2=\frac{(n-1)S^2}{\sigma_0^2}=\frac{(10-1)\times 0.000\ 9}{0.001\ 1}=7.364.$$

由给定的显著性水平 $\alpha=0.05$，查 χ^2 分布表求得其临界值为 $\chi_{1-\alpha}^2(n-1)=\chi_{0.095}^2(9)=16.99$.因 $\chi^2<\chi_{0.095}^2(9)$，故接受原假设 H_0，即认为该化学天平满足设计要求.

六、两总体方差比的假设检验

设有两个正态总体分别为 $X_1\sim N(\mu_1,\sigma_1^2)$ 和 $X_2\sim N(\mu_2,\sigma_2^2)$，其中两总体的均值与方差均未

知;而 $X_{11}, X_{12}, \cdots, X_{1n_1}$ 和 $X_{21}, X_{22}, \cdots, X_{2n_2}$ 是分别抽取自这两个总体的相互独立的简单随机样本,其样本无偏方差分别为 S_1^2 和 S_2^2.在给定显著性水平 α 下,对未知的这两总体方差之比 σ_1^2/σ_2^2,就双侧、左单侧和右单侧三种不同形式的统计假设进行检验,在原假设 H_0 成立的条件下,由抽样分布原理可得其检验统计量,经查分布表就能求出相应的临界值及其拒绝域,具体见表 6-10.

表 6-10　两正态总体方差比的假设检验

检验法	H_0	H_1	检验统计量	拒绝域
F 检验	$\sigma_1^2/\sigma_2^2=1$	$\sigma_1^2/\sigma_2^2\neq 1$	$F=\dfrac{S_1^2/S_2^2}{\sigma_1^2/\sigma_2^2}$	$\{F\leq F_{\frac{\alpha}{2}}(n_1-1,n_2-1)\}$ 或 $\{F\geq F_{1-\frac{\alpha}{2}}(n_1-1,n_2-1)\}$
	$\sigma_1^2/\sigma_2^2\geq 1$	$\sigma_1^2/\sigma_2^2<1$		$\{F\leq F_{\alpha}(n_1-1,n_2-1)\}$
	$\sigma_1^2/\sigma_2^2\leq 1$	$\sigma_1^2/\sigma_2^2>1$		$\{F\geq F_{1-\alpha}(n_1-1,n_2-1)\}$

例 6.19　某公司经理听说公司生产的一种主要商品的价格波动在甲地要比乙地大,为此他对两地所售的这种商品作了随机抽查.在甲地调查了 25 件,其价格波动的标准差为 $S_1=8.5$;在乙地调查了 41 件,其价格波动的标准差为 $S_2=6.75$.假定两地价格波动分别服从正态分布,试问在 $\alpha=0.05$ 的水平下能支持上述说法吗?

解: 从题意可知这是双总体方差之比的假设检验问题,故提出统计假设

$$H_0:\frac{\sigma_1^2}{\sigma_2^2}\geq 1;\quad H_1:\frac{\sigma_1^2}{\sigma_2^2}<1.$$

选择检验统计量为 $F=\dfrac{S_1^2}{S_2^2}\Big/\dfrac{\sigma_1^2}{\sigma_2^2}$.

根据题中已知资料:$S_1=8.5$、$S_2=6.75$,计算在原假设 H_0 成立时检验统计量的具体值为

$$F=\frac{S_1^2}{S_2^2}=\frac{8.5^2}{6.75^2}=1.585\,7.$$

由给定的显著性水平 $\alpha=0.05$ 和已知的样本容量 $n_1=25$,$n_2=41$,查 F 分布表求得其临界值为 $F_{\alpha}(n_1-1,n_2-1)=F_{0.05}(24,40)=1.79$.因 $F<F_{0.05}(24,40)$,故应拒绝原假设 H_0,即不支持该商品价格波动在甲地要比在乙地大的说法.

附录

Excel 在参数估计与假设检验中的应用

利用 Excel 进行区间估计,其基本过程就是按照计算样本均值—样本标准差—抽样误差—区间估计上下限的次序来实行.而对于一个正态总体参数的假设检验,可利用 Excel 的函数工具和自己输入公式的方法计算统计量,并进行检验.在本附录中,将主要简单介绍方差未知正态总体的均值的区间估计、方差未知且小样本的两个总体均值差的检验计算方法.

一、方差未知正态总体的均值的区间估计

附例 6.1 某零件加工企业生产一种螺丝钉，对某天加工的零件每隔一定时间抽取 1 个，共抽取 12 个,测得其长度(单位:mm)数据见附表 6–1 中的 A2:A13.假定零件长度服从正态分布,试以 95%的置信水平估计该企业生产的螺丝钉平均长度的置信区间.

具体操作步骤如下.

第一步:将样本数据输入区域 A2:A13.

第二步：首先计算样本数据个数；在单元格 C2 内输入计算公式 "=COUNT(A2:A13)",按"确定"按钮,计算机会在单元格 C2 内自动输出计算结果 12,并覆盖已经输入的计算公式.

第三步:按照与第二步同样的方法,依次计算样本均值,样本标准差,抽样误差,自由度,t 值,误差范围,置信上下限(相应的计算公式见附表 6–1),计算结果显示在输入计算公式的单元格内.

附表 6–1　正态总体均值的置信区间估计构造表

	A	B	C	D
1	样本数据	计算指标	计算公式	结果输出
2	10.94	样本数据个数	=COUNT(A2:A13)	12
3	11.91	样本均值	=AVVERGE(A2:A13)	11.0742
4	10.91	样本标准差	=STDEV(A2:A13)	0.27270
5	10.94	抽样误差	=C4/SQRt(C2)	0.07870
6	11.03	置信水平	0.95	0.9500
7	10.97	自由度	=C2-1	11.00
8	11.09	t 值	=TINV(1-C6,C7)	2.2010
9	11.00	误差范围	=C8*C5	0.1733
10	11.16	置信下限	=C3-C9	10.9009
11	10.94	置信上限	=C3+C9	11.2475
12	11.03			
13	10.97			

二、方差未知且小样本的两个总体均值差的检验

附例 6.2 工厂管理人员对采用两种方法组装新产品所需时间(单位:min)进行测试,对方法 A 抽取 6 个工人,方法 B 抽取 8 个工人,将测试结果输入到工作表,见附表 6–2.假设组装的时间服从正态分布,试以 $\alpha=0.05$ 的显著性水平比较两种组装方法是否有差别(设两总体方差相等).

附表 6–2　两种方法抽中工人组装产品所需要的时间

	A	B
1	方法 A	方法 B
2	8.2	9.5
3	5.3	8.3
4	6.5	7.5
5	5.1	10.9
6	9.7	11.3
7	10.8	9.3
8		8.8
9		8.0

具体操作步骤如下.

第一步:选择"工具"下拉菜单.

第二步:选择"数据分析"选项.

第三步:在分析工具中选择"t检验:双样本等方差检验".

第四步:当出现对话框后,在"变量1的区域"方框内键入A2:A7;在"变量2的区域"方框内键入B2:B9;在"假设平均差"方框内键入0;在"α"方框内键入0.05;在"输出选项"中选择输出区域(在此选择"新工作表");最后,选择"确定"(输出结果见附表6-3).

附表6-3　t检验:双样本等方差检验构造表

	A	B	C
1		变量1	变量2
2	平均值	7.6	9.2
3	方差	5.552	1.814286
4	观察值个数	6	8
5	Pooled 方差	3.371667	
6	假设平均差	0	
7	自由度	12	
8	t统计量	-1.61345	
9	P(T<=t):单尾	0.06631	
10	t临界值:单尾	1.782287	
11	P(T<=t):双尾	0.13262	
12	t临界值:双尾	2.178813	

思考与练习

一、思考题

1. 解释估计量和估计值.

2. 简述评价估计量的标准.

3. 解释置信水平的含义.

4. 怎样理解置信区间?

5. 简述样本量与置信水平、总体方差、估计误差的关系.

6. 说明区间估计的基本原理.

7. 解释原假设和备择假设.

8. 怎样理解"统计上是显著的"?

9. 简述假设检验的统计思想.

10. 假设检验和参数估计有何相同与区别?

二、计算题

1. 某快餐店想要估计每位顾客午餐平均的花费金额,在为期3周的时间里选取49名顾客组成一个简单随机样本.试求:

(1)假定总体标准差为15元,求样本均值的标准误差;

(2)在 95%的置信水平下,求估计误差;

(3)如果样本均值为 120 元,求总体均值 μ 的置信区间.

2. 某大学为了解学生每天上网的时间,在全校学生中随机抽选 36 人,调查他们每天上网的时间,得到数据如下(单位:h):

$$
\begin{array}{ccccccccc}
3.3 & 3.1 & 6.2 & 5.8 & 2.3 & 4.1 & 5.4 & 4.5 & 3.2 \\
4.4 & 2.0 & 5.4 & 2.6 & 6.4 & 1.8 & 3.5 & 5.7 & 2.3 \\
2.1 & 1.9 & 1.2 & 5.1 & 4.3 & 4.2 & 3.6 & 0.8 & 1.5 \\
4.7 & 1.4 & 1.2 & 2.9 & 3.5 & 2.4 & 0.5 & 3.6 & 2.5
\end{array}
$$

试求该校大学生每天平均上网时间的置信区间,置信水平分别为 90%、95%和 99%.

3. 两个正态总体的方差 σ_1^2 和 σ_2^2 未知但相等,从两个总体中分别抽取两个独立的随机样本,它们的均值和标准差如下:

来自总体 1 的样本	来自总体 2 的样本
$n_1=14$	$n_2=7$
$\overline{X}_1=53.2$	$\overline{X}_2=43.4$
$S_1^2=96.8$	$S_2^2=120.0$

试求:(1)$(\mu_1-\mu_2)$ 的 95%的置信区间;

(2)$(\mu_1-\mu_2)$ 的 99%的置信区间.

4. 某居民小区共有 500 户,小区管理者准备采取一项新的供水设施,为了解居民是否赞成,采取重复抽样方法随机抽取了 50 户,其中有 32 户赞成,18 户反对.试求:总体中赞成的户数比例的置信区间($\alpha=0.05$).

5. 已知某铁厂的含碳量服从正态分布 $N(4.55,0.108^2)$,现在测定了 9 炉铁水,其平均含碳量为 4.484,如果估计方差没有变化,可否认为现在生产的铁水平均含碳量为 4.55 ($\alpha=0.05$).

6. 某种电子元件的寿命 X(单位:h)服从正态分布.现测得 16 只原件的寿命如下:

$$
\begin{array}{cccccccc}
159 & 280 & 101 & 212 & 224 & 379 & 179 & 264 \\
222 & 362 & 168 & 250 & 149 & 260 & 485 & 170
\end{array}
$$

问是否有理由认为原件平均寿命显著地大于 225 h($\alpha=0.05$)?

7. A、B 两厂生产同样材料,已知其抗压强度服从正态分布,且 $\sigma_A^2=63^2$,$\sigma_B^2=57^2$.从 A 厂生产的材料中随机抽取 81 个样品,测得 $\overline{X}_A=1\ 070$ kg/cm²;从 B 厂生产的材料中随机抽取 64 个样品,测得 $\overline{X}_B=1\ 020$ kg/cm².根据以上调查结果,能否认为这两个厂子生产的材料平均抗压强度相同($\alpha=0.05$)?

8. 有人说在大学中女生的学习成绩比男生好.现从一所学校中随机抽取了 25 名男同学和 16 名女同学的学习成绩,对他们进行了同样题目的测试.测试结果表明,男生的平均成绩为 82 分,方差 56 分;女生的平均成绩为 78 分,方差 49 分.假设显著性水平 $\alpha=0.02$,从上述数据中能得到什么结论?

第七章 抽样调查

20世纪初,抽样调查才成为一种科学的统计方法,然而这种统计方法的实质,人类早在实践中已经体会到了.后来由于人们认识到它适宜于实践运用与理论分析,兼顾统计效果与经济效果等优点,加之推断统计理论的成熟,抽样调查才逐渐得到了广泛的应用.

第一节 抽样调查的特征

一、抽样调查的概念

关于抽样调查的定义大体上可以区分成广义和狭义两种. 广义上包括非概率抽样与概率抽样,狭义概念仅指概率抽样.本书取狭义的理解,将抽样调查定义为是按照一定的程序和方法,从所要研究现象的总体中根据随机原则抽取一定数目的单位组成样本,通过对样本的调查,获得样本资料,计算出有关的样本指标,并依一整套专门的方法据以对相应的总体指标(参数)作出估计和推算,同时有效控制抽样误差的一种统计方法.抽样的方法不仅对统计推断、统计检验以及统计决策等理论的发展产生了直接的影响,而且还构成了其他应用性学科如计量经济学、管理会计学等的方法论基础. 所谓随机原则就是在抽选调查单位的过程中,完全排除人为的主观因素的干扰,以保证使现象总体中的每一个个体都有一定的可能性被选中. 换句话讲,哪些单元能够被选作调查单位纯属偶然因素影响所致. 这里需要说明几点:

(1)随机并非"随意".随机是有严格的科学含义的,可用概率来描述,而"随意"仍带有人为的或主观的因素,它不是一个科学的概念.

(2)随机原则不等于等概率原则.

(3)随机原则一般要求总体中每个单元均有一个非零的概率被抽中.

(4)抽样概率对总体参数的估计有影响.

同时,按随机原则抽样可以保证被抽中的单元在总体中均匀分布,不至于出现系统性、倾向性偏差.在随机原则下,当抽样数目达到足够多时,样本就会遵从大数定律而呈正态分布,样本单位的观测值才具有代表性,其平均值才会接近总体平均值;按随机原则抽样,才可能实现计算和控制抽样误差的目的.因此,随机原则是抽样调查所必须遵循的基本原则.

在这里,"可能性"就是常说的机会,对"可能性"大小所作的数值度量在数理统计学中被称作概率,它常常是用统计的频率来近似度量的.

二、抽样调查的特征

抽样调查作为一种非全面调查方法,同全面调查相比,具有一系列特点,即使同其他的各种非全面调查比较,它仍呈现出明显的特色.

(1)按随机原则抽选调查单位是抽样调查的一大特色.同属非全面调查的典型调查和重点调查,在调查单位的具体选定过程中,都程度不同地受到了调查组织者的主观意识的影响,因而带有一定的随意性,由此使得典型调查和重点调查的科学性受到影响;而抽样调查按随机原则抽选调查单位,则完全排除了主观意识的干扰,使调查单位的选择建立在较为客观的基础之上,从而确立了它的科学性.因此,按随机原则抽样既是抽样调查的特色所在,同时又是其取得成功的基本保证.

(2)可以用样本资料推断总体资料是抽样调查的又一基本特征.由前面的分析可知,用样本推断总体是抽样调查的一个重要阶段,实质上这也是进行抽样调查的最终目的之所在.能够用样本资料推断总体资料的重要意义在于,我们可以通过对部分单位的调查,以少量的投入,即可取得以前只有用普查才能取得的同样效果,得到所希望了解的现象总体的全面资料,从而节约大量的调查费用,这也是抽样调查得以广泛应用的重要原因之一.

(3)抽样调查的速度快、周期短、精度高.由于只调查一部分单位的情况,因此其调查登记及汇总处理的工作量较之全面调查要小得多,所需时间也大大缩短,这为调查速度的加快创造了十分有利的条件,由此调查的时效性得以加强.同时,在调查单位减少后,由于工作量相应减少,则可以较严格地挑选和培训调查员,调查和数据处理的质量比较容易控制,因此,可能取得更准确的结果.所以,更能满足统计调查的及时性和准确性要求.

(4)在抽样推断之前可以计算和控制抽样误差.随着抽样推断理论的不断发展,误差分布理论日趋成熟,与此同时,抽样误差计算和控制的方法也逐步得以完善,而且关于抽样调查的误差问题的讨论也扩展到了对具有更为广泛意义的非抽样误差的深入研究,这是抽样调查的又一重要特色.

(5)抽样技术灵活多样.在过去短短的几十年时间里,抽样调查在其理论飞速发展的同时,抽样技术也得到了长足的发展,至今已形成了较为完整的抽样技术体系.各种不同的抽样技术可以分别适用于不同现象的抽样过程,也可在同一现象的抽样中结合运用,从而保证获得最好的抽样效果.

(6)抽样调查的应用十分广泛.无论是对社会现象的调查还是经济问题的研究,或者是自然现象的了解,都可以使用抽样调查方法.可以毫不夸张地讲,凡是可以运用全面调查的场合,都可以使用抽样调查,凡不能使用全面调查的场合,一般也能利用抽样调查方法进行调查研究.

(7)同其他调查方式相比,抽样调查的技术性更强,因此,一般需要有统计学的专家作指导,并且要求统计专家不仅要有适当的抽样理论方面的知识,还应有抽样的实践经验.

三、抽样调查的作用

抽样调查在实际应用过程中有着突出的作用.

(1)抽样调查能够解决全面调查所无法解决现象的调查问题.在实际工作中,对某些现象常常可能一方面需要了解其全面情况,另一方面又由于现象自身的特性决定了无法通过全面调查获取资料,此时,只有使用抽样调查.这些现象主要有:①产品质量的破坏性检验,如轮胎的里程寿命试验,青砖的抗折耐压试验,炮弹的杀伤力试验,弹簧的抗拉强度试验等.②无限总体的调查.无限总体因其所包含的总体单位数目是无限多个,故无法一一计量.如宇宙空间的星球数目,人体的细胞数目等.③包括未来时序的总体,如生产过程稳定性的检查等.

(2)抽样调查适用于对理论上可以作全面调查,而实际上又难以组织全面调查的现象进行调查.有些现象虽属于有限总体,但由于其总体范围过大,单位数目过多且过于分散,事实上不可能作全面调查,如森林的木材蓄积量调查,大量连续作业的某些产品质量的非破坏性检验,水稻的个粒重量检验等;还有些现象由于受时间或其他条件的制约,不能组织全面调查,如战备物资调查,自然灾害造成损失情况的调查等.

(3)抽样调查对于时效性要求较高,同时又可以对不作全面调查现象的调查有着特殊的作用.如前所述,抽样调查具有费用低、速度快、精度高的特点,这使得它比其他非全面调查能更有效地满足各有关方面的需要.

(4)抽样调查的结果可被用来检验和修正全面调查结果.任何调查都可能存在误差,全面调查也不例外,而且由于全面调查涉及面广、工作量大、参加人员多、汇总传递环节多使调查结果容易出现差错;但是,其差错到底有多大? 全面调查自身无法回答这一问题.因此,可在全面调查之后再进行一次抽样调查,根据抽样调查结果对全面调查结果进行检查和修正,从而提高全面调查的质量.

(5)抽样调查可对工业生产过程的稳定性进行监测,从而实现质量控制.在工业产品成批或大量连续生产过程中,利用抽样调查方法对产品的质量进行动态检测,及时提供有关信息,变事后监督为事中控制,并通过编制质量控制图开展监控,这些是世界上许多国家广泛采用的工业产品质量控制系统.这一应用不仅对于生产过程的控制意义重大,而且也为进一步推广抽样调查乃至整个统计方法的应用提供了成功的范例,积累了可贵的经验,并产生了深远的影响.

(6)利用抽样调查方法还可以对总体的某些假设进行检验,以判断这些假设的真伪,为管理决策提供依据.例如某患者使用一种新药后效果不错,这是否意味着这种新药的疗效就一定显著呢? 单凭此还不能作出结论.因为疗效对于每个人常会受到一些随机因素的影响而呈现出一定的不确定性.因此,最好利用抽样调查结果,对这种药物的疗效是否存在显著性的统计差异进行检验,以确定其疗效状况,并据以作出是否推广使用该药的决策.利用抽样调查方法研究人们未来的行动决策,这是抽样方法应用上的又一个重要突破.

四、有关基本概念

(一)样本及其代表性

样本是由从总体中所抽选出来的若干个抽样单元组成的集合体.抽样前,样本是一个 n 维随机变量,属样本空间;抽样后,样本是一个 n 元数组,是样本空间的一个点.

样本是总体的缩影,是总体的代表.抽样的效果好不好,依赖于样本对总体是否有充分的代表性.样本的代表性愈强,用样本指标对总体全面特征的推断就愈精确,即推断的误差就愈小;反之,如果样本的代表性愈弱,推断的误差就愈大,推断结果就愈不可靠.

如何增强样本的代表性,使其能达到估计或推断的预期效果,就必须分析影响样本代表性的因素,以便加强控制.

通常,影响样本代表性的因素有以下几个方面:

(1)总体分布离散程度的大小.若总体的平均离散程度(标准差)很小,从中任抽部分单元作样本,样本特征很近似于总体特征,样本的代表性就强;反之,如果总体的平均离散程度很大,从中抽取样本单元的随机波动也很大,必将影响样本的代表性.

(2)抽样单元数的多少(或称样本容量的大小).抽样单元数的多少可影响样本对总体的代表性.一般说来,样本容量以大为好,但要根据实际情况,以掌握适度为宜,要在保证一定可靠程度的情况下,尽可能满足及时性和经济性的要求,取得好的效益.

(3)抽样方法.抽样方法一般分为放回抽样和不放回抽样.放回抽样也叫重置抽样或重复抽样.它是在总体 N 个单元中随机抽取 n 个单元时,每次抽取一个单元进行记录后又放回原来的总体,参加下一个单元的抽取,即下一个单元仍然在原来的总部 N 个抽样单元中抽取,依此类推,直到抽足所需单元数为止,因而同一个抽样单元有被重复抽中的可能.不放回抽样也叫不重置抽样或不重复抽样.它是在每次抽取一个新的单元之前,将已抽中的单元不再放回原来的总体,下一个单元的抽取在剩余的抽样单元中进行,依次类推,直到抽足所需单元数为止,因而每个抽样单元最多只能被抽中一次,不可能被重复抽中.

放回抽样与不放回抽样相比,不放回抽样的样本代表性优于放回抽样.因为放回抽样中,有些单元有被重复抽取的可能,从而使样本单元数在总体中的散布面缩小,样本的代表性减弱,故在实际工作中常采用不放回抽样.有鉴于此,在后面的内容中,如没有特别的声明,则一般只涉及不放回抽样.理解了不放回抽样的方法及有关内容,也就容易理解和掌握放回抽样的方法.

以上影响因素中,离散程度的大小是由事物内部和外部联系决定的,是客观性的因素,人们只能认识了解,不能选择和控制.样本容量和抽样方法两因素是人们可以选择和控制的,为主观因素,只要掌握和控制了这两个因素,在一定程度上,人们也就能控制样本的代表性,以期达到抽样数目尽可能小,使估计和推断结论达到预定的精确程度和可靠程度的要求.另外,等概率抽样与不等概率抽样相比,以不等概率抽样的样本代表性较等概率抽样的样本为好.

一般将反映样本数量特征的综合指标称之为统计量.统计量是 n 元样本的一个实值函数,是一个随机变量,统计量的一个具体取值即为统计值.

(二)样本可能数目

样本可能数目是在容量为 N 的总体中抽取容量为 n 的样本时,所有可能被抽中的不同样本的个数,用 A 表示.当 N 和 n 一定时,A 的多少与抽样方法有关,具体计算见表 7-1.

表 7-1　A 与抽样方法的关系

抽样方法	不考虑顺序	考虑顺序
放回抽样	$A = C_{N+n-1}^{n}$	$A = N^n$
不放回抽样	$A = C_N^n = \dfrac{N!}{N!\ (N-n)!}$	$A = P_N^n = \dfrac{N!}{(N-n)!}$

正确理解样本可能数目的概念,对于准确理解和把握抽样误差的计算、样本统计量的抽样分布、抽样估计的优良标准等一系列理论和方法问题都有十分重要的帮助.

(三)抽样框

抽样框是在抽样前,为便于抽样工作的组织,在可能条件下编制的用来进行抽样、记录或表明总体所有抽样单元的框架,在抽样框中,每个抽样单元都被编上号码.

抽样框可以是一份清单(名单抽样框)、一张地图(区域抽样框).在与时间有关的调查中,也可以按时间先后顺序排列总体中的单元,这样得到的抽样框称为时序抽样框.抽样框是设计实施一个抽样方案所必备的基础资料,一旦某个单元被抽中,也需依据抽样框在实际中找到这个单元,从而实施调查.

编制抽样框是一个实际的、重要的问题,因此必须要认真对待.一般而言,如果总体中的每个元素在清单上分别只出现一次,且清单上又没有总体以外的其他元素出现,则该清单就是一个完备的抽样框.在完备的抽样框中,每个元素必须且只能同一个号码对应.但是,在实际中,完备的抽样框是很少见的,我们可能使用一些有严重缺陷的抽样框,而又必须发现这些缺陷并加以补救,在这一过程中,可以充分体现出抽样的艺术性.常见的抽样框问题可以概括为四种基本类型:

(1)缺失一些元素,即抽样框涵盖不完全.

(2)多个元素对应一个号码.

(3)空白(一些号码没有与之对应的元素)或存在异类元素.

(4)重复号码,即一个元素对应多个号码.

抽样框存在缺陷时,我们首先想到的是如何去避免上述问题:

(1)如果已知由这些问题引起的误差比其他原因产生的误差小,并且纠正起来又花费太大的话,可以忽略不管,但在描述样本时,应对此加以说明.

(2)重新定义总体以适应抽样框.

(3)改正整个总体清单,即找出全部缺失元素、分开每一个群、清除所有的空白和异类元素、删掉重复号码.

当上述方法不能有效利用时,就应该采取其他一些补救的措施来抵消抽样框中存在的缺陷.

五、抽样调查方案的设计

抽样调查是一项理论性和方法性都很强的统计工作,因此必须精心设计,认真组织,以确保调查工作的质量和时效性.

抽样调查方案的设计就是在实际进行抽样调查之前,对整个抽样调查工作过程所作出的通盘考虑和合理安排.在抽样调查方案的设计中,一般应遵循抽样的随机性和实现最大的抽样效果两条基本原则.

1. 保证抽样的随机性原则

随机原则是抽样调查所必须坚持的根本原则,是抽样推断的基本前提,按随机原则取样也是抽样调查有别于其他非全面调查的最根本标志,是抽样调查科学性的基本保证.在实践中,如何保证实现抽样的随机性,并非容易之事,为此要注意解决好以下几个问题:

(1)要排除人为的主观因素的干扰,使得总体中的每个单元都有一定的入选机会.当然,这需要作出很多的努力,并有较为严格的控制措施,因为抽样中人为因素的干扰有时是很隐蔽的.

(2)要确定合适的抽样框.抽样框是赖以进行抽样的基础.一个好的抽样框应该能够覆盖总体中的所有单元,并且没有重复.抽样框不完备常常会导致产生系统性偏差.

(3)要选择合适的抽样实施方法及抽样的组织形式,并为其执行提供一切必要的条件.

2. 保证实现最大的抽样效果原则

在一定的调查费用条件下使抽样误差最小(等价于使估计精度最高),或在给定的精度要求下使调查费用最省.通常,提高精度的要求和节省费用的要求往往是矛盾的,因为提高精度意味着降低抽样误差,而抽样误差愈小,则样本量就要扩大,费用相应增加.因此,在实际的抽样调查中,抽样误差最小的方案,可能并不是最好的方案,许多情况是允许一定的误差范围,就能够满足分析的需要,误差过小会使费用超过限制;另一方面费用最小的方案也不一定就是最优方案,因为过少的调查费用会限制调查的单元数目,进而使抽样误差超过允许的最大范围,并最终使抽样调查本身失去意义.所以,设计抽样调查方案时,要综合考虑精度和费用两方面的限制条件,在多种抽样组织形式间精心选择,或将多种抽样组织形式结合起来加以应用.

此外,一个好的抽样调查方案还必须服从目的性和实践性的要求.前者强调无论是抽样还是估计推断的设计,都要紧紧围绕研究的目的;后者是指所设计的方案要能够在实践中得到切实的执行.

由于所研究现象总体的具体特点和调查的问题不同,抽样调查方案所应包括的内容也不尽相同,但在一般情况下,应具有以下几个部分.

(1)有关抽样调查要求方面的设计.具体包括:①明确调查目的,即通过抽样调查要解决什么问题,并且要将调查目的进一步具体化为所要进行推断的各种变量.这样,才能恰当地确定调查方案的其他内容.②明确调查对象和调查单位,即确定什么是总体,什么是总体单位,也就是在什么范围内进行抽样调查,以什么为基本单位进行调查以取得数据资料.这是搞好抽样调查的基础.③明确规定对于主要目标量的抽样推断精度要求或者误差控制要求.它既是对抽样调查工作的基本要求,同时也是衡量抽样调查工作质量好坏的标准.

(2)有关抽样推断方法方面的设计.具体包括:①确定抽样框.在抽样调查中,抽样框是否合适,对于所抽样本的代表性影响很大.因此,抽样前要尽可能多地收集和利用与调查变量相关的各种资料,编制出符合实际情况的抽样框.②确定抽样的组织方式及方法.不同的抽样方法、不同的抽样方式有着各自不同的特点和适应性,因此,要根据所要研究现象的基本特点合理地加以选择,以求获得最好的抽样效果.③确定样本容量的大小,这是抽样设计的主要内容之一.样本容量的确定要综合考虑两方面的因素也就是调查费用的多少(它通常限制了所能调查的最多单元数目)和精度要求的高低(它通常是规定了所必须调查的最少单元数目).④确定数据处理方式.包括数据整理方法、整理技术、资料审核检验方法等.⑤确定推断方式.在取得了样本资料后,运用什么样的方式来推断总体资料,如何计算并控制误差等就成了关键问题,应依照调查研究的具体目的及所选用抽样方式的特点,结合现象总体的情况加以选择.

(3)有关调查内容方面的设计.调查内容就是所要调查的项目或问题,它是抽样调查方案的核心所在.确定选择哪些项目进行调查,对于能否圆满地实现调查目的是至关重要的.

(4)有关组织工作方面的内容设计.具体包括:①调查人员、组织领导机构的确定以及调查费用的筹措等.②调查人员的培训.要使调查人员在明确调查目的、熟悉调查项目的基础上,根据分工去掌握有关的抽样技术、现场调查方法、编码、审核、数据录入汇总等基本技能.③确定收集资料的具体方法和调查问卷的回收方法等.④制定控制回答质量,减少回答误差的方案.

抽样方案设计好之后,便可以组织实施,指导抽样调查的实践.在实际中,由于情况发生变化,据以设计抽样方案的历史资料或许已经过时,或者因当初考虑不周,在设计时发生失误又未被发现等原因,都可能造成抽样方案的缺陷,从而影响调查的结果.因此,在设计好的方案正式实施之前都必须进行检查,用试点的调查数据对方案进行验证,然后才能正式实施调查.抽样调查方案的检查主要包括两个方面:

(1)准确性检查,即以方案所要求的允许误差范围为标准,用已掌握的资料(试点资料)来检查其在一定概率保证下,实际的误差是否超过方案所允许的范围.如果实际的误差范围没有超过规定,则认为方案的设计符合准确性的要求,可以实施;否则,就说明设计方案的准确性不符合要求,这时就应对所设计的抽样调查方案进行认真的分析和检查,如果方案中不存在技术性的错误,就要考虑增加样本量,对方案作必要的修订.

(2)代表性检查,即以方案中的样本指标与过去已掌握的总体同一指标进行对比,视其比率是否超过规定的要求来判断方案是否满足代表性要求. 例如在我国的农产量抽样调查和居民家庭调查中分别规定, 农产量的比率不超过±2%, 居民收入的比率不超过±3%,即$98\% \leqslant$样本平均单产÷总体平均单产$\leqslant 102\%$,$97\% \leqslant$样本平均收入÷总体平均收入$\leqslant 103\%$.

如果比率超过规定范围,则要对方案进行多方面的检查、修正,如果修正后的代表性仍不符合要求,就要通过增加样本量来获得满意的代表性.

六、抽样调查的基础理论

(一)大数定律

大数定律又称平均数定律或大数法则,它所描述的是当样本充分大时,样本统计量的极限,即在充分大规模的抽样下抽样平均数和总体平均数间的离差可以为任意小.这一可能性的概率可以尽量接近于1,即接近完全的精确性.大数定律可以用契比雪夫定理加以证明.

若从逻辑意义、哲学意义来阐明的话,它是大量现象和过程的规律性,而且一般只有在大量观察时,才会显露出现象和过程在某种具体历史环境中具有代表性的主要特征.

大数定律的理论和方法,对科学地安排统计试验和制定抽样调查方案是十分重要的.它使抽样法的应用获得充分的数学依据,同时为抽样结果的精确推断提供了充分的可能性.所以,大数定律是统计抽样调查的数理基础,同时它也给统计中的大量观察法提供了理论和数学方面的依据.

大数定律要求在运用抽样调查时,必须注意:

(1)遵循随机原则,只有在随机原则下进行抽样,样本中各单位才能均匀分布在总体中,使样本具有代表性.这样,样本指标才可以用来对总体指标作出估计和推断:

(2)抽样必须注意观察现象的大量性.在同一总体中进行随机抽样,每个被抽中的样本单位的观察值或偏大或偏小,纯属偶然,并不代表总体的数量特征;而通过大量观察,根据大数定律的原理,消除偶然因素的影响,用抽出的单位组成样本综合的结果,才能把总体的数量特征接近准确地反映出来.

(二)中心极限定理

中心极限定理的基本内涵是：一组独立同分布的变量和或均值当 n 充分大时具有正态分布.它分别由德莫佛尔—拉普拉斯和林德伯格—勒维所证明.

由中心极限定理可以知道不论总体服从什么分布,当 n 很大时,样本的平均数 $\bar{x}$ 近似于具有参数 μ 和 $\sigma/\sqrt{n}$ 的正态分布（极限正态分布）.这个定理是大样本统计推断的理论基础.中心极限定理并非证明正态分布的存在,而是用来说明近似地遵从正态分布的概率变量的现象,说明样本平均值的分布接近于正态分布.中心极限定理表明:样本平均值分布的平均值等于总体平均值,即 $E(\bar{x})=\bar{X}$;样本分布的标准差为 $\sigma/\sqrt{n}$.中心极限定理说明,用样本平均值产生的概率来代替从总体中直接抽出来样本计算的抽取样本的概率,为抽样推断奠定了科学的理论基础.

(三)误差分布理论

抽样调查的目的是把对总体中有限的部分单位的调查结果作为普遍适用于总体的估计和推断;但是,样本是随机抽出的,不同的随机样本就会得出不同的估计量.在同一总体中往往可以抽出多个样本,可以得到同样多的估计量,基于总体指标都存在或大或小或正或负的偏误,因此,用样本指标来推断总体指标,就存在抽样误差.承认这一点,不是证明抽样调查不准确,不能用来推断总体;而相反,正是利用可能发生的抽样误差加上样本指标,来推断在多大的概率度下总体指标在一个怎样的范围之内.

18 世纪末,法国数学家拉普拉斯与德国数学家高斯研究误差分布,建立了误差分布理论.

在一个既定的总体中,抽选一定含量的样本,可能抽选到的样本有多个,因此,可以取得多个可能的样本指标(主要指平均数和成数).如果将所有可能的样本指标组成频率分布,可发现样本指标愈接近总体指标的可能样本数愈多,即频率愈大;偏离愈远的可能样本个数愈少,即频率愈小,形成两端小中间大的样本指标可能值的分布,同时也就是抽样误差的分布.按正态分布的基本条件,可能样本指标的分布从理论上说是遵循正态分布的.样本指标的分布通常又叫抽样分布.数理统计已证明,可能样本指标是否严格遵循正态分布,由两个主要条件所决定,即抽样总体的分布形态和抽样数目的大小.如果样本是抽自正态总体,无论抽样数目是大是小,可能样本指标都是遵循正态分布的;如果样本抽自非正态总体,只要抽样数目较大($n>30$),可能样本指标也是接近或遵循正态分布的.

我们认识抽样误差及其分布的目的,就是希望由所设计的抽样方案所取得的绝大部分的估计量能较好地集中在总体指标的附近,通过计算抽样误差的界限,使抽样误差处于被控制的状态.

第二节　抽样组织形式

抽样调查的组织形式多种多样,常见的有简单随机抽样、分层抽样、整群抽样、等距抽样和多阶抽样.

一、简单随机抽样

（一）简单随机抽样的概念

简单随机抽样也称纯随机抽样,其概念有两种等价的定义方法.

定义一:简单随机抽样是从总体 N 个抽样单元中,一次抽取 n 个单元时,使全部可能的 A 种不同的样本被抽到的概率均相等,即都等于 $1/A$.

按简单随机抽样,抽到的样本称为简单随机样本.

按上述定义, 在抽取简单随机样本之前, 应将所有可能的互不相同的样本一一列举出来,但当 N 与 n 都比较大时,要列出全部可能的样本是不现实的.因此,按上述定义进行抽样是不太方便的.

定义二:简单随机抽样是从总体的 N 个抽样单元中,每次抽取一个单元时使每一个单元都有相等的概率被抽中,连续抽 n 次,以抽中的 n 个单元组成简单随机样本.

由于定义二无需列举全部可能的样本, 故比较便于组织实施;但按这个定义进行抽样时,需要掌握一个可以赖以实施抽样的抽样框.

（二）简单随机抽样的具体实施方法

常用的有抽签法和随机数法两种.

1. 抽签法

抽签法是先对总体 N 个抽样单元分别编上 $1\sim N$ 个号码,再制作与之相对应的 N 个号签并充分摇匀后,从中随机抽取 n 个号签(可以是一次抽取 n 个号签,也可以一次抽一个号签,连续抽 n 次),与抽中号签号码相同的 n 个单元即为抽中的单元,由其组成简单随机样本.

抽签法在技术上十分简单,但在实际应用中,对总体各单元编号并制作号签的工作量可能会很繁重,尤其是当总体容量比较大时,抽签法并不是很方便,而且也往往难以保证做到等概率.因此,实际工作中常常使用随机数法.

2. 随机数法

随机数法就是利用随机数表、随机数骰子或计算机产生的随机数进行抽样.下面只介绍有关随机数表的使用方法.

随机数表是由 $0\sim 9$ 的 10 个阿拉伯数字进行随机排列组成的表.在编制时,使用一种特制的电器或用计算机将这些数字随机地自动摇出,每个摇出的数字就是一个随机数字.为使用方便,可依其出现的次序,按行或按列分成几位一组进行排列.根据不同的需要,它们所含数字的多少以及分位和排列的方式尽可以不同.

随机数表的用途很多,不仅可以组织等概样本,也可组织不等概样本.

简单随机抽样属等概抽样,在使用随机数表时,要注意以下几点:

(1)每次使用时,确定使用哪页及哪行哪列的数字为起点,必须是随机的.

(2)设总体容量为 N,若 N 的位数为 r,则一定要从 r 位数中抽取.遇到 1 至 N 的数可直接使用,遇到其他的数不能直接使用.

(3)当 $r\geq 2$ 时,可从含有起点数字左边的 r 位数开始,也可从右边的 r 位数开始.可从起点开始向下抽取,也可向右抽取,但一经确定使用哪一种方式,就必须用一种方式抽取全部单元号,中途不能变更.

(4)在重复抽样时,遇到重复的数字应重复使用;在不重复抽样时,遇到重复的数字应舍去不用.

随机数表的应用一般分下述几步:

(1)确定起点页码,如用笔尖在随机数表上随机指定一点,若落点数字(或距落点最近的数字)为奇数,则确定起点在第 1 页;否则,起点在第二页.

(2)确定起点的行数与列数,先在表上随机指定一点,由落点处的两位数确定起点的行数. 由于每页只有 50 行,所以当落点处的两位数大于 50 时,则取其减去 50 的差数为行数. 为保证等概性,当落点处的数为"00"时,则行数应取作 50. 然后依同样的方法再确定起点的列数.

(3)确定所抽样本单元的号码.从上述确定的起点开始向下(或向右),每次取一个 r 位数.通常,若所需抽的数是一位数或两位数($r=1$ 或 2),则由起点开始,依次向右抽取较方便,达到该行右端时,从下一行左端开始继续向右抽取;若所需抽的数是三位及以上($r \geq 3$)则由起点开始依次向下抽取较方便,达到最后一行时,向右移 10 位(或 r 位),再从第一行开始向下继续抽取,直到取足所需的 n 个 r 位数为止,以这 n 个 r 位数所对应的总体单元组成样本.

然而,按上述步骤抽样,由于每个总体单元只对应一个数字,因此,所读取随机数的放弃比例可能很高,这在大样本时将使抽样过程变得很费事.为避免这种现象,可以在不违反等概率原则的条件下令每个总体单元同时对应多个数字,以加快抽样的速度.快速抽取的常用方法有:余数法、商数法、修正余数法、修正商数法以及独立选择数位法等.

有人认为在抽样时不用随机数表,而采取随意抽选的办法也可以达到预期的抽样效果.表面上看,这种想法似乎有一定道理,但实际试验的结果证明随意抽样不等于随机抽样.以下的随意数试验就是一个有名的试验:让 6 个人写下 100 个自己随意想到的三位数,将这些数内的 0~9 数字列成次数分布表,见表 7-2.

表 7-2 6 个人的 0~9 的次数分布表

数字	人的编号						期望次数
	1	2	3	4	5	6	
0	50	1	38	29	34	59	30
1	29	48	30	57	33	27	30
2	20	19	28	31	20	22	30
3	50	39	34	34	24	24	30
4	55	40	28	29	15	27	30
5	20	18	31	15	30	25	30
6	30	26	26	27	31	15	30
7	12	39	32	35	42	35	30
8	25	42	30	23	44	37	30
9	9	28	23	20	27	29	30
合计	300	300	300	300	300	300	300

可以看出,6 个人都对数字存在偏好,如第一个人更加偏好数字 4、3、0,第二个人则偏好数字 1、8、4 等.

从上述试验可以发现,每个试验者均有较为喜欢的数字,因此,使得样本变成非随机的,进而给抽样估计带来困难.所以,利用人为的随意抽样方法会产生偏差,随意抽样并不等于随机抽样.

(三)简单随机抽样的方法评估

(1)简单随机抽样对总体不加任何限制,等概率地从总体中直接抽取样本,是最简单、最单纯的抽样技术,它具有计算简便的优点,是研究其他复杂抽样技术的基础,也是比较各种抽样技术之间估计效率的标准,同时,从理论上讲简单随机抽样在各种抽样技术中是贯彻随机原则最好的一种,并且数学性质很简单,是等概率抽样的特殊类型.

(2)因为是等概率抽取样本,所以要求总体在所研究的主要属性上同质性或齐性(共性)较好,即总体要比较均匀;要求样本容量要比较大,以保证样本对总体具有充分的代表性,但是,在社会经济现象中,这种均匀总体是很少见的.因此,实际工作中很少单纯使用简单随机抽样方法.

(3)因为直接从总体中抽取样本,未能充分利用关于总体的各种其他已知信息以有效地提高样本的代表性,进而提高抽样的估计效率.

此外,简单随机抽样要求在抽样前编制出抽样框,并对每一个总体抽样单元进行编号,而且当总体抽样单元的分布比较分散时,样本也可能会比较分散,这些都会给简单随机抽样方法的运用造成许多的不便,甚至在某些情况下干脆无法使用.因此,在此基础上研究其他抽样技术显得更加重要.

二、分层抽样

(一)分层抽样的概念

分层抽样也叫做类型抽样,它是实际工作中最常用的抽样技术之一,分层抽样是在抽样之前,先将总体按一定变量划分为若干个层(组)后在各层内分别独立地进行抽样.由此所抽得的样本称之为分层样本.各层所抽的样本也是互相独立的.

如果每层中的抽样都是简单随机的,则这种抽样就称作分层随机抽样.由此所得到的样本称作分层随机样本.

(二)分层的原则

从以上概念可以看出,分层抽样的实质是在各层间作全面调查,而在各层内作抽样调查.因此,分层抽样的误差只与各层内的差异有关,而同各层间的差异无关.所以,为了能有效地降低抽样误差,提高抽样效果,在分层时应遵循"尽可能使层内差异小,而使层间差异大"的原则,同时要使分层的结果既无重复又无遗漏.

进行分层抽样时还应注意:

(1)层内抽样设计的选择.

(2)分层变量的选择.

(3)各层样本量的分配.

(4)层数的确定.

(5)层的分界.

以前人们大多只重视各层样本量的分配,近年来,层数的确定和层的分界引起了越来越多的关注.

(三)分层抽样的特点

同简单随机抽样相比,分层抽样具有以下特点:

(1)分层抽样能够充分地利用关于总体的各种已知信息进行分层,因此,抽样的效果一般比简单随机抽样要好;但当对总体缺乏较多的了解时,则无法分层或不能保证分层的效果.

(2)在分层抽样中,总体的方差一般可以分解为层间方差和层内方差两部分.由于分层抽样的误差只与层内差异有关,而与层间差异无关,因此,分层抽样可以提高估计量的精确度.

(3)由于分层抽样是在每层内独立地进行抽样,因此,使得分层样本能够比简单随机样本更加均匀地分布于总体之内,所以其代表性也更好些.

(4)分层抽样的随机性具体体现在层内各单元的抽取过程之中,即在各层内部的每一个单元都有相同的机会被抽中,而在层与层之间则是相互独立的.

(5)分层抽样适合于调查变量在各单元的数量分布差异较大的总体.因为对这样的总体进行合理的分层后可将其差异较多地转化为层间差异,从而使层内差异大大减弱.

(6)分层抽样中除了可以推断总体参数外,还可以推断各不同层的数量特征并进一步作对比分析,从而满足不同方面的需要,也能帮助人们对总体作更全面、更深入的了解.

(7)分层抽样调查实施中的组织管理及数据收集和汇总处理可以分别在各层内独立进行,因此,较之简单随机抽样更方便.

(8)分层抽样中,由于各层的抽样相互独立,互不影响,并且各层间可能有显著的不同,因此,对不同层可以按照具体情况和条件分别采用不同的抽样和估计方法进行处理,从而提高估计的精确度.

(9)当总体有周期现象时,用分层比例抽样法可以减少抽样方差.

(10)分层抽样中在进行分层时,需收集可用于分层的必要的各种资料,因此可能会增加一定的额外费用.同时,分层抽样中,总体参数的估计以及各层间样本量的分配、总样本量的确定等都更为复杂化.

三、整群抽样

(一)整群抽样的概念

整群抽样是先将总体各单元划分成若干群(组),然后以群为单位,从中随机抽取一部分群,对中选群内的所有单元进行全面调查.确切地说,这种抽样组织形式应称为单级整群抽样.

如果总体中的单元可以分成多级,则可以对前几级单元采用多阶抽样,而在最后一阶中对该阶抽样单元所包含的全部个体(最基本单元)进行调查,这种抽样称作多级整群抽样.

设总体被划分为 N 群,第 i 群含有 M_i 个次级单元,全部总体基本抽样单元数记为 M_0,即 $M_0 = \sum_{i=1}^{n} M_i$ 当 M_i 都相等时,称为等群;否则,当 M_i 都不相等时,称为不等群.

(二)分群的原则

同分层抽样一样,整群抽样的前提是先要对总体进行分群,那么群如何划分呢?有两个问题应予考虑:一是如何定义群,即当群并非是一个自然形成的单位时,确定每个群的组成;二是如何确定群的规模,即群的大小.

分层抽样是在各层都进行随机抽样,层是缩小了的总体,抽样单元仍然是总体基本单元.这决定了分层的原则:尽量缩小层内差异,而扩大层间差异.整群抽样只是在各群之间抽取一部分群进行调查,并在抽中群内作全面调查.因此,群间差异的大小直接影响到抽样误差的大小,而群内差异的大小则不影响抽样误差.在这里抽样单元是各个不同的群体,所以群实际上是扩大了的总体单元.这就决定了分群的原则:尽量扩大群内差异,而缩小群间差异.按此原则分群,则能保证每个群对总体都具有足够好的代表性.作为极端情况,假定各群之间总体单元的分布完全相同,即群间不存在任何差异,那么只需抽取一个群进行调查就能充分满足抽样估计精确度的要求,整群抽样的效率就很高.这就是说,整群抽样特别适合于群内差异大而群间差异小的情况.至于群的规模的选择:一是取决于精度与费用之间的平衡,二是从抽样实施的组织管理等因素来考虑.

(三)整群抽样的特点

同其他抽样组织形式相比较,整群抽样具有如下特点:

(1)在大规模抽样调查中,常常没有或很难编制出包括总体所有次级单元在内的抽样框,而整群抽样则不需要编制庞大的抽样框.

(2)在样本单元数相同的条件下,整群抽样与简单随机抽样相比,样本单元的分布相对较集中,虽然样本的代表性较差,但调查组织实施过程更加便利,同时还可以大大地节省调查费用.因此,实际工作中,在权衡费用和精度之后,有时宁可适当增加一些样本单元数,也采用整群抽样方法.

(3)整群抽样的随机性体现在群与群间不重叠,也无遗漏,群的抽选按概率确定.

(4)如果把每一个群看做一个单位,则整群抽样可以被理解为是一种特殊的简单随机抽样.

(5)整群抽样也是多阶段抽样的前提和基础.

(6)整群抽样有特殊的用途.有些现象的研究,如果直接调查作为基本单元的个体,很难说明问题,必须以一定范围所包括的基本单元为群体,进行整群抽样,才能满足调查的目的,如人口普查后的复查,要想估计出普查的差错率,只有通过对一定地理区域内的人口群体作全面调查才行.类似地诸如人口出生率、流动率等调查都需要采用整群抽样.

(7)整群抽样要求分群后各群所含次级单元数目应该确知,否则会给抽样推断带来不便.

四、等距抽样

(一)等距抽样的概念

等距抽样也称系统抽样或机械抽样,它是将总体各抽样单元按一定的顺序排列以后,每隔一定的距离(间隔)抽取一个单元组成样本进行调查.其具体方法为:设总体由 N 个单元组成,并按某种顺序编上 $1 \sim N$ 的号码,要在其中抽取容量为 n 的样本,先在前 K 个单元中随机抽选出一个单元,以后每隔 K 个单元抽取一个单元,由所有抽中的单元共同组成样本(称为等距样本).可见,抽出了第一个单元就等于决定了整个样本.这种抽样方法就是等距抽样.这里 K 称为抽样间隔.

等距抽样的随机性是有一定限制的.在排序后的第一间隔所含 K 个单元中,任意抽取一个单元时,每个单元具有同等被抽中的可能性,符合随机原则的要求,而在以后各间隔中,按与第一间隔的相同位次抽取样本单元,各间隔内所有单元不再具有同等被抽中的机会,看起来是丧失了某些随机性,因此,有时也将等距抽样称为"伪随机"抽样.这时的随机性可以这样理解:将所有各抽样间隔内处在同一位次的单元分别组合在一起,构成不同的等距样本,共组成 K 个等距样本,每个等距样本作为一个集体(或群),都有同等于 $1/K$ 的机会被抽中,故称为可能等距样本.这样看来,等距抽样并未真正丧失随机原则.

(二)排序方式

等距抽样需要有作为排序依据的辅助变量.排序方式各式各样,可自由选择,但归纳起来可分为两类,即无关变量排序和有关变量排序,它们对等距抽样的作用和相应的估计精度各有不同的影响.

1.按无关变量排序

所谓无关变量排序,即用来对总体单元进行排序的变量,与所要调查研究的变量是不同性质的,二者没有任何必然的关系,如研究人口的收入状况时,按身份证号码、按门牌号码排序非常方便,一般说来,这些号码与调查项目没有关系,因此,可以认为总体单元的次序排列是随机的.所以,也有人直接称无关变量排序的等距抽样为无序等距抽样.

在无关变量排序的条件下,各单元的位次排定并不等于各单元的调查变量值也按同一次序排定,虽然是等距抽样,它与随机数字表抽样在性质上并无不同,故无关变量排序的等距抽样,实质上相同于简单随机抽样,二者只是抽样形式不同而已,完全无损于随机原则,它们在估计精度上也是一致的.

2.按有关变量排序

所谓有关变量排序,即用来对总体单元规定排列次序的辅助变量,与调查变量具有共同性质或密切关系.这种排序变量,在我国抽样调查实践中有广泛应用,如农产量调查,以本年平均产量为调查变量,以往年已知平均产量作为排序变量.利用这些辅助变量排序,有利于提高等距抽样的抽样效果.

利用有关变量排序,特别是利用与调查变量具有相同性质的辅助变量排序进行等距抽样,无论在理论上和实用上都有重要意义.两种在性质上相同的变量,在前后时期的平均数指标上可能有所不同或有较大的差异,但在样本方差上,只要样本容量不是太小,是不会有多大出入的,至于总体方差,就更接近了.因此,在表明估计精度的抽样方差分析上无论用哪种变量,所得结论都是一致的.如果总体只有一个线性趋势,则等距抽样的方差(V_{sy})同每层抽一个单元的分层随机抽样的方差(V_{st})都比简单随机抽样的方差(V_{srs})小,并且 V_{sy} 将比 V_{st} 大,因为当等距抽样中一个单元在所在层中太低或太高,就会在所有的层中太低或太高,而分层随机样本中这种偏差可相互抵消一些.

此外,在对某些总体进行排序时,也可以使用时间变量,即按时间先后顺序进行等距抽样,如对连续性生产(或作业)的产品,每隔一定时间抽取一件或若干件样品作质量检验;每隔若干天进行市场物价抽查;按时间先后顺序排列的发票,每隔多少张抽取一张进行审核等.时间变量等距抽样有时与调查变量无关,有时则可能有关,这要视具体情况而定.

(三)等距抽样的特点

同其他抽样方式相比,等距抽样具有如下特点:

(1)将总体各单元按一定的顺序排列后再抽样,使得样本单元的分布更加均匀,因而样本也就更具代表性,比简单随机抽样更精确,在某些场合下甚至可以不用抽样框,并且如果能够利用好样本的相应顺序在总体中均匀分布这一特点,则容易形成一个按比例样本.

(2)等距抽样简单明了,快速经济,操作灵活方便,使用面广,是单阶段抽样中变化最多的一种抽样技术.等距抽样最初用于森林和土地使用情况的调查,现已发展成为家计调查、记录抽样、空间抽样、工业抽样和为普查取得附加信息及估计非抽样误差的一种常用方法.在我国,等距抽样已成了最主要、最常用的抽样方式,一些大规模的抽样调查,如农产量抽样调查、城乡住户调查、人口抽样调查、产品质量抽样检查中都普遍采用了等距抽样.

(3)当 $N=nK$ 时,等距抽样就等同于每层只抽一个单元的分层抽样或群的大小相等时只抽一个群的整群抽样.等距抽样的精度有时比分层随机抽样还要高.

(4)等距抽样的样本常被视为一个集体单元,一般不计算样本调查变量的方差,所以,它只能抽象地进行理论分析,而不能对抽样方差进行估计.

(5)若总体中的单元呈周期性的变化,等距抽样的精度可能很高也可能很差,这时要慎重地选择 K.

此外,等距抽样还是一种不放回抽样.

(四)等距抽样的实施方法

1. 随机起点等距抽样

随机起点等距抽样就是前面概念所描述的方法.具体地说,它是在总体单元排序后的第 1 至 K 单元之间(第一个抽样间隔之内)随机抽取一个整数 i,以它作为起始单元的编号,以后按固定的顺序和间隔依次在每个间隔之内各抽取一个单元组成等距样本.

由于 N 不一定恰好是 K 的整倍数,所以随机起点法得到的等距样本的样本量可能为 $n=[N/K]$ 或 $n=[N/K]+1$ 个.为避免这种样本量不能确定的情况,确保样本量为 n,有学者提出了循环等距抽样的方法.

2. 循环等距抽样

在 N/n 不是整数,即 $N\neq nK$ 时,把总体中的 N 个单元按一定顺序排列成一个首尾相接的环,取最接近于 N/n 的整数为抽样间隔 K,然后在 1 到 N 的单元中,随机抽取一个单元(设为第 i 单元)作为起点,再沿着圆圈按一定方向每间隔 K 抽取一个单元,直到抽够 n 个单元为止.按此方法,可以保证样本量 n 不变.不过,此时首尾两个样本单元的间隔不一定恰好为 K,它可能小于 K,也可能大于 K.

循环等距抽样从本质上看仍然是随机起点等距抽样.我们注意到,当 $N=nK$ 时,在上述两种抽样实施方法中,无论按哪一种方法,总体中每个单元的入样概率都相等,从而是一种严格的等概率抽样;但当 $N\neq nK$ 时,按第一种方法每一个单元的入样概率依赖于初始值 i,对不同的 i,稍有不同.以下为了处理方便,我们假定 N 总是 n 的整数倍.在实际工作中,若 n 充分大,则由于 N/n 非整数而带来的影响就充分小,可以忽略不计.

如果总体是按有关变量排序的,则应用上述两种方法抽样有一定的局限性.因为,在有关变量排列的总体中，由于总体单元变量值的排列呈现出由小到大或由大到小的线性变化趋势，此时按上述方法进行等距抽样，如果随机起点偏小或偏大，则容易产生系统性偏差，大大降低等距抽样的估计效率.因此，我们需要研究和改进有序等距抽样的方法.以下方法正是基于这种考虑而提出的.

3. 中点等距抽样

中点等距抽样法是在计算出抽样间隔 K 后，以第一组的组中点为起点，等距抽取单元组成样本.如果 K 为奇数，以 $(K+1)/2$ 为起点；K 为偶数，以 $K/2$ 或 $(K+2)/2$ 为起点.

显而易见，这一方法是比较合乎逻辑的.因为我们若把总体单元变量值看做是连续变量 i 的一个连续函数，那么，可以预期每一抽样间隔中心位置的单元比任何随机位置的单元更有代表性.这时，样本均值的取值与总体均值相同或差距最小.特别是，在有序排列的总体中，变量值呈现出某种线性趋势时更是如此.但是，这种方法只能取一套样本，从而使抽样的随机性受到限制，而且这套样本还依赖于单元排列的好坏.

4. 对称等距抽样法

对称等距抽样也是针对有序等距抽样所提出的，其基本思想是使低变量值的单元与高变量值的单元在样本中对等出现，从而使样本的偏差缩小，代表性增强.

设 $N=nK$，n 为偶数.抽样时，先把总体单元分成 $n/2$ 个抽样间隔，使每一抽样间隔含有 $2K$ 个单元，然后，在每一抽样间隔内，抽取分别与两端距离相等的两个单元，这样共抽取 n 个单元组成等距样本，即如果随机起点为 i，则在第一个抽样间隔所抽两个样本单元的号码分别为 i 及 $2K-i+1$；在第二个抽样间隔所抽两个样本单元号码为 $i+2K$ 及 $2(2K)-i+1$；如此，最后在第 $n/2$ 个抽样间隔所抽两个样本单元号码分别为 $i+(n-2)K$ 及 $nK-i+1$.

实际中，为便于对称等距抽样的实施，当 $N=nK$ 时，可以将原来由小到大（或由大到小）顺序排列的单元按照顺逆交替的次序排列，这样，按随机起点等距抽样所抽取的样本即为对称等距样本.所谓顺逆交替是指在单元的排序中，若第一间隔由小到大排序，则第二间隔按由大到小排序，以此类推.

对称等距抽样既不违反随机原则，又能避免样本产生系统性偏差，改进样本的代表性，因而其估计效率比一般等距抽样要高，所以是实际中应用最多的方法.

五、多阶抽样

（一）多阶抽样的概念

前面介绍的几种抽样方式，均是从总体中通过一次抽样，就可产生一个完整的样本，这类抽样可称为单阶抽样，但在抽样调查的实践中，常常面对的总体不但单元数很庞大，而且分布在广大区域内，很难通过一次抽样产生完整的样本.因此，应根据实际情况将整个抽样程序分成若干个阶段，一个阶段一个阶段地进行抽样，以完成整个抽样过程，这种抽样就叫多阶抽样.

在实践中如果是先从总体中随机抽取一部分一阶单元，然后再从被抽中的一阶单元内随机抽取部分二阶单元并进行调查，则称为是两阶抽样.如果在被抽中的二阶单元中，再抽取部分三阶单元组成样本，并对抽中的三阶单元进行全面调查，这就是三阶抽样.类似地，有四阶抽样或更高阶的抽样.通常，将两阶以上的抽样称为多阶抽样.

多阶抽样中,各阶段可采用不同的抽样方法,也可采用同一种抽样方式,要视具体情况和要求而定.

两阶抽样与整群抽样的主要区别在于:整群抽样是对总体中抽取的每个样本群体所包含的基本单元进行全面调查;而两阶抽样则把总体中所有的群体视为一级单元,对每个被抽一级单元所包含的二级单元(基本单位)不是进行全面调查,而是再进行一次抽样调查,也称抽子样本,即两阶抽样,产生两级样本,最后综合估算出总的一级样本指标.至于在综合估算的方式方法上,两种抽样也是极其相似的,只不过前者为就被抽一级单元的样本指标进行综合估算,后者为就被抽群体单元的全体指标进行综合估算,仅此不同而已.

两阶抽样中,总体各个一阶单元所包括二级单元数,有相等和不相等的两种情况.前种情况无论样本的抽取和指标的估算都较简单,然而在抽样实践中很少有这种情况存在,但作为基本方法仍有其实际意义;后种情况在抽样和指标的估算方法上都较复杂,然而在实践中普遍存在.

(二)多阶抽样的特点

多阶抽样具有以下特点:

(1)便于组织抽样.当总体基本单元数目很大,分布很广时,若采用简单随机抽样,那么,编制全部总体单元的抽样框和现场实施随机抽样都是相当困难的;若采用等距抽样,则为提高抽样估计效率,需将全部总体单元有序排列并等距抽取,也是很困难的;若采用分层抽样,则为提高抽样估计效率,需掌握全部总体单元的有关资料,按照分层的原则进行分层,然后到各层都去抽样,这一分层和在大范围抽样的工作是很繁重的;若采用单级整群抽样,也需掌握总体单元的有关资料,按分群的原则分群,并在抽中的群内作全面调查,这一分群和在群内全面调查的工作也是很庞大的.若采用多阶抽样,就可避免上述抽样技术中的麻烦.它可按现有的行政区划或地理区域划分各阶抽样单元,从而简化抽样框的编制,便于样本单元的抽取,使整个抽样调查的组织工作容易进行,如在农产量调查中,一般采用的是五阶抽样,即省抽县,县抽乡,乡抽村,村抽地块,地块抽样本点进行实割实测.因此,可以说多阶抽样既保持了单级整群抽样的优点,又克服了它的缺点.

(2)抽样方式灵活,有利于提高抽样的估计效率.多阶抽样中,各阶段可以采用同一种抽样方法,也可以根据各阶单元的分布情况,采用不同的抽样方法.同时,还可以根据各阶单元分布情况的不同,安排不同的抽样比,如方差大的阶段,抽样比大一些;否则,可以小一些,以利提高抽样估计效率.再有,多阶抽样不仅具有单级整群抽样的优点,而且与之比较,多阶抽样的样本单位分布较广,样本代表性较强;另一方面又避免了对较小单元进行过多调查的浪费,因而大大提高了效率.

(3)多阶段抽样对基本调查单元的抽选不是一步到位的,至少要经过两步抽样,这也是多阶抽样区别于单阶抽样之处.因此,多阶段抽样的随机性体现在每一阶单元的抽选上,而在各阶段可以充分利用辅助信息来增加效率.但由于在现实中,各阶单元大小相等的情形又几乎是不存在,所以对于各阶单元大小不等的多阶段抽样,如何保证每个基本单元都有相等的可能性被抽中,是一个比较复杂的问题,有待进一步作深入探讨.

(4)多阶段抽样实质上是分层抽样与整群抽样的有机结合.以两阶段抽样为例,从总体所有一阶单元中抽取部分一阶单元,相当于从总体所有群中抽取部分群的整群抽样;而在所抽中的每个一阶单元中分别抽取部分二阶单元,就相当于分层抽样.因此,二阶抽样从技术上看是整群抽样与分层抽样的综合.

(5)多阶抽样在抽样时并不需要二阶或更低阶单元的抽样框,这是其一大优点.当然,对于第一阶抽样,初级单元的抽样框是必需的.在以后各阶抽样中,仅仅需对那些已抽中的单元准备下一级单元的抽样框.这在实际问题中是非常方便的.

(6)多阶抽样还可用于"散料"的抽样,即散料抽样.所谓"散料",是指连续松散的、不易区分个体或抽样单元的材料.例如一堆煤,一仓库粮食,一列车水泥,一船化肥等.对于散料,抽样单元需人为划分,当然也可以取其自然的单位,特别是当货物已经包装后.通常对于散料抽样,一级单元是自然或人为划分的分装(例如一袋化肥或一车皮矿石),二级单元则是从分装中(有时需从其中各个部位)抽取一定数量的份样作调查.

此外,多阶抽样还具有应用广泛的特点.它的应用甚至超出了抽样调查的直接范围,不仅在社会经济领域已有广泛应用,而且在自然现象或科学试验中也有广泛应用,如在工业、农业、物理、化学或生物试验中,作试验的物质往往是从本身也是一个样本的物质中抽取的,这实际上也是多阶抽样.

第三节　抽样误差及其计算

一、抽样调查中的误差来源

误差就是调查结果与现象的实际结果之间的偏差,它几乎在所有的统计调查中都或大或小的存在着.在抽样调查中,按照形成原因的不同,一般可将误差分成抽样误差和非抽样误差两大类.

抽样误差是用样本统计量推断总体参数时的误差,它属于一种代表性误差.抽样调查是用样本来估计总体,对任何一种抽样方案,可能的样本会有许多,而实际抽到的只是其中的一个样本,在概率抽样中,哪个样本会被抽到完全是随机的,抽到的样本不同,则对总体的估计就可能不同,这就是抽样误差产生的根本原因.因此,在抽样调查中抽样误差是不可避免的,但是与非抽样误差不同的是,抽样误差可以计算,并且可以被控制在任意小的范围内.

抽样误差通常会随样本量的大小而增减.在某些情形下,抽样误差与样本量大小的平方根成反比关系,即在开始阶段抽样误差随样本量的增加而迅速减少,但在一定阶段后,这种趋势便趋于稳定,如图7-1所示.

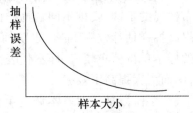

图7-1　抽样误差随样本量变动的情况

这表明,在经过一定阶段后,再努力减少抽样误差通常是不合算的.所以过了这个阶段只要稍微降低一点精度,就可以省下可观的费用.普查的目的不过是想使抽样误差降低为零,要是允许存在误差,当然就值得用抽样调查.

另外,影响抽样误差的因素还有所研究现象总体变异程度的大小.一般而言,总体变异程度越大,则抽样误差可能越大;抽样的方式方法不同,则抽样误差也可能不同,如放回抽样的误差大于不放回抽样的误差,各种不同的抽样组织方式也常会有不同的抽样误差.在实际工作中,样本量和抽样方式方法的影响是可以控制的,总体变异程度虽不可以控制,但却可通过设计一些复杂的抽样技术而将其影响加以减弱.

非抽样误差不是由于抽样引起的.它包括调查误差、无回答误差、抽样框误差以及登记性误差.调查误差是调查所得的观测值与被调查单元真值不一致所造成的误差.造成这类误差的原因可能是测量手段(或仪器)不完善,也可能是被调查者记忆不准确,或对所调查内容缺乏全面了解或不愿意如实回答等.无回答误差是因样本中的一部分单元或一部分项目的资料没有调查到,致使实际样本较设计样本缩小而引起的误差.其产生原因有被调查者拒绝回答问题,或者正好缺乏所需要的信息,或者找不到被抽中的单元等.抽样框误差是由于抽样框不完善所造成的误差.抽样框不完善具体表现为存在着抽样单元的重复或遗漏,这会破坏抽样的随机性.登记性误差是在观测数据的填写及计算机数据录入、传输、计算等环节的差错而引起的误差. 非抽样误差的控制须经过改进调查表的设计或测试方式, 严密组织调查,提高调查员的素质以及加强调查整理等各环节的质量检查监督,或设计特殊调查方式进行处理,才能见效.

同抽样误差相反,非抽样误差是随着样本量的增加而增大的.由于抽样调查的访问和资料整理都比普查更便于进行,因此,其非抽样误差也远远小于普查.有时,普查中的非抽样误差甚至大于抽样调查中抽样误差与非抽样误差的总和.

二、抽样误差计算的一般原理

由于从一个总体中抽取容量为 n 的样本时,有多种可能的结果,所以,样本统计量是随机变量,而总体参数是唯一确定的常量,故抽样误差也是一个随机变量.

设 θ 为总体的某个待估参数,$\hat{\theta}$ 是通过样本资料计算而得到的关于 θ 的估计量,则估计的实际误差为 $\hat{\theta}-\theta$,由于 θ 是未知,故 $\hat{\theta}-\theta$ 也是未知的.这表明根据某一个确定的样本,无法确定抽样误差的大小,因此,关于抽样误差的计算,是建立在误差分布理论基础上,从统计平均意义角度来考虑的. 因为, 对一个确定的总体按同一种抽样方法可能得到一系列不同的样本,对每一个样本都会有一个估计的实际误差 $\hat{\theta}_i-\theta$,因此,抽样误差可以用所有这些可能的实际误差的均方误差表示,即将抽样误差表示为

$$MSE(\hat{\theta})=E(\hat{\theta}-\theta)^2 \tag{7.1}$$

其中 $MSE(\hat{\theta})$ 为估计量 $\hat{\theta}$ 的均方误差.由于 θ 未知,所以在通常情况下,$MSE(\hat{\theta})$ 仍然是未知的,但 $MSE(\hat{\theta})$ 可以分解成

$$MSE(\hat{\theta})=E(\hat{\theta}-\theta)^2=E[\hat{\theta}-E(\hat{\theta})+E(\hat{\theta})-\theta]^2$$

$$=E[\hat{\theta}-E(\hat{\theta})]^2+E[E(\hat{\theta})-\theta]^2+2[E(\hat{\theta})-\theta]E[\hat{\theta}-E(\hat{\theta})]$$

$$=E[\hat{\theta}-E(\hat{\theta})]^2+[E(\hat{\theta})-\theta]^2 \tag{7.2}$$

式中第一项是估计量 $\hat{\theta}$ 的方差,记作 $V(\hat{\theta})$.$V(\hat{\theta})$ 的平方根称为估计量 $\hat{\theta}$ 的标准误或标准差,记作 $S(\hat{\theta})$.$S(\hat{\theta})$ 与 $E(\hat{\theta})$ 之比称为估计量的变异系数,记为 $C(\hat{\theta})$.式中第二项是估计量 $\hat{\theta}$ 的

偏倚 $B(\hat{\theta})$ 的平方 $[B(\hat{\theta})=E(\hat{\theta})-\theta]$.

一般情况下,均方误差说明了估计量的准确性,而估计量的方差则表明了其估计结果的精确性.通常将精确度定义为估计量方差的倒数,而将准确度定义为估计量均方误差的倒数.

在估计量的均方误差的平方根、标准差和偏倚之间存在如图7-2所示的关系.

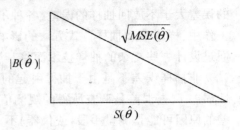

图 7-2 $MSE(\hat{\theta})$、$S(\hat{\theta})$ 及 $B(\hat{\theta})$ 的关系

当偏倚 $B(\hat{\theta})$ 为零时,称 $\hat{\theta}$ 为 θ 的无偏估计量.此时,$\hat{\theta}$ 的方差就等于它的均方误差,即

$$V(\hat{\theta})=MSE(\hat{\theta}) \tag{7.3}$$

如果 $\hat{\theta}$ 随样本容量 n 的增大趋近于 θ,则称 $\hat{\theta}$ 为 θ 的一致估计.

需要说明的是:

(1)上面所给出的 $V(\hat{\theta})$ 的计算公式仍然属于一个理论公式,在实际中是无法直接应用的.因此,实际中计算 $V(\hat{\theta})$ 是依据调查变量的总体方差进行的,当总体方差未知时,一般用样本方差代替,以对 $V(\hat{\theta})$ 作出估计.

(2)有偏的估计并非都是不可用的,有时有偏估计量在某些方面反而比无偏估计量更好.有研究认为,在实践中当偏倚小于标准误的1/10时,偏倚对估计量准确度的影响可以忽略不计.

三、不同抽样组织方式下的抽样误差

对于各种不同抽样组织方式下的抽样误差计算,我们不再进行详细的推导,以下只列出总体均值估计量的方差计算公式,至于总体总和以及总体比例估计量的方差容易在均值估计量方差的基础上加以确定.

1. 简单随机抽样的估计误差

在简单随机抽样条件下,总体均值的无偏估计量为

$$\hat{\bar{X}}=\bar{x}=\frac{1}{n}\sum_{i=1}^{n}x_i \tag{7.4}$$

估计量的方差为

$$V(\bar{x})=\frac{1-f}{n}S^2=\frac{N-n}{Nn}S^2 \tag{7.5}$$

其中,N 为总体容量;n 为样本容量;$f=\frac{n}{N}$ 为抽样比;$1-f$ 为有限总体不重复抽样校正系数,记为 fpc;S^2 为总体方差;$\bar{x}$ 为样本均值;x_i 为第 i 单位的观测值.

2. 分层抽样的估计误差

在分层抽样时,总体均值的估计量一般用 $\bar{x}_{st}$ 表示,它是各层总体均值 $\bar{X}_h$ 的估计量 $\bar{x}_h$ 按层权 W_h 的加权平均,即

$$\bar{x}_{st}=\sum_{h=1}^{L}W_h\bar{x}_h=\frac{1}{N}\sum_{h=1}^{L}N_h\bar{x}_h \tag{7.6}$$

可以证明在分层随机抽样条件下, $\bar{x}_{st}$ 是 $\bar{X}$ 的无偏估计量.其方差为

$$V(\bar{x}_{st})=\sum_{h=1}^{L} W_h^2 \frac{1-f_h}{n_h} S_h^2 \qquad (7.7)$$

其中: L 为分层的层数; h 为层的编号, $h=1,2,\cdots,L$; N 为总体容量; N_h 为第 h 层的总体容量; $W_h=\frac{N_h}{N}$ 为第 h 层的层权, 它是已知的或要事先确定的; n_h 为第 h 层的样本容量; $f_h=\frac{n_h}{N_h}$ 为第 h 层的抽样比, $\bar{x}_h$ 为第 h 层的样本均值, S_h^2 为第 h 层的方差.

(7.7)式表明,在分层抽样中,总体均值估计量的方差只与各层内的方差有关,而与同层间方差无关.

3. 整群抽样的估计误差

在群的大小相等的等概率整群抽样条件下,总体均值 $\bar{X}$ 的无偏估计量为样本均值 $\bar{x}$,即

$$\hat{\bar{X}}=\bar{x}=\frac{1}{r}\sum_{i=1}^{r}\bar{X}_i \qquad (7.8)$$

估计量的方差为

$$V(\bar{x})=\frac{1-f}{(R-1)rM^2}\sum_{i=1}^{R}(X_i-\bar{X}_i)^2 \qquad (7.9)$$

其中: R 为总体群数, r 为样本群数, $f=\frac{r}{R}$ 为抽样比, M 为各群所含总体单位数, $\bar{X}_i$ 为第 i 群的均值, X_i 为第 i 群各单位观测值之和, $\bar{X}$ 为各群的均值.

4. 等距抽样的估计误差

在等距抽样条件下,总体均值的无偏估计量为对应的样本均值.其方差一般分两种情况讨论:如果总体单元是按无关变量排列的,则其方差可按简单随机抽样去估计;此时的等距抽样可以看做是整群抽样或分层抽样的特例,因此,其方差可以比照整群抽样或分层抽样的方法去估计.

5. 二阶抽样的估计误差

对于二阶抽样,若两个阶段的抽样都是简单随机的,则其总体均值 $\bar{X}$ 的无偏估计量为

$$\hat{\bar{X}}=\bar{x}=\sum_{i=1}^{n}\sum_{j=1}^{m}x_{ij}\frac{1}{m_0}=\frac{1}{n}\sum_{i=1}^{n}\bar{x}_i \qquad (7.10)$$

由于在每个一阶单元中的第二阶抽样是相互独立进行的,所以,在二阶用不放回方法抽样时,其总体均值估计量的方差可构造为

$$V(\bar{X})=\frac{1-f_1}{n}S_1^2+\frac{1-f_2}{mn}S_2^2 \qquad (7.11)$$

其中: N 为总体所含一阶单元数, n 为样本所含一阶单元数, M 为每个总体一阶单元所含二阶单元数, m 为每个样本一阶单元所含二阶单元数, $f_1=n/N$ 为第一阶抽样比, $f_2=m/M$ 为第二阶抽样比, $m_0=nm$ 为样本所含二阶单元数, x_{ij} 为第 i 个一阶单元中第 j 个二阶单元的观测值, $\bar{x}_i=\frac{1}{m}\sum_{j=1}^{m}x_{ij}$ 为样本第 i 个一阶单元内的均值, S_1^2 为总体各一阶单元间的方差; S_2^2 为总体各一阶单元内的平均方差.

最后,在本节将要结束时还需要再次强调计算估计误差的重要性.在抽样推断中,有时

往往只计算出估计量的值,而不大注意估计量的误差(方差或标准差),但是,总体均值的估计量通常与总体均值的真值间不完全一致,即存在误差,而且所有可能的样本均值相对于总体均值的误差大小也是不一致的.联合国统计局编写的《抽样调查理论基础》一书指出:"从研究大多数国家的抽样实践中,可以看出:虽然计算估计量的标准差,至少对关键性的几个估计量计算其标准差来说,仅需增加很少的额外开支或负担,但是他们并不意识到确定估计量的标准差的重要意义. 这是否因为统计人员无意识地忽视了估计量的不精确性所产生的严峻的现实呢? 计算标准差,并且把他们与估计量一起列出来,应该成为实际工作的一个常规."同时,计算估计量的误差也是进行区间估计的必要条件.

第四节 样本容量的确定

一、必要样本容量的确定

如前所述,抽样误差是抽样调查所固有的,虽然不能消除,但却可以控制.影响抽样误差的因素有许多,样本容量的多少是其中最重要的影响因素之一,样本容量越大,样本对总体的代表性就可能愈强,抽样误差就越小,抽样估计的精度也就越高.而在实际的抽样调查工作中,显然不可能无限制地增大样本容量,以追求对总体参数的估计达到尽可能高的精度,因为样本容量愈大,抽样调查所需花费的费用就愈多,调查的时间也愈长,接近于全面调查,则就失去了抽样调查的意义;反过来,如果抽样数目过少,费用和时间的花费固然也少,较易得到满足,但在估计精度上,常不能达到规定的最低限度之要求,因此,满足不了分析研究的需要.

所以, 在确定样本容量时, 必须在估计的精度要求和可供调查使用的费用之间进行权衡,使在费用一定的条件下精度达到最高,或在精度要求得到保证的前提下使费用最省.通常将在这一原则指导下所确定的样本容量称之为必要样本容量, 它是在最大限度地满足规定精度要求以及尽可能节约调查费用的前提下,所应该抽取到的最少的样本容量.

(一) 依规定精度来定

1. 关于精度的不同提法

估计精度是抽样误差的倒数,所以,在一定可靠程度的要求下,给出估计精度,也就等于给出了估计中允许误差的大小.

通常,对于估计量的精度可以有不同的提法或表示方法.

提法之一:以置信度 $1-\alpha$,允许总体参数 θ 的估计量 $\hat{\theta}$ 的最大绝对误差为 Δ,即

$$P(|\hat{\theta}-\theta|<\Delta)=1-\alpha \tag{7.12}$$

提法之二:以置信度 $1-\alpha$,允许总体参数 θ 的估计量 $\hat{\theta}$ 的最大相对误差为 r,即

$$P\left(\frac{|\theta-\hat{\theta}|}{\theta}<r\right)=1-\alpha,(r \text{ 为相对误差}) \tag{7.13}$$

因为最大绝对误差可以通过估计量的方差表示,即

$$\Delta=K\sqrt{V(\hat{\theta})}=KS(\hat{\theta}) \tag{7.14}$$

最大相对误差可以通过估计量的变异系数表示,即

$$r=K\frac{S(\hat{\theta})}{\theta}=KC(\hat{\theta}) \tag{7.15}$$

所以

提法之三:以置信度 $1-\alpha$,允许总体参数 θ 的估计量 $\hat{\theta}$ 的最大方差不超过 V,即

$$P\{V(\hat{\theta})<V\}=1-\alpha \quad (V \text{ 为方差}) \tag{7.16}$$

提法之四:以置信度 $1-\alpha$,允许总体参数 θ 的估计量 $\hat{\theta}$ 的最大变异系数不超过 C,即

$$P\{C(\hat{\theta})<C\}=1-\alpha \tag{7.17}$$

2. 样本容量 n 的确定

当 n 足够大时,可以认为 $\hat{\theta}$ 服从正态分布 $N[\theta,V(\hat{\theta})]$.因此,由上述 4 种对估计量精确度的不同提法,可以分别得到下列方程式

$$\Delta=Z_{\alpha/2}\sqrt{V(\hat{\theta})} \qquad r\theta=Z_{\alpha/2}\sqrt{V(\hat{\theta})}$$

$$V=V(\hat{\theta}) \qquad C=\frac{S(\hat{\theta})}{\theta}=\frac{\sqrt{V(\hat{\theta})}}{\theta}$$

因为 $V(\hat{\theta})$ 是 n 的函数,求解以上 4 个方程,即可确定 n.

限于篇幅以下仅给出简单随机抽样中估计总体均值 $\overline{X}$ 时的样本容量 n 的算法公式.

由于

$$V(\bar{x})=\frac{N-n}{Nn}S^2 \tag{7.18}$$

代入上述方程解得:

若 $\hat{\overline{X}}$ 的最大绝对误差为 Δ 时

$$n=\frac{Z_{\alpha/2}^2NS^2}{N\Delta^2+Z_{\alpha/2}^2S^2} \tag{7.19}$$

若 $\hat{\overline{X}}$ 的最大相对误差为 r 时

$$n=\frac{Z_{\alpha/2}^2NS^2}{Nr^2\overline{X}^2+Z_{\alpha/2}^2S^2} \tag{7.20}$$

若 $\hat{\overline{X}}$ 的方差不超过 V 时

$$n=\frac{NS^2}{NV+S^2} \tag{7.21}$$

若 $\hat{\overline{X}}$ 的变异系数不超过 C 时

$$n=\frac{NS^2}{C^2N\overline{X}^2+S^2} \tag{7.22}$$

(二)依调查费用来定

设 C 表示抽样调查工作的总费用,可大致分为两个组成部分:一部分为固定费用,用 C_0 表示,不管调查单元数的多少,这部分费用都要花费,主要包括组织领导、宣传、设计等费用;一部分为可变费用,用 C_1 表示,它是每调查一个单位平均要花的费用,其费用的大小随调查单元数的多少变动,如调查表的印刷、调查的差旅费等.这样

$$C=C_0+C_1 n \tag{7.23}$$

在上述公式中,当某项抽样调查工作所能得到的总费用一定,且 C_0 和 C_1 依其他有关资料也大致可以确定时,就可推算出必要的抽样单元数目

$$n=\frac{C-C_0}{C_1} \tag{7.24}$$

(三)在精度和费用间谋求平衡

依费用确定抽样数目后,可进行实地抽样调查,计算其样本指标和抽样方差,进一步估算其估计精度,考察其满足允许误差和可信程度的情况,以及根据精度和费用分别确定的抽样数目的符合程度,谋求精度和费用间的平衡.一般情况下,依精度要求确定的 n,同依费用限制确定的 n 相比较,若前者小于后者,则以前者为准,而节省费用.若前者大于后者,则在费用不能再增加以及精度要求不能再放宽时,只能暂时放弃该调查;在费用不能再增加,而精度要求作适当让步时,则调整精度要求.

(四)多目标时样本容量的确定

大多数的抽样调查,往往要收集多个项目的信息,因而会遇到多指标或多目标的问题.这时,如何确定样本容量呢? 首先要在众多的指标中挑选出最重要的 k 个指标,然后对这些指标分别提出估计精度的要求,求出每个指标所需的样本容量 $n_i(i=1,2,\cdots,k)$,如果诸 n_i 很接近,其中最大的是可行的,则选最大者为 n.如果诸 n_i 相差太大,若选其中最大者为 n,则费用不允许或使总的精度大大高于原来的标准,没有必要,这时,可降低某些项目的精度要求,甚至取消一些项目.

二、总体方差的确定

运用精度要求来确定样本容量时,必须事先知道总体的方差.确定总体方差的方法一般有以下几种:

(1)两步抽样法,即在正式开展抽样调查工作之前,先从总体中抽取一个容量为 n_1 的简单随机样本,求得 S^2 的估计值 S_1^2 或 P 的估计值 $\hat{p}_1$,把 n_1 和 S_1^2(或 n_1 和 $\hat{p}_1$)代入相应的公式计算所需的 n,然后,再补抽其余的 $n-n_1$ 个单元进行正式调查.

考克斯(Cox)1952 年在斯坦(Stein)工作的基础上提出了在给定的精度下求 n 的公式(假定 $n_1 \leqslant n$,n_1 足够大时使 $1/n_1^2$ 可忽略,又 fpc 也可忽略):

①估计 $\bar{X}$ 时,若要 $V(\bar{x})=V$,则

$$n=\frac{S_1^2}{V}\left(1+\frac{2}{n_1}\right) \tag{7.25}$$

②估计 P 时,若要求 $V(\hat{p})=V$,则

$$n=\frac{\hat{p}_1(1-\hat{p}_1)}{V}+\frac{3-8\hat{p}_1(1-\hat{p}_1)}{\hat{p}_1(1-\hat{p}_1)}+\frac{1-3\hat{p}_1(1-\hat{p}_1)}{Vn_1} \qquad (7.26)$$

第二步抽样后,从总的容量为 n 的样本给出的估计 $\hat{p}_2$ 是有偏的,应取

$$\hat{p}=\hat{p}_2+\frac{V(1-2\hat{p}_2)}{\hat{p}_2(1-\hat{p}_2)} \qquad (7.27)$$

③估计 $\bar{X}$ 时,若要求标志变异系数 $C(\bar{X})=\sqrt{C}$ (假定 $\bar{X}_i$ 是正态分布的)则

$$n=\frac{S_1^2}{C\bar{X}_1^2}\left(1+8C+\frac{S_1^2}{n_1\bar{X}_1^2}+\frac{2}{n_1}\right) \quad (C \text{ 为变异系数的平方}) \qquad (7.28)$$

所得的 $\bar{x}$ 是有偏的,取

$$\hat{\bar{X}}=\bar{x}(1-2C) \qquad (7.29)$$

④估计 P 时,若要求标志变异系数 $C(\hat{P})=\sqrt{C}$,则

$$n=\frac{1-\hat{p}_1}{C\hat{p}_1}+\frac{3}{\hat{p}_1(1-\hat{p}_1)}+\frac{1}{C\hat{p}_1n_1} \qquad (7.30)$$

第二步抽样后,从总的容量为 n 的样本给出的估计 $\hat{p}_2$ 也是有偏的,取

$$\hat{p}=\hat{p}_2-\frac{C\hat{p}_2}{1-\hat{p}_2} \qquad (7.31)$$

(2)对于一次性的调查,采取在正式调查前进行试点调查,根据试点调查的结果估计 S^2 或 P,试点调查的目的是多方面的,不只是估计 S^2 或 P,若试点调查是通过简单随机样本进行的,就可用上面的方法,但试点调查的对象往往有选择性,用其结果来估计 S^2 时,可能偏低.

(3)对于经常性调查项目,可以利用以前调查的结果,也可对以前调查的结果作适当调整.一般情况下,如果以前的调查结果有若干个时,常选择其中最大的方差来确定样本容量,从而保证充分满足估计精度的要求.

(4)根据总体的结构,应用数学方法预测总体方差 S^2 或 P,如对正态分布总体,可用标准差与全距间的关系来定出总体方差;对均匀分布、泊松分布总体也可以用有关数理统计的知识来确定出总体方差.

(5)估计比例时,如果能借助某些基本信息、方法或经验等,估计总体比例大约在 0.3~0.7 之间,则也可以直接取成数方差的最大值 0.25 来确定样本量,这通常是一种比较"安全"的选择;但当总体比例估计小于 0.1 时,对于依不同的总体比例确定的样本量常常可能相差很大,有时甚至相差 10 倍以上,因此,在这种情况下,一般采用逆抽样的方法.

附录

Excel 在抽样调查中的应用

Excel 2000 抽样工具是从用户指定的总体中按有放回抽样方式选择随机样本. 下面结合附例3.1资料在该地的83个乡中随机抽取10个,并构造出95%的置信水平下该地区"农户年收入"的置信区间.步骤如下:

第一步:点击"工具/数据分析",在如附图7-1所示的对话框中选择"抽样"并确定.

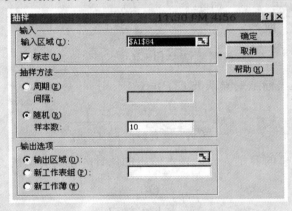

附图7-1 "抽样"对话框

第二步:在"输入区域"输入 A1:A84,选中"标志"复选框(在输入区域的第一行不包含标志项时不选);在抽样方法中选择"随机",并指定样本数为10(对具有周期性的现象应选择"周期"抽样,并指定抽样间隔);指定输出选项,本例指定"输出区域"为D2.

第三步:点"确定".此时,即出现如附图7-2所示的结果.

	A	B	C	D	E
1	农户年均收入			样本	
2	13590			3827	
3	5480			3851	
4	4977			3847	
5	5108			4653	
6	9720			4977	
7	3714			6780	
8	3851			5480	
9	4002			5211	
10	4115			3970	
11	4111			13590	
12	9890				

附图7-2 抽样输出结果

第四步:构造95%的置信水平下该地区"农户年收入"的置信区间.用 Excel 的函数工具以及输入公式等组合方式,可以构造出专门用于区间估计的 Excel 工作表.在工作表的C列输入变量名称,输入如 D 列所示的计算公式,即可得 E 列的计算结果,如附图7-3所示.结果表明,在95%的置信水平下,该地区农户年收入在3 504.4~7 732.8元之间.

	A	B	C	D	E	F
1	农户年均收入	样本	计算指标	计算公式	计算结果	
2	13590	3827	样本数据个数	COUNT(B2: B11)	10	
3	5480	3851	样本均值	AVERAGE(B2: B11)	5618.6	
4	4977	3847	样本标准差	STDEV(B2: B11)	2955.45	
5	5108	4653	抽样平均误差	D4/SQRT(D2)	934.595	
6	9720	4977	置信水平	0.95	0.95	
7	3714	6780	自由度	D2-1	9	
8	3851	5480	t值	TINV(1-D6, D7)	2.26216	
9	4002	5211	误差范围	D8*D5	2114.2	
10	4115	3970	置信下限	D3-D9	3504.4	
11	4111	13590	置信上限	D3+D9	7732.8	

附图7-3 总体均值置信区间构造表

以上是正态总体、总体方差未知时总体均值的区间估计.

如果正态总体的方差已知,则应采用正态分布统计量来构造总体均值的置信区间,此时不用计算样本标准差,直接用总体标准差,即将附图7-3中C8单元格改为Z值,D8单元格改为"=NORMSINV((1-C6)/2)"即可.

思考与练习

一、简答题

1. 什么是抽样推断?它有哪些基本特点?

2. 什么是重复抽样和不重复抽样?不同的抽样方法怎样影响着抽样推断的结果?

3. 参数与统计量有哪些区别和联系?试举例说明.

4. 什么是抽样误差?有哪些影响因素?它是否是抽样结果的全部误差?

5. 为什么样本平均数的标准差可以反映样本平均数对总体平均数的抽样平均误差程度?由此可以说明样本平均数和总体平均数存在着什么样的内在联系.

6. 假定有1万名职工的大厂和100名职工的小厂,两厂职工收入变异程度相同,现在各自用重复抽样的方法抽取本厂5%的职工计算平均工资,问两厂平均工资的抽样平均误差是否相同?若都抽取20名职工,平均误差又会怎样?

7. 什么是抽样平均误差?什么是抽样极限误差?两者在抽样估计中各发挥着什么样的作用?

8. 进行简单随机重复抽样,假定抽取单位增加3倍,则抽样平均误差将发生何种变化?如果要求抽样误差是原来的1/3,其样本单位数应如何调整?

9. 类型抽样中的分组和整群抽样中的分群有什么不同意义和要求?

二、计算题

1. 对某种产品的质量进行抽样调查,随机抽取200件,检验结果为:有6件废品,试计算在概率为95%的条件下这种产品的合格率.

2. 为了了解职工家庭的收入情况,对某地区的全体职工,随机抽取了 300 户进行调查,测得职工家庭月收入水平如下表.

职工家庭收入水平(元)	户 数(户)
2 000 元以下	80
2 000~2 400	40
2 400~2 800	120
2 800~3 200	50
3 200 元以上	10
合 计	300

根据以上资料,计算该地区职工家庭收入的平均误差.

3. 对某城市全部 50 000 户居民家庭生活抽样调查,已知过去该市居民家庭收入的标准差为 115 元,要求在 95.45% 的概率保证下,允许误差不得超过 10 元,问:

(1)重复抽样和不重复抽样各抽取多少户?

(2)如果允许误差扩大 1 倍,应抽多少户?如果允许误差缩小一半,又应抽取多少户?

4. 现在想调查一批 20 000 件产品的合格率,根据历史资料,合格率曾有 99%、97%、92% 三种情况,现在要求允许误差不超过 1%,把握程度为 95% 时,问需要抽取多少件产品进行调查?

5. 已知某企业职工的年收入情况如下表.

收入类型	职工人数(人)	抽样人数(人)	年平均收入(元)	标准差(元)
高等收入	200	10	26 400	960
中等收入	1 600	80	16 080	600
低等收入	1 200	60	12 000	900
合 计	3 000	150	—	—

根据表中资料,计算:

(1)样本的年平均收入.

(2)年平均收入的抽样平均误差.

6. 某日化工厂用机械大量连续包装洗衣粉,要求每袋按 1 kg 包装,为保证质量,生产过程中每隔 8 h 检验 1 h 产品,共检验 20 次,算出平均重量为 1.005 kg,抽样总体各群间方差平均数为 0.002 kg.要求计算抽样平均误差.

第八章　相关分析与回归分析

　　研究客观事物的相互关系,既要作定性分析,也要作定量分析,测定它们联系的紧密程度,揭示其变化的具体形式和规律性.相关分析和回归分析作为这种定量分析的重要统计方法,在自然科学、工程技术和社会经济领域都得到了广泛应用.特别是在经济计量的研究中,相关和回归的统计方法已经成为构造各种经济模型、进行结构分析、政策评价、预测和控制的重要工具.本章将就相关分析和回归分析展开论述.

第一节　相关分析

一、相关关系

　　在自然界和人类社会中,客观事物或现象之间的相互依存与相互制约的关系具有普遍性.要认识和掌握现象发展变化的内在规律,就必须对现象间存在的相互关系进行分析.这些关系表现在量上主要有两种类型,即函数关系和相关关系.

　　函数关系是指变量间具有的能用精确函数式来表达的确定性依存关系.例如,圆的面积 S 与其半径 R 之间的依存关系可表示为 $S=\pi R^2$, R 的值一旦给定,则 S 的值也就被唯一确定了;再如,若银行一年期存款利率为年息 4.5%,存入的本金用 x 表示,则到期的本息 $y=x+4.5\%x$,在给定 x 的值后, y 的值就被唯一确定了.可见,函数关系反映了变量之间严格确定的相互关系.

　　相关关系是指变量间具有的不能用精确函数式来表达的非确定性依存关系.例如,粮食产量与施肥量之间有着密切关系,但施肥量相同的两块田地,其粮食产量也许不同;再如,居民的储蓄额与其收入之间有着密切关系,但同样收入的人在储蓄额上却不一定相同.产生这种不确定性的原因主要有两方面:一是受主观认识和客观条件的限制,有许多其他的已知或未知因素的影响没能包括进来;二是存在着试验误差、测量误差及种种偶然因素的影响.

　　在相关关系中,尽管给定某一变量一个数值,都有另一个变量的多个数值与之相对应,但这些数值不是杂乱无章的,而是围绕它们的平均数在一定范围内发生波动,这样,通过大量观察仍然可以认识和掌握现象之间的内在变化规律.因此,统计研究必须探寻客观现象之间是否存在这种依存关系,关系的密切程度如何,呈什么样的变化规律.统计学中把这种研究一个变量与另一个变量或另一组变量之间相关方向和相关密切程度的统计分析方法称为相关分析.

二、相关关系的种类

由于客观事物的联系和变化复杂而多样,它们以各自不同的方向、不同的程度相互作用着,并表现出不同的形态,所以现象间的相关关系也就有多种形式,可从不同角度进行分类.

1. 按相关关系涉及变量的多少可分为单相关和复相关

单相关也叫一元相关,是指两个变量之间存在的相关关系,如居民收入额与储蓄额之间的相关关系.复相关也叫多元相关,是指三个及三个以上变量之间存在的相关关系,如某种高档商品的销售量与其价格、居民收入之间的相关关系.

2. 按相关关系的表现形态可分为线性相关和非线性相关

线性相关是指相关变量之间的相关关系在直角坐标系中近似地表现为一条直线,故也称直线相关,如图 8-1(a)所示.如果相关变量之间的相关关系在图上表现为某种形式的曲线,则认为这种相关是非线性相关,也称曲线相关,如图 8-1(b)所示.非线性相关又有多种形式,如指数曲线型、抛物曲线型、双曲线型等.在相关分析中,相关变量数列的项数必须足够多,否则就难以正确反映其相关形式.

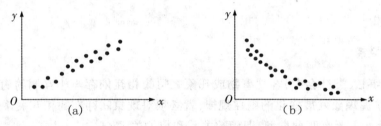

图 8-1　线性与非线性相关散点图

3. 线性相关按相关的性质或方向不同可分为正相关和负相关

相关的变量按同一方向变化,即一个变量由小到大或由大到小变化时,相关的另一变量随之由小到大或由大到小变化,则为正相关,如图 8-2(a)所示.相关的变量按反方向变化,即一个变量由小到大变化时,相关的另一变量却由大到小变化,则为负相关,如图 8-2(b)所示.

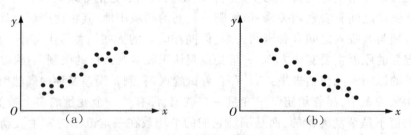

图 8-2　线性相关中的正相关与负相关散点图

4. 按变量之间相关关系的密切程度不同可分为完全相关、不完全相关和不相关

当变量之间的相互依存关系密切到确定性的函数关系时,称为完全相关,如图 8-3(a)所示.当变量之间不存在相互依存关系,其数量变化各自独立时,称不相关,如图 8-3(c)所示.当变量之间的相互依存关系介于完全相关和不相关之间,即变量之间确实具有依存关系,但其数量又不是一一对应的,则称为不完全相关,如图 8-3(b)所示.这三种相关形式中,

最常见的相关关系就是不完全相关,这也是相关分析的研究对象.

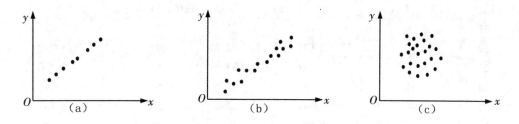

图 8-3　完全相关、不完全相关和不相关散点图

三、相关分析方法

在进行相关分析时,首先要对现象之间是否存在相互依存关系进行定性分析,然后再利用相关表和相关图来粗略地反映相关变量之间依存关系的形式、方向,要比较准确地了解相关变量之间的密切程度,还应计算相关系数.

1. 相关表

相关表是根据两个相关变量间相对应的关系数值编制而成的数列表. 按原始资料是否分组,相关表分为简单相关表和分组相关表.

(1)简单相关表.简单相关表是指原始资料未经分组,在两个相关变量中只将一个变量的数值按照大小顺序并配合另一个变量的相应数值平行排列起来所形成的相关表. 这种分析,只能从平行数列资料变动的一般趋势中,大致观察变量之间的相关关系.例如,根据某农科所 40 块试验田的玉米产量与硝酸铵施用量之间的相关资料,按各田块施肥量的多少顺序排列,编制的简单相关表,见表 8-1.

表中的两个平行数列,有些施肥量相同的地块,玉米亩产不尽相同.但从其变动的一般趋势中,可以大致反映玉米产量与施肥量之间的依存关系:施肥量越多,玉米产量越高;反之,施肥量越少,玉米产量就越低.

表 8-1　某农科所玉米产量与施肥量相关表

田块号	施肥量(kg/hm^2)	玉米产量(kg)	田块号	施肥量(kg/hm^2)	玉米产量(kg)
1	10	632	11	20	812
2	10	670	12	20	780
3	10	708	13	30	750
4	10	690	14	30	810
5	10	720	15	30	820
6	20	692	16	30	830
7	20	706	17	30	790
8	20	710	18	30	850
9	20	720	19	30	880
10	20	750	20	30	932

应用统计学

续表 8-1

田块号	施肥量(kg/hm²)	玉米产量(kg)	田块号	施肥量(kg/hm²)	玉米产量(kg)
21	30	890	31	40	1 010
22	30	920	32	40	1 080
23	40	950	33	50	1 020
24	40	890	34	50	1 070
25	40	940	35	50	1 102
26	40	980	36	50	1 120
27	40	1 020	37	50	1 050
28	40	1 090	38	50	1 124
29	40	1 080	39	50	1 160
30	40	1 090	40	50	1 212

(2)分组相关表.分组相关表是将相关变量的原始资料进行分组后排列在一张表上所形成的相关表.经过分组编制的相关表,可以使相关变量间的依存关系更加清楚地表现出来.一般根据对相关资料分组方法的不同,有单变量分组相关表和双变量分组相关表两种.

所谓单变量分组相关表,就是对相关变量中的一个变量的数据进行分组,然后计算出各组内另一变量相应值的平均水平,平行排列所形成的相关表.仍以上例按施肥量对各试验田块进行分组,计算出各组田块的平均产量,然后编制出分组相关表,见表8-2.

表 8-2 某农科所玉米产量与施肥量的单变量分组相关表

按施肥量分组(kg/hm²)	田 块 数	平均产量(kg)
10	5	684.00
20	7	739.40
30	10	847.20
40	10	1 013.00
50	8	1 107.25

从表中的分配资料可以很明显看出:玉米平均产量随着施肥量的增加而逐渐提高.

所谓双变量分组相关表,就是将相关的两个变量的数据资料分别进行分组,编制形成的棋盘式相关表.如对上述某农科所40块试验田的玉米产量与施肥量间的相关资料,现分别按施肥量和玉米产量对40块田地同时进行分组并编制成棋盘式相关表,见表8-3.

表 8-3 某农科所玉米产量与施肥量的双变量分组相关表

施肥量	产量							田块数合计
	600~700	700~800	800~900	900~1 000	1 000~1 100	1 100~1 200	1 200~1 300	
10	3	2						5
20	1	5	1					7
30		2	6	2				10
40			1	3	6			10
50					3	4	1	8
田块数合计	4	9	8	5	9	4	1	40

表中分组资料说明:施肥量在 10 kg 时,产量变动范围在 600~800 kg 之间;施肥量在 20 kg 时,产量变动范围在 600~900 kg 之间,多数为 700~800 kg;施肥量在 30 kg 时,产量变动范围在 700~1 000 kg 之间,多数为 800~900 kg;施肥量在 40 kg 时,产量变动范围在 800~1 100 kg 之间,多数为 1 000~1 100 kg;施肥量在 50 kg 时,产量变动范围在 1 000 ~1 300 kg 之间,多数为 1 100~1 200 kg.可见,随着施肥量的增加产量明显不断提高.

2. 相关图

相关图也称散点图, 它是利用直角坐标系将两个相关变量的若干对应值分别用坐标点的形式描绘出来,用以表明相关点分布状况的图形.通过绘制相关图,不仅可以分析两个变量间相关的表现形式和依存方向, 而且还可以粗略地分析两个变量间相关的密切程度.例如,根据相关表 8-3 的分组资料,以施肥量为横轴变量 x,以玉米产量为纵轴变量 y,则可绘制出如图 8-4 所示的相关图.

从图 8-4 可发现:随着施肥量的增加玉米产量也不断提高, 且两者之间呈现出线性趋势的依存关系.

3. 相关系数

(1)相关系数及其计算.所谓相关系数,就是对变量间相关关系密切程度的测量. 根据线性相关变量的多少及分析问题的角度不同, 相关系数可分为简单相关系数、偏相关系数、复相关系数. 至于反映曲线相关变量之间关系密切程度的曲线相关系数,常称为相关指数.

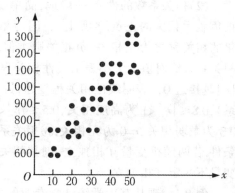

图 8-4　玉米产量与施肥量相关图

反映两个变量之间线性相关密切程度和相关方向的统计测定,称简单线性相关系数.由于直线所具有的客观性与简单性,使得其他各种相关系数的形成主要以简单线性相关系数为基础.一般地,在不作说明的情况下,相关系数仅指简单线性相关系数.英国统计学家皮尔逊(K. Pearson)早在 1890 年就提出了测定两个变量间线性相关的计算公式,即相关系数 r 为

$$r = \frac{\sigma_{xy}}{\sigma_x \sigma_y} \tag{8.1}$$

式中:x 与 y 变量的协方差 $\sigma_{xy} = \frac{1}{n} \sum_{i=1}^{n} (x_i - \bar{x})(y_i - \bar{y})$,其作用在于反映两变量间线性相关的大小及相关的方向;x 变量标准差 $\sigma_x = \sqrt{\frac{1}{n} \sum_{i=1}^{n} (x_i - \bar{x})^2}$ 和 y 变量标准差 $\sigma_y = \sqrt{\frac{1}{n} \sum_{i=1}^{n} (y_i - \bar{y})^2}$ 的引入则消除了这两个相关变量各自的计量单位与其分散度, 从而满足了不同资料计算的相关系数之间进行比较的需要.

一般地,根据计算时所掌握的相关变量实际资料的不同,相关系数可以有以下多种变形公式:

$$r = \frac{\sum_{i=1}^{n} (x_i - \bar{x})(y_i - \bar{y})}{n\sigma_x \sigma_y}$$

$$= \frac{1}{n} \sum_{i=1}^{n} \left(\frac{x_i - \bar{x}}{\sigma_x} \right) \left(\frac{y_i - \bar{y}}{\sigma_y} \right)$$

$$= \frac{\sum_{i=1}^{n} (x_i - \bar{x})(y_i - \bar{y})}{\sqrt{\sum_{i=1}^{n} (x_i - \bar{x})^2} \sqrt{\sum_{i=1}^{n} (y_i - \bar{y})^2}}$$

$$= \frac{n \sum_{i=1}^{n} x_i y_i - \sum_{i=1}^{n} x_i \sum_{i=1}^{n} y_i}{\sqrt{n \sum_{i=1}^{n} (x_i)^2 - \left(\sum_{i=1}^{n} x_i \right)^2} \sqrt{n \sum_{i=1}^{n} (y_i)^2 - \left(\sum_{i=1}^{n} y_i \right)^2}}.$$

(2)相关系数的性质.一般地,简单线性相关系数具有以下几方面的性质:①相关系数的正负表示相关的正负.事实上,正因为相关系数的计算结果为正,所以两变量间呈同方向变化的相关称之为正相关,负相关则类似.②相关系数 r 的取值范围为 $[-1, 1]$,即 $0 \leqslant |r| \leqslant 1$.相关系数绝对值的大小表示线性相关程度的高低, $|r|$ 越接近 1,表明线性相关程度越高; $|r|$ 越接近 0,表明线性相关程度越低.通常在实际应用中 $|r| = 1$ 为完全相关(呈现函数关系), $0.8 \leqslant |r| < 1$ 为高度相关, $0.5 \leqslant |r| < 0.8$ 为显著相关, $0.3 \leqslant |r| < 0.5$ 为低度相关, $0 < |r| < 0.3$ 为微弱相关, $r = 0$ 为无相关.③相关系数等于零为两随机变量独立的必要条件,但非充分条件.若两随机变量互相独立,则其相关系数必等于零;反之,若相关系数等于零,则两随机变量不一定互相独立.

例 8.1 现从某大学统计学专业的学生中随机抽取 16 人,对他们的数学和统计学的考试成绩进行调查,得到如下结果,见表 8-4.

表 8-4 随机抽取 16 名学生的数学和统计学成绩表

学生编号	数学成绩	统计学成绩	学生编号	数学成绩	统计学成绩
1	81	72	9	83	78
2	90	90	10	81	94
3	91	95	11	77	68
4	74	68	12	60	66
5	70	82	13	66	58
6	73	78	14	84	87
7	85	80	15	70	82
8	60	75	16	54	46

试计算这 16 名学生的数学与统计学成绩之间的相关系数.

解:为了简洁清晰地反映相关系数的计算过程,可列表计算,具体见表 8-5.

表 8-5　相关系数计算表

序号	数学成绩(x)	统计学成绩(y)	x^2	y^2	xy
1	81	72	6 561	5 184	5 832
2	90	90	8 100	8 100	8 100
3	91	95	8 281	8 025	8 645
4	74	68	5 476	4 624	5 032
5	70	82	4 900	6 724	5 740
6	73	78	5 329	6 084	5 694
7	85	80	7 225	6 400	6 800
8	60	75	3 600	5 625	4 500
9	83	78	6 889	6 084	6 474
10	81	94	6 561	8 836	7 614
11	77	68	5 929	4 624	5 236
12	60	66	3 600	4 356	3 960
13	66	58	4 356	3 364	3 828
14	84	87	7 056	7 569	7 308
15	70	82	4 900	6 725	5 740
16	54	46	2 916	2 116	2 484
合计	1 199	1 219	91 679	95 439	92 987

$$r = \frac{n\sum\limits_{i=1}^{n} x_i y_i - \sum\limits_{i=1}^{n} x_i \sum\limits_{i=1}^{n} y_i}{\sqrt{n\sum\limits_{i=1}^{n}(x_i)^2 - \left(\sum\limits_{i=1}^{n} x_i\right)^2}\sqrt{n\sum\limits_{i=1}^{n}(y_i)^2 - \left(\sum\limits_{i=1}^{n} y_i\right)^2}}$$

$$= \frac{16 \times 92\,987 - 1\,199 \times 1\,219}{\sqrt{19 \times 91\,679 - (1\,199)^2}\sqrt{16 \times 95\,439 - (1\,219)^2}}$$

$$= \frac{26\,211}{\sqrt{29\,263}\,\sqrt{41\,063}} = 0.756\,1$$

相关系数为 0.756 1,这表明 16 名学生的数学成绩与统计学成绩之间具有显著的正相关.

(3)相关系数的显著性检验.无论采用何种形式求得的相关系数,只要是根据样本资料计算的,均会受到样本变动的影响.一般地,相关变量间的总体相关系数往往是不知道的,只能以样本相关系数作为其近似的估计值.因此,需要检验样本相关系数在统计上的显著性.

随机变量 X 与 Y 看成两个总体时,若记总体相关系数为 ρ,则样本相关系数 r 的密度函数为:

$$f(r) = \frac{n-2}{\pi}(1-\rho^2)^{\frac{n-1}{2}}(1-r^2)^{\frac{n-4}{2}}\int_0^1 \frac{x^{n-2}}{(1-\rho\gamma x)^{n-1}}\frac{\mathrm{d}x}{\sqrt{1-x^2}} \tag{8.2}$$

从这一函数可以看出,样本相关系数 r 的分布有一个特性,即它只依赖于样本容量 n 和总体的相关系数 ρ,而与其他的总体参数无关.由于这个函数比较复杂,在实际应用中需要根据不同的检验对 r 作不同的变换.

①关于 $\rho=0$ 的假设检验.如果要对两变量总体间是否相关作出判断,则可提出如下的统

计假设

$$H_0: \rho=0; \quad H_1: \rho \neq 0.$$

此时,在原假设 H_0 成立的条件下,上述 r 的密度函数可简化为

$$f(r)=\frac{1}{\sqrt{\pi}} \frac{\Gamma\left(\frac{n-1}{2}\right)}{\Gamma\left(\frac{n-2}{2}\right)}(1-r^2)^{\frac{n-4}{2}} \tag{8.3}$$

它是一条对称于 $r=0$ 的曲线.若再令 $t=r\sqrt{(n-2)/(1-r^2)}$,则统计量 t 服从自由度为 $(n-2)$ 的 t 分布.也就是说,如果将 r 变换成 t 以后,在原假设 H_0 成立时,有检验统计量

$$t=\frac{r\sqrt{n-2}}{\sqrt{1-r^2}} \sim t(n-2) \tag{8.4}$$

于是,计算出检验统计量 t 的具体值后,可在给定的显著性水平 α 下,查自由度为 $(n-2)$ 的 t 分布表求得其临界值 $t_{\alpha/2}(n-2)$. 若 $|t| \geqslant t_{\alpha/2}(n-2)$,则拒绝原假设 H_0;反之,若 $|t| < t_{\alpha/2}(n-2)$,则接受原假设 H_0.

例 8.2 假设例 8.1 中学生的数学成绩和统计学成绩这两个变量的总体服从二维正态分布,试就表 8-4 中的样本资料,检验数学成绩与统计学成绩之间是否相关.

解:根据表 8-4 资料已计算出样本相关系数 $r=0.756\ 1$,虽然样本相关系数较高,但是由于样本容量较小,所以对总体是否相关尚没有把握,故需进行检验.统计假设为

$$H_0: \rho=0; \quad H_1: \rho \neq 0.$$

选择检验统计量 $t=r\sqrt{(n-2)/(1-r^2)}$,并根据已知资料计算得检验统计量的具体值为

$$t=\frac{r\sqrt{n-2}}{\sqrt{1-r^2}}=\frac{0.756\ 1\sqrt{16-2}}{\sqrt{1-(0.756\ 1)^2}}=4.322\ 8.$$

若给定 $\alpha=0.05$,查 t 分布表求得 $t_{\alpha/2}(n-2)=t_{0.025}(14)=2.145$.

因 $t>t_{0.025}(14)$,故应拒绝原假设 H_0,即认为总体中数学成绩与统计学成绩之间有显著的正相关.

②关于 $\rho=\rho_0$ 的假设检验.如果要检验总体相关系数 ρ 是否等于某个已知的不为零的数,则前述 $t=r\sqrt{(n-2)/(1-r^2)}$ 就不服从 t 分布了,这就不能用 t 检验法.统计学家费雪(R.A. Fisher)在 1921 年提出以下方法,对 r 进行变换:

$$Z_r=\frac{1}{2}\ln\left(\frac{1+r}{1-r}\right) \tag{8.5}$$

则 Z_r 就近似服从正态分布 $N=\left[\frac{1}{2}\ln\left(\frac{1+\rho}{1-\rho}\right),\left(\frac{1}{\sqrt{n-3}}\right)^2\right]$.因此,对统计假设

$$H_0: \rho=\rho_0; \quad H_1: \rho \neq \rho_0$$

在原假设 H_0 成立时,就有检验统计量

$$Z=\frac{Z_r-Z_\rho}{\frac{1}{\sqrt{n-3}}} \sim N(0,1) \tag{8.6}$$

式中:$Z_\rho=\frac{1}{2}\ln\left(\frac{1+\rho}{1-\rho}\right)$. 于是,计算出检验统计量 Z 的具体值后,可在给定的显著性水平

α 下,查标准正态分布表求得其临界值 $Z_{1-\frac{\alpha}{2}}$.若 $|Z| \geqslant Z_{1-\frac{\alpha}{2}}$,则应拒绝原假设 H_0;反之,若 $|Z| < Z_{1-\frac{\alpha}{2}}$,则应接受原假设 H_0.

例 8.3 若有一个相关问题,抽取样本容量 $n=10$,并已有 $r=0.93$,要求在 $\alpha=0.05$ 下检验 r 与 $\rho=0.95$ 之间是否有显著差别.

解:提出统计假设为:

$$H_0: \rho=0.95; \quad H_1: \rho \neq 0.95.$$

根据已知的 r 值通过变换得 Z_r 为:

$$Z_r = \frac{1}{2}\ln\left(\frac{1+r}{1-r}\right) = \frac{1}{2}\ln\left(\frac{1+0.93}{1-0.93}\right) = 1.658\ 39.$$

选用检验统计量 $Z = \dfrac{Z_r - Z_\rho}{\dfrac{1}{\sqrt{n-3}}}$,原假设成立时,$Z_\rho = \dfrac{1}{2}\ln\left(\dfrac{1+\rho}{1-\rho}\right) = \dfrac{1}{2}\ln\left(\dfrac{1+0.95}{1-0.95}\right) = 1.831\ 78$,

从而得检验统计量的具体值为

$$Z = \frac{Z_r - Z_\rho}{\dfrac{1}{\sqrt{n-3}}} = \frac{1.658\ 39 - 1.831\ 78}{\dfrac{1}{\sqrt{10-3}}} = -0.46.$$

对于已给定的 $\alpha=0.05$,查正态分布表得其临界值为 $Z_{1-\frac{\alpha}{2}} = Z_{0.975} = 1.96$.因 $|Z| < Z_{0.975}$,故应接受原假设 H_0,即认为总体相关系数与 0.95 之间无显著差异.

四、等级相关

前述的相关系数是评价两变量之间关系密切程度的一种方法,但是对于类似才智大小、色泽深浅、事态轻重、艺术水平高低等这样的定性变量(又称属性变量),往往难以用精确的数值来计量,那么怎样才能反映这些定性变量间关系的密切程度呢?一般的方法是:对定性变量的有关表现,可以根据一定的判断排列出顺序或等级,然后再测定由此量化处理所形成的等级数列之间的相关程度.这种相关分析称为等级相关分析,从本质上讲它也是一种线性相关分析.根据等级相关数列计算出来的相关指标,称等级相关系数.

等级相关系数的计算方法与简单线性相关系数的计算方法完全相似,所不同的是其变量用顺序的等级来代替. 若定性变量 x 的等级排列用 R_i 表示,定性变量 y 的等级排列用 S_i 表示,则等级相关系数 r_{sp} 为

$$r_{sp} = \frac{\sum_{i=1}^{n}(R_i - \bar{R})(S_i - \bar{S})}{\sqrt{\sum_{i=1}^{n}(R_i - \bar{R})^2}\sqrt{\sum_{i=1}^{n}(S_i - \bar{S})^2}} \tag{8.7}$$

式中:R_i 和 S_i 均为顺序的等级$(i=1, 2, \cdots, n)$,因此

$$\bar{R} = \bar{S} = \frac{1+2+\cdots+(n-1)+n}{n} = \frac{n+1}{2},$$

$$\sum_{i=1}^{n}(R_i - \bar{R})^2 = \sum_{i=1}^{n}(S_i - \bar{S})^2$$

$$=(1^2+2^2+\cdots+n^2)-n\left(\frac{n+1}{2}\right)^2=\frac{n(n^2-1)}{12}$$

代入等级相关系数 r_{sp} 的公式,则有

$$r_{sp}=\frac{\sum_{i=1}^{n}\left(R_i-\frac{n+1}{2}\right)\left(S_i-\frac{n+1}{2}\right)}{\frac{n(n^2-1)}{12}} \qquad (8.8)$$

若将每一对变量之间等级的差用 D_i 表示,即 $D_i=R_i-S_i$,则等级相关系数 r_{sp} 的计算公式可进一步简化为

$$r_{sp}=1-\frac{6\sum_{i=1}^{n}D_i^2}{n(n^2-1)} \qquad (8.9)$$

这一公式是由斯皮尔曼(Spearman)最早提出的,故也称为斯皮尔曼等级相关系数.

例 8.4 某大学为选择参加所在地区大专辩论赛的辩手,从容貌和口才两方面对初选合格的 7 名女学生进行考评,现记录其结果见表 8–6.

表 8–6　7 名初选合格女生考评表

初选合格者	1	2	3	4	5	6	7
容貌等级	E	B	C	A	D	F	G
口才评分	78	90	75	85	80	68	70

要求了解口才评分与容貌等级之间是否有关系.

解: 首先将容貌等级和口才评分均用自然数的顺序排列成等级(名次),并计算出相应的等级差等有关数据,见表 8–7.

表 8–7　斯皮尔曼等级相关系数计算表

初选合格者	容貌等级(x)	口才评分(y)	x 的等级	y 的等级	等级差 D_i	D_i^2
1	E	78	5	5	0	0
2	B	90	2	1	1	1
3	C	75	3	4	−1	1
4	A	85	1	2	−1	1
5	D	80	4	3	1	1
6	F	68	6	7	−1	1
7	G	70	7	6	1	1

将上表有关数据代入斯皮尔曼等级相关系数公式,则有

$$r_{sp}=1-\frac{6\sum_{i=1}^{n}D_i^2}{n(n^2-1)}=1-\frac{6\times6}{7(7^2-1)}=0.892\,9$$

这说明口才评分与容貌等级之间的关系是相当密切的.

在例 8.4 的原始资料中,变量 x 和 y 的值都没有相等的项,可以直接按其大小给予相应的等级.如果有若干项的 x 变量(或 y 变量)的值相等,则应将这若干项值应排的等级相加求平均,并以此平均数作为这若干项的等级,然后以与此平均数想邻的次一等级开始排出 x 变

量(或 y 变量)其他值的等级,这样方可计算相应的等级差及等级相关系数.

第二节 一元线性回归分析

一、回归分析

回归分析的基本思想和方法以及"回归"一词的由来应归功于英国统计学家高尔顿(F. Galton).高尔顿和他的学生、现代统计学的奠基者之一皮尔逊(K. Pearson)在研究父母身高与其子女身高的遗传问题时,发现子代的平均身高介于父辈身高与一般高度(种族高度)之间.低个子父辈的儿子们的平均身高虽然仍较矮,但却比他们的父辈增加了,即父辈偏离中心的部分被子代拉回一些;高个子父辈的儿子们的平均身高仍较高,但却比他们的父辈降低了,即子代的平均身高向中心回归了.正是为了描述父辈身高与子代身高之间的这一有趣现象,高尔顿引进了"回归"这个名词,并把儿子的身高有返归于种族高度(回归于一般平均高度)的这种趋势,称为回归原理.现在,"回归"一词的含义已经扩展了,凡是由一个变量的变化去推测另一相关变量的变化,都可称为回归.

在前一节中讨论了相关分析,进行相关分析的主要方法是在定性分析基础上计算相关系数,但相关系数只能说明变量间相关关系的方向和紧密程度,而不能说明变量间存在的主从关系或因果关系.当给出一个变量的确定值时,难以根据相关分析来估计或预测对应的相关变量可能出现的数值.回归分析就是对具有因果相关关系的两个或两个以上变量间的数量变化进行测定,配合一定的数学方程后对相关因变量进行估计或预测的一种统计分析方法.

回归分析和相关分析虽然都是以变量间的关系为研究对象,在应用中这两种方法经常相互结合和渗透,但它们研究的重点和应用面不同.其差别主要在于:

(1)在回归分析中,不仅要根据变量的地位、作用不同区分出自变量和因变量,把因变量置于被解释的特殊地位,而且以因变量为随机变量,同时总是假定自变量是非随机的可控变量.在相关分析中,变量间的地位完全是平等的,不仅无须区分自变量和因变量,而且相关变量全是随机变量.

(2)相关分析只限于描述变量间相互依存关系的密切程度,至于相关变量间的定量联系关系则无法明确反映,而回归分析不仅可以定量揭示自变量对因变量的影响大小,还可以通过回归方程对变量值进行预测和控制.

由于回归分析与相关分析的研究侧重不同,使得它们的研究方法也大不相同.回归分析已成为现代统计学中应用最广泛、研究最活跃的一个分支.进行回归分析的前提是变量之间必须存在显著的相关关系,否则将会导致错误的结论.

二、一元线性回归模型

对于回归分析,既可按其自变量的多少分为一元回归(又称单回归)和多元回归(又称复回归),也可按其相关变量间的关系形态区别为线性回归和非线性回归.所谓一元线性回归,就是描述具有显著线性相关关系的两个变量之间具体数量变化规律的一种统计分析技术.一元线性回归是一种最简单、最基础的形式,通过一元线性回归模型的建立,我们可以掌握

应用统计学

回归分析的基本统计思想及其主要应用.

通常,我们对所研究的两个变量 x 与 y 间的关系问题,首先要收集与它有关的 n 组样本数据 (x_i, y_i), $i=1$, 2, $\cdots$, n. 为了直观地发现样本数据的分布规律,我们把 (x_i, y_i) 看成是平面坐标系中的点,画出这 n 个样本点的相关散点图.如果根据散点图的分析和通过计算相关系数后确信变量 x 与 y 之间有着密切的线性相关关系,那么就可以用如下形式的数学模型来描述自变量与因变量之间的具体数量变化规律(统计规律性):

$$y=\beta_0+\beta_1 x+\varepsilon \tag{8.10}$$

(8.10)式将因变量 y 与自变量 x 之间的关系用两个部分来描述:一部分是由于自变量 x 的变化引起因变量 y 线性变化的部分,即 $\beta_0+\beta_1 x$;另一部分是由自变量 x 以外的其他一切随机因素引起的,记为 ε_0.该式确切地表达了自变量 x 与因变量 y 之间密切相关,但其密切的程度又没有达到由 x 唯一确定 y 的地步这种特殊关系.

(8.10)式称为变量 y 对 x 的一元线性回归理论模型,式中 β_0 和 β_1 是未知参数,称它们为回归系数,有时还专称 β_0 为回归常数.ε 表示其他随机因素影响的总和.在(8.10)式中,一般假定 ε 是不可观测的随机误差,它是一个随机变量并且满足

$$\begin{cases} E(\varepsilon)=0 \\ \mathrm{var}(\varepsilon)=\sigma^2 \\ \varepsilon \sim N(0,\sigma^2) \\ \mathrm{cov}(\varepsilon_i,\varepsilon_j)=0, i\neq j \end{cases} \tag{8.11}$$

这里 $E(\varepsilon)$ 表示 ε 的数学期望,$\mathrm{var}(\varepsilon)$ 表示 ε 的方差,$\mathrm{cov}(\varepsilon_i,\varepsilon_j)$ 表示 ε_i 与 ε_j 的协方差.在 ε 遵从正态分布 $N(0,\sigma^2)$ 的假定下,进一步有 $E(y)=\beta_0+\beta_1 x$, $\mathrm{var}(y)=\sigma^2$, 从而随机变量 y 也遵从正态分布,即

$$y \sim N(\beta_0+\beta_1 x, \sigma^2) \tag{8.12}$$

一般情况下,对我们所研究的两个变量 x 与 y 之间的关系问题,获得的 n 组样本观测值 (x_1, y_1), (x_2, y_2), $\cdots$, (x_n, y_n) 来说,如果他们符合模型(8.10)式,则

$$y_i=\beta_0+\beta_1 x_i+\varepsilon_i \quad i=1,2,\cdots,n \tag{8.13}$$

又由(8.11)式表示的模型假定,有

$$E(\varepsilon_i)=0 \quad \mathrm{var}(\varepsilon_i)=\sigma^2 \quad i=1,2,\cdots,n.$$

通常,我们还假定 n 组样本观测值是独立取得的,因而 $y_1,y_2,\cdots,y_n$ 及 $\varepsilon_1,\varepsilon_2,\cdots,\varepsilon_n$ 都是相互独立的随机变量;而 $x_i(i=1,2,\cdots,n)$ 则是确定性变量,其值是可以精确测量或控制的,尽管在实际中也可能会产生观测误差,但假定其误差可以忽略不计.我们称(8.13)式为一元线性回归模型.

对(8.10)式两边求数学期望,得

$$E(y)=\beta_0+\beta_1 x \tag{8.14}$$

该式说明(8.10)式的线性表示部分从平均意义上表达了因变量 y 与自变量 x 之间的统计规律性.在(8.14)式中,当已知 x 时,可以精确算出 $E(y)$.由于 ε 是随机因素,通常就用 $E(y)$ 作为 y 的估计,故有

$$\hat{y}=\beta_0+\beta_1 x \tag{8.15}$$

其中 $\hat{y}$ 表示 y 的估计.(8.15)式称为一元线性回归方程.

如果对(8.13)式两边求数学期望,得

$$E(y_i)=\beta_0+\beta_1x_i \quad i=1,\ 2,\ \cdots,\ n \tag{8.16}$$

或

$$\hat{y}_i=\beta_0+\beta_1x_i \quad i=1,\ 2,\ \cdots,\ n \tag{8.17}$$

回归分析的主要任务就是通过 n 组样本观测值 (x_i,y_i), $i=1,2,\cdots,n$, 对回归系数 β_0 和 β_1 进行估计. 一般用 $\hat{\beta}_0$ 和 $\hat{\beta}_1$ 分别表示 β_0 和 β_1 的估计值, 则称

$$\hat{y}=\hat{\beta}_0+\hat{\beta}_1x \tag{8.18}$$

为 y 关于 x 的一元线性经验回归方程. $\hat{\beta}_0$ 表示经验回归直线在纵轴上的截距. 如果模型范围里包括 $x=0$, 则 $\hat{\beta}_0$ 是 $x=0$ 时 y 的概率分布的均值; 如果不包括 $x=0$, $\hat{\beta}_0$ 只是作为回归方程中的分开项, 没有别的具体意义. $\hat{\beta}_1$ 表示经验直线回归方程的斜率. $\hat{\beta}_1$ 在实际应用中表示自变量 x 每增加一个单位时因变量 y 的概率分布的均值变化, 即当自变量 x 每增加一个单位时因变量 y 平均变化 $\hat{\beta}_1$ 个单位.

三、回归方程的参数估计

为了由样本数据得到回归参数 β_0 和 β_1 的理想估计值, 人们最常使用的估计方法就是最小二乘法估计. 对每一个样本观测值 (x_i,y_i), $i=1,2,\cdots,n$, 最小二乘法考虑观测值 y_i 与其期望值 $E(y_i)$ 的偏差 $y_i-E(y_i)=y_i-(\beta_0+\beta_1x_i)$ 越小越好. 这里有 n 个观测值的偏差, 应该综合考虑. 显然, 我们不能用代数和来表示, 因为偏差有正有负, 它们的代数和会出现正负相抵消而不能代表真正的总偏差. 如果取各偏差的绝对值后再求和, 虽然可以避免正负偏差相抵消的缺点, 但却不便于作数学运算. 基于此, 采用偏差平方和

$$Q(\beta_0,\beta_1)=\sum_{i=1}^{n}(y_i-\beta_0-\beta_1x_i)^2 \tag{8.19}$$

来表示总偏差, 并希望达到最小.

所谓最小二乘法, 即为使 $\hat{\beta}_0$ 和 $\hat{\beta}_1$ 满足下式

$$Q=\sum_{i=1}^{n}[y_i-(\hat{\beta}_0+\hat{\beta}_1x_i)]^2=\min_{\beta_0,\beta_1}\sum_{i=1}^{n}[y_i-(\beta_0+\beta_1x_i)]^2 \tag{8.20}$$

而求出的 $\hat{\beta}_0$, $\hat{\beta}_1$ 作为 β_0、β_1 的估计, 就称为 β_0、β_1 的最小二乘估计.

(8.19) 式表示实际观测值 y_i 与回归值 $\hat{y}_i$ 的偏差 (也称为残差). 用一元线性回归模型 (8.13) 式来描述 n 个样本观测点 (x_i,y_i), $i=1,2$, $\cdots,n$, 这 n 个样本数据点应当聚集在回归直线 $E(y)=\hat{\beta}_0+\hat{\beta}_1x$ 的周围. 因此, 作为 β_0 和 β_1 的一个好的估计 $\hat{\beta}_0$ 和 $\hat{\beta}_1$, 即用直线 $\hat{y}=\hat{\beta}_0+\hat{\beta}_1x$ 作为回归直线 $E(y)=\beta_0+\beta_1x$ 的好的估计, 自然希望 n 个样本观测点最靠近于它, 即残差平方和最小. 由图 8-5 可以直观地看到这种思想.

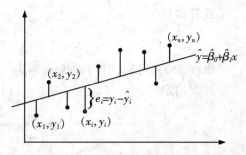

图 8-5　偏差图

残差平方和

$$\sum_{i=1}^{n}\left[y_i-(\hat{\beta}_0+\hat{\beta}_1x_i)\right]^2=\sum_{i=1}^{n}e_i^2 \qquad (8.21)$$

从整体上刻画了 n 个样本观测点 (x_i,y_i) 到直线 $\hat{y}=\hat{\beta}_0+\hat{\beta}_1x$ 的纵向距离的大小.

从(8.20)式中求出 $\hat{\beta}_0$ 和 $\hat{\beta}_1$ 其实就是一个求极值的问题. 由于 Q 是 $\hat{\beta}_0$ 和 $\hat{\beta}_1$ 的非负二次函数,因而它的最小值肯定存在. 由微积分中求极值的原理,使 Q 达到极小的 $\hat{\beta}_0$ 和 $\hat{\beta}_1$ 应满足下面的方程组

$$\begin{cases} \dfrac{\partial Q}{\partial \hat{\beta}_0}=-2\sum_{i=1}^{n}\left[y_i-\left(\hat{\beta}_0+\hat{\beta}_1x_i\right)\right]=0 \\[3mm] \dfrac{\partial Q}{\partial \hat{\beta}_1}=-2\sum_{i=1}^{n}\left[y_i-\left(\hat{\beta}_0+\hat{\beta}_1x_i\right)\right]x_i=0 \end{cases} \qquad (8.22)$$

经整理后,得正规方程组

$$\begin{cases} n\hat{\beta}_0+\left(\sum_{i=1}^{n}x_i\right)\hat{\beta}_1=\sum_{i=1}^{n}y_i \\[3mm] \left(\sum_{i=1}^{n}x_i\right)\hat{\beta}_0+\left(\sum_{i=1}^{n}x_i^2\right)\hat{\beta}_1=\sum_{i=1}^{n}x_iy_i \end{cases} \qquad (8.23)$$

求解该正规方程组,得

$$\begin{cases} \hat{\beta}_1=\dfrac{n\sum_{i=1}^{n}x_iy_i-\sum_{i=1}^{n}x_i\sum_{i=1}^{n}y_i}{n\sum_{i=1}^{n}x_i^2-\left(\sum_{i=1}^{n}x_i\right)^2}=\dfrac{\sum_{i=1}^{n}(x_i-\bar{x})(y_i-\bar{y})}{\sum_{i=1}^{n}(x_i-\bar{x})^2} \\[5mm] \hat{\beta}_0=\dfrac{\sum_{i=1}^{n}y_i}{n}-\hat{\beta}_1\cdot\dfrac{\sum_{i=1}^{n}x_i}{n}=\bar{y}-\hat{\beta}_1\bar{x} \end{cases} \qquad (8.24)$$

称 $\hat{\beta}_0$ 和 $\hat{\beta}_1$ 分别为 β_0 和 β_1 的普通最小二乘估计.

这样一来,我们就得到了确切的回归方程

$$\hat{y}=\hat{\beta}_0+\hat{\beta}_1x$$

或者改写为

$$\hat{y}-\bar{y}=\hat{\beta}_1(x-\bar{x}) \qquad (8.25)$$

由(8.25)式可知,回归直线 $\hat{y}=\hat{\beta}_0+\hat{\beta}_1x$ 一定通过点 $(\bar{x},\bar{y})$,这对回归直线的作图很有帮助.
通常约定

$$l_{xx}=\sum_{i=1}^{n}(x_i-\bar{x})^2, \quad l_{yy}=\sum_{i=1}^{n}(y_i-\bar{y})^2,$$

$$l_{xy}=l_{yx}=\sum_{i=1}^{n}(x_i-\bar{x})(y_i-\bar{y}).$$

于是,$\hat{\beta}_1$又可写成

$$\hat{\beta}_1=\frac{l_{xy}}{l_{xx}} \tag{8.26}$$

在对回归系数 β_0 和 β_1 进行了估计之后,有时还须对未知参数 σ^2 作出估计.因为 σ^2 是随机误差 ε 的方差,如果误差大,那么求出来的回归直线用处就不大;如果误差比较小,那么求出来的回归直线就比较理想.可见,σ^2 的大小反映回归直线拟合程度的好坏,所以必须对 σ^2 作出估计.如何估计 σ^2 呢? 自然会想到利用 $\sum_{i=1}^{n}[\varepsilon_i-E(\varepsilon_i)]^2$ 来估计 σ^2,但这里的问题是 ε_i ($i=1,2,\cdots,n$)是未知的.由于我们只能观测到 (x_i,y_i),$i=1,2,\cdots,n$,可根据(8.13)式 $y_i=\beta_0+\beta_1 x_i+\varepsilon_i$ 得到 $\varepsilon_i=y_i-(\beta_0+\beta_1 x_i)$.虽然式中的 β_0 和 β_1 未知,但因其可由 (x_i,y_i),$i=1,2,\cdots,n$ 求得估计值 $\hat{\beta}_0$ 和 $\hat{\beta}_1$,因此可以把 $e_i=y_i-\hat{y}_i=y_i-(\hat{\beta}_0+\hat{\beta}_1 x_i)$ 作为 ε_i 的估计值,并把

$$\hat{\sigma}^2=\frac{1}{n-2}\sum_{i=1}^{n}[y_i-(\hat{\beta}_0+\hat{\beta}_1 x_i)]^2=\frac{Q}{n-2} \tag{8.27}$$

作为未知参数 σ^2 的估计.

例 8.5 现有某市市区的社会商品零售总额和职工工资总额的数据资料,见表 8-8.

表 8-8　社会商品零售总额与职工工资总额数据表

年 份	2000	2001	2002	2003	2004	2005	2006	2007	2008	2009
职工工资总额 x(亿元)	23.8	27.6	31.6	32.4	33.7	34.9	43.2	52.8	63.8	73.4
社会商品零售总额 y(亿元)	41.4	51.8	61.7	67.9	68.7	77.5	95.9	137.4	155.0	175.0

试求社会商品零售总额 y 对职工工资总额 x 的线性回归方程,并求 σ^2 的估计值.

解:该市市区的商品销售对象主要是市区居民,除此之外,还有郊区的农民和外流人员是市场上不容忽视的顾客.因此,社会商品零售总额远大于职工工资总额,但是这个因素难以精确分离出来,所以仅考虑 y 与 x 两个变量之间存在的相关关系.为了方便计算,可列表如下,见表 8-9.

表 8-9　社会商品零售总额与职工工资总额的回归计算表

序号	x_i	y_i	x_i^2	$x_i y_i$	$\hat{y}_i$	$e_i=y_i-\hat{y}_i$
2000	23.8	41.4	566.44	985.32	43.08	-1.68
2001	27.6	51.8	761.76	1 429.68	53.71	-1.91
2002	31.6	61.7	998.56	1 949.72	64.91	-3.21
2003	32.4	67.9	1 049.76	2 199.96	67.15	0.75
2004	33.7	68.7	1 135.69	2 315.29	70.78	-2.08
2005	34.9	77.5	1 218.01	2 704.75	74.15	3.35
2006	43.2	95.9	1 866.24	4 142.88	97.38	-1.48
2007	52.8	137.4	2 787.84	7 254.72	124.25	13.15
2008	63.8	155.0	4 070.44	9 889	155.04	-0.04
2009	73.4	175.0	5 387.56	12 845	181.91	-6.91
合计	417.2	932.3	19 842.30	45 716.22	932.36	

$$l_{xx}=\sum_{i=1}^{n}x_i^2-\frac{1}{n}\left(\sum_{i=1}^{n}x_i\right)^2=19\,842.3-\frac{(417.2)^2}{10}=2\,436.716,$$

$$l_{xy}=\sum_{i=1}^{n}x_iy_i-\frac{1}{n}\sum_{i=1}^{n}x_i\sum_{i=1}^{n}y_i=45\,716.22-\frac{417.2\times932.3}{10}=6\,820.664.$$

于是,按有关公式代入计算可得

$$\hat{\beta}_1=\frac{l_{xy}}{l_{xx}}=\frac{6\,820.664}{2\,436.716}=2.799\,1,$$

$$\hat{\beta}_0=\bar{y}-\hat{\beta}_1\bar{x}=93.23-2.799\,1\times41.72=-23.54.$$

所以回归直线方程为

$$\hat{y}=-23.54+2.799\,1x.$$

σ^2 的估计值为

$$\hat{\sigma}^2=\frac{1}{n-2}\sum_{i=1}^{n}(y_i-\hat{y}_i)^2=\frac{255.748\,6}{8}=31.97.$$

四、参数估计量的性质

根据最小二乘估计的回归参数 β_0 和 β_1 的估计量 $\hat{\beta}_0$ 和 $\hat{\beta}_1$ 究竟好不好,这就需要讨论和分析估计量 $\hat{\beta}_0$ 和 $\hat{\beta}_1$ 的性质.

1. $\hat{\beta}_0$ 和 $\hat{\beta}_1$ 都是随机变量 y 的线性函数

这一点不难由 $\hat{\beta}_0$ 和 $\hat{\beta}_1$ 的表达式看出,见(8.24)式.因为 y 为随机变量,所以 $\hat{\beta}_0$ 和 $\hat{\beta}_1$ 也为随机变量.因此, $\hat{\beta}_0$ 和 $\hat{\beta}_1$ 各有其均值、方差和协方差.

2. $\hat{\beta}_0$ 和 $\hat{\beta}_1$ 分别是 β_0 和 β_1 的无偏估计

根据 $E(\varepsilon_i)=0$ 的假定,由(8.14)式 $E(y_i)=\beta_0+\beta_1x_i$,可对估计量 $\hat{\beta}_0$ 和 $\hat{\beta}_1$ 分别求其数学期望,得

$$E(\hat{\beta}_1)=\beta_1,\quad E(\hat{\beta}_0)=\beta_0.$$

这一性质的实际意义在于:如果屡次变更数据,反复求 β_0 和 β_1 的估计值,这两个估计值没有高估或低估的系统偏差,它们的平均值将趋于 β_0 和 β_1.

进一步有

$$E(\hat{y})=E(\hat{\beta}_0+\hat{\beta}_1x)=\beta_0+\beta_1x=E(y).$$

这表明 $\hat{y}$ 是 $E(y)$ 的无偏估计,即回归值 $\hat{y}$ 是实际观测值的平均值 $E(y)$ 的无偏估计.

3. $\hat{\beta}_0$ 和 $\hat{\beta}_1$ 的方差、协方差分别为

$$\mathrm{var}(\hat{\beta}_0)=\left[\frac{1}{n}+\frac{\bar{x}^2}{\sum_{i=1}^{n}(x_i-\bar{x})^2}\right]\sigma^2.$$

$$\text{var}(\hat{\beta}_1)=\frac{\sigma^2}{\sum\limits_{i=1}^{n}(x_i-\bar{x})^2}.$$

$$\text{cov}(\hat{\beta}_0,\hat{\beta}_1)=-\frac{\bar{x}\sigma^2}{\sum\limits_{i=1}^{n}(x_i-\bar{x})^2}.$$

由 $y_1,y_2,\cdots,y_n$ 相互独立的假定，$\text{var}(y_i)=\sigma^2$ 及 $\bar{y}$ 与 $\hat{\beta}_1$ 不相关的性质，可以证明$\hat{\beta}_0$、$\hat{\beta}_1$ 各自方差及其协方差的表达式是成立的.

我们知道，方差的大小表示随机变量取值波动的大小.从 $\text{var}(\hat{\beta}_1)$ 和 $\text{var}(\hat{\beta}_0)$ 的表达式可发现，回归系数$\hat{\beta}_0$ 和$\hat{\beta}_1$ 的波动大小不仅与随机误差的方差 σ^2 有关，而且还与自变量 x 的取值波动程度有关.同时，样本数据的个数 n 还对回归系数$\hat{\beta}_0$ 的波动有影响.这说明，要想使 β_0 和 β_1 的估计值$\hat{\beta}_0$ 和$\hat{\beta}_1$ 更稳定，在收集数据时，就应考虑变量 x 的取值须尽可能分散些，不要挤在一块;样本容量也应尽可能大一些，当样本容量 n 太小时，估计量的稳定性肯定不会太好.从 $\text{cov}(\hat{\beta}_0,\hat{\beta}_1)$ 的表达式可以看出，除了 $\bar{x}=0$ 以外，通常估计量$\hat{\beta}_0$ 与$\hat{\beta}_1$ 是相关的.

由前边$\hat{\beta}_0$ 和$\hat{\beta}_1$ 线性的讨论可知，$\hat{\beta}_0$ 和$\hat{\beta}_1$ 都是 n 个独立正态随机变量 $y_1,y_2,\cdots,y_n$ 的线性组合，因而$\hat{\beta}_0$ 和$\hat{\beta}_1$ 也都分别遵从正态分布.由$\hat{\beta}_0$ 和$\hat{\beta}_1$ 的均值与方差的结果，有

$$\hat{\beta}_0\sim N\left[\beta_0,\left(\frac{1}{n}+\frac{\bar{x}^2}{l_{xx}}\right)\sigma^2\right] \tag{8.28}$$

$$\hat{\beta}_1\sim N\left(\beta_1,\frac{\sigma^2}{l_{xx}}\right) \tag{8.29}$$

此外，还应指出的是，根据回归模型随机误差项 ε_i 等方差及不相关的假定，可以证明$\hat{\beta}_0$ 和$\hat{\beta}_1$ 分别是 β_0 和 β_1 的最佳线性无偏估计(Best Linear Unbiased Estimate，简称 BLUE)，即在 β_0 和 β_1 的一切线性无偏估计中，它们的方差最小.因此，回归分析中常运用最小二乘法估计.

最后，要附带说明的是，$\hat{\sigma}^2=\frac{1}{n-2}\sum\limits_{i=1}^{n}(y_i-\hat{y}_i)^2$ 同样也是 σ^2 的无偏估计量，即可以证明

$$E\left[\sum_{i=1}^{n}(y_i-\hat{y}_i)^2\right]=(n-2)\sigma^2 \tag{8.30}$$

五、回归分析中的显著性检验

根据最小二乘法，利用自变量 x 和因变量 y 的 n 组样本观测值，估计出参数 β_0 和 β_1 后，可以建立起一元线性回归方程$\hat{y}=\hat{\beta}_0+\hat{\beta}_1x$，其目的在于依据回归方程对有关变量进行预测或控制，但一元线性回归方程是在下列几点基本假设的基础上建立的:①变量 x 与 y 之间确实存在显著的线性相关关系;②随机误差项线性独立，即 $\text{cov}(\varepsilon_i,\varepsilon_j)=0$, $i\neq j$;③随机误差项服从正态分布，即 $\varepsilon_i\sim N(0,\sigma^2)$.

回归方程建立起来后，能否用来进行预测或控制，取决于建立回归方程的基本假设是否

被满足.为此,需要通过各种统计检验,主要包括回归系数的显著性检验、回归方程的显著性检验和残差序列的自相关检验等.

1. 回归系数 β_0 和 β_1 的显著性检验

回归方程中的自变量 x 与因变量 y 之间是否具有密切的线性相关关系,我们可以通过检验回归系数 β_1 是否为零来判断.因为从(8.14)式可知,若 $\beta_1=0$,则 $E(y)=\beta_0$,这说明不管 x 如何变化,$E(y)$ 都不会随之而改变,即 x 与 y 之间不存在线性相关;若 $\beta_1\neq0$,则 $E(y)$ 必然会随着 x 的变化而改变,这表明 x 与 y 之间有线性相关关系.

对回归系数 β_1 而言,可以就假设 $\beta_1=\beta_1'$ 进行检验,但因 $\beta_1=0$ 所反映出的问题的重要性,人们更多的是检验如下的统计假设

$$H_0:\beta_1=0; \quad H_1:\beta_1\neq0.$$

这里不加证明地给出 $(n-2)\hat{\sigma}^2/\sigma^2\sim\chi^2(n-2)$.由(8.29)式知 $(\hat{\beta}_1-\beta_1)\sqrt{l_{xx}}\big/\sqrt{\sigma^2}\sim N(0,1)$,未知 σ^2 用 $\hat{\sigma}^2=\dfrac{1}{n-2}\displaystyle\sum_{i=1}^{n}(y_i-\hat{y}_i)^2=\dfrac{Q}{n-2}$ 来代替,则有

$$t=\frac{(\hat{\beta}_1-\beta_1)\sqrt{l_{xx}}\big/\sqrt{\sigma^2}}{\sqrt{(n-2)\hat{\sigma}^2/(n-2)\sigma^2}}=\frac{(\hat{\beta}_1-\beta_1)\sqrt{l_{xx}}}{\sqrt{\hat{\sigma}^2}}\sim t(n-2) \tag{8.31}$$

在原假设 H_0 成立的条件下,就有检验统计量

$$t=\frac{\hat{\beta}_1\sqrt{l_{xx}}}{\sqrt{Q/(n-2)}}\sim t(n-2) \tag{8.32}$$

于是在给定的显著性水平 α 下,可查自由度为 $(n-2)$ 的 t 分布表求得其临界值 $t_{\alpha/2}(n-2)$.若 $|t|\geqslant t_{\alpha/2}(n-2)$,则应拒绝原假设 H_0;若 $|t|<t_{\alpha/2}(n-2)$,则应接受原假设 H_0.

同理,对回归系数 β_0 检验统计假设

$$H_0:\beta_0=\beta_0'; \quad H_1:\beta_0\neq\beta_0'.$$

则在原假设 H_0 成立的条件下,有检验统计量

$$t=\frac{(\hat{\beta}_0-\beta_0)\sqrt{n-2}}{\sqrt{\left(\dfrac{1}{n}+\dfrac{\bar{x}^2}{l_{xx}}\right)Q}}=\frac{(\hat{\beta}_0-\beta_0')\sqrt{n-2}}{\sqrt{\left(\dfrac{1}{n}+\dfrac{\bar{x}^2}{l_{xx}}\right)Q}}\sim t(n-2) \tag{8.33}$$

其相应的拒绝域为:$W=\{|t|\geqslant t_{\alpha/2}(n-2)\}$.

2. 回归方程的显著性检验

回归系数的 t 检验考察的是自变量 x 与因变量 y 之间线性假设的合理性,但回归方程 $\hat{y}=\beta_0+\beta_1 x$ 作为一个整体,在一定程度上也反映了变量 x、y 之间的统计线性关系,所确定的回归方程能否用来反映现象发展变化的趋势,还可对方程 $\hat{y}=\beta_0+\beta_1 x$ 的显著性进行检验,即利用方差分析所提供的 F 统计量,检验回归方程总体线性关系的显著性,因而又称之为 F 检验.

我们把 y 的 n 个观测值之间的差异,用观测值 y_i 与其平均值 $\bar{y}$ 的偏差平方和来表示,称为总离差平方和,记为 SST,即有

$$SST=\sum_{i=1}^{n}(y_i-\bar{y})^2=l_{yy} \tag{8.34}$$

我们可以对 SST 作如下形式的分解:

$$SST = \sum_{i=1}^{n} (y_i - \bar{y})^2$$

$$= \sum_{i=1}^{n} \left[(y_i - \hat{y}_i) + (\hat{y}_i - \bar{y}) \right]^2$$

$$= \sum_{i=1}^{n} (y_i - \hat{y}_i)^2 + \sum_{i=1}^{n} (\hat{y}_i - \bar{y})^2 \tag{8.35}$$

这样,总离差平方和 $\sum_{i=1}^{n} (y_i - \bar{y})^2$ 被分解为两项和的形式.其中: $\sum_{i=1}^{n} (\hat{y}_i - \bar{y})^2$ 称为回归平方和,记为 SSR; $\sum_{i=1}^{n} (y_i - \hat{y}_i)^2$ 称为残差平方和,记为 SSE.由此可见, y 值的变化由两个原因造成. 一个是 x 的变化引起 y 的变化,另一个是不可控制的随机因素对 y 的影响. $SSR = \sum_{i=1}^{n} (\hat{y}_i - \bar{y})^2 = \sum_{i=1}^{n} \left[(\hat{\beta}_0 + \hat{\beta}_1 x_i) - (\hat{\beta}_0 + \hat{\beta}_1 \bar{x}) \right]^2 = \hat{\beta}_1^2 \sum_{i=1}^{n} (x_i - \bar{x})^2$ 是回归值与观测值 y 的平均值之差的平方和, 它反映了自变量 x 的变化所引起的对 y 的波动, 它的大小说明了自变量 x 的重要程度. $SSE = \sum_{i=1}^{n} (y_i - \hat{y}_i)^2$ 是 y 的实际值与回归值之差的平方和,它反映了试验误差以及不可控制的其他因素所引起的对 y 的波动,它的大小说明了试验误差及其他随机因素的影响程度.

由(8.30)式知 $E(SSE) = (n-2)\sigma^2$,表明从平均意义上看 SSE 只反映了随机误差所引起的差异;还证明 $E(SSR) = \sigma^2 + \beta_1^2 \sum_{i=1}^{n} (x_i - \bar{x})^2$,这说明当 $\beta_1 \neq 0$ 时从平均意义上看 SSR 反映了 $E(y)$ 随 x 变化引起的差异.

我们还可以证明: $\dfrac{SSR}{\sigma^2} \sim \chi^2(1)$, $\dfrac{SSE}{\sigma^2} \sim \chi^2(n-2)$, 且 SSR 与 SSE 相互独立.这样,关于回归系数 β_1 的统计假设 $H_0 : \beta_1 = 0$ 的检验,很自然的想法是把回归平方和 SSR(x 的线性影响)与残差平方和 SSE(其他随机影响)进行比较,从而形成 F 检验,检验统计量为

$$F = \frac{SSR/1}{SSE/(n-2)} = \frac{\hat{\beta}_1^2 l_{xx}}{Q/(n-2)} \sim F(1, n-2) \tag{8.36}$$

在给定显著性水平 α 下,可通过查第一自由度为 1 和第二自由度为 $(n-2)$ 的 F 分布表就能求得其临界值 $F_{1-\alpha}(1, n-2)$.若 $F \geq F_{1-\alpha}(1, n-2)$,则拒绝原假设 H_0; 若 $F < F_{1-\alpha}(1, n-2)$,则接受原假设 H_0.

在总离差平方和的分解中,每一个平方和都有一自由度同它相联系.总离差平方和的自由度为 $(n-1)$,因为在计算 $\sum_{i=1}^{n} (y_i - \bar{y})^2$ 时消失了一个自由度 $\left[\sum_{i=1}^{n} (y_i - \bar{y})^2 \equiv 0 \right]$;回归平方和的自由度为 1,因为对一元线性回归分析来说,只有 1 个自变量同因变量对应;残差平方和的自由度则为 $(n-2)$.可见,总离差平方和的自由度也可以分解为回归平方和的自由度与残差平方和的自由度.

这种把平方和及其自由度进行分解的方法,称为方差分析法.将方差分析法同上述的 F 检验结合起来就构成方差分析.对于方差分析,一般均列成方差分析表进行计算,见表 8-10.

表 8-10　一元线性回归方差分析表

方差来源	平方和	自由度	均　方	F 统计量	显著性
回归偏差	$SSR=\sum\limits_{i=1}^{n}(\hat{y}_i-\bar{y})^2$	1	$SSR/1$	$\dfrac{SSR/1}{SSE/(n-2)}$	
剩余偏差	$SSE=\sum\limits_{i=1}^{n}(y_i-\hat{y}_i)^2$	$n-2$	$SSE/(n-2)$		
总　偏差	$SST=\sum\limits_{i=1}^{n}(y_i-\bar{y})^2$	$n-1$			

需要注意的是,在一元线性回归分析中,对回归方程的显著性进行 F 检验和对回归系数 β_1 进行 t 检验是完全等价的;但是,在多元回归分析中,t 检验只是检验回归方程中各个系数的显著性,而 F 检验则是检验整个回归关系的显著性.

3. 拟合优度检验

由回归平方和与残差平方和的意义可知,如果在总的离差平方和中回归平方和所占比例越大,线性回归效果就越好,这说明回归直线与样本观测值的拟合程度就越好;相反,如果残差平方和所占的比例大,回归直线与样本观测值的拟合程度就不理想.习惯上,把回归平方和 SSR 与总离差平方和 SST 的比值定义为样本决定系数,即

$$r^2=\frac{SSR}{SST}=\frac{\sum\limits_{i=1}^{n}(\hat{y}_i-\bar{y})^2}{\sum\limits_{i=1}^{n}(y_i-\bar{y})^2}=\frac{\hat{\beta}_1 l_{xy}}{l_{yy}}=\frac{l_{xy}^2}{l_{xx}l_{yy}} \tag{8.37}$$

(8.37)式中样本决定系数 r^2 正好是(8.1)式中的相关系数 r 的平方.

拟合优度检验就是通过计算样本决定系数 r^2 来评价回归模型的优劣.r^2 的值总是在 0 和 1 之间,r^2 越接近于 1,说明回归直线对样本数据拟合优度越好;r^2 越接近于 0,说明回归直线对样本数据拟合优度越差.一般来说,$r^2\geq0.8$ 时,一个线性回归模型较充分地利用了变量 X 的信息,可认为回归直线对样本数据点的拟合优度较高.

4. 残差(误差项)序列自相关检验

在回归模型的基本假定中,随机误差项 $\varepsilon_1,\varepsilon_2,\cdots,\varepsilon_n$ 之间应相互独立.这对于反映横向关系的两个变量数列来说,在一般情况下是可以满足的,但对于纵向的时间数列来说,ε_i 可能不满足独立性这一要求,因为在前后期的误差项之间可能存在相关关系,这种现象称为误差项 ε_i 的自相关.在误差项自相关的情况下,用最小二乘法建立的回归方程便不能正确反映变量之间真正的依存关系.为此,要对 ε_i 的独立性进行检验.由于总体资料中的 ε 是未知的,只能以样本回归模型中的残差项 e 作为随机误差项 ε 的真实值的估计值,从而根据 e 的相关性来判断 ε 的序列相关性.

德宾(J. Durbin)和沃森(G. S. Watson)于 1951 年提出了一种适用于小样本的随机误差项具有一阶自回归形式的序列自相关检验方法,即 D. W 检验.如果随机扰动项的一阶自回归形式为

$$\varepsilon_i=\rho\varepsilon_{i-1}+u_i \quad i=1,2,\cdots,n.$$

为了检验序列的自相关性,构造的假设是

$$H_0:\rho=0; \quad H_1:\rho\neq0.$$

检验上述假设时构造的 D. W 检验统计量 d 为

$$d = \frac{\sum_{i=2}^{n}(e_i - e_{i-1})^2}{\sum_{i=1}^{n}e_i^2} \qquad (8.38)$$

式中:e 为回归估计式的残差,即 $e_i = y_i - \hat{y}_i$, $i = 1, 2, \cdots, n$.

d 的分布形式见图 8-6 所示.

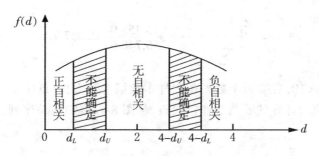

图 8-6　D.W 检验的临界区

根据给定的显著性水平 α,样本数据个数 n 和自变量的个数 k,查 D.W 检验表,可得其下限值 d_L 和上限值 d_U,然后再将统计量 d 与 d_L、d_U 比较,依 d 所在区间来决定接受或拒绝原假设 H_0,检验准则为:

若 $d_U < d < 4 - d_U$,接受原假设 H_0,残差序列无自相关.

若 $0 < d < d_L$,否定原假设 H_0,残差序列有正自相关.

若 $4 - d_L < d < 4$,否定原假设 H_0,残差序列有负自相关.

若 $d_L < d < d_U$ 或 $4 - d_U < d < 4 - d_L$,则检验无结论.

例 8.6　在例 8.5 用最小二乘法建立的回归直线方程中,若给定显著性水平 $\alpha = 0.05$,试对回归方程分别进行 F 检验、拟合优度检验和残差序列自相关检验(D. W 检验).

解:利用方差分析表进行 F 检验.从表 8-9 所列计算项目,可得 $l_{xx} = \sum_{i=1}^{n}(x_i - \bar{x})^2 = 2\,436.716$,

$l_{xy} = \sum_{i=1}^{n}(x_i - \bar{x})(y_i - \bar{y}) = 6\,820.664$,$l_{yy} = \sum_{i=1}^{n}(y_i - \bar{y})^2 = 19\,347.681$,据此结果计算后列出方差分析表 8-11.

表 8-11　方差分析表

方差来源	平方和	自由度	均方	F 统计量
回归偏差	19 091.932	1	19 091.932	597.201
剩余偏差	255.749	8	31.969	
总 偏 差	19 347.681	9		

这里 F 分布的自由度是 $(1, 8)$,查 F 分布表得临界值为 $F_{1-\alpha}(1, n-2) = F_{0.95}(1, 8) = 5.32$.因 $F > F_{0.95}(1, 8)$,故应拒绝回归方程不显著的原假设,即认为该回归方程通过显著性检验.

拟合优度检验. 由上面计算可得 $l_{xy}^2 = (6\,820.664)^2 = 46\,521\,457.4$,将 l_{xx}、l_{yy} 和 l_{xy}^2 数据代入 (8.37) 式,有

$$r^2 = \frac{\sum\limits_{i=1}^{n}(\hat{y}_i - \bar{y})^2}{\sum\limits_{i=1}^{n}(y_i - \bar{y})^2} = \frac{l_{xy}^2}{l_{xx}l_{yy}} = \frac{46\ 521\ 457.4}{2\ 436.716 \times 19\ 347.681} = 0.986\ 8.$$

由于 $r^2 = 0.986\ 8$ 很接近于 1，这表明回归直线可解释总离差平方和的绝大多数 (98.68%)，因此，拟合优度高，检验通过.

残差序列自相关检验.根据表 8-9 中最后一列残差 e_i 的计算资料,有

$$d = \frac{\sum\limits_{i=2}^{n}(e_i - e_{i-1})^2}{\sum\limits_{i=1}^{n}e_i^2} = \frac{513.453\ 9}{255.748\ 6} = 2.007\ 7.$$

样本数据个数 $n=10$,自变量个数 $k=1$.因样本数据个数太少(低于 15),故无法查 D.W 检验表求取 d_L 和 d_U,但因计算的 d 与 2 非常接近,从图 8-6 可知残差序列无自相关,即认为检验通过.

六、回归分析中的区间估计

1. 回归系数 β_0 和 β_1 的区间估计

根据回归参数 β_1 的估计量 $\hat{\beta}_1$ 服从正态分布 $N(\beta_1, \sigma^2/l_{xx})$ 的性质,由(8.31)式和参数区间估计的一般原理可知,在给定置信水平 $(1-\alpha)$ 下,则有下式成立

$$P\left\{\left|\frac{(\hat{\beta}_1 - \beta_1)\sqrt{l_{xx}}}{\hat{\sigma}}\right| < t_{1-\frac{\alpha}{2}}(n-2)\right\} = 1 - \alpha.$$

从而回归系数 β_1 的 $(1-\alpha)$ 的置信区间为

$$\left[\hat{\beta}_1 - t_{1-\frac{\alpha}{2}}(n-2) \cdot \frac{\hat{\sigma}}{\sqrt{l_{xx}}}, \hat{\beta}_1 + t_{1-\frac{\alpha}{2}}(n-2) \cdot \frac{\hat{\sigma}}{\sqrt{l_{xx}}}\right] \tag{8.39}$$

同理,回归参数 β_0 可利用下式

$$P\left\{\left|\hat{\beta}_0 - \beta_0 \Big/ \left(\hat{\sigma}\sqrt{\frac{1}{n} + \frac{\bar{x}^2}{l_{xx}}}\right)\right| < t_{1-\frac{\alpha}{2}}(n-2)\right\} = 1 - \alpha$$

容易求得其 $(1-\alpha)$ 的置信区间为

$$\left[\hat{\beta}_0 - t_{1-\frac{\alpha}{2}}(n-2) \cdot \hat{\sigma}\sqrt{\frac{1}{n} + \frac{\bar{x}^2}{l_{xx}}}, \hat{\beta}_0 + t_{1-\frac{\alpha}{2}}(n-2) \cdot \hat{\sigma}\sqrt{\frac{1}{n} + \frac{\bar{x}^2}{l_{xx}}}\right] \tag{8.40}$$

例 8.7 按照例 8-5 中有关资料,试求回归参数 β_1 及 β_0 的置信区间,取显著性水平 $\alpha = 0.05$.

解:由例 8.5 的原始资料及其有关计算结果已知 $n=10$,$\bar{x}=41.72$,$\hat{\beta}_1 = 2.799\ 1$,$\hat{\beta}_0 = -23.54$,

$\hat{\sigma} = \sqrt{\hat{\sigma}^2} = \sqrt{31.97} = 5.654\ 2$,$l_{xx} = \sum(x_i - \bar{x})^2 = 2\ 436.716$,$t_{1-\frac{\alpha}{2}}(n-2) = t_{0.975}(8) = 2.306\ 0$.于是有

$$t_{1-\frac{\alpha}{2}}(n-2) \cdot \frac{\hat{\sigma}}{\sqrt{l_{xx}}} = 2.306\ 0 \times \frac{5.654\ 2}{\sqrt{2\ 436.716}} = 0.114\ 5.$$

这样 β_1 的置信区间按(8.39)式为(2.684 6, 2.913 6).

$$t_{1-\frac{\alpha}{2}}(n-2)\cdot\hat{\sigma}\sqrt{\frac{1}{n}+\frac{\bar{x}^2}{l_{xx}}}=2.306\,0\times5.654\,2\sqrt{\frac{1}{10}+\frac{(41.72)^2}{2\,436.716}}=11.765\,9.$$

按(8.40)式,β_0 的置信区间为 $(-35.305\,9,11.774\,1)$.

2. 因变量总体均值 $\mu_y(x)$ 的区间估计

回归方程一经求得并通过有关检验,既能用来研究变量间的联系,也能用来进行预测和控制.这里,在讨论如何根据给定的自变量 x 值来估计因变量 y 的值时,y 有一个条件分布,因此就存在着两种估计问题:一是估计 y_i 这一条件分布的总体均值 $\mu_y(x)$,二是估计单个的 y_i 值.这两种估计是有所差别的,在此先介绍总体均值 $\mu_y(x)$ 的区间估计.

对于总体回归方程 $E(y)=\beta_0+\beta_1x$,因 β_0 和 β_1 均未知,可根据最小二乘法利用样本资料求得 $E(y)$ 的估计量 $\hat{y}$,即有

$$\hat{y}=\hat{\beta}_0+\hat{\beta}_1x$$

由前述回归参数估计量的性质,可知 $\hat{y}$ 是 $E(y)$ 的无偏估计量.对给定的 $x=x_0$ 而言,可得

$$\hat{y}_0=\hat{\beta}_0+\hat{\beta}_1x_0$$

显然,$\hat{y}_0$ 是与给定的 x_0 相对应的 y 的均值 $E(y)$ 即 $\mu_y(x_0)$ 的一个无偏估计,而且当实际值 y_i 及随机误差项 ε_i 都服从正态分布时,可以证明

$$\hat{y}_0\sim N\left\{\beta_0+\beta_1x_0,\left[\frac{1}{n}+(x_0-\bar{x})^2\Big/\sum_{i=1}^n(x_i-\bar{x})^2\right]\sigma^2\right\} \tag{8.41}$$

即

$$\frac{\hat{y}_0-\mu_y(x_0)}{\sigma\sqrt{\dfrac{1}{n}+(x_0-\bar{x})^2\Big/\sum\limits_{i=1}^n(x_i-\bar{x})^2}}\sim N(0,1).$$

于是,在给定显著性水平 α 下,因变量总体均值 $\mu_y(x_0)$ 的 $(1-\alpha)$ 置信区间为

$$\left[\hat{y}_0-Z_{1-\frac{\alpha}{2}}\cdot\sigma\sqrt{\frac{1}{n}+\frac{(x_0-\bar{x})^2}{\sum\limits_{i=1}^n(x_i-\bar{x})^2}},\ \hat{y}_0+Z_{1-\frac{\alpha}{2}}\cdot\sigma\sqrt{\frac{1}{n}+\frac{(x_0-\bar{x})^2}{\sum\limits_{i=1}^n(x_i-\bar{x})^2}}\right],$$

但因 σ^2 通常是未知的,需要用根据样本资料计算的其无偏估计 $\hat{\sigma}^2=\dfrac{1}{n-2}\sum\limits_{i=1}^n(y_i-\hat{y}_i)^2=\dfrac{Q}{n-2}$ 来代替,从而有

$$\frac{\hat{y}_0-\mu_y(x_0)}{\hat{\sigma}\sqrt{\dfrac{1}{n}+(x_0-\bar{x})^2\Big/\sum\limits_{i=1}^n(x_i-\bar{x})^2}}\sim t(n-2) \tag{8.42}$$

这样,因变量总体均值 $\mu_y(x_0)$ 的 $(1-\alpha)$ 置信区间为

$$\left[\hat{y}_0-t_{1-\frac{\alpha}{2}}(n-2)\cdot\hat{\sigma}\sqrt{\frac{1}{n}+\frac{(x_0-\bar{x})^2}{\sum\limits_{i=1}^n(x_i-\bar{x})^2}},\ \hat{y}_0+t_{1-\frac{\alpha}{2}}(n-2)\cdot\hat{\sigma}\sqrt{\frac{1}{n}+\frac{(x_0-\bar{x})^2}{\sum\limits_{i=1}^n(x_i-\bar{x})^2}}\right] \tag{8.43}$$

从(8.43)式的置信区间公式可以看出:当所给定的 x_0 越接近其平均数 $\bar{x}$ 时,$\dfrac{(x_0-\bar{x})^2}{\sum\limits_{i=1}^{n}(x_i-\bar{x})^2}$

就越小,总体均值 $\mu_y(x_0)$ 的置信区间随之越小;当 x_0 离 $\bar{x}$ 越远时,相应的 $\mu_y(x_0)$ 的置信区间就越大.所以,置信区间的形状如图 8-7 所示.

另外,随着样本容量的增大,$\sum\limits_{i=1}^{n}(x_i-\bar{x})^2$ 也不断增大,当 $n\to\infty$ 时,$\dfrac{(x_0-\bar{x})^2}{\sum\limits_{i=1}^{n}(x_i-\bar{x})^2}\to 0$,这时

置信区间就可以简化为

$$\left[\hat{y}_0-t_{1-\frac{\alpha}{2}}(n-2)\cdot\frac{\hat{\sigma}}{\sqrt{n}},\hat{y}_0+t_{1-\frac{\alpha}{2}}(n-2)\cdot\frac{\hat{\sigma}}{\sqrt{n}}\right],\text{且 } t_{1-\frac{\alpha}{2}}(n-2)\to Z_{1-\frac{\alpha}{2}}$$

其置信区间的形状如图 8-8 所示.

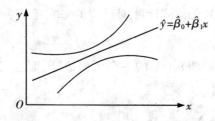

图 8-7　回归方程的置信区间示意图　　　　图 8-8　$n\to\infty$ 时回归方程的置信区间示意图

3. 单个因变量 y 值的区间估计

对于给定的自变量值 $x=x_0$,根据一元线性回归模型有

$$y_0=\beta_0+\beta_1 x_0+\varepsilon_0$$

由于 ε_0 是假定服从均值为 0,方差为 σ^2 的正态分布的随机误差,根据 x 与 y 之间的关系,可得 y_0 的估计值为

$$\hat{y}_0=\hat{\beta}_0+\hat{\beta}_1 x_0$$

因 y_0 是一个与 $y_1,y_2,\cdots,y_n$ 相互独立且同方差的正态随机变量,即 $y_0\sim N(\beta_0+\beta_1 x_0,\sigma^2)$;而随机变量 y_0 的值与其估计值 $\hat{y}_0$ 之间总会有一定的偏差.可以证明:偏差 $(y_0-\hat{y}_0)$ 也服从正态分布,且在 y_0 与 $\hat{y}_0$ 相互独立的条件下,有

$$\begin{aligned}E(y_0-\hat{y}_0)&=E(\beta_0+\beta_1 x_0+\varepsilon_0)-E(\hat{\beta}_0+\hat{\beta}_1 x_0)\\&=\beta_0+\beta_1 x_0-\beta_0-\beta_1 x_0=0\end{aligned}\qquad(8.44)$$

$$\begin{aligned}\operatorname{var}(y_0-\hat{y}_0)&=\operatorname{var}(y_0)+\operatorname{var}(\hat{y}_0)\\&=\sigma^2+\operatorname{var}(\hat{\beta}_0+\hat{\beta}_1 x_0)\\&=\sigma^2+\operatorname{var}(\hat{\beta}_0)+x_0^2\operatorname{var}(\hat{\beta}_1)+2x_0\operatorname{cov}(\hat{\beta}_0,\hat{\beta}_1)\\&=\sigma^2+\sigma^2\left(\frac{1}{n}+\frac{\bar{x}^2}{l_{xx}}\right)+\frac{\sigma^2 x_0^2}{l_{xx}}-\frac{2x_0\bar{x}\sigma^2}{l_{xx}}\end{aligned}$$

$$=\sigma^2\left[1+\frac{1}{n}+\frac{(x_0-\bar{x})^2}{l_{xx}}\right] \tag{8.45}$$

这也就是说

$$(y_0-\hat{y}_0)\sim N\left\{0,\left[1+\frac{1}{n}+\frac{(x_0-\bar{x})^2}{l_{xx}}\right]\sigma^2\right\} \tag{8.46}$$

但在(8.45)式中的σ^2是未知的,仍用其无偏估计$\hat{\sigma}^2=\dfrac{Q}{n-2}$来代替后,就有统计量

$$t=\frac{y_0-\hat{y}_0}{\hat{\sigma}\sqrt{1+\frac{1}{n}+(x_0-\bar{x})^2/\sum\limits_{i=1}^{n}(x_i-\bar{x})^2}}\sim t(n-2) \tag{8.47}$$

从而,在给定置信水平$(1-\alpha)$下,因变量y_0的置信区间为

$$\left[\hat{y}_0-t_{1-\frac{\alpha}{2}}(n-2)\cdot\hat{\sigma}\sqrt{1+\frac{1}{n}+\frac{(x_0-\bar{x})^2}{\sum\limits_{i=1}^{n}(x_i-\bar{x})^2}}\ ,\ \hat{y}_0+t_{1-\frac{\alpha}{2}}(n-2)\cdot\hat{\sigma}\sqrt{1+\frac{1}{n}+\frac{(x_0-\bar{x})^2}{\sum\limits_{i=1}^{n}(x_i-\bar{x})^2}}\right] \tag{8.48}$$

当n较大且x_0接近于$\bar{x}$时,有

$$\sqrt{1+\frac{1}{n}+\frac{(x_0-\bar{x})^2}{\sum\limits_{i=1}^{n}(x_i-\bar{x})^2}}\approx 1,\ t_{1-\frac{\alpha}{2}}(n-2)\approx Z_{1-\frac{\alpha}{2}}$$

可知(8.48)式表达的置信区间就近似为

$$\left(\hat{y}_0-Z_{1-\frac{\alpha}{2}}\hat{\sigma}\ ,\ \hat{y}_0+Z_{1-\frac{\alpha}{2}}\hat{\sigma}\right) \tag{8.49}$$

例 8.8 继续讨论例 8.5 的预测问题.设 2010 年该市市区职工工资总额为 75 亿元,试求该市区社会商品零售总额的预测值及其预测区间(取 $\alpha=0.05$).

解:前例中已算出$\hat{\beta}_0=-23.54$, $\hat{\beta}_1=2.799\,1$, $\hat{\sigma}^2=31.97$, $l_{xx}=\sum\limits_{i=1}^{n}(x_i-\bar{x})^2=6\,820.664$, $\bar{x}=41.72$. 在 $\alpha=0.05$ 时,查 t 分布表得 $t_{1-\frac{\alpha}{2}}(n-2)=t_{0.975}(8)=2.306\,0$,又题中给定 $x_0=75$,所以

$$t_{1-\frac{\alpha}{2}}(n-2)\cdot\hat{\sigma}\sqrt{1+\frac{1}{n}+\frac{(x_0-\bar{x})^2}{l_{xx}}}=2.306\,0\times5.654\,2\sqrt{1+\frac{1}{10}+\frac{(85-41.72)^2}{6\,820.664}}=15.287\,0.$$

从而,2010 年该市区社会商品零售总额的预测值为

$$\hat{y}_0=\hat{\beta}_0+\hat{\beta}_1x_0=-23.54+2.799\,1\times75=186.392\,5(亿元).$$

其预测区间为

$$(186.392\,5-15.287\,0,186.392\,5+15.287\,0)=(171.105\,5,\ 201.679\,5).$$

七、利用回归方程作控制

控制问题可以看成是预测(估计)的反问题.例如,在例 8-5 中希望知道职工工资总额 x 在什么范围内时能以至少 0.95 的概率保证社会商品零售总额在 180 亿元以上.

一般讲,控制问题是要找出自变量 x 的一个区间$[x_L,\ x_U]$,使因变量 y 能以至少是$(1-\alpha)$的概率在区间$[y_L,\ y_U]$内,这里 y_L 和 y_U 是事前给定的值.

一种方法是用图解法(见图 8-9).在图上画上回归直线 $\hat{y}-\delta(x)$ 和 $\hat{y}+\delta(x)$ 或两条近似直线 $\hat{y}-\delta$ 和 $\hat{y}+\delta$,然后在纵坐标为 y_L 和 y_U 处分别各画一条水平线交 $\hat{y}-\delta(x)$ 和 $\hat{y}+\delta(x)$ 或 $\hat{y}-\delta$ 和 $\hat{y}+\delta$ 于 M、N,过 M、N 分别作一条垂线交 x 轴于 x_L 和 x_U,这里 $x_L < x_U$,则区间 $[x_L,\ x_U]$ 即为所求.这种方法使用方便,但较粗糙.

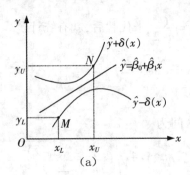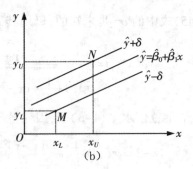

图 8-9　图解法求控制区间

另一种方法则是解不等式组.为方便起见,取近似估计区间,要求

$$\begin{cases} \hat{y}-\delta \geqslant y_L \\ \hat{y}+\delta \leqslant y_U \end{cases} \tag{8.50}$$

其中 $\delta = Z_{1-\frac{\alpha}{2}}\hat{\sigma}$,即从不等式组

$$\begin{cases} \hat{\beta}_0+\hat{\beta}_1 x - Z_{1-\frac{\alpha}{2}}\hat{\sigma} \geqslant y_L \\[2mm] \hat{\beta}_0+\hat{\beta}_1 x + Z_{1-\frac{\alpha}{2}}\hat{\sigma} \leqslant y_U \end{cases}$$

中解得 $[x_L,x_U]$.若 $y_L=-\infty$ 或 $y_U=+\infty$,则可求单侧控制限,此时要求回答 x 在什么情况下能至少以 $(1-\alpha)$ 的概率保证 $y \leqslant y_U$ 或 $y \geqslant y_L$.为此,只要解一个不等式即可求得 x 的控制范围.即只需要解

$$\hat{\beta}_0+\hat{\beta}_1 x - Z_{1-\frac{\alpha}{2}}\hat{\sigma} \geqslant y_L \tag{8.51}$$

或

$$\hat{\beta}_0+\hat{\beta}_1 x + Z_{1-\frac{\alpha}{2}}\hat{\sigma} \leqslant y_U. \tag{8.52}$$

例 8.9　继续对例 8.5 讨论控制问题.试求至少以 95% 的概率保证该市区社会商品零售总额 y 不低于 180 亿元的该市区职工工资总额 x 的范围.

解:从题意中可知 $y_L=180$,$\alpha=0.05$,$Z_{0.95}=1.645$.

$\hat{\beta}_0=-23.54$ 和 $\hat{\beta}_1=2.7991$ 及 $\hat{\sigma}=5.6542$,则只需解不等式

$$\hat{\beta}_0+\hat{\beta}_1 x - Z_{1-\frac{\alpha}{2}}\hat{\sigma} \geqslant y_L,$$

即

$$-23.54+2.7991x-1.645\times5.6542 \geqslant 180$$

得到

$$x \geqslant 76.039\ 1.$$

这说明,当该市区职工工资总额不低于 76.039 1 亿元时,能以至少 95% 的概率保证该市区社会商品零售总额不低于 180 亿元.

第三节　一元非线性回归

实际问题中,有许多回归模型的被解释变量 y 与解释变量 x 之间的关系都不是线性的,但 y 与未知参数 β_0、β_1 之间的关系却是线性的.实际上线性回归的"线性"二字是针对参数而言,并不是针对自变量而言.这样,有关因变量 y 对自变量是非线性的情形总可以通过变量代换转化成对自变量也是线性的形式.如有下列模型:

$$y=\beta_0+\beta_1 e^{cx},(c\ \text{已知}).$$

对于该式,只需令 $x'=e^{cx}$ 即可化为 y 对 x' 是线性的形式

$$y=\beta_0+\beta_1 x'$$

需要指出的是,新引进的自变量只能依赖于原自变量,而不能与未知参数有关.如果上述原式中的 c 未知,则不能令 $x'=e^{cx}$.

对于可化为线性模型的回归问题,一般先化为线性模型,然后用最小二乘法求出参数估计值,最后再经过适当的变换,就可回到所求的回归曲线.

下面我们给出几种常见的非线性模型及其线性化方法.

一、指数函数

1.指数曲线(第 I 种情形)

$$y=\alpha e^{\beta x} \tag{8.53}$$

其图形如图 8-10 所示.

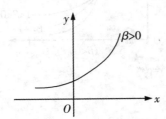
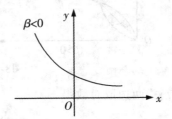

图 8-10　指数曲线 $y=\alpha e^{\beta x}$

对 (8.53) 式两边取自然对数得

$$\ln y=\ln\alpha+\beta x.$$

令 $y'=\ln y$,则

$$y'=\ln\alpha+\beta x \tag{8.54}$$

2.指数曲线(第 II 种情形)

$$y=\alpha e^{\frac{\beta}{x}} \tag{8.55}$$

其图形见图 8-11 所示.

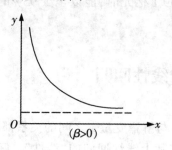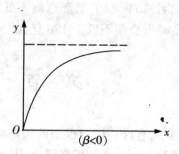

$$(\beta>0) \qquad (\beta<0)$$

图 8-11　指数曲线 $y=\alpha e^{\frac{\beta}{x}}$

对(8.55)式两边同取自然对数得

$$\ln y=\ln\alpha+\beta\cdot\frac{1}{x},$$

令 $y'=\ln y, x'=\frac{1}{x}$，则

$$y'=\ln\alpha+\beta x' \tag{8.56}$$

二、幂函数

$$y=\alpha x^{\beta} \tag{8.57}$$

其图形见图 8-12 所示.

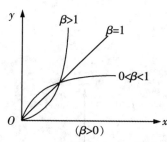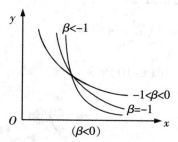

$$(\beta>0) \qquad (\beta<0)$$

图8-12　幂函数 $y=\alpha x^{\beta}$

对(8.57)式两边取对数得

$$\lg y=\lg\alpha+\beta\lg x,$$

令 $y'=\lg y, x'=\lg x$ 则

$$y'=\lg\alpha+\beta x' \tag{8.58}$$

三、双曲函数

$$y=\frac{x}{\alpha x+\beta} \tag{8.59}$$

其图形见图 8-13 所示.

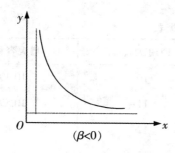 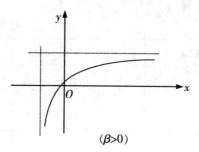

$$（\beta<0） \qquad （\beta>0）$$

图 8-13　双曲函数 $y=\dfrac{x}{\alpha x+\beta}$

令 $y'=\dfrac{1}{y}$，$x'=\dfrac{1}{x}$ 则得

$$y'=\alpha+\beta x' \tag{8.60}$$

四、对数函数

$$y=\alpha+\beta \lg x \tag{8.61}$$

其图形见图 8-14 所示.

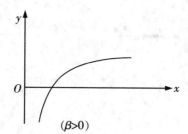 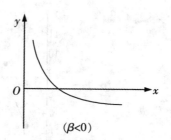

$$（\beta>0） \qquad （\beta<0）$$

图 8-14　对数函数 $y=\alpha+\beta \lg x$

令 $x'=\lg x$，则得

$$y=\alpha+\beta x' \tag{8.62}$$

五、S 形曲线

$$y=\dfrac{1}{\alpha+\beta e^{-x}} \tag{8.63}$$

其图形见 8-15 所示.

令 $y'=\dfrac{1}{y}$，$x'=e^{-x}$ 则得

$$y'=\alpha+\beta x' \tag{8.64}$$

例 8.10　炼钢厂出钢时所用的盛钢水的钢包，在使用过程中由于钢液及炉渣对包衬耐火材料的侵蚀，使其容积不断增大，我们希望找出使用次数与增大的容积之间的关系.试验数据见表 8-12.

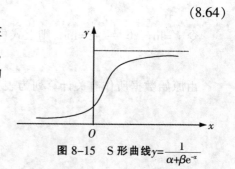

图 8-15　S 形曲线 $y=\dfrac{1}{\alpha+\beta e^{-x}}$

表 8-12　试验数据表

使用次数 x	增大容积 y	使用次数 x	增大容积 y
2	6.42	10	10.49
3	8.20	11	10.59
4	9.58	12	10.60
5	9.50	13	10.80
6	9.70	14	10.60
7	10.00	15	10.90
8	9.93	16	10.76
9	9.99		

解：首先根据题中实际资料作散点图,如图 8-16.

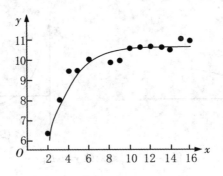

图 8-16　(x,y)的散点图

从图 8-16 中可以看出 x 与 y 之间不存在线性关系,但仔细分析一下,知道钢包开始使用时侵蚀速度较快,然后逐渐减慢.显然,钢包容积不会无限增大,它必有一条平行于 Ox 轴的渐近线.于是根据这些特点,我们试配指数曲线

$$y=\alpha e^{\frac{\beta}{x}}$$

并对它两边同取自然对数,得

$$\ln y=\ln\alpha+\beta\cdot\frac{1}{x}.$$

令 $y'=\ln y$,$x'=\dfrac{1}{x}$,$\alpha'=\ln\alpha$,则上式可化为线性方程

$$y'=\alpha'+\beta x'.$$

由原始数据所作有关计算列为表 8-13.

表 8-13 x 与 y 的有关数据变换计算表

x	y	$x'=\dfrac{1}{x}$	$y'=\ln y$	$\hat{y}$	$e_i=y_i-\hat{y}_i$
2	6.42	0.500 0	1.859 4	6.702	−0.282
3	8.20	0.333 3	2.104 1	8.065	0.135
4	9.58	0.250 0	2.259 7	8.847	0.733
5	9.50	0.200 0	2.251 3	9.352	0.148
6	9.70	0.166 7	2.272 1	9.705	−0.005
7	10.00	0.142 9	2.302 6	9.965	0.035
8	9.93	0.125 0	2.295 6	10.165	−0.235
9	9.99	0.111 1	2.301 6	10.323	−0.333
10	10.49	0.100 0	2.350 4	10.451	0.039
11	10.59	0.091 1	2.359 9	10.557	0.033
12	10.60	0.083 3	2.360 9	10.647	−0.047
13	10.80	0.076 9	2.379 5	10.723	0.077
14	10.60	0.071 4	2.360 9	10.788	−0.188
15	10.90	0.066 7	2.388 8	10.845	0.055
16	10.76	0.062 5	2.375 8	10.896	−0.136

由上表资料,经计算可得 α' 和 β 的最小二乘法估计分别为

$$\hat{\beta}=\frac{l_{x'y'}}{l_{x'x'}}=\frac{-0.229\ 4}{0.206\ 5}=-1.110\ 9,$$

$$\hat{\alpha}'=\bar{y}'-\hat{\beta}\bar{x}'=\frac{34.222\ 7}{15}+1.110\ 9\times\frac{2.380\ 8}{15}=2.457\ 8.$$

于是就有

$$\hat{\alpha}=e^{\hat{\alpha}'}=11.679\ 1,$$

最后可求得回归方程是

$$\hat{y}=\hat{\alpha}e^{\frac{\hat{\beta}}{x}}=11.679\ 1e^{\frac{-1.110\ 9}{x}}.$$

由经过变换的数据 x' 和 y' 按线性情形计算出的相关系数为

$$r=\frac{l_{x'y'}}{\sqrt{l_{x'x'}l_{y'y'}}}=\frac{-0.229\ 4}{\sqrt{0.206\ 5\times0.265\ 7}}=-0.979\ 3.$$

$|r|$ 很接近于 1,可以表明 x 和 y 确有很接近于指数函数的关系

$$y=11.679\ 1e^{\frac{-1.110\ 9}{x}}.$$

也可以从剩余均方根差(又称回归估计标准误,即残差的平方根)来衡量选配的回归曲线是否合适.

$$S=\sqrt{\frac{1}{n-2}\sum_{i=1}^{n}(y_i-\hat{y}_i)^2}=\sqrt{\frac{0.897\ 8}{13}}=0.262\ 8.$$

$\bar{y}=9.870\ 7$, $S/\bar{y}=2.66\%$,说明剩余均方根差是比较小的,即表明 x 和 y 之间具有上述指数关系是合适的.

如果曲线类型选择得好,则 r 也会接近于 1 或 S 也会较小.选择合适的曲线类型将非线

性回归问题化成线性回归并不是一件容易的事情,主要根据专业知识,也可通过计算 r 或 S 进行比较.

在结束本章前,有必要说明:一元线性回归只不过是回归分析中的一种特例,它通常是对影响某种现象的许多因素进行了简化考虑的结果.实际上,客观现象非常复杂,现象之间的联系方式和性质各不相同,影响因变量变化的自变量往往不只一个,而是多个.当然,每个自变量对因变量的影响作用不可能都完全相同,其中有主要的,也有次要的.如果仅进行一元回归分析,很可能不能取得满意的结果,因此,有必要对一个因变量与多个自变量联系起来进行分析,如影响农作物收获量的因素除施肥量外,还有耕作深度、降雨量、土质、光照等因素,可以分析各个因素变化对农作物收获量变化的影响.在线性相关条件下,研究两个和两个以上自变量对一个因变量的数量变化关系,则为多元线性回归分析,而表现这种数量关系的数学表达式则称为多元线性回归模型或多元线性回归方程. 多元线性回归分析的基本原理及方法都与一元线性回归分析相同,只是涉及的自变量多些,计算比较复杂,常要运用计算机处理数据.本章限于篇幅,这里就不再介绍多元线性回归了.

附 录

Excel 在相关分析与回归分析中的应用

本附录将结合例子主要介绍用 Excel 进行相关系数和回归分析的方法步骤.

附例 8.1 为考察产品销售额与广告投入额(单位:百万元)之间的关系收集到 20 个样品见附表 8-1.将数据输入到 Excel 工作表中.

附表 8-1　职工工资总额与社会商品零售总额数据表

	A	B
1	广告投入额 x	产品销售额 y
2	7.49	28.39
3	6.44	26.54
4	9.91	34.89
5	8.65	31.79
6	11.3	38.86
7	8.25	28.64
8	5.23	21.75
9	6.73	26.49
10	10.39	35.25
11	6.62	28.03
12	6.5	27.23
13	9.4	31.95
14	7.35	27.78
15	10.43	34.76
16	7.75	30.22
17	8.22	31.29
18	9.17	33.15
29	8.7	33.08
20	12.25	38.99
21	8.14	30.39

一、计算相关系数

第一步：选择"工具"下拉菜单.

第二步：选择"数据分析"选项.

第三步：在分析工具中选择"相关系数".

第四步：当出现对话框后，在"输入区域"方框内键入刚输入到 Excel 工作表中的原始数据的区域，如本例 A2:B21；在"输出选项"中选择输出区域（本例选择"新工作表"）；再选择"确定".

根据上述步骤计算的相关系数矩阵见附表 8-2. 表中给出了 2 个变量两两之间的相关系数，如广告投入额与产品销售额之间的相关系数为 0.973 236.

附表 8-2　广告投入额与产品销售额的相关矩阵

	A	B
1		广告投入额 x	产品销售额 y
2	广告投入额 x	1	0.973236
3	产品销售额 y	0.973236	1

二、进行回归分析

第一步：选择"工具"下拉菜单.

第二步：选择"数据分析"选项.

第三步：在分析工具中选择"回归".

第四步：当出现对话框后，在"输入 Y 的区域"方框内键入前面 Excel 工作表中作为 Y 的原始数据的区域，本例是 B2:B21；在"输入 X 的区域"方框内键入前面 Excel 工作表中作为 X 的原始数据的区域，本例是 A2:A21；在"输出选项"中选择输出区域（本例选择"新工作表"）；再选择"确定".

根据上述步骤得到的输出结果见附表 8-3 所示.

附表 8-3　广告投入额与产品销售额的回归分析结果表

	A	B				
1	SUMMARY	OUTPUT				
2						
3	回归统计					
4	R 的倍数	0.973236				
5	R 平方	0.947189				
6	调整 R 平方	0.944255				
7	标准误差	1.021581				
8	观测值	20				
9						
10	方差分析					
11		df	SS	MS	F	显著水平
12	回归分析	1	336.92	336.921	322.836	6.07E-13
13	残差	18	18.7852	1.04362		
14	总计	19	355.706			
15						
16		系数	标准误	T	P 值	下限 95%	上限 95%
17	截距	11.1643	1.1126	9.9144	1.02E-08	8.7985	13.5301
18	X 变量 1	2.34575	0.1306	17.968	6.07E-13	2.07147	2.62003
19						

附表 8-3 中,本例表明在 $\alpha=0.05$ 的水平下,广告投入额对产品销售额有显著影响.有 95% 的把握确信 β_0 在 8.798 5 和 13.530 1 之间,β_1 在 2.071 47 和 2.620 03 之间.

思考与练习

一、简答题

1. 解释相关关系的含义,说明相关关系的特点.

2. 相关分析主要解决哪些问题?

3. 相关分析中有哪些基本假定?

4. 简述相关系数的性质.

5. 解释回归模型、回归方程、估计的回归方程的含义.

6. 一元线性回归模型中有哪些基本假定?

7. 简述参数最小二乘法估计的基本原理.

8. 简述判定系数的含义和作用.

9. 在回归分析中,F 检验和 t 检验各有什么作用?

10. 什么是置信区间估计和预测区间估计? 二者有何关系?

二、练习题

1. 某电视机厂月产量(台)与月生产总成本(万元)资料见下表.

	1 月	2 月	3 月	4 月	5 月	6 月	7 月	8 月	9 月
产量/台	10 000	11 000	9 000	10 500	12 000	12 500	13 000	14 000	15 000
生产总成本/万元	1 400	1 418	1 360	1 430	1 450	1 465	1 468	1 490	1 517

要求:(1)绘制相关图.

(2)计算相关系数.

(3)在 $\alpha=0.05$ 水平下对相关系数的显著性进行检验.

2. 某地区 2005—2009 年各年的人均收入和商品销售额资料见下表.

年 份	人均收入(元/月)	商品销售额(亿元)
2005	1 560	87
2006	1 680	93
2007	1 696	99
2008	1 712	105
2009	1 750	112

计算相关系数,并说明相关方向和相关程度.

3. 现收集到 50 名学生的数学和物理学考试成绩,数学成绩的标准差为 9.79 分,物理学成绩的标准差为 7.85 分,两科成绩的协方差为 66.6 分.由以上资料计算这两科成绩的相关系数,并对其相关方向和相关程度作出说明.

4. 某企业的广告费支出(单位:万元)与销售额(单位:万元)资料见下表,计算相关系数并配合直线回归方程.

广告费/万元	60	40	80	20	50	70	80	70
销售额/万元	5 000	4 000	7 000	3 800	6 000	6 600	8 900	9 000

5. 根据下列资料计算相关系数并配合回归直线方程:

$n=9$, $\sum y_i=13.54$, $\sum y_i^2=22.978\,8$, $\sum x_i=472$, $\sum x_i^2=28\,158$, $\sum x_i y_i=803.02$.

6. 根据第 2 题资料计算:

(1)以人均收入为自变量,商品销售额为因变量,建立回归直线方程.

(2)如果 2010 年的人均月收入预计为 1 802 元,利用回归方程推算 2010 年该地区的商品销售额.

7. 根据下表的数据建立回归方程,计算残差、判定系数、估计标准误差,并分析回归方程的拟合程度.

x	15	8	19	12	5
y	47	36	56	44	21

8. 设 $SSR=36$, $SSE=4$, $n=18$. 要求:

(1)计算判定系数 R^2 并解释其意义.

(2)计算估计标准误差 S_e 并解释其意义.

9. 随机抽取 10 家航空公司,对其近一年来的航班正点率和顾客投诉次数进行了调查,调查数据见下表.

航空公司编号	航班正点率(%)	顾客投诉次数(次)
1	81.8	21
2	46.6	58
3	76.6	85
4	75.7	68
5	73.8	74
6	72.2	93
7	71.2	72
8	70.8	122
9	91.4	18
10	68.5	125

要求:

(1)绘制散点图,说明二者之间的关系形态.

(2)以航班正点率作自变量,顾客投诉次数作因变量,求出估计的回归方程并解释回归系数的意义.

(3)在 $\alpha=0.05$ 水平下,检验回归系数的显著性.

(4)如果航班正点率为 80%,估计顾客的投诉次数是多少?

(5)求航班正点率为 80%时,顾客投诉次数 95%的置信区间和预测区间.

第九章　时间数列分析

　　世界上的任何事物,都是在一定的时空条件下存在和演化的,现在是过去的结果,未来又是现在的延续.因此,要认识现在,预测未来,则必须研究过去.统计作为研究社会经济现象数量特征的方法论科学,也是一样的,不仅要从静态的角度研究社会经济现象的数量特征和数量关系,而且要从动态的角度研究其发展变化的过程、趋势及规律.统计研究事物动态发展过程的一种很重要的方法就是编制时间数列,并以此为基础,进一步分析现象的变化趋势和规律.本章主要介绍有关时间数列分析的基本理论与方法.

第一节　时间数列分析的基本问题

一、时间数列的概念及其种类

1. 时间数列的概念

　　时间数列,就是把反映某一现象的同一指标在不同时间上的取值,按时间的先后顺序排列而形成的一个动态数列.时间数列是由两个基本要素组成的:一个是现象所属的时间,时间可长可短,可以以日为时间单位,也可以以年为时间单位,甚至更长;另一个要素是统计指标在一定时间条件下的数值.

2. 时间数列的种类

　　时间数列的种类问题实际上和统计指标的种类问题是一致的.因为,时间数列是由统计指标和时间两个要素构成的,首先,从统计指标这一要素来看,统计指标根据其所反映的经济内容不同分为总量指标、相对指标和平均指标三类,因此,时间数列也会因为构成它的统计指标不同而同样被区分为三类:总量指标时间数列、相对指标时间数列和平均指标时间数列;其次,从时间这一要素来看,由于根据指标所反映的时间状况的不同,将总量指标区分为时期指标和时点指标两类,相应地,总量指标时间数列也因此被区分为两类:时期数列和时点数列.它们之间的关系如图9-1所示.

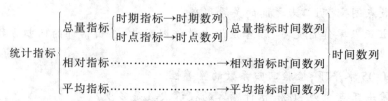

图9-1　统计指标与时间数列分类对照图

时间数列的分类在时间数列分析中具有重要意义.因为,在很多情况下,时间数列的种类不同,则时间数列的分析方法就不同.因此,为了能够保证对时间数列进行真确分析,首先必须正确判断时间数列的类型.而要正确判断时间数列的类型,其关键又在于对有关统计指标的分类进行真确理解,这些内容在前面有关章节中已经讲过,这里不再赘述.

二、时间数列的编制原则

对时间数列进行分析的前提条件是编制时间数列,而编制时间数列的基础是要搜集有关时间上的统计指标数值.关于统计资料的搜集工作,这是另外一个问题,需要专门研究,有关内容在第二章中已经做了介绍.因此,这里所谓时间数列的编制,就是指当我们将所需要的统计资料已经搜集齐备,怎样使之形成一个可以据以进行分析研究的时间数列.很显然,为了使所编制的时间数列能够正确反映被研究现象的动态特征,其重要条件就是动态数列中每个指标必须具有可比性.可比性问题在统计分析中具有广泛的涵义,就时间数列而言,主要包括以下几个方面的内容:

(1)时间方面的可比性.时间数列在时间方面的可比性应该分两种情况理解:对于时期数列而言,由于其数值具有可加性,所以,时间数列中各个时期上的指标数值大小与时期长短有着直接联系:时期长,数值就大,反之,数值就小.所以,在编制时间数列中,同一数列中的各个指标值所代表的时期长短应该相等;而对于时点数列而言,由于各个指标值都表明一定时点的状态,因而不存在时期长短该不该相等的问题.但是,如果我们把不同时点上的指标值放到一起而形成一个时间数列,两两时点之间会存在着一个时间间隔.那么,这个时间间隔是否应该相等呢?根据时点指标的性质,由于其数值不具有可加性,所以时间数列中各个时点上的指标数值大小与两两时点之间的时间间隔长短没有直接联系.因此,在编制时点数列时,两两时点指标之间的时间间隔可以相等,也可以不等.

(2)空间方面,或者总体范围方面的可比性.在时间数列中,每个时间上的指标值总代表着一个总体,而每个总体都存在着一个总体范围的大小问题.总体范围不同,指标数值就不同,尤其对总量指标而言,一般情况是总体范围大,指标数值就大,总体范围小,指标数值就小.因此,在编制时间数列时,要求不同时间上的各个指标值所代表的总体范围应前后一致.这个问题广泛地存在于各种层次的时间数列分析中.例如,将企业作为分析对象,企业存在着兼并与分立的问题;将地区作为分析对象,地区存在着行政区划的变更问题,甚至将国家作为分析对象,国家也存在着领土的改变问题.在编制时间数列时,如果遇到这种情况发生,就必须对历史资料进行调整.例如,如果我们选择国内生产总值这一指标对四川省的社会经济发展情况进行时间序列分析,则由于四川省在1997年之前的国内生产总值包括重庆市,而1997年以后显然不包括重庆市,这就要对之进行调整,将分析范围内1997年以前重庆市的国内生产总值从四川省的国内生产总值中扣除,以使时间数列中各指标值在不同时间上所代表的总体范围相互一致.

(3)指标口径方面的可比性.指标口径是统计实践中的一种说法,它是指指标所包括的经济内容的多少.在经济分析中,经常存在着这样一种情况,即有些指标从指标名称上看,在不同时间上并没有什么变化,但随着时间的推移,其经济内容却发生了很大的变化.例如,工资这个概念,在改革开放前,我国实行的是低工资,高福利的分配政策.在那时,工资中根本不包括诸如与住房、医疗、各种保险等这样一些消费项目相对应的部分.而现在随着我国分配政策的不断改革,类似于这样的一些消费支出已经逐渐显化到职工工资之中了.如果在时间数列分析中,不考虑这一指标在经济内容上的这些变化,用工资的增长速度来分析职工的生活变化情况,那么其结论肯定存在着一定的虚假性.

(4)计算价格和计算方法方面的可比性.统计指标的计算价格种类很多,同一指标的计算价格不同,指标值的大小就不一样.因此,如果使用价值量指标编制时间数列,则同一数列中在不同时间上的计算价格一般要求相同.另外,有些指标可能同时有多种计算方法可以使用,计算方法不同,则指标数值的大小就不一样.因此,同一数列中在不同时间上的指标应该使用同一种方法来计算.

三、时间数列分析的内容体系

编制时间数列的目的就是通过对时间数列的分析来描述事物发展变化的基本过程、基本趋势和基本规律,以对事物的未来走势进行预测,最终为管理决策提供信息依据.因此,对时间数列的分析基本上可以分为三个层次:第一个层次就是通过计算一些基本分析指标对事物的发展过程进行一般的统计描述;第二个层次就是通过对时间数列的结构分析揭示事物发展变化的基本趋势和基本规律;第三个层次就是在对事物发展变化的趋势及其规律有所认识的基础上,通过建立时间数列模型来对事物的未来进行预测.根据这种认识,可以将时间数列分析的内容体系概括为图9–2 所示.

- 时间数列分析内容体系
  - 时间数列分析指标
    - 水平指标
    - 速度指标
  - 时间数列结构分析
    - 长期趋势分析
    - 季节变动分析
    - 循环变动分析
    - 不规则变动分析
  - 时间数列预测模型
    - 时序平滑预测模型
    - 趋势预测模型
    - 季节变动预测模型

图 9–2　时间数列分析内容体系

本章主要介绍前两个层次的内容.关于时间数列的预测模型问题,一方面,由于其内容比较庞杂,很难在较短的篇幅中将其阐述清楚;另一方面,在统计学中,已经形成了一门独立的分支学科——统计预测与决策,时间数列预测模型便是其中很重要的一个模块,所以有兴趣的读者可以参阅有关参考书.

第二节　时间数列的分析指标

本章第一节中已经指出,对时间数列进行分析的第一个层次,也是最基本的层次,就是从时间的角度对事物发展变化的基本状态进行描述.这种描述包括两个方面的内容:一个是回答“多少”的问题,一个是回答“快慢”的问题.在时间数列分析中,一般将描述前者的动态分析指标称为“水平指标”;将描述后者的动态分析指标称为“速度指标”.本节主要介绍这两类指标.

一、时间数列的水平指标

时间数列的水平指标共有四个:发展水平、平均发展水平、增长量、平均增长量.下面分别介绍.

（一）发展水平和平均发展水平

在时间数列的分析中,发展水平并不是一个新的概念,也不是一类新的指标,它仅仅是为了说明问题方便,将时间数列中各时间上所对应的指标数值统称为发展水平.并且,在统计分析中,有这样一些统一的约定:处于时间数列中第一期的指标值,称为最初发展水平;处于最后一期的指标值,称为最末发展水平;处于第一期指标值和最后一期指标值之间的指标值,称为中间发展水平;在做动态对比时,将作为对比基准期的时期叫做基期,其指标值也相应地被称为基期发展水平;将用以分析研究的时期称为报告期,其指标值被称为报告期发展水平.由于时间数列根据其构成指标的数值表现形式不同分为三类:总量指标时间数列、相对指标时间数列和平均指标时间数列,因此发展水平也有三种:总量指标发展水平、相对指标发展水平和平均指标发展水平.发展水平是进行动态分析的基础,而发展水平又以总量指标发展水平为基础,因为其他形式的发展水平都是由此而派生出来的.

平均发展水平,顾名思义,就是发展水平的平均数.因为它是将时间数列中不同时间上的发展水平加以平均而得到的平均数,因此,统计上习惯称这种平均数为序时平均数.序时平均数和静态平均数的共同之处在于,都是将现象的个别数量差异抽象化,概括地反映现象的一般水平.但二者又有明显的区别:序时平均数是根据时间数列计算的,它是将现象在不同时间上的差异抽象化,说明现象在一段时间内发展变化的一般水平;静态平均数是根据同质总体中各单位标志值计算的, 它是将某一数量标志在同一时间而不同总体单位上的差异抽象化,用以反映现象在具体历史条件下的一般水平.

由于发展水平就是指时间数列中的指标值,所以,时间数列一经编制出来,就意味着发展水平是已知的,因此,在时间数列的分析中,发展水平并不存在计算问题.下面重点介绍平均发展水平的计算方法.

计算平均发展水平的基本思路是:首先是要判断时间数列的类型,因为时间数列的类型不同,序时平均数的计算方法就不同;其次,在时间数列的类型确定以后,接下来就是选择具体的计算公式.因为即使是同一类型的时间数列,已知资料的特点不同,所用公式的具体形式也不相同.

1.总量指标时间数列序时平均数的计算

如果经过判断,用以计算序时平均数的时间数列属于总量指标时间数列,那么还要判断是属于时期数列,还是时点数列,因为,时期数列和时点数列的计算方法也是不相同的.

(1) 时期数列序时平均数的计算

时期数列中各个指标值具有可加性,所以,可直接用简单算术平均法计算其平均发展水平.计算公式为:

$$\bar{a}=\frac{a_1+a_2+a_3+\cdots+a_{n-1}+a_n}{n}=\frac{1}{n}\sum_{i=1}^{n}a_i \tag{9.1}$$

式中:a_i为第i期的发展水平$(i=1,2,3,\cdots,n)$;n为时期数列的项数;$\bar{a}$为序时平均数.

（2）时点数列序时平均数的计算

由时点数列计算序时平均数,和时期数列相比,要复杂一些.因为,时点数列中的每个指标值均代表某一时刻上的现象存量,如果直接将这些指标值相加,然后除以时点数求平均,则这个平均数只能说是这一存量现象在被平均的各个时点上的一般水平.这个一般水平在经济分析中显然没有多少意义,因为,绝大多数情况下,我们所需要的是现象存量在某一段时期内的一般水平,例如,一个月或者一年.根据时点数列的这种特征,要求其在一段时期内的一般水平,最为准确的方法就是先求出时点指标变量对时间变量的数学函数,然后再求这一函数在某一时间范围内的期望值,这一期望值就是时点指标在该时期内的平均数.然而,要求这样的数学函数,在统计实践中,一般情况下是不可能的.因为,时点指标值每时每刻都在发生变化,如果每时每刻都要进行登记,一方面没有必要,另一方面,这样做的成本非常高昂.因此,在统计实践中,大部分情况下是每过一段时间对其变化的结果登记一次.所以,我们根据这种不连续的时点指标值求其在一段时期内的平均数,则只有假定在两次登记之间这种存量是线性变动的.这样,计算时点数列序时平均数的基本步骤应该为:

首先,计算两两时点之间的平均数.计算方法为将这两个时点上的指标值进行简单平均.其意义为这两个时点之间所包含的这一段时期内的序时平均数.

第二,对两两时点之间的平均数再求平均数,其意义就是所求数列的序时平均数.这时候,从方法上看,应该分两种情况对待,一种是如果两两时点之间的间隔相等,则各间隔之间的平均数在计算整个时间数列的平均数时所起的作用应该是相同的,因此,直接对各间隔之间的平均数进行简单平均求时间数列的平均数,其公式为:

$$
\bar{a} = \frac{\sum_{i=1}^{n} \bar{a}_i}{n} = \frac{\dfrac{a_0+a_1}{2} + \dfrac{a_1+a_2}{2} + \dfrac{a_2+a_3}{2} + \cdots + \dfrac{a_{n-1}+a_n}{2}}{n}
$$

$$
= \frac{\dfrac{a_0}{2} + a_1 + a_2 + \cdots + a_{n-1} + \dfrac{a_n}{2}}{n} \tag{9.2}
$$

另一种情况是,如果两两时点之间的间隔不相等,则各间隔之间的平均数在计算整个时间数列平均数时所起的作用是不相同的,即间隔越长,则这个平均数所起的作用就越大;反之,越小.因此,应该对各间隔之间的平均数进行加权平均求时间数列的平均数,权数就是两两时点之间所包含的单位时间数.其公式为:

$$
\bar{a} = \frac{\sum_{i=1}^{n} \bar{a}_i f_i}{\sum_{i=1}^{n} f_i} = \frac{\sum_{i=1}^{n} \dfrac{(a_i+a_{i-1})}{2} f_i}{\sum_{i=1}^{n} f_i}
$$

$$
= \frac{\dfrac{a_0+a_1}{2} f_1 + \dfrac{a_1+a_2}{2} f_2 + \cdots + \dfrac{a_{n-1}+a_n}{2} f_n}{\sum_{i=1}^{n} f_i} \tag{9.3}
$$

以上两种方法实际上是一致的,即式(9.2)是式(9.3)在权数相等时的一种特殊情况.用这两种方法所计算的时点数列的序时平均数都是一种近似值,原因在于在推导这两个公式时我们所坚持的假定——存量现象在两两时点之间是线性变动的,在现实中总是不能很好地满足.但是,有一点是可以肯定的,即两两时点之间的间隔越短,这种假定越容易满足;越长,越不容易满足.因此,在编制时间数列时,如果条件允许的话,两两时点之间的间隔就不要太长.

当然,在社会经济现实中有时也可以取得连续性时点数列的资料.这主要是指那些相对比较稳定,并且,对这种变动的统计制度又比较健全的存量现象.例如,企业中的在册职工人数.对于这些现象,一般是变动一次就记载一次.这样,我们就可以计算出这种存量现象的精确序时平均数,并且,方法反而比较简单.因为,对这种现象而言,两两时点之间的平均数是一个常数,计算公式可表示为:

$$\bar{a}=\frac{\sum\limits_{i=1}^{n}\bar{a}_{i}f_{i}}{\sum\limits_{i=1}^{n}f_{i}}=\frac{\sum\limits_{i=1}^{n}a_{i}f_{i}}{\sum\limits_{i=1}^{n}f_{i}} \tag{9.4}$$

式(9.4)中,$\bar{a}=a_{i}$,也就是说,这种存量现象在第$(i-1)$到第i个时间间隔中,一直保持不变,为a_{i}.

例9.1 某企业产值和职工人数资料如表9-1所示:

表9-1 某企业职工人数与总产值统计表

时 间	2001	2002	2003	2004	2005	2006	2007	2008
职工人数(人)(年末)	790	810	810	830	850	880	870	885
总产值(万元)	70.61	73.71	76.14	83.83	90.10	108.24	98.25	106.86

求:该企业年平均职工人数和年平均总产值.

解:(1)因为总产值是一个时期指标,所以,该数列属于时期数列,因此,根据式(9.1),其年平均总产值为各年总产值的简单算术平均数,为88.47万元.

(2)因为年末职工人数是一个时点指标,因此,该数列属时点数列,并且,显然是间断登记而又间隔相等,因此根据式(9.2)得年平均职工人数为:

$$\frac{1}{7}\left(\frac{790}{2}+810+810+830+850+880+870+\frac{885}{2}\right)=841.07(人)$$

需要说明的是,这个年平均职工人数是2002—2008这7年的平均数,并不包括2001年在内.读者可以进一步思考,如果资料是按年初给出的,那么这一时间数列的序时平均数应该代表哪几年?

例9.2 我国相关年份就业人员资料如表9-2所示,请计算我国1979—2009年平均就业人员数.

表9-2 我国相关年份就业人员统计表

时 间	1978	1990	2000	2008	2009
就业人员数(万人)(年底)	40 152	64 749	72 085	77 480	77 995

注:资料来源于《中国统计年鉴2010》.

解:年底就业人员数显然是一个时点指标,因此,该数列属时点数列;并且是一个间断性间隔不等的数列.因此,根据式(9.3)得:

応用統計学

応用统计学

中国年平均就业人员数$=(\dfrac{40\,152+64\,749}{2}\times12+\dfrac{64\,749+72\,085}{2}\times10+\dfrac{72\,085+77\,480}{2}\times8+$

$\dfrac{77\,480+77\,995}{2})\div(12+10+8+1)$

$=64\,179.79$（万人）.

例 9.3　某农场某种大牲畜 2008 年 6 月份存栏数资料如表 9-3 所示：

表 9-3　某农场某种大牲畜存栏量统计表

时　间	1—8 日	9—12 日	13—18 日	19—22 日	23—30 日
牲畜存栏数(头)	660	680	620	580	612

要求计算该农场这种大牲畜 6 月份的平均存栏头数.

解：牲畜存栏头数是一个时点指标,因此,该数列属时点数列;并且,观察资料的特点,这种存量现象显然属于每变化一次就登记一次,因此,它属于一种连续性间隔不等的时间数列.因此,根据式(9.4)得：

牲畜 6 月份平均存栏头数$=\dfrac{660\times8+680\times4+620\times6+580\times4+612\times8}{8+4+6+4+8}=631.2$（头）.

2. 相对指标和平均指标时间数列序时平均数的计算

由于相对指标时间数列和平均指标时间数列是两个有联系的总量指标时间数列的相应项对比的结果,因此,根据相对指标时间数列计算序时平均数,不能根据相对指标时间数列直接计算,而是先要分别计算出两个互相联系的总量指标时间数列的序时平均数,然后再对比,求出相对指标时间数列的序时平均数.用公式表示为：

$$\bar{c}=\dfrac{\bar{a}}{\bar{b}} \tag{9.5}$$

式中：$\bar{c}$代表相对指标时间数列的序时平均数;$\bar{a}$代表相对指标分子数列的序时平均数;$\bar{b}$代表相对指标分母数列的序时平均数.

例 9.4　根据例 9.1 中的资料计算该企业的年平均劳动生产率.

分析：劳动生产率是一个相对指标,如果用每年的总产值除以相应年份的年平均职工人数,那么所编制的年劳动生产率时间数列就属于相对指标时间数列.根据式(9.5),只从计算相对数时间数列序时平均数的角度讲,就不一定要把该数列编制出来了,直接分别计算其子项数列—总产值和母项数列—职工人数的序时平均数,然后将它们对比就可以了.但是,需要说明的一点是,虽然在例 9.1 中已经将这两个数列的序时平均数计算出来了,但是,不能将它们直接对比, 因为它们各自所代表的时间不可比. 例 9.1 中的年平均总产值代表 2001—2008 这 8 年的平均数;而年平均职工人数却代表 2002—2008 这 7 年的平均数.因此,在 2000 年年末或 2001 年年初职工人数不知道的情况下,只能计算出 2002—2008 年这一时期的年平均劳动生产率：

年平均劳动生产率$=\dfrac{(810+810+830+850+880+870+885)/7}{841.07}=1.03$（万元/人·年）.

(二)增长量和平均增长量

1. 增长量

增长量是时间数列中报告期发展水平与相比较的基期发展水平之差, 反映社会经济现

象报告期比基期增加或减少的数量,即:

$$增长量=报告期发展水平-基期发展水平$$

一般而言,分析的目的不同,选择的基期就不同.因此,根据基期的不同,可将增长量分为:逐期增长量和累计增长量.

(1) 逐期增长量.它是指时间数列中各期发展水平与其前期发展水平之差,说明现象逐期增加或减少的数量,用公式表示为:

$$逐期增长量=报告期发展水平-报告期上期发展水平$$
$$=a_i-a_{i-1} \tag{9.6}$$

在实际工作中,如果是利用历年各月(季)的资料编制时间数列,还可以计算一种特殊的逐期增长量——年距增长量,即用报告年的某月(季)的发展水平减去上一年同月(季)的发展水平.其意义在于消除由于季节不同对某些社会经济现象产生的影响.

(2) 累计增长量.它是指时间数列中报告期发展水平与某一固定基期发展水平之差,说明现象在一定时期内总的增加或减少的数量,用公式表示为:

$$累计增长量=报告期发展水平-固定基期发展水平$$
$$=a_i-a_0 \tag{9.7}$$

在同一时间数列中,各逐期增长量的代数和一定等于相应时期的累计增长量,即

$$\sum_{i=1}^{n}(a_i-a_{i-1})=a_n-a_0 \tag{9.8}$$

2. 平均增长量

平均增长量是指时间数列中各逐期增长量的序时平均数,说明某社会经济现象在一段时期内平均每期增加或减少的数量.一般用简单算术平均法计算.其公式为:

$$平均增长量=\frac{\sum_{i=1}^{n}(a_i-a_{i-1})}{n} \tag{9.9}$$

$$=\frac{a_n-a_0}{n} \tag{9.10}$$

式(9.9)可以认为是平均增长量的定义公式,而式(9.10)是根据累计增长量和逐期增长量的关系所得到的,也即把式(9.8)代入式(9.9)得到的.还需要说明的一个问题是,增长量虽然有两类:累计增长量和逐期增长量,但由于累计增长量在不同时间上不具有可加性,即将累计增长量再累计也没有什么经济意义,因此,所谓平均增长量就是指逐期增长量的序时平均数.

增长量和下面要讲的增长速度实际上是从两个不同的角度说明同一个问题,即分别从绝对数和相对数方面说明经济现象的增长程度.因此,我们在下一个问题中,用同一个例题来说明它们的具体计算过程,这里就不再另外举例说明了.

二、时间数列的速度指标

(一) 发展速度与增长速度

在基本理解了发展水平、增长量等这样几个指标后,发展速度与增长速度这样两个指

标就很好理解了.下面把前面讲过的发展水平、增长量和这里要讲的发展速度、增长速度这四个指标的计算公式、分类等基本内容列入表9-4中,然后对有关内容再做一些简单介绍.

表9-4 时间数列基本分析指标计算方法对照表

时间	发展水平	增长量		发展速度		增长速度	
		累计	逐期	定基	环比	定基	环比
t_0	a_0	0	—	1	—	0	—
t_1	a_1	a_1-a_0	a_1-a_0	$\dfrac{a_1}{a_0}$	$\dfrac{a_1}{a_0}$	$\dfrac{a_1-a_0}{a_0}$	$\dfrac{a_1-a_0}{a_0}$
t_2	a_2	a_2-a_0	a_2-a_1	$\dfrac{a_2}{a_0}$	$\dfrac{a_2}{a_1}$	$\dfrac{a_2-a_0}{a_0}$	$\dfrac{a_2-a_1}{a_1}$
$\vdots$	$\vdots$	$\vdots$	$\vdots$	$\vdots$	$\vdots$	$\vdots$	$\vdots$
t_n	a_n	a_n-a_0	a_n-a_{n-1}	$\dfrac{a_n}{a_0}$	$\dfrac{a_n}{a_{n-1}}$	$\dfrac{a_n-a_0}{a_0}$	$\dfrac{a_n-a_{n-1}}{a_{n-1}}$

1. 发展速度.发展速度是反映社会经济现象发展变化快慢程度的动态相对指标,它是根据两个不同时期的发展水平对比求得的.其计算结果一般用百分数或倍数表示.用公式表示为:

$$发展速度=\frac{报告期发展水平}{基期发展水平} \tag{9.11}$$

发展速度和增长量类似,由于对比的基期不同,可分为环比发展速度和定基发展速度两种.

环比发展速度,就是报告期发展水平与前一期发展水平对比所得到的相对数.它是说明报告期发展水平与其前一期发展水平相比,已发展到(增加或减少)什么程度,即报告期的水平是上一期的百分之多少或多少倍.其计算公式如表9-4所示.

定基发展速度,是指报告期发展水平与某一固定基期发展水平对比所得到的相对数.它是说明报告期发展水平与该固定基期发展水平相比,已发展到(增加或减少)什么程度,即报告期的水平是该固定基期的百分之多少或多少倍.其计算公式如表9-4所示.

定基发展速度与环比发展速度所反映的时间长度和经济内容虽然有所不同,但它们也存在着内在的数量联系,即同类现象的时间数列中,各环比发展速度的连乘积等于相应时期的定基发展速度,用公式表示为:

$$\frac{a_n}{a_0}=\prod_{i=1}^{n}\frac{a_i}{a_{i-1}} \tag{9.12}$$

2. 增长速度.增长速度是表明社会经济现象增长程度的动态相对指标,它是根据增长量与基期发展水平对比求得的,用以说明报告期水平比基期水平增加了百分之几(或若干倍),其计算结果一般用百分数或倍数表示.用公式表示为:

$$增长速度=\frac{报告期增长量}{基期发展水平}=\frac{报告期发展水平-基期发展水平}{基期发展水平}=发展速度-1 \tag{9.13}$$

增长速度和发展速度一样,也由于对比的基期不同,可分为环比增长速度和定基增长速度两种.

环比增长速度,就是报告期增长量与其前一期发展水平对比所得到的相对数.从数量上看,它等于环比发展速度减1.其计算公式如表9-4所示.

定基增长速度,是指报告期增长量与某一固定基期发展水平对比所得到的相对数.从数量上看,它等于定基发展速度减 1.其计算公式如表 9-4 所示.下面举一个例子说明这几个指标的计算方法.

例 9.5　表 9-5 是我国 1980—2009 年人均国内生产总值(GDP)资料,试计算其各年的累计增长量、逐期增长量、定基发展速度、环比发展速度及其定基增长速度和环比增长速度.

表 9-5　中国 1980—2009 年人均 GDP 及其分析表

年份	人均GDP(元)	增长量(元)		发展速度(%)		增长速度(%)	
		累计	环比	定基	环比	定基	环比
1980	466	0	—	100	—	0	—
1981	484	18	18	103.90	103.90	3.90	3.90
1982	520	54	36	111.66	107.46	11.66	7.46
1983	568	102	48	122.00	109.26	22.00	9.26
1984	646	180	78	138.68	113.67	38.68	13.67
1985	723	257	77	155.23	111.93	55.23	11.93
1986	775	309	52	166.47	107.24	66.47	7.24
1987	851	385	76	182.80	109.81	82.80	9.81
1988	932	466	81	200.17	109.50	100.17	9.50
1989	955	489	23	205.13	102.48	105.13	2.48
1990	977	512	22	209.90	102.33	109.90	2.33
1991	1 052	587	75	226.06	107.70	126.06	7.70
1992	1 188	722	135	255.11	112.85	155.11	12.85
1993	1 338	872	150	287.41	112.66	187.41	12.66
1994	1 496	1 030	158	321.36	111.81	221.36	11.81
1995	1 642	1 176	146	352.61	109.73	252.61	9.73
1996	1 787	1 321	145	383.86	108.86	283.86	8.86
1997	1 933	1 468	146	415.27	108.18	315.27	8.18
1998	2 065	1 599	132	443.53	106.80	343.53	6.80
1999	2 203	1 737	138	473.21	106.69	373.21	6.69
2000	2 370	1 904	167	509.08	107.58	409.08	7.58
2001	2 548	2 083	178	547.34	107.52	447.34	7.52
2002	2 761	2 295	213	593.07	108.35	493.07	8.35
2003	3 019	2 553	258	648.47	109.34	548.47	9.34
2004	3 304	2 838	285	709.64	109.43	609.64	9.43
2005	3 656	3 190	352	785.27	110.66	685.27	10.66
2006	4 096	3 631	440	879.89	112.05	779.89	12.05
2007	4 652	4 186	556	999.27	113.57	899.27	13.57
2008	5 074	4 608	422	1 089.95	109.07	989.95	9.07
2009	5 508	5 043	434	1 183.27	108.56	1 083.27	8.56

注:本表人均国内生产总值(GDP)根据《中国统计年鉴 2010》人口数和国内生产总值相关资料计算得到.各年国内生产总值均换算为 1980 年价格.

根据表中资料,增长量、发展速度和增长速度这几个指标按照表9-4中的公式计算即可,有关结果如表9-5所示,下面根据式(9.10)计算平均增长量:

$$人均GDP平均年增长量=(5\ 508-466)\div29$$
$$=173.86(元)$$

读者可以按照平均增长量的定义公式,即式(9.9)计算其平均增长量,看是否相等.如果稍有差异,则可能是由于四舍五入造成的.

(二) 平均发展速度与平均增长速度

1. 平均速度指标的意义

平均速度,顾名思义,就是速度指标的动态平均数.因为速度指标有两种:发展速度和增长速度,所以,平均速度指标也有两种:平均发展速度与平均增长速度.需要说明的是,虽然发展速度与增长速度都有定基与环比之分,但由于对定基发展速度与定基增长速度求平均没有多少实际意义.因此,从理论上讲,所谓平均发展速度是指时间数列中各期环比发展速度的序时平均数,它表明社会经济现象在一个较长时期内逐期发展变化的平均程度;而所谓平均增长速度也是指时间数列中各期环比增长速度的序时平均数,它表明社会经济现象在一个较长时期内逐期增长的平均程度.但是,从计算平均速度的方法看,平均增长速度并不能根据各期环比增长速度直接计算,而是要先计算平均发展速度,然后,根据平均发展速度与平均增长速度的关系来计算平均增长速度,即:

$$平均增长速度=平均发展速度-1$$

因此,所谓平均速度指标的计算方法问题实际上就是指平均发展速度的计算.

2. 平均发展速度的计算方法

平均发展速度通常采用两种方法计算:几何平均法与方程法.

几何平均法又称水平法,它的基本出发点是:从时间数列的最初发展水平 a_0 开始,以数列的平均发展速度去代替各期的环比发展速度,由此推算出期末理论发展水平与期末实际发展水平相一致,即:

$$a_0\overline{X}^n=a_n \tag{9.14}$$

式中,$\overline{X}$表示平均发展速度,其他符号与本章前面的含义相同.由这一公式变形,可得平均发展速度的"几何法"计算公式:

$$\overline{X}=\sqrt[n]{\frac{a_n}{a_0}} \tag{9.15}$$

根据定基发展速度和环比发展速度的关系,即将式(9.12)代入式(9.15)得平均发展速度的另一个计算公式:

$$\overline{X}=\sqrt[n]{\frac{a_n}{a_0}}=\sqrt[n]{\prod_{i=1}^{n}\frac{a_i}{a_{i-1}}} \tag{9.16}$$

方程法又称累计法,它的基本出发点是:从时间数列的最初发展水平 a_0 开始,以数列的平均发展速度去代替各期的环比发展速度,由此推算出各期理论发展水平之和与各期实际发展水平之和相一致,即:

$$\sum_{i=1}^{n} a_0 \overline{X}^i = \sum_{i=1}^{n} a_i \Rightarrow \sum_{i=1}^{n} \overline{X}^i = \frac{\sum_{i=1}^{n} a_i}{a_0} \tag{9.17}$$

解这个高次方程,其正根即为平均发展速度.但是,要求解这个高次方程是非常麻烦的,因此,在实际工作中,往往利用已经编好的《平均增长速度查对表》来计算.

例 9.6　根据表 9–5 中的资料,用水平法计算我国 1981—2009 年人均 GDP 的年平均发展速度和年平均增长速度.

解:根据 9.15 式计算年平均发展速度,得:

$$\overline{X} = \sqrt[29]{\frac{5\,508}{466}} = 108.89\%$$

人均 GDP 年平均增长速度 $= \overline{X} - 1 = 8.89\%$

当然,还可以利用式(9.16)来计算我国 1981—2009 年人均 GDP 的平均发展速度和平均增长速度,其结果是相同的.

3. 计算和应用平均速度指标应注意的问题

平均速度指标,包括平均发展速度和平均增长速度,在经济管理和科学研究中使用范围很广.因此,下面对在应用和计算这两个指标时要注意的问题做一些说明.

(1) 几何平均法和方程法是计算平均发展速度的基本方法, 但两种方法的侧重点不同:前者是从最末水平出发来研究问题,而后者则是从各期水平的累计总和出发进行考察.因此,它们的应用条件是不同的,同一资料,两种方法计算的结果也不相同.所以,在计算平均发展速度时要根据研究现象的性质、研究目的来选择合适的方法.例如,如果我们研究的是类似于年末人口数这样的存量现象,那么利用方程法来计算其平均发展速度就没有多少意义了.

(2)要根据事物的发展状态,应用分段平均发展速度来补充说明全时期的总平均发展速度.因为总平均速度仅能笼统的反映现象在较长时期内逐期平均发展的程度,而掩盖了这种现象在不同时期的波动状况.尤其是当研究的时期较长时,更要注意这方面的问题.

(3) 在应用几何平均法计算平均发展速度时,还要注意与环比发展速度结合进行分析.因为几何平均法计算的平均发展速度只考虑了最末水平与最初水平, 中间各期水平无论怎样变化,对平均速度的高低都无影响.如果中间各期水平出现了特殊高低变化,或者最初、最末水平受到特殊因素的影响,就会降低或失去平均速度的意义.

(4) 注意平均速度指标与原时间数列的发展水平、增长量、平均水平等指标的结合应用,以便对研究现象做出比较确切和全面的认识.

第三节　时间数列的结构分析

一、时间数列的构成

社会经济现象的发展变化是许多错综复杂的因素共同作用的结果.有些属于基本因素,它对事物的发展起决定性作用,影响事物在一段较长时间内呈现出一定的趋向,沿着一个方向发展(上升或下降);有些属于偶然的或非基本的因素,它对事物的发展只起局部的非决定性作用,影响时间数列各期发展水平出现短期不规则的波动;还有些属于季节性因素,影响时间数列以一年为周期季节性波动.为了研究社会经济现象发展变化的趋势或规律,并以此为依据来预测未来,就需要将这些不同因素的不同作用结果从时间数列的实际数据中分离出来,这就是时间数列的结构分析问题.但影响事物发展变化的因素很多,要将每一因素的影响程度和影响方向都一一分离出来是很不现实的.因为,有些影响因素是已知的,将其分离出来还有可能,而有些因素,虽然它对事物的发展变化确实在发生作用,但这些因素到底是什么,在目前的认识水平下还不能准确确定,就更不要说将其分离了.因此,在实际分析中,只能将影响事物发展变化的各种因素进行归类,然后,按类测定它们各自对事物发展变化的影响状况.按照欧、美等国家经济统计学的长期研究,经济动态数列可以分解为下列四种类型的数量变动:

(1)长期趋势(T):指客观社会经济现象在一个相当长的时期内,由于受某种基本因素的影响所呈现出的一种基本走势.

(2)季节变动(S):指客观社会经济现象由于受季节更换等因素的影响,在一年或更短的时间内所呈现出的一种周期性波动.

(3)循环变动(C):指客观社会经济现象以若干年为周期涨落起伏相同或基本相同的一种波动.

(4)不规则变动(I):指客观社会经济现象由于突发事件或偶然因素引起的无周期性波动.

我们将影响事物发展变化的因素归纳为以上四类后,要将它们从事物的现实变动中分离出来,还有一个问题需要解决,就是这些因素是以什么样的方式结合起来发生作用的.毫无疑问,由于客观存在在内容上的复杂性和方式上的多样性,影响客观事物的各种因素在其发生作用的过程中表现出来的关系也是多种多样的.在统计分析中,将这种关系一般概括为以下两种假设:

第一种假设:各个组成部分所具有的变动数值是各自独立,彼此相加的,从而,整个时间数列数值与各种构成之间的数量关系应该表现为下列公式:

$$Y_i = T_i + S_i + C_i + I_i \tag{9.18}$$

第二种假设:各个组成部分所具有的变动数值是相互依存,彼此相乘的,从而,整个时间数列数值与各种构成之间的数量关系应该表现为下列公式:

$$Y_i = T_i \times S_i \times C_i \times I_i \tag{9.19}$$

在统计实践中,应该采用哪一种关系式进行分析,要根据研究对象的性质具体问题具体分析.但从分析的方法来看,两种模型的基本思想是相同的,只是某些具体操作步骤不同而已.下面以乘法模型为例,介绍以上四种因素对时间数列影响程度的具体测定方法.

二、长期趋势的测定方法

长期趋势是指现象在相当长的时期内持续增长或不断下降的趋势.例如,各国经济的发展,多半具有向上增长的趋势.这主要是人口的增加、技术的进步以及财富的积累等因素的结果.当然,有些社会经济现象也存在着随时间推移而向下转变的可能性.例如,第一产业——农业的产值在国内生产总值中所占的比重从长期的角度观察,就呈现出一种随时间推移而逐步下降的趋势.

分析时间数列的长期趋势,描述社会经济现象在较长时期内发展变化的基本状态,有助于认识现象的变动规律.这样可以为预测事物未来的发展情况提供依据;测定长期趋势,还便于将长期趋势从时间数列中分离出来,以利于更好地研究季节变动规律.

测定长期趋势的基本方法是对时间数列进行修匀.修匀的基本目的就是消除影响事物变化的非基本因素.因为,非基本因素在不同的时间上,对事物发生影响的程度和方向是不相同的.既然如此,对时间数列进行修匀的过程就是这些因素相互抵消的过程,抵消的结果自然是消除了偶然而保留了必然.修匀的方法很多,但比较常用的是移动平均法和数学模型法.下面分别介绍它们的基本内容.

1. 移动平均法

移动平均法的基本思想可以从两个方面理解:首先是平均法的思想.因为测定长期趋势的基本目的就是消除偶然,保留必然.很显然,影响一个事物的偶然因素在不同的时间上,其发生作用的程度和方向都是不相同的.因此,在我们研究某一特定时间上事物发展变化的必然结果时,就可以以这一时间为中心,对其前后若干时期内的发展水平进行平均.因为,平均的过程就是偶然因素的相互抵消过程,偶然因素的影响抵消了,则这个平均的结果就代表着该时期各种必然因素发生作用的结果;其次,是发展的思想.因为,影响事物的必然因素虽然对事物的影响程度和方向是基本稳定的,但从长期的角度观察,其影响的程度却会随着经济条件的变化而发生变化,因此,如果平均的时期太长,则在消除偶然的同时,会将这种已经变化了的必然因素在不同时间上的不同影响也随之消除,这样,就没有达到测定长期趋势的目的.因此,一方面,平均的时期不能太长;另一方面,当平均的时期长度确定以后,随着研究期的向后推移,为了及时反映事物的发展信息,应该逐渐吸收其后期数据,而为了使其平均的时期不至于逐渐加长,则应该逐渐放弃与观察期较远的前期数据.

在了解了移动平均法的基本思想后,其具体操作方法是比较简单的.因为除了其移动性特点之外,就是计算序时平均数;而序时平均数的计算方法在本章第二节中已经做了详细介绍.因此,下面只简单介绍一下它的计算要点:

首先,确定移动平均数的移动周期长度.这是一个很实际的问题,一定要具体问题具体分析.有一个原则需要说明,就是如果时间数列存在周期性变动,例如季节变动、循环变动等,移动周期的长度应该要等于这种周期变动的周期,只有这样才能将这种周期性变动消除掉.

其次,计算移动平均数.下面以我国 1990—2008 年居民消费价格指数(CPI)时间数列为例,采用三期移动平均来说明移动平均数的计算方法.资料如表 9-6 所示.由于移动平均是以某一个特定的时间为中心,将其前后对称时期内的数值进行平均,所以,第一个时期,即 1990 年没有移动平均数,因此,第一个移动平均数是从 1991 年开始的;同样的道理,时间数列的最后一个时期也没有移动平均数.这是对三期移动平均而言的,如果是五期、七期移动平均,前后各有几期没有移动平均数,请读者自己思考.

$$\bar{a}_{91}=(a_{90}+a_{91}+a_{92})/3=(216.4+223.8+238.1)/3=226.10(\%)$$

$$\bar{a}_{92}=(a_{91}+a_{92}+a_{93})/3=(223.8+238.1+273.1)/3=245.0(\%)$$

$$\bar{a}_{93}=(a_{92}+a_{93}+a_{94})/3=(238.1+273.1+339.0)/3=283.4(\%).$$

依次类推,直到将所有的移动平均数都计算出来为止,本例结果如表 9-6 所示.

还需要说明的一个问题是,一般而言,我们在确定移动周期的时间长度时,最好取奇数

应用统计学

项.但是,有些情况下,根据数据资料的特点,必须取偶数项.例如,当时间数列中包含明显的季节变动时,如果是季度资料,则需要用四期移动平均来消除季节变动;而如果是月度资料,则需要用到 12 期移动平均.在这时,显然存在一个问题,就是通过移动平均所得到的长期趋势值与时间数列的时间对应不上.例如,在上例中,如果我们采用四期移动平均,则第一个移动平均数是 1990—1993 年的序时平均数, 应该放在这一段时间的中间位置, 即 1991 年和 1992 年的中间;同样的道理,第二个移动平均数,即 1991—1994 年的序时平均数,应该放在这一段时间的中间位置, 即 1992 年和 1993 年的中间,依次类推,所有移动平均数均在时间数列的两两时间之间,这显然没有办法进行分析.因此,统计中的一般做法就是再对移动平均数时间数列进行第二次偶数项移动平均,目的是为了"正位",第二次移动的周期一般取两期.

2. 数学模型法

数学模型法就是根据时间数列发展形态的特点,选择一种合适的数学方程式,进而以自变量 X 代表时间,Y 代表实际观测值,然后依据此方程式来分析长期趋势的方法.用数学模型法测定长期趋势,关键在于两个方面:

首先是要科学地选择模型.数学模型有直线型和曲线型两种类型,而每一种类型又有很多种具体形式.因此,在建立模型之前首先要判断趋势的形态.方法有两种:一种是散点图法,即用直角坐标系做两个变量的散点图,然后根据散点图的形状来确定数学模型;另一种是指标法,即通过计算时间数列的动态分析指标来确定时间数列的类型,基本结论是:若时间数列的环比增长量大体相等, 则其趋势线近似于一条直线; 若时间数列的二次增长量大体相等, 则其趋势线近似于一条抛物线;若时间数列的各期环比发展速度大体相等,则其趋势线近似于一条指数曲线.抛物线、指数曲线等都属于曲线型模型.在社会经济现象的客观现实中,有很多是按照曲线的轨迹演进,因此曲线模型在经济社会中是大量存在的.但是,一方面,直线模型是曲线模型的基础,很多曲线模型均是首先线性化后再进行求解;其次,由于本章的目的和篇幅所限,关于曲线模型的更多理论与方法请有兴趣深入学习的读者参阅相关《计量经济学》著作.本章主要介绍直线模型.

其次是确定模型中的参数.当模型确定之后,接下来的工作就是求解模型.求解模型,实际上就是确定模型中的待定系数,即参数.从数学方法的角度看,最理想的方法就是"最小二乘法".关于这一方法的基本原理在本书"相关与回归分析"一章中已经做了介绍.这里,只是把"时间"作为自变量,时间数列的被分析指标作为因变量,其他方面没有什么本质区别,这里不再重复.

下面以我国 1990—2008 年居民消费价格指数(CPI)时间数列为例,具体说明长期趋势线的拟合方法,资料如表 9-6 所示.

首先,根据时间数列中实际资料的特点来选择模型的具体形式.这里采用散点图法,即以自变量——时间为横轴,时间数列的各期发展水平——居民消费价格指数为纵轴,绘制散点图,进而将其联结成一个折线图,如图 9-3 所示.观察发现,这一时间数列的基本走势为直线.因此,选择直线模型来分析其长期趋势,并假设其方程为:

$$Y=a+bX+\varepsilon$$

式中,Y 表示时间数列的实际水平值,X 表示时间变量,这里用"1"代表 1990 年,"2"代表 1991 年, 其他依次类推;ε 是一个随机变量;a、b 是两个待定系数, 分别表示趋势线在 Y 轴上的截距和斜率.

其次,依据这一时间数列的实际资料和"最小二乘法"的标准方程组求出这一直线方程中两个参数的估计值$\hat{a}$和$\hat{b}$标准方程组如下:

$$\begin{cases} \sum_{i=1}^{n} Y_i = n\hat{a} + \hat{b} \sum_{i=1}^{n} X_i \\ \sum_{i=1}^{n} X_i Y_i = \hat{a} \sum_{i=1}^{n} X_i + \hat{b} \sum_{i=1}^{n} X_i^2 \end{cases} \tag{9.20}$$

把表中资料代入这一标准方程组,得趋势方程如下:

$$\hat{Y} = 250.90 + 14.81X$$

最后,把各个时期的时间变量再代入这个趋势方程中便得到各期的长期趋势值,具体数值如表 9-6 所示.为了直观起见,可以将分析结果用统计图表示,如图 9-3 所示.

还需要说明的一个问题是,在手工计算的情况下,为了简化计算,可以将时间数列中的自变量,即时间变量的原点移动若干期.其中,最简便的方法是把原数列最中间的时间作为原点.具体做法是:当时间数列的项数为奇数时,可以取最中间一项的时间顺序号为0,中间以前的时间序号从中间往前依次为-1,-2,-3,…;中间以后的时间序号从中间往后依次为1,2,3,…;当时间数列为偶数项时,将最中间的两项,前面的一项取为-1,后面的一项取为1,然后,从中间到两边,以前各期依次取-3,-5,-7,…;以后各期依次取3,5,7,….

若按上述规则取值,从而使(9.20)式中的$\sum_{i=1}^{n} X_i = 0$,做到了这一点,就可以使(9.20)式简化为:

$$\begin{cases} \hat{a} = \dfrac{\sum_{i=1}^{n} Y_i}{n} \\ \hat{b} = \dfrac{\sum_{i=1}^{n} X_i Y_i}{\sum_{i=1}^{n} X_i^2} \end{cases} \tag{9.21}$$

用简化公式计算的直线趋势方程和标准方程组所求出的方程实际上是同一条趋势线,所不同的只是原点的改变.原点改变后的趋势值和改变前的趋势值肯定是相等的.

表 9-6　我国 1990—2008 年居民消费价格指数(CPI)统计分析表

年份	时间变量(X)	居民消费价格指数(%)	三年移动平均(%)	直线趋势值(%)
1990	1	216.40		265.71
1991	2	223.80	226.10	280.51
1992	3	238.10	245.00	295.32
1993	4	273.10	283.40	310.12
1994	5	339.00	336.33	324.92
1995	6	396.90	388.60	339.73
1996	7	429.90	422.90	354.53
1997	8	441.90	436.73	369.34
1998	9	438.40	437.50	384.14
1999	10	432.20	434.87	398.95

续表 9-6

年份	时间变量(X)	居民消费价格指数(%)	三年移动平均(%)	直线趋势值(%)
2000	11	434.00	434.40	413.75
2001	12	437.00	434.83	428.56
2002	13	433.50	436.40	443.36
2003	14	438.70	442.67	458.17
2004	15	455.80	452.83	472.97
2005	16	464.00	463.60	487.77
2006	17	471.00	476.20	502.58
2007	18	493.60	495.77	517.38
2008	19	522.70		532.19

注:居民消费价格指数以 1978 为 100%,资料来自《中国统计年鉴 2009》.

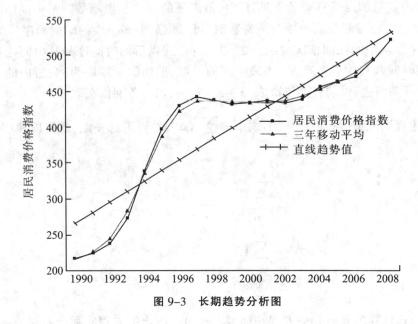

图 9-3　长期趋势分析图

三、季节变动的测定方法

季节变动是指某些社会经济现象由于受自然因素和社会条件、人们的消费习惯等因素的影响,在一年之内,随着季节更换而引起的一种有规律的变动.

在现实生活中,季节变动是一种极为普遍的现象.例如:商业经营中时令商品的销售量;农业经济中的蔬菜、水果、禽蛋的生产量;工业经济中的服装、水力发电等,都受生产条件和气候变化等因素的影响而形成有规则的周期性重复变动.季节变动有三个特征:一是季节变动按照一定的周期进行,是一种有规律的变动;二是季节变动每年重复进行;三是每个周期变化的强度大体相同.季节变动是各种周期性变动中的很重要的一种,因此,分析季节变动的原理和方法,是分析其他周期性变动的基础.

季节变动的分析方法和长期趋势的分析方法相比,既有联系,又有区别:区别在于,在长期趋势的分析中,构成时间数列的四个因素中,除了长期趋势外,其他三个因素,即季节变动、循环变动和不规则变动,要么是周期性的,要么是随机性的,而不管是周期性的,还是随机性的,我们都可以通过平均的方法使它们相互抵消,抵消的结果就是长期趋势,移动平均法是这样,数学模型法的本质也是这样.因为数学模型的趋势值从统计学的角度看,就是在某一特定时间上,抽象了影响事物发展的各种随机因素的影响而得到的期望值.但是,在测定季节变动的时候,我们要消除的是构成时间数列的四因素中除了季节变动的其他三个因素——长期趋势、循环变动和不规则变动.如果说,平均的方法在消除循环变动和不规则变动是比较理想的话,则对长期趋势的消除就不那么理想了.这时候,就需要采用新的方法,这是二者的区别;但是,如果现象变动的长期趋势不明显,甚至没有,那么从时间数列中测定季节变动,实际上就只需要消除循环变动和不规则变动,这时候,测定季节变动的方法和测定长期趋势的方法从本质上看就完全一样了,都是平均法的思想,这就是二者的联系.由此看来,测定季节变动的方法,可以分两种情况来选择,一种是在现象没有或者不明显有长期趋势的情况下,直接采用平均的方法,通过消除循环变动和不规则变动来测定季节变动,在统计学中将这种方法称为"同期平均法";另一种是现象具有明显的长期趋势,这时候,一般的做法是先测定长期趋势,并将其从原始数列中消除,然后再采用平均的方法再次消除循环变动和不规则变动,统计学中,把这种方法称为"移动平均趋势剔除法",下面分别介绍这两种方法.

1. 同期平均法

我们已经明白,同期平均法是在现象没有或者不明显具有长期趋势的情况下,测定季节变动的一种最基本的方法. 它的基本思想和长期趋势测定中的移动平均法的思想是相同的.实际上,"同期平均法"就是一种特殊的"移动平均法",即:一方面,它是平均,另一方面,这种平均的范围是仅仅局限在不同年份的相同季节中,季节不同,平均数的范围也就随之而"移动".因此所谓"同期平均"就是在同季(月)内"平均",而在不同季(月)之间"移动"的一种"移动平均"法."平均"是为了消除非季节因素的影响,而"移动"则是为了测定季节因素的影响程度.

下面以某地区多年的降水资料为例,来说明它的计算方法,资料如表9–7所示.如果将时间数列绘制到坐标图上(如图9–4),可以看到,该地区降水量几乎不存在长期趋势,因此,用同期平均法来测定其季节变动的步骤如下:

(1)计算异年同季(月)的平均数,目的是要消除非季节因素的影响.道理很简单,因为同样是旺季或者淡季,有些年份的旺季更旺或更淡,这就是非季节因素的影响.因为我们假设没有长期趋势,因此,这些因素通过平均的方法就可以相互抵消.本例的计算结果如表9–7所示.

(2)计算异年同季(月)平均数的平均数,也即时间数列的序时平均数,目的是计算季节比率.因为就从测定季节变动的目的讲,只计算"异年同季的平均数"就已经可以反映现象的季节变动趋势了:平均数大,表明是旺季,越大越旺;平均数小,表明是淡季,越小越淡.但是,这种大与小、淡与旺的程度只能和其他季节相比才能有准确的认识.因此,就需要将"异年同季的平均数"进行相对化变换,即计算季节比率,对比的标准就是时间数列的序时平均数.

(3)计算季节比率.方法是将异年同季的平均数分别和时间数列的序时平均数进行对比.一般用百分数表示,用公式表示为:

$$\text{季节比率} = \frac{\text{异年同季(月)平均数}}{\text{时间数列序时平均数}} \times 100\% \tag{9.22}$$

本例的计算结果均列于表 9-7 中.为了更直观,在统计实践中,经常将分析结果放到坐标图中观察,如图 9-5 所示.观察该图,发现一年四季的降水量分布很不均匀,淡旺分明.

表 9-7　某地区降雨量资料

年份	降雨量				全年平均
	一季度	二季度	三季度	四季度	
2006	95	185	341	89.0	177.5
2007	101	172	367	100	185
2008	82	160	353	125	180
2009	71	141	407	81	175
2010	106	152	292	160	177.5
季平均数	91.0	162	352.0	111.0	179.0
季节比率(%)	50.84	90.50	196.65	62.01	400.00

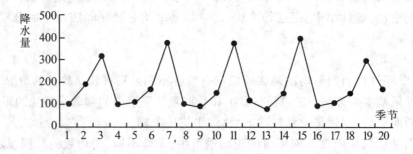

图 9-4　季节变动分析图 1

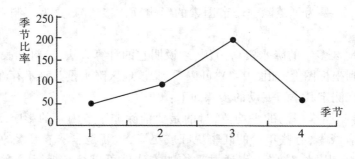

图 9-5　季节变动分析图 2

2. 移动平均长期趋势剔除法

移动平均长期趋势剔除法,顾名思义,就是在现象具有明显长期趋势的情况下,测定季节变动的一种基本方法.它的基本思路是,先从时间数列中将长期趋势剔除掉,然后再应用"同期平均法"剔除循环变动和不规则变动,最后通过计算季节比率来测定季节变动的程度.剔除长期趋势的方法一般用移动平均法.因此,它是长期趋势的测定方法——移动平均法和季节变动的测定方法——同期平均法的结合运用,在方法上没有新的思想.下面还是通过一个例题来说明其计算的基本步骤.

表 9-8 显示了某地区商业部门鲜蛋的收购资料,要求测定其季节变动程度.为了更清楚

地观察这一现象的动态特征,我们将其绘制到坐标系中,如图 9-6 所示.

表 9-8　某地区商业部门历年鲜蛋收购资料

时　间	鲜蛋收购量(万 kg)(Y)	修正四季移动平均(万 kg)(T)	季节指数(Y/T)(%)
2007.1	1 382.4	—	—
2007.2	1 584.2	—	—
2007.3	1 533.7	1 553.55	98.72
2007.4	1 631.0	1 596.49	102.16
2008.1	1 548.2	1 645.96	94.06
2008.2	1 761.9	1 707.30	103.20
2008.3	1 751.8	1 785.83	98.09
2008.4	1 903.6	1 882.33	101.13
2009.1	1 903.8	1 972.64	96.51
2009.2	2 178.3	2 036.89	106.94
2009.3	2 057.9	2 073.30	99.26
2009.4	2 111.5	2 098.19	100.63
2010.1	1 987.2	2 134.16	93.11
2010.2	2 294.0	2197.54	104.39
2010.3	2 230.0	—	—
2010.4	2 446.4	—	—

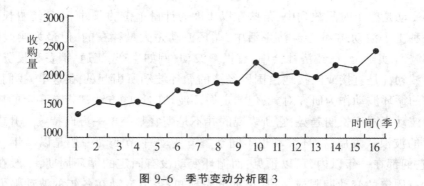

图 9-6　季节变动分析图 3

　　观察图 9-6 发现,这种现象不仅具有明显的季节变动趋势,而且长期趋势也很明显.因此,选用"移动平均趋势剔除法"来测定季节变动趋势.其基本步骤如下:

　　(1)先根据各年的季度(或月度)资料(Y)计算 4 季(或 12 个月)的移动平均数,然后为了"正位",再计算 2 季(月)移动平均数,作为各期长期趋势值(T)(称修正移动平均数).本例计算结果见表 9-8.

　　(2)将实际数值(Y)除以相应的移动平均数(T),得到各期的(Y/T).这就是消除了长期趋势影响的时间数列,它是一个相对数,统计学中,常称其为季节指数.

　　(3)将(Y/T)重新按"同期平均法"计算季节比率的方式排列,如表 9-9 所示.然后,按照该方法的要求,先计算"异年同季平均数",然后再计算"异年同季平均数的平均数",即消除长期趋势变动后,新数列的序时平均数;最后用公式(9.22)计算季节比率.为观察方便,将季节比率用统计图表示,如图 9-7 所示.

表 9-9　某地区鲜蛋收购量季节比率计算表

年份	季节指数				全年
	一季度	二季度	三季度	四季度	
2007	—	—	98.72	102.2	—
2008	94.06	103.2	98.09	101.13	—
2009	96.51	106.94	99.26	100.63	—
2010	93.11	104.4	—	—	—
季平均数	94.6	104.8	98.7	101.3	99.9
季节比率(%)	94.70	105.00	98.84	101.46	400.00

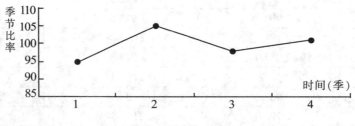

图 9-7　季节变动分析图 4

四、循环变动的测定方法

循环变动是整个时间数列中,某些在以年度为计量单位的条件下,环绕着长期趋势周而复始的一种上下波动.在社会经济生活中,循环波动是大量存在的,但最为典型的是国民经济的循环波动.实际上,在经济社会中,有很多波动,例如生产、流通、消费和投资等领域的一些局部性波动都是直接或间接地由国民经济的循环波动所引起的.在这里,我们虽然不能以国民经济的循环波动作为研究对象,但测定循环波动的这些方法却带有一定的普遍性.

循环波动不同于长期趋势,它所表现的并不是朝着某一单一方向持续上升或下降,而是涨落相间的波浪式发展;循环波动也不同于季节变动.季节变动一般是以一年、一季或月等为周期,它们都在一年以内,可以预见;而循环变动没有固定的循环周期,一般在数年以上,并且也没有固定的变动期限或规律,很难事先预知;季节变动在各年的波动强度大致相同,无明显差异,循环波动在不同时期的振幅有明显的差异,其产生的机制在经济过程内部.

循环波动的测定方法很多,如残余法、直接法、循环平均法等.但常用的方法是剩余法.这种方法的基本原理是:先从影响时间数列的基本因素中,通过分解法逐步消除长期趋势及季节波动,然后再用平均法消除不规则变动,剩余部分大致能反映循环变动.下面还是以表 9-8 中提供的某地区鲜蛋收购资料为例,说明循环变动的测定方法.进一步的分析资料放在表 9-10 中.

(1)测定时间数列的长期趋势值.测定长期趋势的方法本来用移动平均法和直线趋势法都可以,但考虑到例题中所给出的时间数列比较短,如果用移动平均法,将会有最前面和最后面各两期,共有四期的趋势值将会损失.所以,本例中是用回归直线来测定长期趋势值.根据时间数列所得到的直线趋势方程如下:

$$\hat{Y}=1\,361.78+62.68X$$

然后,将各年的时间代号分别代入该方程中,求得各个季节的长期趋势值 T,结果如表 9-10 所示.

(2)从时间数列中剔除长期趋势值 T 和季节变动 S,求得 $C \cdot I$,即:

$$C \cdot I = \frac{T \cdot S \cdot C \cdot I}{T \cdot S} = \frac{Y}{T \cdot S}$$

需要说明的是,因为在上例中已经将季节变动从时间数列中分离了出来,因此,可以直接从时间数列中将长期趋势和季节变动一次剔除掉.如果季节变动不知道,则应该按照季节变动测定的第二种方法,即先从数列中剔除长期趋势,得到 $S \cdot C \cdot I$,然后再用"同期移动平均法"计算季节比率,得到 S,最后再从 $S \cdot C \cdot I$ 中剔除 S,得到 $C \cdot I$.

(3)对 $C \cdot I$ 进行移动平均,消除 I,最后得到循环变动 C.例如 2009 年第一季度的实际值是 1 903.8,将其时间变量值 9 代入长期趋势直线模型中得其长期趋势值为 1 361.78+62.68×9=1 925.46,然后用实际值除以长期趋势值和该季的季节比率,得 $C \cdot I$,即:

$$\frac{1\,903.8}{1\,925.46 \times 94.70\%} = 104.41\%$$

然后,再进行移动平均,本例采用三期移动平均,最后得到该时期的循环变动值,即:

$$(100.72\% + 104.41\% + 104.35\%)/3 = 103.16\%$$

为了直观起见,可以将测算结果绘制成统计图,如图 9-8 所示.图中横轴代表时间,纵轴代表时间序列的循环变动比率.从图中可以清楚看到,这种现象循环变动的周期差不多是两年.

表 9-10　某地区鲜蛋收购量循环变动测算表

时间	时间变量	鲜蛋收购量(万 kg)	长期趋势值(直线)	季节比率	循环变动与不规则变动	循环变动
	(X)	(Y)	(T)	(S)	$(C \times I)$	(C)
2007.1	1	1 382.4	1 423.96	94.70	102.51	—
2007.2	2	1 584.2	1 486.65	105	101.49	101.38
2007.3	3	1 533.7	1 549.34	98.84	100.15	100.45
2007.4	4	1 631.0	1 612.03	101.46	99.72	99.16
2008.1	5	1 548.2	1 674.71	94.70	97.62	97.97
2008.2	6	1 761.9	1 737.40	105.00	96.58	97.55
2008.3	7	1 751.8	1 800.09	98.84	98.46	98.59
2008.4	8	1 903.6	1 862.78	101.46	100.72	101.20
2009.1	9	1 903.8	1 925.46	94.70	104.41	103.16
2009.2	10	2 178.3	1 988.15	105.00	104.35	103.43
2009.3	11	2 057.9	2 050.84	98.84	101.52	101.45
2009.4	12	2 111.5	2 113.52	101.46	98.47	98.80
2010.1	13	1 987.2	2 176.21	94.70	96.43	97.49
2010.2	14	2 294.0	2 238.90	105.00	97.58	97.34
2010.3	15	2 230.0	2 301.59	98.84	98.03	99.20
2010.4	16	2 446.4	2 364.27	101.46	101.98	—

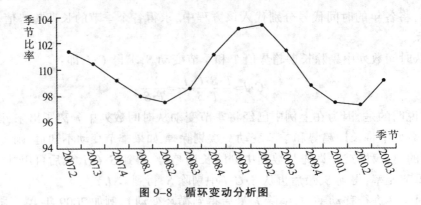

图 9-8　循环变动分析图

附录

Excel 在时间数列分析中的应用

  利用 Excel 进行时间数列分析很方便,但是,在 Excel 中并没有提供多少现成的时间数列分析模块,大部分情况下需要我们输入函数,利用 Excel 的自动填充功能来完成.关于 Excel 的这些功能,在前面各章中已经做了充分介绍,本章只是简单介绍一下 Excel 在移动平均数计算中的应用.对于这一功能 Excel 提供了自动计算模块.

  下面仍以我国 1990—2008 年居民消费价格指数(CPI)时间数列为例,资料如表 9-6 所示,说明如何在 Excel 中实现时间数列的移动平均.具体操作步骤如下:

  第一步:在 D1 中输入"移动平均"、"E1"中输入"标准误"做标志,然后选择菜单"工具"中的"数据分析"子菜单,选择"移动平均"命令,打开移动平均对话框如附图-1 所示.

	A	B	C	D	E	F	G	H	I
1	时间	序号	CPI	移动平均	标准误				
2	1990	1	216.4						
3	1991	2	223.8						
4	1992	3	238.1						
5	1993	4	273.1						
6	1994	5	339						
7	1995	6	396.9						
8	1996	7	429.9						
9	1997	8	441.9						
10	1998	9	438.4						
11	1999	10	432.2						
12	2000	11	434						
13	2001	12	437						
14	2002	13	433.5						
15	2003	14	438.7						
16	2004	15	455.8						
17	2005	16	464						
18	2006	17	471						
19	2007	18	493.6						
20	2008	19	522.7						
21									

附图-1　移动平均分析对话框

第二步:在对话框的"输入区域"输入时间数列观测值所在的单元格地址.如果所给地址包含时间数列的标题行,则选择"标志位于第一行".

第三步:在对话框的"间隔"输入简单移动平均的时间长度 k,本例指定为 3.

第四步:在对话框的"输出区域"指定生成时间序列的单元格地址,这里指定为 D2.选中"图表输出"和"标准误差",并"确定".即可得附图-2 所示.

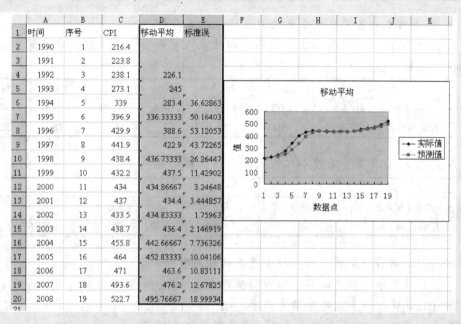

附图-2　简单移动平均分析结果

第五步:Excel 自动将生成的平均序列放置在用户指定单元格地址加时间间隔 $k-1$ 的起始位置上,本例即是 D4.但是,由于 Excel 自动放置的位置与序列实际所对应的时间位置并不一致,因此还需要用户手工将序列移动到正确的位置上,本例应移到 D3 单元上.

思考与练习

一、简答题

1. 什么是时间数列,它包括哪些构成要素?

2. 时间数列有哪些种类,其构成原则是什么?

3. 常用的动态分析指标有哪些? 它们各有什么经济意义?

4. 什么是发展速度和增长速度? 发展速度与增长速度的关系如何?

5. 构成时间数列的因素有哪些? 如何测定长期趋势、季节性变动、循环变动及不规则变动?

二、计算题

1. 某建筑工地水泥库存量资料如下表所示:

日期(月/日)	1/1	2/1	3/1	4/1	6/1	7/1	10/1	11/1	次年 1/1
水泥库存量/吨	8.24	7.83	7.25	8.28	10.12	9.76	9.82	10.04	9.56

要求:计算该工地各季度及全年的月平均水泥库存量.

2. 某企业 2003—2008 年职工人数和工程技术人员数如下表所示,试计算 2004—2006 年工程技术人员占全部职工人数的平均比重.

年　份	2003	2004	2005	2006	2007	2008
年末职工人数/人	1 000	1 020	1 083	1 120	1 218	1 425
年末工程技术人员数/人	50	50	52	60	78	82

3. 某企业 2010 年第一季度职工人数及产值资料如下:

月　份	1	2	3	4
产值(百元)	4 000	4 200	4 500	—
月初人数(人)	60	64	68	67

要求:(1)编制第一季度各月劳动生产率的动态数列.

　　　(2)计算第一季度的月平均劳动生产率.

　　　(3)计算第一季度的劳动生产率.

4. 某企业 2001—2006 年间某产品产量资料如下表所示.

年　份	2005	2006	2007	2008	2009	2010
产量(万件)	500	550	604	664	700	735
逐期增长量(万件)	—					
累计增长量(万件)	0					
环比发展速度(%)	—					
定基增长速度(%)	0					
增长 1%的绝对值(万件)	—					

要求:(1)将表中的空格数据填齐.

　　　(2)计算 2005—2010 年间该企业的平均产量、年平均增长量和年平均增长速度.

5. 已知某工厂 2002 年比 2001 年增长 20%,2003 年比 2002 年增长 50%,2004 年比 2003 年增长 25%,2005 年比 2001 年增长 110%,2006 年比 2005 年增长 30%.试根据以上资料编制 2002—2006 年的环比增长速度数列和定基增长速度数列,并求平均发展速度.

6. 某产品专卖店 2008—2010 年各季节销售额资料如下表所示(单位:万元).

年　份	一季度	二季度	三季度	四季度
2008	51	75	87	54
2009	65	67	82	62
2010	76	77	89	73

要求:(1)采用同期平均法计算季节指数.

(2)计算 2010 年无季节变动情况下的销售额.

7. 根据下表 2007—2010 年各月份社会消费品零售总额(单位:亿元),试用趋势剔除法计算各月的季节指数.

2007—2010 年各月份社会消费品零售总额(单位:亿元)

	2007 年	2008 年	2009 年	2010 年
1 月	7 488.3	9 077.3	10 756.6	12 718.1
2 月	7 013.7	8 354.7	9 323.8	12 334.2
3 月	6 685.8	8 123.2	9 317.6	11 321.7
4 月	6 672.5	8 142	9 343.2	11 510.4
5 月	7 157.5	8 703.5	10 028.4	12 455.1
6 月	7026	8 642	9 941.6	12 329.9
7 月	6 998.2	8 628.8	9 936.5	12 252.8
8 月	7 116.6	8 767.7	10 115.6	12 569.8
9 月	7 668.4	9 446.5	10 912.8	13 536.5
10 月	8 263	10 082.7	11 717.6	14 284.8
11 月	8 104.7	9 790.8	11 339	13 910.9
12 月	9 015.3	10 728.5	12 610	15 301.99

注:资料来自国家统计局门户网站:http://www.stats.gov.cn/.

8. 某煤矿某月份每日原煤产量如下(单位:万吨).

日期	原煤产量	日期	原煤产量
1	2 010	16	1 900
2	2 025	14	2 280
3	2 042	18	2 300
4	1 910	19	2 342
5	1 960	20	2 338
6	2 101	21	2 361
7	2 050	22	2 345
8	2 130	23	2 382
9	2 152	24	2 282
10	2 103	25	2 390
11	2 080	26	2 450
12	2 193	27	2 424
13	2 204	28	2 468
14	2 230	29	2 500
15	1 965	30	2 504

要求:(1)用移动平均法(五步移动平均)求上表资料的长期趋势并作图.

(2)判断该趋势接近于哪一类型,并用最小平方法拟合适当的曲线.

(3)预测该部门下个月 1 日的原煤产量.

第十章　统计指数

指数的编制最早起源于物价指数。早在 1650 年英国人沃汉(Rice Voughan)首创物价指数,用于度量物价的变动状况。其后,指数的应用范围不断扩大,其含义和内容也随之发生了变化。由单纯反映一种现象的相对变动,到反映多种现象的综合变动;由单纯的不同时间的对比分析,到不同空间的比较分析等等。

第一节　统计指数概述

一、统计指数的概念与作用

统计指数(Statistical index)亦称指数法(Method of index number).这一概念有广义和狭义之分.从广义来说,凡是用来反映同类现象在不同空间、不同时间、实际与计划对比变动中的相对数等都称为指数.狭义的指数,则是指用来反映由不能直接加总的多要素所构成的复杂社会经济现象综合变动程度的特殊相对数. 如要说明一个国家或一个地区全部商品价格的变动情况,由于各种商品的经济用途、计量单位、规格、型号等不同,不能直接将各种商品的价格简单相加对比,而解决这种复杂经济总体(全部商品)价格的变动情况,就需要编制总指数.本章将要讨论狭义指数的编制,并且只对动态指数做详细说明.

统计指数的编制和分析形成特有的方法,称为指数法,在经济统计中,指数法的作用主要有如下几个方面:

(一)综合反映复杂现象总体数量变动的方向与程度

它以相对数的形式,表明多种产品或商品的数量指标或质量指标的综合变动方向和程度. 编制统计指数的根本目的就在于将这些多种不同使用价值的产品或商品过渡到可以综合比较,从而计算出诸如工业产品产量、商品零售价格等的总指数,来反映它们的总变动状况.

(二)分析现象总体变动中受各个因素变动影响的方向与程度

运用指数法可以分析和测定复杂社会经济现象中各构成因素的变动对现象总变动的影响,这种影响可以从相对数和绝对数两方面分析,包括现象总体总量指标和平均指标的变动受各个因素变动的影响程度分析.

(三)研究现象在较长时期内的变动规律

利用连续编制的指数数列,对复杂现象总体长时间发展变化趋势进行分析.如将改革开放以来的物价指数按时间的先后顺序排列形成物价指数数列，就可以分析我国改革的进程以及经济发展的变化趋势.

二、统计指数的种类

由于着眼点不同,统计指数可以划分为不同的种类.

（一）按照指数所反映对象范围的不同，可分为个体指数（Individual index number)和总指数(Aggregative index number)

个体指数是反映个别现象变动的相对数,如个别产品的产量指数、个别商品的价格指数等等.显然,个体指数是在简单现象总体的条件下存在的;总指数则是综合表明全部现象总体数量变动的相对数,如工业产品总产值指数、商品零售物价总指数等.总指数是在复杂现象总体的条件下进行编制的,由于多种事物计量单位不同不能直接相加,以及掌握的资料不同,所以总指数的计算方法有两种:综合指数法和平均指数法.一般来说,指数法的应用要与科学分组法相结合,因而在编制总指数的同时,往往还要编制组指数或类指数,借以反映总体内部各部分现象数量上的变动程度,如工业总产值指数分为重工业和轻工业产值指数,零售物价指数分为食品类、衣着类、日用品类等物价指数.组指数或类指数是相对于总指数而言,它实质上还是总指数,也反映复杂现象总体的总变动.组指数同总指数结合起来,可以更深入、更全面地反映现象发展的变动情况.

（二）按照指数中指数化指标的性质的不同,分为数量指标指数(Quantity index number)和质量指标指数(Quality index number)

数量指标指数如产量指数、销售量指数、工人人数指数等,反映着现象总体总规模的变动程度;质量指标指数如成本指数、价格指数、劳动生产率指数等,用以说明生产经营所取得的效益状况,反映生产工作质量的提高程度.在统计指数的应用中,必须重视这种数量指标指数和质量指标指数的区分,采用不同的编制方法,进行不同情况的变动分析.

（三）按照指数计算方法的不同,可分为简单指数(Simple index number)和加权指数(Weighted index number)

简单指数又称不加权指数,它把计入指数的各个项目的重要性视为相同;加权指数则对各个项目依据重要程度赋予不同的权数，而后再进行计算. 目前应用的主要是加权指数.因此,本章主要介绍加权指数的编制方法.

（四）按照指数比较对象的不同,可分为时间性指数、地区性指数和计划完成指数

时间性指数是指两个不同时期的经济量对比的相对数，反映现象在时间上的动态变化情况,也叫动态指数;地区性指数和计划完成指数是指同一时间条件下不同单位、不同地区同一经济量,或同一地区、同一单位计划和实际指标对比的相对数,分别反映现象在地区间的比例变化和经济计划的完成程度,统称为静态指数.

（五）按照指数选择基期的不同,可分为定基指数和环比指数

定基指数指各个时期指数都是采用同一固定时期为基期计算的；环比指数是以前一时期为基期计算的指数.

三、统计指数的性质

统计指数具有以下重要的性质：

（一）综合性

本章中我们所研究的是狭义的指数．即指数是反映一组现象在不同场合下的综合变动水平.这也是指数理论和方法的核心问题.没有综合性,指数就不可能发展成为一种独立的理论和方法论体系.综合性说明指数是一种特殊的相对数,它是由一组事物综合对比形成的.例如由若干种商品和服务构成的一组消费项目,通过综合后计算价格指数,以反映消费价格的综合变动水平.

（二）相对性

指数是总体各现象在不同场合下对比形成的相对数．它可以度量一个现象在不同时间或空间的相对变化,如一种商品的价格指数或数量指数,这种指数称为个体指数;也可用于反映一组现象的综合变动,如消费价格指数,反映了一组指定商品和服务的价格变动水平.如 2002 年工业品出厂价格总指数为 97.8%, 说明 2002 年工业品出厂价格总水平与上年相比,下降了 2.2 个百分点.

（三）平均性

指数是现象总体变动水平的一个代表性量,其本质就是个体现象变动的平均数.如上述综合指数反映了上海证券市场全部股票价格变动的平均水平.

（四）代表性

既然指数是所研究对象每个项目变动的综合反映,按理应该包括所有项目.然而,同一现象所包含的项目品种繁多,例如,全社会的消费品数以万计,在编制全社会消费价格指数时,不可能将所有的项目一一列入计算范围,而是从中选择一些有代表性的消费品编制消费价格总指数.所以,指数是作为代表团身份出现的数值.

第二节　综合指数

一、综合指数的特点

综合指数是编制总指数的一种形式.它是由两个总量指标对比形成的指数.凡是一个总量指标可以分解为两个或两个以上的因素指标时, 将其中一个或一个以上的因素指标固定下来,仅观察其中一个因素指标的变动程度,这样的总指数就叫综合指数.

令 p_0 为基期格, p_1 为报告期价格, q_0 为基期销售量, q_1 为报告期销售量；且令 q_1 作为物价指数 $\overline{K}_p$ 的同度量因素,令 p_0 作为销售量指数 $\overline{K}_q$ 的同度量因素.则得计算公式如下：

$$\overline{K}_p = \frac{\sum p_1 q_1}{\sum p_0 q_1} \tag{10.1}$$

$$\overline{K}_q = \frac{\sum q_1 p_0}{\sum q_0 p_0} \tag{10.2}$$

由于(10.1)式和(10.2)式的分子和分母都是综合各种商品的不同总量而成的,所以从形式上看都是综合指数.就上述价格指数来看,它是两个价值指标(即销售额)之比,分子是报告期的实际销售额,分母是一个假定的、用基期价格估计的报告期销售额.由于把销售量固定在一定时期(即报告期)水平上,所以,指数所反映的只是在一定销售量条件下各种商品价格的综合变动程度;就上述销售量指数来看,它也是两个价值指标(即销售额)之比,分子是假定的、用基期价格估计的报告期销售额,分母是基期的实际销售额,由于把销售价格固定在一定时期(即基期)水平上,所以,指数所反映的只是在一定销售价格下各种商品销售量的综合变动程度.综合指数的重要意义,是它能最完善地显示出所研究总体现象的实际经济内容,它们都是从现象内在的联系中,来确定所研究现象相关联的经济因素,并把这一因素固定下来,使各种原来不能直接相加的实物指标改变为能直接相加的价值指标.

从其概念与形式的分析可以看出,用综合指数法计算总指数有如下特点:

(一)借助于同度量因素进行"先综合,后对比"

在社会经济现象的变动中,不同度量的现象显然是不能直接相加的,但有时又往往需要把它们作为一个总体来研究,必须把它们加总起来,这就是用综合指数法编制总指数首先要解决的矛盾.人们从事社会生产活动的结果,创造了各种各样的产品,这些不同产品具有不同的使用价值,是不能同度量的现象.

指数编制的这一特点表明,指数化指标不是孤立的,而是在同其他指标相互联系中被观察研究的.而指数化指标乘上同它有关的指标,即所谓同度量因素,使得不同度量单位的现象总体转化为数量上可以加总,且客观上体现了它在实际经济现象或过程中的份额或比重.所以同指数化指标相联系的同度量因素又可以叫指数权数, 而权数乘上指数化指标的过程也称为加权.

(二)同度量因素的时期要加以固定

引入同度量因素并没有解决上面所提出的分析各种商品销售量和价格的综合动态的任务.因为总销售额的变动包括了销售量和价格两个因素的变化.现在,复杂现象总体包含两个因素,可把其中一个因素即同度量因素加以固定,以便消除其变化,来测定我们所要研究的那个因素即指数化指标的变动.这就是说,采用同一时期的价格作为同度量因素来计算两个时期的总销售额,进行对比,以测定各种商品的销售量动态;采用同一时期的销售量作为同度量因素来计算两个时期的总销售额,进行对比,以反映各种商品的价格变动.这样,我们分析各种商品销售量和价格等指标动态的目的也就达到了.

(三)用综合指数法编制总指数,使用的是全面的实际资料,所以没有代表性误差

如用综合指数法编制商品销售量指数,要求使用全部商品销售量报告期和基期的资料,即利用全面统计的资料.全面统计资料只存在着登记性误差,而不存在代表性误差.

例 10.1　某企业商品销售资料如表 10-1,试编制商品价格指数及全部商品销售量指数.

応用统计学

表 10-1 某企业商品销售量和价格资料

商品名称	计量单位	销售量			销售价格(元)		
		基期	报告期	指数(%)	基期	报告期	指数(%)
		q_0	q_1	K_q	p_0	p_1	K_p
甲	kg	8 000	8 800	110	10.0	10.5	105
乙	件	2 000	2 500	125	8.0	9.0	112.5
丙	盒	10 000	10 500	105	6.0	6.5	108.3

表 10-1 中,K_q 为个体销售量指数,$K_q=q_1/q_0$;K_p 在为个体销价格指数,$K_p=p_1/p_0$.

解:按照式(10.1)和式(10.2)的要求,列出计算资料表(见表 10-2).

表 10-2 总指数计算表

商品名称	计量单位	销售额(元)		
		p_0q_0	p_1q_1	p_0q_1
甲	kg	80 000	92 400	88 000
乙	件	16 000	22 500	20 000
丙	盒	60 000	68 250	63 000
合计	—	156 000	183 150	171 000

将表 10-2 中的数据代入式(10.1)和式(10.2),就可求得某企业全部商品的物价指数和全部商品的销售量指数,即

$$\bar{K}_p=\frac{\sum p_1q_1}{\sum p_0q_1}=\frac{183\ 150}{171\ 000}=107.11\%$$

$$\bar{K}_q=\frac{\sum q_1p_0}{\sum q_0p_0}=\frac{171\ 000}{156\ 000}=109.62\%.$$

计算结果表明,该企业全部商品的物价指数是 107.11%,即综合上涨了 7.11%;全部商品的销售量指数是 109.62%,即综合提高了 9.62%.

上述计算中,物价指数属于质量指标指数,我们令其同度量因素固定在报告期水平上;销售量指数属于数量指标指数,我们令其同度量因素固定在基期水平上.究竟同度量因素应当固定在哪一个时期的水平上,这是统计指数理论中关于总指数综合方法的核心内容,下面我们将做详细的介绍.

二、综合指数的各种编制形式

从综合指数的编制原理可以看出,综合指数的编制必须通过度量因素的介入,而且必须将其固定在同一时期的水平上,以便于考察指数化因素的变动状况.编制数量指标指数(如销售量指数)时,其同度量因素是质量指标(如价格);编制质量指标指数(如物价指数)时,其同度量因素是数量指标(如销售量).同度量素在统计指数的编制过程中,不仅起着统一衡量尺度的作用,而且在计算上还起着平均数的作用,故又叫做权数.由于统计指数加权综合采用的权数所属时期的不同,就可产生出不同的编制形式.

众所周知,我们日常生活中,每种商品对于人们生活的相对重要程度是不相等的.如水果与大米相比,无疑是大米占据重要的地位.关于这一点,如何以某种形式体现在统计指数

中,是值得研究的问题.下面要说明的就是如何把消费者所购买商品的相对重要性体现在统计指数中.某种商品对于消费者来说,重要程度究竟有多大,可以根据该种商品被购买的数量加以断定.1 kg 大米只要 5 元,而一个 DVD 需要 1 000 元,假定 DVD 使用 5 年后就淘汰;若将一个三口之家 5 年中购买大米(假定平均每天消费大米 1 kg)的金额和购买 DVD 所支付的金额比较一下,就会发现,购买大米所支付的总金额(9 125 元)远远大于购买 DVD(1 000 元)所支付的金额.因为大米的购买数量相当大,这就成为了大米比 DVD 重要的一个判断依据.依此观点,在编制物价指数或职工生活费用价格指数时,以商品的购买数量为同度量因素,就可把消费者所需商品的重要性考虑进去了.在这里,同度量因素不仅起着统一计算尺度的作用,而且还起到了权衡各种商品在指数中相对地位的重要程度这一作用.所以,这种编制指数的方法叫做加权综合法.

现在需要讨论的是,在加权综合的指数中,同度量因素究竟以什么时期的水平为准.选择同度量因素有如下几种不同的方法:(1)基期加权综合法,即把同度量因素固定在基期水平上来编制指数;(2) 报告加权综合法,即把同度量因素固定在报告期水平上来编制指数;(3)交叉加权综合法,即把同度量因素确定为基期与报告期水平的均值上;(4)固定加权综合法,即将同度量因素确定为特定时期的水平上;(5)几何平均综合法,这是将基期加权综合指数和报告期加权综合指数进行几何平均计算得到指数的方法.下面将分别介绍这些方法的编制,并对它们的优缺点进行适当地评价.

(一)基期加权综合法

基期加权综合法是把同度量因素固定在基期水平编制指数的方法.基期加权综合指数公式称为拉氏公式,因 1864 年德国经济统计学家拉斯贝尔 (Etienne Laspeyres,1834—1913)首次提出而得名.其物价指数与物量指数公式分别为:

$$\bar{K}_p=\frac{\sum p_1q_0}{\sum p_0q_0} \tag{10.3}$$

$$\bar{K}_q=\frac{\sum q_1p_0}{\sum q_0p_0} \tag{10.4}$$

拉氏物价指数以基期销售量为权数,如公式 (10.3),其目的是为了表明在维持基期生活水准条件下,物价综合变动的程度.即按照基期价格如果必须支付 100 元,那么按照报告期价格究竟应支付多少元.分母 $\sum q_0p_0$ 是各种商品基期价格与基期销售量乘积之和,也就是基期的实际销售额;分子 $\sum q_0p_1$ 是以基期销售量按报告期价格计算的假定销售额,分子与分母的差额表明按基期消费标准因物价的变动使得居民增加(或减少)支付的金额.

拉氏物量指数以基期物价为权数,如公式(10.4),其目的是为了说明在物价水平不变的前提下,物量(产量,或销售量)综合变动的程度.分母 $\sum q_0p_0$ 是基期实际的产值或销售额,分子 $\sum q_1p_0$ 是按照基期价格计算的报告期假定产值或销售额,分子与分母的差额表明因生产或销售的变动而使产值或销售额增长(或减少)的金额.

利用拉氏公式计算指数,优点在于在定基指数数列中各期权数相同,指数数值之间可以进行互相比较,用以说明所研究现象变化的程度及其规律性.缺点主要反映在物价指数中,它无法体现消费量结构的变化.若某种商品报告期销量比基期有很大的变化,则这种商品在总的价格水平中的相对重要性显然是不同的.物量指数中采用基期价格作为权数,一旦经过若干年后各商品之间价格比例关系发生重大改变，则其反映的生产增长状况也会在一定程度上失真.

(二)报告期加权综合法

报告期加权综合指数中，所加入的同度量因素是固定在报告期水平上的.报告期加权综合的指数公式为帕氏公式，因1874年德国学者帕斯彻(Paasche)首先创用而得名.其物价指数和物量指数公式分别为：

$$\bar{K}_p = \frac{\sum p_1 q_1}{\sum p_0 q_1} \tag{10.5}$$

$$\bar{K}_q = \frac{\sum q_1 p_1}{\sum q_0 p_1} \tag{10.6}$$

帕氏物价指数公式以报告期销售量为权数如公式(10.5)，其目的是为了表明在维持报告期生活水准条件下物价综合变动的程度，即按照基期价格如果必须支付100元，那么按照报告期价格究竟必须支付多少元.分母$\sum p_0 q_1$是按照基期价格计算的报告期假定销售额，分子$\sum p_1 q_1$是报告期实际销售额，分子与分母的差额表明按报告期的消费标准,因物价的变动而使居民增加(或减少)支付的金额.

帕氏物量指数以报告期物价为权数,如公式(10.6),其目的是为了说明在报告期价格的条件下,物量(产量或销量)综合变动的程度.分子$\sum p_1 q_1$是报告期实际销售额,分母$\sum p_1 q_0$是按报告期价格计算的基期假定销售额，分子分母的差额表明在报告期价格条件下由于销售量的变动使销售额增加(或减少)的金额.

利用帕氏公式计算指数的优点在于考虑到了现实的经济意义.但是其不足之处却在于使用报告期的权数资料往往不能迅速取得,且其工作量较大,同时由于在指数数列中各期权数不同,指数数值之间不能直接比较,也就是说,不同时期帕氏指数缺乏可比性,把不同时期的物价指数的差异仅仅归因于价格变化是不恰当的，把不同时期物量指数的差异仅仅归因于物量变化是欠妥的.

从下面例子中，我们不难免发现由于每个公式的出发点不同,其计算结果也就不尽一致.

例 10.2 某工厂生产两种不同的产品，其产量及单位产品成本的资料如表10-3所示.

表10-3 某工厂两种产品产量及单位成本资料

产品名称	计量单位	产量		单位成本(元)		总成本(万元)			
		q_0	q_1	p_0	p_1	$p_0 q_0$	$p_1 q_1$	$p_0 q_1$	$p_1 q_0$
甲	万件	325	200	10.0	10.5	3 250	2 100	2 000	3 412.5
乙	万件	275	400	5.0	4.5	1 370	1 800	2 000	1 237.5
合计	—	—	—	—	—	4 625	3 900	4 000	4 650.0

要求:(1)分别用拉氏和帕氏公式计算单位产品成本的综合指数(简称成本指数)并加以分析比较；

(2)分别使用拉氏公式与帕氏公式计算产量指数,并加以分析比较.

解:(1)成本指数

拉氏公式:

$$\overline{K}_p = \frac{\sum p_1 q_0}{\sum p_0 q_0} = \frac{4\,650}{4\,625} = 100.54\%.$$

由于单位成本综合变动使成本增加的金额为 25 万元.即

$$\sum p_1 q_0 - \sum p_0 q_0 = 4650 - 4625 = 25(万元).$$

帕氏公式：

$$\overline{K}_p = \frac{\sum p_1 q_1}{\sum p_0 q_1} = \frac{3\,900}{4\,000} = 97.50\%.$$

由于单位成本综合变动使成本节约的金额为 100 万元.即

$$\sum p_1 q_1 - \sum p_0 q_0 = 3\,900 - 4\,000 = -100(万元).$$

(2)产量指数

拉氏公式：

$$\overline{K}_q = \frac{\sum q_1 p_0}{\sum q_0 p_0} = \frac{4\,000}{4\,625} = 86.49\%.$$

由于产量综合变动使成本减少的金额为 625 万元.即

$$\sum q_1 p_0 - \sum q_0 p_0 = 4\,000 - 4\,625 = -625(万元).$$

帕氏公式：

$$\overline{K}_q = \frac{\sum q_1 p_1}{\sum q_0 p_1} = \frac{3\,900}{4\,625} = 83.87\%.$$

由于产量综合变动使成本减少的金额为 750 万元.即

$$\sum q_1 p_1 - \sum q_0 p_1 = 3\,900 - 4\,650 = -750(万元).$$

以上计算结果说明两个问题.一是基期加权综合指数与报告期加权综合指数由于出发点不同,计算结果也不尽相同,甚至有时会得出截然相反的结论.因此,在实际应用中,必须依据统计研究的目的任务选择适当时期的水平作为权数(同度量因素).

二是容易发现,对于同一组数据,拉氏指数偏大,帕氏指数偏小.这就说明需要寻找更加适合与恰当的方法进行纠偏.

(三)交叉加权综合法

从经济学的观点来说,人们为了达到同样的满足,依据最小牺牲和最大报酬的原则,总是少买涨价物品,而多买跌价物品.因此,在编制物价指数时,依上述原则在拉氏指数的综合价值额中,公式的子项应对跌价的增加权数,对涨价的减少权数.但是,拉氏物价指数的子项 $\sum p_0 q_1$ 违背了上述精打细算的原则,所以,作为学者我们认为,用拉氏公式计算的物价指数将比实际的指数偏大.与此相反,帕氏物价指数的母项中对于跌过价而多买的数量按高价计算,而对于涨过价而少买的数量按低价计算,所以可以认为用帕氏公式计算的物价指数将比实际的指数偏小.因此,为了避免拉氏指数"偏大"和帕氏公式"偏小",就可采用交叉加权综合法.即在交叉加权综合的指数中,所采用的同度量因素是拉氏权数与帕氏权数的简单算术平均值.交叉加权综合的指数公式称为马埃公式 ,因为这个公式是 1887—1890 年英国学者马歇尔 (Marshall)和埃奇澳思 (Edgwqoeth)两人共同设计出来的.其物价指数公式和物量指数公式分别为：

$$\overline{K}_p=\frac{\sum p_1\frac{q_1+q_0}{2}}{\sum p_0\frac{q_1+q_0}{2}}=\frac{\sum p_1q_1+\sum p_1q_0}{\sum p_0q_1+\sum p_0q_0} \qquad (10.7)$$

$$\overline{K}_q=\frac{\sum q_1\frac{p_1+p_0}{2}}{\sum q_0\frac{p_1+p_0}{2}}=\frac{\sum q_1p_1+\sum q_1p_0}{\sum q_0p_1+\sum q_0p_0} \qquad (10.8)$$

马埃公式的实质是,子项为拉氏公式子项和帕式公式子项之和,母项为拉氏公式母项和帕氏公式母项之和.

从下面例子中,我们不难发现马埃公式的计算结果一定介于拉氏公式和帕氏公式的计算结果之间.

例 10.3 根据表 10–4 中的已知资料,分别用拉氏公式、帕氏公式和马埃公式计算全部商品的物价指数和销售量指数,然后进行比较分析.

表 10–4 某企业销售额计算表

商品名称	计量单位	销售额(元)			
		$p_0 q_0$	$p_1 q_1$	$p_0 q_1$	$p_1 q_0$
甲	kg	80 000	92 400	88 000	84 000
乙	件	16 000	22 500	20 000	18 000
丙	盒	60 000	68 250	63 000	65 000
合计	—	156 000	183 150	171 000	167 000

解:

(1)销售价格指数

拉氏公式:

$$\overline{K}_p=\frac{\sum p_1q_0}{\sum p_0q_0}=\frac{167\,000}{156\,000}=107.05\%.$$

帕氏公式:

$$\overline{K}_p=\frac{\sum p_1q_1}{\sum p_0q_1}=\frac{183\,150}{171\,000}=107.11\%.$$

马埃公式:

$$\overline{K}_p=\frac{\sum p_1q_1+\sum p_1q_0}{\sum p_0q_1+\sum p_0q_0}=\frac{183\,150+167\,000}{171\,000+156\,000}=\frac{350\,150}{327\,000}=107.08\%.$$

(2)销售量指数

拉氏公式:

$$\overline{K}_q=\frac{\sum q_1p_0}{\sum q_0p_0}=\frac{171\,000}{156\,000}=109.62\%.$$

帕氏公式:

$$\overline{K}_q=\frac{\sum q_1p_1}{\sum q_0p_1}=\frac{183\,150}{167\,000}=109.67\%.$$

马埃公式:

$$\overline{K}_q=\frac{\sum q_1p_1+\sum q_1p_0}{\sum q_0p_1+\sum q_0p_0}=\frac{183\ 150+171\ 000}{167\ 000+156\ 000}=\frac{354\ 150}{323\ 000}=109.64\%.$$

（3）分析

以上计算结果表明,马埃公式具有纠正偏差的效果.无论是销售价格指数还是销售量指数,马埃公式的计算结果都介于拉氏公式和帕氏公式计算结果之间.

（四）几何平均综合法

将拉氏与帕氏公式的几何平均数作为计算指数的公式,称为费喧公式.因为美国学者费喧（Fisher）认为拉氏公式和帕氏公式出现的偏差其方向相反而大小约略相等,因而可对两种指数公式求几何平均数,即可称为消除偏差的理想公式.其物价指数公式与物量指数公式分别为:

$$\overline{K}_p=\sqrt{\frac{\sum p_1q_1}{\sum p_0q_1}\times\frac{\sum p_1q_0}{\sum p_0q_0}} \tag{10.9}$$

$$\overline{K}_q=\sqrt{\frac{\sum q_1p_1}{\sum q_0p_1}\times\frac{\sum q_1p_0}{\sum q_0p_0}} \tag{10.10}$$

例 10.4　根据表 10–4 的资料,用费喧公式计算销售价格指数和销售量指数.

解:

（1）销售价格指数

$$\overline{K}_p=\sqrt{\frac{\sum p_1q_1}{\sum p_0q_1}\times\frac{\sum p_1q_0}{\sum p_0q_0}}=\sqrt{1.070\ 5\times1.071\ 1}=107.08\%.$$

（2）销售量指数

$$\overline{K}_q=\sqrt{\frac{\sum q_1p_1}{\sum q_0p_1}\times\frac{\sum q_1p_0}{\sum q_0p_0}}=\sqrt{1.096\ 2\times1.096\ 7}=109.64\%.$$

不难发现,费喧公式的计算结果和马埃公式的计算结果大致相同,前者用几何平均的形式抵消偏误,后者用算术平均的形式抵消偏误,可谓异曲同工,殊途同归.就计算过程而言,马埃公式稍微简单些.但从理论与实践上讲,二者都有难以取得资料的缺点,而且在指数数列中各个指数数值不能彼此比较.

（五）固定加权综合法

在固定加权综合指数中,所加入的同度量因素既不固定在基期,也不固定在报告期,而是固定在一个特定的时间上.此种想法也是一种折中的办法,目的在于避免拉氏公式和帕氏公式所产生的偏误.固定加权综合指数公式又叫做杨格公式,因该公式为杨格（Young）提出而得名.其物价指数公式和物量指数公式分别为:

$$\overline{K}_p=\frac{\sum p_1q_n}{\sum p_0q_n} \tag{10.11}$$

$$\overline{K}_q=\frac{\sum q_1p_n}{\sum q_0p_n} \tag{10.12}$$

式中 q_n 和 p_n 分别表示正常年份的物量构成和价格水平.

利用杨格公式计算指数的优点是权数不因比较时期（基期或报告期）的改变而改变,且一经选定,多年不变.采用固定权数不但可便于指数的编制,而且还便于观察长期发展变化的趋势.在指数数列中,由于采用固定权数,环比指数的连乘积等于定基指数,因此,不同年份的指数相互换算也非常方便.

在利用杨格公式计算指数时,应注意一个问题,就是所用权数的时期每隔一段时间必须加以调整.因为随着时间的推移,旧的权数可能背离客观实际构成状况,如不及时更换,会使指数产生偏误,通常以五年更换一次权数为宜.

第三节 平均指数

平均指数和综合指数是编制总指数的两种计算形式.与综合指数不同,编制平均指数的基本方式是"先对比,后平均",即首先通过对比计算个别产品或商品的数量指标或质量指标的个体指数,然后将个体指数进行加权平均求得总指数.平均指数也是编制总指数的一种重要形式,与综合指数的联系在于:在一定的权数下,两者之间有变形关系.但是作为一种独立指数形式的平均指数,不只是作为综合指数的变形而使用,它本身具有独立的应用价值.平均指数根据掌握的资料不同,有加权算术平均指数、加权调和平均指数、加权几何平均指数等.现仅介绍前两种.

一、加权算术平均指数

加权算术平均指数就是对各种产品或商品的数量指标或质量指标的个体指数按加权算术平均法加以计算.根据经济分析的一般要求,平均指数的权数应该是与所要编制的指数密切关联的价值总量,即 pq,但权数的水平却可以是不同时期,既可以是基期,也可以是报告期.

设 $K_q = \dfrac{q_1}{q_0}$ 表示个体销售量指数,$p_0 q_0$ 为基期销售额,则加权算术平均销售量指数的公式为:

$$\overline{K}_q = \frac{\sum K_q \, q_0 p_0}{\sum q_0 p_0} \tag{10.13}$$

我们可以证明:

$$\overline{K}_q = \frac{\sum K_q \, q_0 p_0}{\sum q_0 p_0} = \frac{\sum \dfrac{q_1}{q_0} q_0 p_0}{\sum q_0 p_0} = \frac{\sum q_1 p_0}{\sum q_0 p_0}$$

这与拉氏销售量综合指数公式一致.

设 $K_p = \dfrac{p_1}{p_0}$ 表示个体价格指数,$p_0 q_0$ 为基期销售额,则加权算术平均价格指数的公式为:

$$\overline{K}_p = \frac{\sum K_p \, q_0 p_0}{\sum q_0 p_0} \tag{10.14}$$

我们仍可以证明:

$$\overline{K}_p = \frac{\sum K_p \, q_0 p_0}{\sum q_0 p_0} = \frac{\sum \dfrac{p_1}{p_0} q_0 p_0}{\sum q_0 p_0} = \frac{\sum p_1 q_0}{\sum p_0 q_0}$$

这与拉氏价格综合指数公式一致.

例 10.4　试以表 10-5 中的某企业三种商品的有关销售资料计算有关加权算术平均指数.

表 10-5　三种商品加权算术平均指数计算表

商品名称	计量单位	销售量个体指数% K_q	价格个体指数% K_p	销售额(千元)		
				$q_0 p_0$	$K_q q_0 p_0$	$K_p q_0 p_0$
甲	台	150.00	140.00	80	120	112
乙	米	62.50	120.00	8	5	9.6
丙	kg	120.00	87.50	16	19.2	14
合计	—	—	—	104	144.2	135.6

解：采用基期销售额加权的算术平均数公式分别编制销售量总指数和价格总指数,即有：

$$\bar{K}_q = \frac{\sum K_q \, q_0 p_0}{\sum q_0 p_0} = \frac{144.2}{104} = 138.65\%$$

$$\bar{K}_p = \frac{\sum K_p \, q_0 p_0}{\sum q_0 p_0} = \frac{135.6}{104} = 130.38\%.$$

可以看出,这些计算结果与同度量因素固定在基期的拉氏综合指数的结果完全一样.根据算术平均数的应用条件,只有在已知分母资料,而未知分子资料的情况下,才适用算术平均数公式,因此,只有在权数为 $p_0 q_0$ 的情况下,加权算术平均指数才可以看成是综合指数的一种变形.一般情况下,这种形式可用于编制数量指标指数.

但是,在现实的经济指数编制过程中,权数一般不是 $p_0 q_0$,而是某种固定权数 W,习惯上称为固定权数加权算术平均指数. W 是经过调整计算的一种不变权数,通常用比重表示.这时加权算术平均数与综合指数之间不存在变形关系,两者计算结果也不会一致.其一般表达式为：

$$\bar{K} = \frac{\sum KW}{\sum W} \quad \text{或} \quad \bar{K} = \sum \left(K \cdot \frac{W}{\sum W} \right) \tag{10.15}$$

其中, K 为个体指数,既可以是个体销售量指数,也可以是个体价格指数.

这种指数形式在国内外统计工作中得到广泛的应用. 如我国每年的商品零售物价总指数就是用固定加权平均法计算的.零售市场上的商品种类繁多,编制商品零售价格指数所需的价格资料不可能进行全面调查.实际工作中,都是按《商品零售价格指数的商品目录》统一规定的必报商品来计算. 目前我国零售商品价格指数的商品目录包括十四大类商品：(1)食品类,(2)饮料烟酒类,(3)服装鞋帽类,(4)纺织品类,(5)中西药品类,(6)化妆品类,(7)书报杂志类,(8)文化体育用品类,(9)日用品类,(10)家用电器类,(11)首饰类,(12)燃料类,(13)建筑装潢材料类,(14)机电产品类.下面再划分若干个中类和小类,然后在各小类中选取若干代表性规格品,计算出每种规格品的价格个体指数,最后采用固定权数加权算术平均数公式,依次编制各小类、中类的零售价格指数和零售价格总指数.所用的权数是经过调整的各种商品基期销售额占基期总销售额的比重.

例 10.5　下表 10-6 就是以商品零售价格总指数为例,说明固定权数加权算术平均指数的编制方法.

表 10-6　商品零售价格指数计算表

类别及品名	规格等级	计量单位	平均价格(元)		权数(%)	以上年为基期	
			上年	本年		指数(%)	指数×权数(%)
(甲)	(乙)	(丙)	(1)	(2)	(3)	(4)	(5)=(4)×(3)
一、食品类					38	110.3	41.91
(一)粮食					【25】	96.6	24.15
1.细粮					(95)	95.9	91.11
面粉	富强粉	千克	2.10	2.20	[40]	104.8	41.92
粳米	一等	千克	2.50	2.25	[60]	90.0	54.00
2.粗粮					(5)	110.5	5.53
(二)副食品					【48】	116.9	56.11
(三)其他					【27】	111.2	30.02
二、饮料烟酒类					4	100.1	4.00
三、服装鞋帽类					10	95.0	9.50
⋮	⋮	⋮	⋮	⋮	⋮	⋮	⋮
十四、机电产品类					8	109.5	8.76
合　计	—	—	—	—	100	—	101.57

解:利用表中资料,具体编制过程如下:

(1)根据代表性规格品报告期和基期的综合平均价格,计算其个体价格指数.如粳米价格指数为:

$$K_p=\frac{p_1}{p_0}=\frac{2.25}{2.50}=90.00\%.$$

(2)根据代表性规格品的个体指数及其权数,计算小类价格指数.如细粮类价格指数为:

$$\overline{K}_p=\sum\left(K\cdot\frac{W}{\sum W}\right)=104.8\%\times40\%+90.0\%\times60\%=95.9\%.$$

(3)根据小类的价格指数及其权数,计算中类价格指数.如粮食类价格指数为:

$$\overline{K}_p=\sum\left(K\cdot\frac{W}{\sum W}\right)=95.9\%\times95\%+110.5\%\times5\%=96.6\%.$$

(4)根据中类的价格指数及其权数,计算大类价格指数.如食品类价格指数为:

$$\overline{K}_p=\sum\left(K\cdot\frac{W}{\sum W}\right)=96.6\%\times25\%+116.9\%\times48\%+111.2\%\times27\%=110.3\%.$$

(5)根据大类的价格指数及其权数,计算零售商品价格总指数为:

$$\overline{K}_p=\sum\left(K\cdot\frac{W}{\sum W}\right)=110.3\%\times38\%+100.1\%\times4\%+95.0\%\times10\%+\cdots+109.5\%\times8\%=101.57\%.$$

计算结果表明,本年同上年相比,我国商品零售价格平均上涨了 1.57%.

二、加权调和平均指数

加权调和平均指数就是对各种产品或商品的数量指标或质量指标的个体指数按加权调和平均法加以计算.

设 $K_q=\frac{q_1}{q_0}$ 表示个体销售量指数,p_1q_1 为报告期销售额,则加权调和平均销售量指数的公式为:

$$\overline{K}_q = \frac{\sum q_1 p_1}{\sum \dfrac{1}{K_q} q_1 p_1} \tag{10.16}$$

我们可以证明:

$$\overline{K}_q = \frac{\sum q_1 p_1}{\sum \dfrac{1}{K_q} q_1 p_1} = \frac{\sum q_1 p_1}{\sum \dfrac{q_0}{q_1} q_1 p_1} = \frac{\sum q_1 p_1}{\sum q_0 p_1}$$

这与帕氏销售量综合指数公式一致.

设 $K_p = \dfrac{p_1}{p_0}$ 表示个体价格指数,$p_1 q_1$ 为报告期销售额,则加权调和平均价格指数的公式为:

$$\overline{K}_p = \frac{\sum p_1 q_1}{\sum \dfrac{1}{K_p} p_1 q_1} \tag{10.17}$$

我们仍可以证明:

$$\overline{K}_p = \frac{\sum p_1 q_1}{\sum \dfrac{1}{K_p} p_1 q_1} = \frac{\sum p_1 q_1}{\sum \dfrac{p_0}{p_1} p_1 q_1} = \frac{\sum p_1 q_1}{\sum p_0 q_1}$$

这与帕氏价格综合指数公式一致.

例 10.6　以表 10-7 的某企业三种商品销售资料为例,计算加权调和平均指数.

解:按报告期销售额加权的调和平均数公式分别计算销售量总指数和价格总指数,即有:

$$\overline{K}_q = \frac{\sum q_1 p_1}{\sum \dfrac{1}{K_q} q_1 p_1} = \frac{190\,800}{135\,600} = 140.71\%$$

$$\overline{K}_p = \frac{\sum p_1 q_1}{\sum \dfrac{1}{K_p} p_1 q_1} = \frac{190\,800}{144\,200} = 132.32\%$$

表 10-7　三种商品加权调和平均指数计算表

商品名称	计量单位	销售量个体指数% K_q	价格个体指数% K_p	报告期销售额(元) $p_1 q_1$	$\dfrac{p_1 q_1}{K_q}$	$\dfrac{p_1 q_1}{K_p}$
(甲)	(乙)	(1)	(2)	(3)	(4)=(3)÷(1)	(5)=(3)÷(2)
甲	台	150	140	168 000	112 000	120 000
乙	米	63	120	6 000	9 600	5 000
丙	kg	120	88	16 800	14 000	19 200
合计	—	—	—	190 800	135 600	144 200

可以看出,计算结果与同度量因素固定在报告期的帕氏综合指数的结果完全一样.一般地,只有在权数为 $p_1 q_1$ 的情况下,加权调和平均指数才可以看成是综合指数的一种变形.这种形式多用于编制质量指标指数.我国农产品收购价格指数就是采用这种方法编制的.

三、平均指数的特点

与综合指数相比较,平均指数具有以下几个特点:

(1)平均指数与综合指数的计算程序不同,它不像综合指数那样,先综合后对比,而是先对比计算出个体指数,然后再综合平均.

(2)综合指数适用于根据全面资料编制,而平均指数既可以用全面资料编制,也可以用非全面资料编制,即只需对少数有代表性的个体指数进行加权平均,由于所需资料比较少,它比综合指数更具有现实应用的意义.如社会商品零售物价指数.市场上成千上万种零售商品,不可能取得其全部的零售量与价格资料来编制物价指数,反映零售商品价格的变动.即使选用代表性规格品来编制零售价格综合指数,也只能反映代表性规格品价格的变动.而采用平均指数,可以选用代表性规格品计算个体物价指数,然后采用其各自所代表的集团零售额为权数进行加权平均计算,这样,就可以比较完整地反映出市场上的零售物价的变动了.

(3)综合指数一般要用实际资料作为同度量因素(权数),而平均指数不仅可以用实际资料作为权数,而且可以用固定权数加权计算,这就为指数的计算提供了便利条件,从而可以保证指数计算结果的及时性,是经济指数编制工作中值得引起重视的实际问题.如我国零售价格指数就是根据上期的零售额,参照当期的计划与市场供求实际情况修正而定.

但平均指数也有局限性,由于它一般是采用非全面资料计算的,因此,通常只能反映现象变动的程度,而不能像综合指数那样,从相对数和绝对数两方面做出分析.另外,如果选择的个体指数不够多或不具有代表性,也将影响总指数计算结果的准确性.

需要指出,虽然说平均指数与综合指数有变形关系,但是那是在特定条件下形成的,即只有用综合指数的分母资料(通常用基期实际资料 p_0q_0)为权数时,加权算术平均指数才是综合指数的变形;当用综合指数的分子资料(通常用报告期实际资料 p_1q_1)为权数时,加权调和平均指数才是综合指数的变形.离开上述特定条件,两种形式的总指数之间就不存在变形关系.所以说,平均指数是一种独立的总指数形式.

第四节 指数体系与因素分析

一、指数体系

社会经济现象所存在的普遍联系,在统计中可通过相应的指标体系表现出来.指标体系有许多能表达为经济方程式,以结果指标为原因指标的函数.例如:

商品销售额 = 商品销售量×商品价格
生产总值 = 产量×出厂价格
总产值 = 职工人数×劳动生产率
利税额 = 销售量×销售价格×利税率

上述这些现象与客观存在的数量联系,表现在动态上,就可以形成如下指数体系:

商品销售额指数 = 商品销售量指数×商品价格指数
生产总值指数 = 产量指数×出厂价格指数
总产值指数 = 职工人数指数×劳动生产率指数
利税额指数 = 销售量指数×销售价格指数×利税率指数

从以上分析可以得出两点:第一,指数体系是由三个或三个以上,在经济上存在一定联系,并在数量上又保持一定对等关系的统计指数所组成的整体.第二,在指数体系中,包含着两大类指数,一类是反映现象总变动的指数,如商品销售额指数等,这类指数在一个指数体系中只有一个,一般放在等式的左边;另一类是反映某一因素变动的指数,称为因素指数,如商品销售量指数、商品价格指数等,这类指数在一个指数体系中可以是多个,一般放在等式的右边.

指数体系的分析作用主要表现在两个方面:

(1)可以进行因素分析.指数体系是利用指数对现象进行因素分析的依据,借助综合指数体系可以从相对数和绝对数两个方面分析各因素的变动对现象总变动的影响.例如,编制商品销售量和销售价格指数,分析销售量的增减和物价的升降对商品销售额的影响程度.借助平均指标指数体系可以从相对数和绝对数两个方面分析各组平均水平的变动和总体内部结构变动对现象总平均水平变动的影响.如编制固定构成指数和结构变动影响指数,分析其对总平均指标变动的影响程度.

(2)可以进行指数间的互相推算.在一个指数体系中,当已知其中某几个指数时,可以利用指数体系所表现的数量关系,推算出某个未知指数的值.

二、因素分析

1.因素分析的意义

分析现象总体变动中各个因素对其影响程度的方法就是因素分析法.

社会经济现象之间的联系是多种多样的,分析现象总变动中各因素作用程度和作用条件,对于正确评价现象的发展变化,发扬有利条件,克服不利因素,提高经济效益和社会效益都具有十分重要的意义.在实际工作中,某些现象的总变动是多种因素共同作用的结果,但各因素性质通常不一致,甚至相互矛盾,这就需要因素分析法,分清优劣主次,决定我们的行为.例如,提高粮食总产量既可以靠增加播种面积,也可以靠提高单位产量,究竟应选择哪条途径,就得分析粮食总产量的总变动中有多少是由于增加播种面积的结果;又有多少是由于提高单位面积产量的结果等等.

因素分析是利用指数体系中总变动指数与因素指数的关系,从数量上分析各因素的变动对总变动影响程度和绝对值.因素分析包括相对数和绝对数的分析:相对数分析,是分析总变动中各个因素变动影响的相对程度;绝对数分析,是分析总变动中各个因素变动影响的绝对值.

2.因素分析的方法

因素分析按分析指标的表现形式的不同,分为总量指标变动因素分析和平均指标变动因素分析;按影响因素的多少不同,可分为两因素分析和多因素分析.

从数量上测定各因素的变动对现象总变动的影响,主要包括两类问题:一类是对总量指标变动的因素分析,常用连锁替代法;另一类是对平均指标变动的因素分析,常用可变构成分析法.

三、连锁替代法

连锁替代法就是在被分析指标包含的因素结合式中,将各因素的基期数字顺序以报告期数字替代,有多少因素就有多少替代;将每次替代所得结果与替代前所得结果进行对比,就是该因素变动的影响作用.二者之差就是被替代因素的变动对被分析指标影响的绝对差额.这里所说的因素结合式是按照因素指标从数量指标向质量指标排列,同一性质指标按指标内在关系的密切程度排列的一组指标.因此,连锁替代法本身要求,不仅要确定各因素的相乘关系,而且必须确定各因素变动的先后顺序.因为各因素的连锁替代过程是对因素结合体中的每个因素作假定分析,假定其他因素不变,先对变动的因素运行分析,然后在前两个因素(假定有好几个结合在一起)变动的基础上进行第三个因素的变动分析,依次类推.各因素的变动顺序,一般按分析过程逐次展开,从外延到内涵,从数量到质量,从基础到派生,并注意相邻因素相乘后的经济意义.

连锁替代法的分析步骤:

1.按要求排序.即按先数量后质量,先基础后派生,注意相邻两个因素乘积所得的新指标有无实际意义进行排序.

2.建立指标体系.即: $Q = a \times b \times c \times d \times e$.

3.计算被分析指标的总变动.

例如,总体相对数与绝对数的总变动分别为:

$$\frac{\sum Q_1}{\sum Q_0} = \frac{\sum a_1 b_1 c_1 d_1 e_1}{\sum a_0 b_0 c_0 d_0 e_0}$$

$$\sum Q_1 - \sum Q_0 = \sum a_1 b_1 c_1 d_1 e_1 - \sum a_0 b_0 c_0 d_0 e_0.$$

4.计算各因素指标变动影响的程度和绝对值.

例如,因素"a"变动影响程度$= \dfrac{\sum a_1 b_0 c_0 d_0}{\sum a_0 b_0 c_0 d_0}$,影响绝对额$= \sum a_1 b_0 c_0 d_0 - \sum a_0 b_0 c_0 d_0.$

因素"b"变动影响程度$= \dfrac{\sum a_1 b_1 c_0 d_0 e_0}{\sum a_1 b_0 c_0 d_0 e_0}$,影响绝对额$= \sum a_1 b_1 c_0 d_0 e_0 - \sum a_1 b_0 c_0 d_0 e_0.$

5.影响因素的综合分析.

利用指数体系进行综合分析,即按相对数与绝对数之间的下列关系进行分析:

$$\left|\begin{array}{l} \dfrac{\sum a_1 b_1 c_1 d_1 e_1}{\sum a_0 b_0 c_0 d_0 e_0} = \dfrac{\sum a_1 b_0 c_0 d_0 e_0}{\sum a_0 b_0 c_0 d_0 e_0} \times \dfrac{\sum a_1 b_1 c_0 d_0 e_0}{\sum a_1 b_0 c_0 d_0 e_0} \times \dfrac{\sum a_1 b_1 c_1 d_0 e_0}{\sum a_1 b_1 c_0 d_0 e_0} \times \dfrac{\sum a_1 b_1 c_1 d_1 e_0}{\sum a_1 b_1 c_1 d_0 e_0} \times \dfrac{\sum a_1 b_1 c_1 d_1 e_1}{\sum a_1 b_1 c_1 d_1 e_0} \\ \sum a_1 b_1 c_1 d_1 e_1 - \sum a_0 b_0 c_0 d_0 e_0 = (\sum a_1 b_0 c_0 d_0 e_0 - \sum a_0 b_0 c_0 d_0 e_0) + (\sum a_1 b_1 c_0 d_0 e_0 - \sum a_1 b_0 c_0 d_0 e_0) + \\ (\sum a_1 b_1 c_1 d_0 e_0 - \sum a_1 b_1 c_0 d_0 e_0) + (\sum a_1 b_1 c_1 d_1 e_0 - \sum a_1 b_1 c_1 d_0 e_0) + (\sum a_1 b_1 c_1 d_1 e_1 - \sum a_1 b_1 c_1 d_1 e_0) \end{array}\right.$$

(10.18)

例 10.7 某企业原材料消耗总额的各因素资料如表 10-8 所示,试利用连锁替代法分析各因素对消耗总额的影响程度及各自影响的绝对值.

表 10-8　某企业原材料消耗资料表

车间	产量(万件)		单耗(kg/件)		原材料单价(元/kg)	
	q_0	q_1	m_0	m_1	P_0	P_1
一	85	90	21	19	8	9
二	80	90	22	19	8	9
合计	—		—		—	

解:原材料支出总额=产品产量×原材料单耗×原材料单价

按照指标之间的关系,建立指数关系如下:

$$\begin{cases} \dfrac{\sum q_1 m_1 p_1}{\sum q_0 m_0 p_0} = \dfrac{\sum q_1 m_0 p_0}{\sum q_0 m_0 p_0} \times \dfrac{\sum q_1 m_1 p_0}{\sum q_1 m_0 p_0} \times \dfrac{\sum q_1 m_1 p_1}{\sum q_1 m_1 p_0} \\ \sum q_1 m_1 p_1 - \sum q_0 m_0 p_0 = (\sum q_1 m_0 p_0 - \sum q_0 m_0 p_0) + (\sum q_1 m_1 p_0 - \sum q_1 m_0 p_0) + (\sum q_1 m_1 p_1 - \sum q_1 m_1 p_0) \end{cases}$$

上面公式所需的计算资料如表 10–13 所示.

表 10–13 　某企业两车间原材料支出额资料　单位:万元

车　间	$q_0 m_0 p_0$	$q_1 m_0 p_0$	$q_1 m_1 p_0$	$q_1 m_1 p_1$
一	14 280	15 120	13 680	15 390
二	14 080	15 840	13 680	15 390
合　计	28 360	30 960	27 360	30 780

原材料支出总额指数$= \dfrac{\sum q_1 m_1 p_1}{\sum q_0 m_0 p_0} = \dfrac{30\ 780}{28\ 360} = 108.53\%$

影响总额$= \sum q_1 m_1 p_1 - \sum q_0 m_0 p_0 = 30\ 780 - 28\ 360 = 2\ 420$(万元)

产品产量指数$= \dfrac{\sum q_1 m_0 p_0}{\sum q_0 m_0 p_0} = \dfrac{30\ 960}{28\ 360} = 109.17\%$

影响额$= \sum q_1 m_0 p_0 - \sum q_0 m_0 p_0 = 30\ 960 - 28\ 360 = 2\ 600$(万元)

原材料单耗指数$= \dfrac{\sum q_1 m_1 p_0}{\sum q_1 m_0 p_0} = \dfrac{27\ 360}{30\ 960} = 88.37\%$.

影响额$= \sum q_1 m_1 p_0 - \sum q_1 m_0 p_0 = 27\ 360 - 30\ 960 = -3\ 600$(万元).

原材料单价指数$= \dfrac{\sum q_1 m_1 p_1}{\sum q_1 m_1 p_0} = \dfrac{30\ 780}{27\ 360} = 112.50\%$.

影响额$= \sum q_1 m_1 p_1 - \sum q_1 m_1 p_0 = 30\ 780 - 27\ 360 = 3\ 420$(万元).

以上计算结果应有如下关系:

$$108.53\% = 109.17\% \times 88.37\% \times 112.50\%$$

$$2\ 420\ 万元 = [2\ 600 + (-3\ 600) + 3\ 420]万元$$

这个结果说明,报告期由于产量增长 9.17%,单耗下降 11.63% 和原材料单价上升 12.50% 三方面的因素而使该种产品原材料支出总额增长 10.53%;多支出 2 420 万元,是由于产量增加和原材料价格上升分别多支出 2 600 万元和 3 420 万元,以及由于单耗下降而少支出 3 600 万元综合的结果.

四、结构影响分析

结构影响分析一般用于平均指标或相对指标变动的因素分析.在资料分组的情况下,总平均指标的变动取决于两个因素:一是各组平均水平的变动;二是各组相应的单位数在总体中所占比重变动的影响. 在平均指标变动的因素分析中,将各单位数的比重看做是数量因素,将各组平均水平看做是质量因素,也可以按连锁替代法的原理,建立相应的指数体系,再进行因素分析.即:

可变构成指数=结构影响指数×固定构成指数

所谓可变构成指数,是指在分组条件下所包含的各组平均水平及其相应的单位数比重结构两个因素变动的总平均指标的指数.可变构成指数的作用在于全面综合地反映整个总体平均水平的变动状况.其计算公式为:

$$\bar{K}_{可} = \frac{\bar{P}_1}{\bar{P}_0} = \frac{\sum p_1 q_1 / \sum q_1}{\sum p_0 q_0 / \sum q_0} = \frac{\sum p_1 \dfrac{q_1}{\sum q_1}}{\sum p_0 \dfrac{q_0}{\sum q_0}} \tag{10.19}$$

结构影响指数，指的是在分组条件下将总平均指标变动中的各组平均水平因素固定在基期的水平上，借以反映结构因素变动对总变动影响作用的总平均指标的指数. 其计算公式为：

$$\bar{K}_{结} = \frac{\bar{P}_n}{\bar{P}_0} = \frac{\sum p_0 q_1 / \sum q_1}{\sum p_0 q_0 / \sum q_0} = \frac{\sum p_0 \dfrac{q_1}{\sum q_1}}{\sum p_0 \dfrac{q_0}{\sum q_0}} \tag{10.20}$$

其中 $\bar{P}_n = \dfrac{\sum p_0 q_1}{\sum q_1}$ 为假定平均指标.

固定构成指数，指的是在分组条件下，将总平均指标变动中的结构因素固定在报告期水平上，借以综合反映各组平均水平变动对总平均指标变动影响作用的总平均指标指数. 其计算公式为：

$$\bar{K}_{固} = \frac{\bar{P}_1}{\bar{P}_n} = \frac{\sum p_1 q_1 / \sum q_1}{\sum p_0 q_1 / \sum q_1} = \frac{\sum p_1 \dfrac{q_1}{\sum q_1}}{\sum p_0 \dfrac{q_1}{\sum q_1}} \tag{10.21}$$

用符号表示的指数体系为：

$$\frac{\sum p_1 \dfrac{q_1}{\sum q_1}}{\sum p_0 \dfrac{q_0}{\sum q_0}} = \frac{\sum p_0 \dfrac{q_1}{\sum q_1}}{\sum p_0 \dfrac{q_0}{\sum q_0}} \times \frac{\sum p_1 \dfrac{q_1}{\sum q_1}}{\sum p_0 \dfrac{q_1}{\sum q_1}} \tag{10.22}$$

亦即：

$$\begin{cases} \dfrac{\bar{P}_1}{\bar{P}_0} = \dfrac{\bar{P}_n}{\bar{P}_0} \times \dfrac{\bar{P}_1}{\bar{P}_n} \\[2mm] \bar{P}_1 - \bar{P}_0 = (\bar{P}_n - \bar{P}_0) + (\bar{P}_1 - \bar{P}_n) \end{cases} \tag{10.23}$$

符合以上关系式的研究对象很多，例如：

总平均工资＝每组平均工资×各组人数比重

总平均亩产量＝组平均亩产量×各组播种面积比重

总平均劳动生产率＝组平均劳动生产率×各组人数比重

总平均利润率＝组平均利润率×各组产值(或销售额)比重等.

例 10.8 某企业工人人数和工资如表 10-9 所示，试对总平均工资的变动进行分析.

表 10-9 某企业工人人数和工资资料

工人类别	工资水平(元/人)		工人人数(人)		工资总额(元)		
	x_0	x_1	f_0	f_1	$x_0 f_0$	$x_1 f_1$	$x_0 f_1$
普通工	400	450	100	120	40 000	54 000	48 000
技术工	500	580	90	70	45 000	40 600	35 000
合 计	—	—	190	190	85 000	94 600	83 000

设表中 x 为工资水平，f 为人数，则应有如下的指数体系：

$$\begin{cases} \dfrac{\bar{x}_1}{\bar{x}_0}=\dfrac{\bar{x}_n}{\bar{x}_0}\times\dfrac{\bar{x}_1}{\bar{x}_n} \\ \bar{x}_1-\bar{x}_0=(\bar{x}_n-\bar{x}_0)+(\bar{x}_1-\bar{x}_n) \end{cases}$$

由表 10-14 中资料可得：

$$\bar{x}_1=\frac{\sum x_1 f_1}{\sum f_1}=\frac{94\ 600}{190}=500(\text{元}/\text{人})$$

$$\bar{x}_0=\frac{\sum x_0 f_0}{\sum f_0}=\frac{85\ 000}{190}=450(\text{元}/\text{人})$$

$$\bar{x}_n=\frac{\sum x_0 f_1}{\sum f_1}=\frac{83\ 000}{190}=440(\text{元}/\text{人})$$

总平均工资指数为：$\bar{K}_{可}=\dfrac{\bar{x}_1}{\bar{x}_0}=\dfrac{500}{450}=111.11\%$

变差为：$\bar{x}_1-\bar{x}_0=500-450=50(\text{元})$

组平均工资指数为：$\bar{K}_{固}=\dfrac{\bar{x}_1}{\bar{x}_n}=\dfrac{500}{440}=113.64\%$

变差为：$\bar{x}_1-\bar{x}_n=500-440=60(\text{元})$

各组人数结构指数为：$\bar{K}_{结}=\dfrac{\bar{x}_n}{\bar{x}_0}=\dfrac{440}{450}=97.78\%$

变差为：$\bar{x}_n-\bar{x}_0=440-450=-10(\text{元})$

不难发现，以上计算结果有如下关系：

$$\begin{cases} 111.11\%=113.64\%\times97.78\% \\ 50\ \text{元}=[60+(-10)]\text{元} \end{cases}$$

计算结果表明：由于组平均工资的提高而使总平均工资增长了 13.64%，平均工资额增加了 60 元；由于各组人数结构变动使总平均工资降低了 2.22%，总平均工资额减少了 10 元；由于两因素共同作用的结果，使总平均工资提高了 11.11%，总平均工资额增加了 50 元.

若需要研究工资总额的变动，指数体系可改写为：

$$\bar{K}_{\text{工资额}}=\bar{K}_{可变}\times\bar{K}_{人数}=\bar{K}_{固}\times\bar{K}_{结}\times\bar{K}_{人} \tag{10.24}$$

即：

$$\begin{cases} \dfrac{\sum x_1 f_1}{\sum x_0 f_0}=\dfrac{\bar{x}\cdot\sum f_1}{\bar{x}\cdot\sum f_0}=\dfrac{\bar{x}_1}{\bar{x}_n}\times\dfrac{\bar{x}_n}{\bar{x}_0}\times\dfrac{\sum f_1}{\sum f_0} \\ \sum x_1 f_1-\sum x_0 f_0=\bar{x}_1\sum f_1-\bar{x}_0\sum f_0=(\bar{x}_1-\bar{x}_n)\sum f_1+(\bar{x}_n-\bar{x}_0)\sum f_1+(\sum f_1-\sum f_0)\bar{x}_0 \end{cases} \tag{10.25}$$

需要指出的是，连锁替代法一般用于总量指标变动的因素分析.运用连锁替代法对现象的变动作多因素分析时，所规定的各因素变动的先后顺序是人为的，只是服务于分析工作的需要.事实上，各因素变动的影响作用是错综复杂的，很难确定顺序的先后，任何一个因素的变动，都会在不同程度上促成其他因素的变动，而且，反过来又成为其他因素变动的影响，因此，在具体应用时，必须予以明确.再有，平均指标和相对指标变动的因素分析，必须建立在分组的基础上.没有分组,就没有平均指标和相对指标的因素来分析问题.

第五节　几种常用的经济指数

常用的经济指数包括:工业生产指数、产品成本指数、消费价格指数和零售价指指数、农副产品收购价格指数、股票价格指数等.

指数作为一种重要的经济分析指标和方法,在实践中已获得了广泛的应用.但在不同场合,往往需要运用不同的指数形式.一般而言,选择指数形式的主要标准应该是指数的经济分析意义,除此之外,有时还要求考虑实际编制工作的可行性,以及对指数分析性质的某些特殊要求.现以国内外常见的主要经济指数为例,对指数方法的具体应用加以介绍.

一、工业生产指数

工业生产指数概括反映一个国家或地区各种工业产品产量的综合变动程度, 它是衡量经济增长水平的重要指标之一.世界各国都非常重视工业生产指数的编制,但采用的编制方法却不完全相同.

在我国,工业生产指数是通过计算各种工业产品的不变价格产值来加以编制的.其基本编制过程是:首先,对各种工业产品分别制定相应的不变价格标准(记为 p_c);然后,逐项计算各种产品的不变价格产值,加总起来就得到全部工业产品的不变价格总值;将不同时期的不变价格总值加以对比,就得到相应时期的工业生产指数.

记 t 时期的不变价格总产值为 $\sum q_t p_c (t=1,2,\cdots)$,则该时期的工业生产指数就是固定加权综合指数的形式:

$$I_q = \frac{\sum q_1 p_c}{\sum q_0 p_c} \quad 或 \quad I_q = \frac{\sum q_1 p_c}{\sum q_{t-1} p_c} \tag{10.26}$$

采用不变价格法编制工业生产指数的特点是,只要具备了完整的不变价格产值资料,就能够很容易地计算出有关的生产指数;而且可以在不同层次上(如各地区、各部门、各企业等)进行编制,满足各方面的分析需要.

然而,不变价格的制定和不变价格产值的计算本身却是一项非常浩繁的工作,这项工作又必须连续不断地、全面地展开,其难度可想而知.尤其是在市场经济条件下,要在整个工业生产领域内运用不变价格计算完整的产值资料,面临着很多实际的问题.因此,我国工业生产指数编制方法的改革势在必行.

与我国的情况不同,在国外,较为普遍地采用平均指数形式来编制工业生产指数.计算公式为:

$$I_q = \frac{\sum k_q q_0 p_0}{\sum q_0 p_0} \tag{10.27}$$

其中, k_q 为各种工业品的个体产量指数, $q_0 p_0$ 则为相应产品的基期增加值.编制这种工业生产指数的目的是为了说明工业增加值中物量因素的综合变动程度, 其分析意义与一般的工业总产量指数是有所不同的.

在实践中,为了简化指数的编制工作,常常以各种工业品的增加值比重作为权数,并且

将这种比重权数相对固定起来,连续地编制各个时期的工业生产指数:

$$I_q = \frac{\sum k_q W}{\sum W} \qquad\qquad\qquad (10.28)$$

这里运用了"固定加权算术平均指数".

二、零售价格指数

零售价格指数(Retail price index)是反映城乡商品零售价格变动趋势的一种经济指数.它的变动直接影响到城乡居民的生活支出和国家财政收入,影响居民购买力和市场供需平衡以及消费和积累的比例.因此,零售价格指数是观察和分析经济活动的重要工具之一.

根据不同需要,可以编制不同的零售价格指数.比如,可就城乡分别编制零售价格指数,也可以编制地区零售价格指数,以及零售商品分类价格指数.现将我国零售商品价格指数编制中的一些主要问题说明如下:

(一)代表规格品的选择

全社会零售商品的种类多达上百种, 要编制包括全部商品的零售价格指数显然是不可能的.因此,在编制价格指数时,只能选择部分具有代表性的商品.首先应对商品进行科学的分类,在此基础上分别选择能代表各类别的代表规格品.例如,我国目前将消费品分为食品类、饮料和烟酒类、服装和鞋帽类、纺织品类、中西药品类、化妆品类、书报杂志类、文化体育用品类、日用品类、家用电器类、首饰类、燃料类、建筑装潢类、机电产品类等 14 个大类.大类下又分若干小类,小类下分若干商品细目.

(二)典型地区的选择

全国零售价格总指数用于反映全社会零售商品价格的总体变动水平, 但要包括所有的地区是不可能的,一般选择部分具有代表性的地区编制价格指数.典型地区的选择既要考虑其代表性,也要注意类型上的多样性以及地区分布上的合理性和稳定性.例如,1992 年全国共选取 146 个市 80 个县作为取得数据的基层填报单位.

(三)商品价格的确定

全社会零售价格总指数包括了商品牌价、议价和市价等因素.对所选代表性商品使用的是全社会综合平均价.一种商品的综合平均价是该商品在一定时期内的牌价、议价、市价的加权平均,其权数是各种价格形式的商品零售量或零售额.根据每种代表品基期和报告期的综合平均价,计算每种商品的价格指数,以此作为计算类指数的依据.

(四)权数的确定

我国目前的零售价格总指数是采用加权算术平均形式计算的, 其权数是根据上年商品零售额资料,再加上当年住户调查资料予以调整后确定的.在确定权数时,先确定各大类权数,然后确定小类权数,最后确定商品权数.权数均以百分比表示,各层权数之和等于 100.为便于计算,权数一律取整数.

(五)指数的计算

从 1985 年起, 我国开始采用部分商品平均价格法计算全社会商品零售价格总指数.其

计算公式为:

$$I_p = \frac{\sum k_p W}{\sum W}.$$
(10.29)

式中,k_p 为个体指数或各层的类指数;W 为各层零售额比重权数.

具体计算过程是,先分别计算出各代表规格品基期和报告期的全社会综合平均价,并计算出相应的价格指数,然后分层逐级计算小类、中类、大类和总指数.

三、消费价格指数

消费价格指数(Consumer price index)是世界各国普遍编制的一种指数,但不同国家对这一指数赋予的名称又有不同.我国称之为居民消费价格指数.

居民消费价格指数是反映一定时期内城乡居民所购买的生活消费价格和服务项目价格的变动趋势和程度的一种相对数.通过这一指数,可以观察消费价格的变动水平及对消费者货币支出的影响,研究实际收入和实际消费水平的变动状况.通过城镇居民消费价格指数,可以分析生活消费品和服务项目价格变动对职工货币工资的影响, 为研究职工生活和制定工资政策提供依据.

居民消费价格指数可就城乡分别编制城市居民消费价格指数和农民居民消费价格指数,也可就全社会编制全国居民消费价格总指数.城市居民消费价格指数是反映城市职工及其家庭所购买的生活消费品和服务项目价格变动趋势和程度的相对数, 其编制过程与零售价格指数类似,但内容有所不同.消费价格指数包括消费品价格和服务项目价格两个部分.编制该指数时,首先要对消费品和服务项目进行分类,并选择消费品和服务项目的代表.目前的居民消费价格指数分为食品类、衣着类、家庭设备及用品类、医疗保健用品类、交通和通信工具类、娱乐教育文化用品类、居住类、服务项目类等.其中服务项目分为房租、水电费、交通费、邮电费 、医疗保健费、学杂保育费、文娱费、修理费及其他服务费等九大类.指数中的权数原则上应采用居民消费支出的构成资料,但由于数据来源的限制,目前仍根据社会商品零售额和服务行业的营业额来确定.最后,分别求出消费品价格指数和服务价格指数,并将二者进行加权平均汇总.其计算公式为:

$$I_p = \frac{\sum k W}{\sum W}$$
(10.30)

式中,k 为类指数,W 为权数, 分别为消费品零售额和服务项目营业额占二者总和的比重.

居民消费价格指数除了能反映城乡居民所购买的生活消费品和服务项目价格的变动趋势和程度外,还有以下几个方面的作用:

第一,反映通货膨胀状况.通货膨胀的严重程度是用通货膨胀率来反映的,它说明了一定时期内商品价格持续上升的幅度.通货膨胀率一般以居民消费价格指数来表示.其计算公式为:

$$通货膨胀率 = \frac{报告期居民消费价格指数 - 基期居民消费价格指数}{基期居民消费价格指数} \times 100\%$$
(10.31)

第二 ,反映货币购买力变动.货币购买力是指单位货币能够购买到的消费品和服务的数量.居民消费价格指数上涨,货币购买力则下降,反之则上升,因此,居民消费价格指数的

倒数就是货币购买力指数,计算公式为:

$$货币购买指数=\frac{1}{居民消费价格指数}\times100\% \tag{10.32}$$

第三,反映对职工实际工资的影响.消费价格指数的提高意味着实际工资的减少,消费价格指数下降则意味着实际工资的提高.因此,利用消费价格指数可以将名义工资转化为实际工资.计算公式为:

$$实际工资=\frac{名义工资}{消费价格指数} \tag{10.33}$$

四、股票价格指数

股票在最初发行时,通常是按面值出售的.股票面值是指股票票面上所标明的金额.但股票在证券市场上交易时,就出现了与面值不一致的市场价格.股票价格一般是指股票在证券市场上交易时的市场价格.股票价格是一个时点值,有开盘价、收盘价、最高价、最低价等等,但通常以收盘价作为该种股票当天的价格.股票价格受多种因素的影响,但正常情况下通常与两个直接因素相关:一是预期股息;二是银行存款利息率.股票价格的高低与预期股息成正比,与银行利息率成反比.因此,股票价格的形成可以用下列公式表示:

$$股票价格=\frac{票面价值\times预期股利}{存款利息率} \tag{10.34}$$

股票市场上每时每刻都有多种股票进行交易,且价格各异,有跌有涨.用某一种股票的价格显然不能反映整个股票市场的价格变动,这就需要计算股价平均数和股票价格指数.

(一)股价平均数

股价平均数是股票市场上多种股票在某一时点上的算术平均值,一般以收盘价来计算.计算公式为:

$$股价平均数=\frac{1}{n}\sum_{i=1}^{n}p_i \tag{10.35}$$

式中,p_i 为第 i 种股票的收盘价;n 为样本股票数.

因股票市场上股票交易品种繁多,股价平均数(股票价格指数也是一样)只能就样本股票来计算,但其所选择的样本股票必须具有代表性和敏感性.代表性是指在种类繁多的股票中,既要选择不同行业的股票,又要选择能代表该行业股价变动趋势的股票;敏感性是指样本股票价格的变动能敏感地反映出整个股市价格的升降变化趋势.

(二)股票价格指数

股票价格指数(Stock price index)是反映某一股票市场上多种股票价格变动趋势的一种相对数,简称股价指数,其单位一般以"点"(point)表示,即将基期指数作为100,每上升或下降一个单位称为"1点".

股票价格指数的计算方法很多,但一般以发行量为权数进行加权综合.计算公式为:

$$I_p=\frac{\sum p_{1i}q_i}{\sum p_{0i}q_i} \tag{10.36}$$

式中,p_{1i} 为第 i 种样本股票报告期价格;p_{0i} 为第 i 种样本股票基期价格;q_i 为第 i 种股票的发行量,可以确定为基期,也可以确定为报告期,但大多数股价指数是以报告期发行量为权数计算的.

例 10.10 设有三种股票的价格和发行量资料如表 10-11,试计算股票价格指数.

表 10-11　三种股票的价格和发行量资料

股票名称	基期价格(元)	本月收盘价(元)	报告期发行量(万股)
A	25	26.5	3 500
B	8	7.8	8 000
C	12	12.6	4 500

解:根据表 10-11 资料得股价指数为:

$$I_p = \frac{\sum p_{1i} q_i}{\sum p_{0i} q_i}$$

$$= \frac{26.5 \times 3\,500 + 7.8 \times 8\,000 + 12.6 \times 4\,500}{25 \times 3\,500 + 8 \times 800 + 12 \times 4\,500}$$

$$= 103.09\%$$

即股价指数上涨了 3.09 点.

目前,世界各国的主要证券交易所都有自己的股票价格指数,比如,美国的道琼斯股票价格指数和标准普尔股票价格指数、伦敦金融时报指数、法兰克福 DAX 指数、巴黎 CAC 指数、瑞士的苏黎世 SMI 指数、日本的日京指数、香港的恒生指数等等.我国的上海和深圳两个证券交易所也编制了自己的股票价格指数,如上交所的综合指数和上证 180 指数,深交所的成分股指数和综合指数等.

五、农副产品收购价格指数

农产品收购价格指数,综合反映全社会农产品收购者以各种形式收购各种农产品价格的变动总趋势及平均幅度,它是我国国民经济价格指数体系的重要组成部分.我国农产品收购价格指数的编制,是根据《农副产品收购价格指数的商品目录》,将商品按三级分类,即分为 11 个商品大类,大类下分为 22 个小类,小类下细分为 276 种代表规格品.这 11 大类商品分别为:(1)粮食类,(2)经济作物类,(3)竹木材类,(4)工业用油漆类,(5)畜禽产品类,(6)蚕茧蚕丝类,(7)干鲜果类,(8)干鲜菜及调味品类,(9)药材类,(10)土副产品类,(11)水产品类.

由于农产品收购季节性强,时间比较集中,产品品种也比较少,其当年的收购金额资料容易获得,因此,长期以来我国的农产品收购价格指数都是采用以报告期实际收购额加权的调和平均指数公式计算的.其计算公式为:

$$\text{农产品收购价格指数 } \bar{K}_p = \frac{\sum p_1 q_1}{\sum \frac{1}{K_p} p_1 q_1} \tag{10.37}$$

式中,$\bar{K}_p = \frac{p_1}{p_0}$,代表各种(类)农产品收购价格指数;$p_1 q_1$ 表示各种(类)农产品报告期收购金额.

编制步骤为:先计算各种商品的个体价格指数,继而依次计算各小类指数、大类指数,直至最后计算出农产品收购价格总指数.

也可以计算固定权数加权调和平均指数.其公式为:

$$K = \frac{\sum W}{\sum \frac{1}{K} W}$$ (10.38)

这个公式应用较少.目前,我国房地产价格指数就是用这种方法编制的.

六、产品成本指数

产品成本指数概括反映生产各种产品的单位成本水平的综合变动程度,它是企业或部门内部进行成本管理的一个有用工具.记各种产品的产量为 q,单位成本为 p,则全部可比产品(即基期实际生产过且计算期仍在生产的产品)的综合成本指数通常采用帕氏指数来编制:

$$I_p = \frac{\sum p_1 q_1}{\sum p_0 q_1}$$ (10.39)

该指数的分子与分母之差可以表示由于单位成本水平的降低(或提高),使得计算期所生产的那些产品的成本总额节约(或超支)了多少.

类似地,在对成本水平实施计划管理的场合,还可以编制相应的成本计划完成情况指数,用以检查有关成本计划的执行情况.其编制方法可以采用帕氏公式:

$$I_p = \frac{\sum p_1 q_1}{\sum p_n q_1}$$ (10.40)

其中, p_n 为计划规定的单位成本水平.该分子与分母之差可以说明计划执行过程中所节约或超支的成本总额.

不过,在同时制定了产量计划的条件下,则应该采用拉氏公式编制成本计划完成情况指数:

$$I_p = \frac{\sum p_1 q_n}{\sum p_n q_n}$$ (10.41)

其中, q_n 为计划规定的产量水平.该指数可以在兼顾产量计划的前提下来检查成本计划执行情况,即避免由于片面追求完成成本计划而破坏了产量计划.但在企业按照市场需求组织生产,没有制定产量计划,或不要求恪守产量计划指标的情况下,上面的拉氏指数就失效了.

思考与练习

一、简答题

1. 指数的概念和狭义的指数概念.
2. 应从哪几个方面来说明统计指数的作用? 有哪几种分类方法?
3. 什么是综合指数? 有哪些特点?
4. 什么是同度量因素? 它有什么作用?
5. 在编制数量指标指数和质量指标指数时,如何确定同度量因素?
6. 拉氏指数公式和帕氏指数公式有何不同? 各自说明什么问题?
7. 在什么情况下平均指数是综合指数的变形? 为什么又要强调平均指数是计算总指数

的一种独立形式?

8. 什么是指数体系? 它有哪些作用?

9. 因素分析与指数体系的关系如何? 它包括哪两个方面内容?

10. 平均指标变动的因素分析应编制哪几种平均指标指数? 如何分析?

11. 总量指标的多因素分析必须注意哪些问题?

二、计算题

1. 某商场三种商品的销售情况资料如下:

商品名称	计量单位	价格(元)		销售量	
		基期	报告期	基期	报告期
皮 鞋	双	150.00	180.00	4 000	5 000
大 衣	件	140.00	160.00	500	550
手 套	双	5.50	5.00	800	1 000
合 计	—				

要求:(1)计算各商品价格和销售量个体指数.

(2)计算三种商品的价格总指数.

(3)计算由于每种商品和全部商品价格变动而使销售额变动的数值.

2. 某企业资料如下:

车 间	劳动生产率(百元/人)		工 人 数(人)	
	基 期	报告期	基 期	报告期
甲	200	240	40	50
乙	180	200	50	60
丙	400	500	150	200
合 计	—	—	240	310

要求:从相对数和绝对数两个方面简要分析劳动生产率和工人数的变动对总产值变动的影响.

3. 某商店三种商品的销售资料如下:

商品名称	销售额(万元)		2004年销售量比2000年增长%
	2000 年	2004 年	
甲	1 500	1 800	8
乙	2 000	2 400	5
丙	4 000	4 500	15
合 计	7 500	8 700	—

要求:(1)计算销售量总指数.

(2)计算价格总指数.

(3)试从相对数和绝对数两个方面分析销售额变动所受的影响.

4. 下表是某地农产品收购价格的有关分类资料：

类别及品名	品级	计量单位	综合平均价(元)		价格指数%)	收购金额(万元)
			上年	本年		本年实际
甲	乙	丙	1	2	3	4
一、粮食类						6 955
小麦	中等	百 kg	158.03	1 310.75		2 550
玉米	中等	百 kg	127.18	105.97		2 840
籼稻	中等	百 kg	160.13	128.95		1 105
黄豆	中等	百 kg	310.13	297.36		460
二、经济作物类					101.7	4 905
三、木材类					103.7	1 890
四、工业用油漆					111.7	742
五、畜禽产品类					108.7	2 580
六、蚕茧蚕丝类					118.4	760
七、干鲜果类					810.8	420
八、干鲜菜及调味品					81.9	1 124
九、药材类					104.6	815
十、土副产品类					108.5	665
十一、水产品类					101.4	1 190
合　计	—	—	—	—	—	22 046

要求：(1)试编制某地农产品收购价格总指数.

　　　(2)分析由于农产品收购价格的变动而对农民收入的影响.

5. 利用指数体系回答下列问题：

(1)某企业 2004 年职工的工资水平提高了 3.2%,职工人数增加了 5%.问该企业工资总额的变动情况如何?

(2)价格降低后,某地区居民用同样多的人民币多购买了 10%的商品,试求物价指数?

(3)某厂 2004 年的产量比 2003 年降低了 13.5%,生产费用下降了 11.8%.问该厂 2004 年产品成本的变动情况如何?

6. 某公司 2004 年商品销售额为 5000 万元,比 2003 年增加了 400 万元,零售物价上涨了 8%，试计算该公司商品零售额变动中由于零售价格和零售量变动而造成的影响程度和影响额.

第十一章　多元统计分析

多元统计分析是专门研究和处理多个变量的一种统计分析理论与方法,作为现代统计学的重要分支,它被广泛应用于数学、工程技术、地质、农业、医学、生物、气象、经济研究以及管理等部门和领域.每一种多元统计分析方法都有丰富的内容,也涉及较多的数学知识,因此本章只简要介绍聚类分析、判别分析、主成分分析这几种常见方法的基本内容和思路.

第一节　聚类分析

聚类分析(Cluster analysis)是研究"物以类聚"的一种方法.人类认识世界往往是先将被认识的对象进行分类,因此分类学便成为人类认识世界的基础科学.例如,在生物学中,为了研究生物的演变,需要将物种分类;在地质勘探中,通过矿石标本的物探、化探指标而要将标本分类;在经济研究中,为了分析不同城市居民家庭的消费状况,需要按照消费支出情况将各个城市分为不同类型.历史上,人们主要靠经验和专业知识做定性分类处理,致使许多分类带有主观性和任意性,不能很好地揭示客观事物内在的本质差别与联系,特别是对于多因素、多指标的分类问题,定性分类更难以实现准确分类.随着生产技术的进步和科学水平的提高,人类对自然和社会的认识也在不断加深,为克服定性分类存在的不足,而把数学方法引入分类学中,形成了数值分类学.后来,随着电子计算机的普及,多元分析技术被引入到分类学中,于是从数值分类学中逐渐分离出了聚类分析这个新的分支.

一、聚类分析的基本概念

在聚类分析中,基本的思想是认为我们所研究的样品或指标(变量)之间存在着程度不同的相似性(亲疏关系).于是根据一批样品的多个观测指标,具体找出一些能够度量样品或指标之间相似程度的统计量,以这些统计量为划分类型的依据,把一些相似程度较大的样品(或指标)聚合为一类,把另外一些彼此之间相似程度较大的样品(或指标)又聚合为另一类,关系密切的聚合到一个小的分类单位,关系疏远的聚合到一个大的分类单位,直到把所有样品(或指标)都聚合完毕,把不同的类型一一划分出来,形成一个由小到大的分类系统.最后再把整个分类系统画成一张谱系图,用它把所有样品(或指标)间的亲疏关系表示出来.这种方法是最常用、最基本的一种,称为系统聚类分析.除此之外,还有动态聚类法、图论聚类法、模糊聚类法、有序聚类法等.

通常还根据分类对象的不同将聚类分析划分为 Q 型和 R 型两大类.Q 型是对样本进行分类处理,R 型是对变量进行分类处理.

R 型聚类分析的主要作用是:

1. 不但可以了解个别变量之间的亲疏程度,而且还可以了解各个变量组合之间的亲疏程度.

2. 根据变量的分类结果以及它们之间的关系,可选择主要变量进行回归分析或 Q 型聚类分析.选择主要变量的方法是,在聚合的每类变量中,各选出一个有代表性的变量作为典型变量,为此计算每一个变量与其同类的其他变量的样本决定系数 R^2 的均值 R^{*2}.

$$R^{*2}=\frac{1}{p-1}\sum_{i=1}^{p-1}R_i^2 \tag{11.1}$$

式中 p 为该类的变量个数.挑选 R^{*2} 值最大的变量作为该类的典型变量.

本章主要讨论 Q 型聚类分析问题. Q 型聚类分析的优点是:

1. 可以综合利用多个变量的信息对样本进行分类.

2. 分类结果是直观的,谱系图能清楚地表现其数值分类结果.

3. 聚类分析所得结果比传统分类方法更细致、全面、合理.

二、聚类分析中的统计量

当我们欲将研究对象分类时,总是根据研究对象的特点设计一些指标,采集一些样品.现假定我们选用 p 个指标,n 个样品,用 x_{ij} 表示第 i 个样品的第 j 个指标,$\bar{x}_j$ 和 S_j 分别表示第 j 个指标的样本均值和样本标准差,这样可获得原始数据如表 11-1 所示.

表11-1 原始数据表

指标\样品	x_1	x_2	...	x_j	...	x_p
1	x_{11}	x_{12}	...	x_{1j}	...	x_{1p}
2	x_{21}	x_{22}	...	x_{2j}	...	x_{2p}
⋮	⋮	⋮	...	⋮	...	⋮
i	x_{i1}	x_{i2}	...	x_{ij}	...	x_{ip}
⋮	⋮	⋮	...	⋮	...	⋮
n	x_{n1}	x_{n2}	...	x_{nj}	...	x_{np}
均值	$\bar{x}_1$	$\bar{x}_2$	...	$\bar{x}_j$	...	$\bar{x}_p$
标准差	S_1	S_2	...	S_j	...	S_p

对样品(或指标)进行分类,就需要用一个统计量来衡量样品(或指标)之间的差异(或相近)程度.通常,样品的聚类中,把样品间的"靠近"程度用某种距离来刻画;对指标的聚类,则往往用某种相似系数来描述.

(一)距离

在表 11-1 中,每个样品有 p 个指标,故每个样品可以看成 p 维空间中的一个点,n 个样品就组成 p 维空间中的 n 个点,此时自然想用距离来度量样品之间接近的程度.

如果用 d_{ij} 表示第 i 个样品与第 j 个样品之间的距离,一般要求距离满足以下四个条件:

(1)$d_{ij}\geq 0$,对一切 i,j.

(2)$d_{ij}=0$,当且仅当样品 i 与样品 j 的各个指标相同.

(3) $d_{ij}=d_{ji}$,对一切 i,j.

(4) $d_{ij}\leqslant d_{ik}+d_{kj}$,对一切 i,j,k.

在聚类分析中,有些距离不满足(4).我们称满足条件(1)~(4)的距离 d_{ij} 为广义距离.把条件(4)加强为 $d_{ij}\leqslant\max\{d_{ik},d_{kj}\}$,对一切 i,j,k.称相应的距离 d_{ij} 为极端距离.

最常用的距离有以下几种:

1. 绝对值距离

$$d_{ij}(1)=\sum_{k=1}^{p}|x_{ik}-x_{jk}| \tag{11.2}$$

2. 欧氏(Euclid)距离

$$d_{ij}(2)=\left[\sum_{k=1}^{p}(x_{ik}-x_{jk})^2\right]^{\frac{1}{2}} \tag{11.3}$$

3. 闵可夫斯基(Minkowski)距离

$$d_{ij}(q)=\left[\sum_{k=1}^{p}|x_{ik}-x_{jk}|^q\right]^{\frac{1}{q}} \tag{11.4}$$

其中 q 为正整数.当 $q=1$ 时即为绝对值距离,当 $q=2$ 时即为欧氏距离.

4. 契比雪夫(Chebyshev)距离

$$d_{ij}(\infty)=\max_{i\leqslant k\leqslant p}|x_{ik}-x_{jk}| \tag{11.5}$$

上述距离在实际中用得很多,但是,它有一些缺点.例如,它与各指标的量纲有关,有一定的人为性;它也没有考虑各指标之间的相关性.于是,我们又引进一种改进的距离:

5. 马氏(Mahalanobis)距离

$$d_{ij}^2(M)=(x_i-x_j)'\sum{}^{-1}(x_i-x_j) \tag{11.6}$$

其中,$x_i=\begin{bmatrix}x_{i1}\\x_{i2}\\\vdots\\x_{ip}\end{bmatrix}$,$\sum$ 是 p 维随机向量的协方差矩阵. 可以证明它对一切线性变换是不变的,所以,它不受指标量纲的影响.它对指标的相关性也作了考虑.

6. 兰氏(Lance-Williams)距离

$$d_{ij}(L)=\sum_{k=1}^{p}\frac{|x_{ik}-x_{jk}|}{x_{ik}+x_{jk}} \tag{11.7}$$

兰氏距离在 $x_{ij}\geqslant 0$(对一切 i,j)时使用,它可以克服各个指标的量纲的影响,但没有考虑指标间的相关性.

(二)相似系数

在各个指标之间也可以定义"距离",称为相似系数.用 C_{ij} 表示指标 x_i 与 x_j 的相似系数,一般规定它满足下列三个条件:

(1)$C_{ij}=\pm 1$,当且仅当 $x_i=ax_j$;其中 $a\neq 0$ 是常数.

(2)$|C_{ij}|\leqslant 1$,对一切 i,j.

(3) $C_{ij}=C_{ji}$,对一切 i,j.

$|C_{ij}|$越接近于 1,说明指标 x_i 与 x_j 的关系越密切;$|C_{ij}|$越接近于 0,说明指标 x_i 与 x_j 的关系越疏远.

对于定量的指标,常用的相似系数有:

1. 夹角余弦

这是受相似形的启发而来, 图 11-1 中曲线 AB 和 CD 尽管长度不一,但形状相似,当长度不是主要矛盾时,应定义一种相似系数使 AB 和 CD 呈现出比较密切的关系,而夹角余弦适合这一要求.它的定义是:

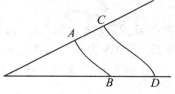

图 11-1　夹角余弦示意图

$$C_{ij}(1)=\frac{\sum\limits_{k=1}^{n}x_{ki}x_{kj}}{\left[\left(\sum\limits_{k=1}^{n}x_{ki}^2\right)\left(\sum\limits_{k=1}^{n}x_{kj}^2\right)\right]^{1/2}} \tag{11.8}$$

它是指标向量$(x_{1i},x_{2i},\cdots,x_{ni})$和$(x_{1j},x_{2j},\cdots,x_{nj})$之间的夹角余弦.

2. 相关系数

相关系数是将数据标准化后的一种夹角余弦.相关系数常用 r_{ij} 表示,为了和其他相似系数记号统一,这里记它为 $C_{ij}(2)$.

$$C_{ij}(2)=\frac{\sum\limits_{k=1}^{n}(x_{ki}-\bar{x}_i)(x_{kj}-\bar{x}_j)}{\left[\sum\limits_{k=1}^{n}(x_{ki}-\bar{x}_i)^2\sum\limits_{k=1}^{n}(x_{kj}-\bar{x}_j)^2\right]^{1/2}} \tag{11.9}$$

如果将(11.8)式和(11.9)式中的下标交换一下,而求和时改为 $\sum\limits_{k=1}^{p}$ 就可得到样品间的相似系数.同样,我们也可以通过公式 $d_{ij}^2=1-C_{ij}^2$ 得到指标间的距离.

三、聚类分析中原始数据的变换处理

在抽取样本进行聚类分析的过程中,由于各个指标的测量单位、测量结果的数量级以及数值变动的范围等,一般都是很不一致的,而我们在分类时所依据的是样品(或指标)之间的距离系数或相似系数,这时,各个指标就将以不等的权重参加运算.为了使具有不同测量单位、不同数量级和变动范围的指标值有相等的权重参加运算,通常需要对它们进行变换处理.

所谓原始数据的变换处理,就是将抽样得到的每一个指标值,按照规定的变换公式把它变成为一个新值.数据变换的方法有许多,常用的变换有:

1. 标准化变换

令

$$Z_{ij}=\frac{x_{ij}-\bar{x}_j}{S_j} \tag{11.10}$$

$i=1,2,\cdots,n;j=1,2,\cdots,p.$称新的指标值为标准化了的指标值,其均值为 0,标准差为 1.

2. 正规化变换

令

$$W_{ij}= \frac{x_{ij}- \min\limits_{1\leqslant i\leqslant n}\{x_{ij}\}}{\max\limits_{1\leqslant i\leqslant n}\{x_{ij}\}- \min\limits_{1\leqslant i\leqslant n}\{x_{ij}\}}. \tag{11.11}$$

$i=1,2,\cdots,n;j=1,2,\cdots,p$. 该式的分母为每个指标的极差,即各指标的最大值与最小值之差,分子为各指标值与该指标的最小值之差. 经正规化变换后的新值,其各指标的最大值为1,最小值为0,其余则介于0与1之间.

四、系统聚类法

系统聚类法(Hierarchical clustering method)是目前国内外使用最多的一种聚类方法,它包括以下步骤:

第一步,计算 n 个样品两两间的距离 $\{d_{ij}\}$ 得到相应的距离矩阵 $D=\{d_{ij}\}$.

第二步,将每一样品看成一类,共有 n 类.

第三步,合并距离最近的两类为一新类.

第四步,计算新类与当前各类的距离. 若类的个数等于1,转到第五步骤,否则回到第三步骤.

第五步,画聚类谱系图.

第六步,决定类的个数和类.

由于什么是类与类之间的距离可以有各种不同的定义,因此参照不同的定义类与类之间距离的方法,就产生了系统聚类的不同方法. 下面将结合具体例子来说明各种系统聚类方法.

1. 最短距离法

假定有 n 个样品,用 d_{ij} 表示第 i 个样品与第 j 个样品之间的距离,$G_1,G_2,\cdots$ 表示初始类,定义类与类之间的距离为两类最近样品的距离,称为最短距离法. 即最短距离法是用

$$D_k(p,q)=\min\{d_{ij}|i\in G_p,j\in G_q\} \tag{11.12}$$

来刻画类 G_p 与类 G_q 中最临近的两个样品的距离.

例 11.1 为了研究某湖区土壤分类,对土壤测定了7项指标. 为了讨论问题简单起见,取出其中8个湖区的资料(见表11-2),试用最短距离法进行分类.

表 11-2 8 个湖区的土壤资料

| | x_1 燃烧损失(%) | | x_2 可交换磷(ug/g) | x_3 磷盐活性 | | |
| | x_4 可提取铁(mg/100g) | | x_5 总磷(%) | | x_6 总氮(%) | x_7 pH |
	x_1	x_2	x_3	x_4	x_5	x_6	x_7
1	10.56	192.9	352.4	1 000	0.10	0.33	4.59
2	15.63	118.4	300.2	1 900	0.11	0.61	4.16
3	19.71	297.7	467.9	2 200	0.08	0.63	4.04
4	10.71	127.3	330.3	910	0.13	0.43	4.56
5	8.30	107.4	241.4	88	0.08	0.31	4.74
6	15.92	203.6	336.9	1500	0.08	0.52	4.13
7	12.92	170.6	319.6	1 600	0.06	0.44	4.05
8	21.96	104.3	578.8	1 900	0.12	0.81	4.11

将表 11–2 给出的原始数据标准化,得到标准化数据如表 11–3 所示.

表 11–3　8 个湖区土壤的标准化数据

指标\样品	x_1	x_2	x_3	x_4	x_5	x_6	x_7
1	−0.824 6	0.418 3	−0.126 7	−0.563 1	0.209 2	−1.069 7	1.034 2
2	0.246 3	−0.710 1	−0.615 0	0.745 6	0.627 5	0.594 3	−0.486 2
3	1.108 1	2.006 1	0.953 9	1.181 9	−0.627 5	0.713 2	−0.910 4
4	−0.792 9	−0.575 3	−0.333 4	−0.694 0	1.464 2	−0.475 4	0.928 1
5	−1.301 9	−0.876 7	−1.165 1	−1.889 4	−0.627 5	−1.188 6	1.564 5
6	0.307 6	0.580 6	−0.271 7	0.164 0	−0.627 5	0.059 4	−0.592 2
7	−0.326 1	0.080 7	−0.433 5	0.309 4	−1.464 2	−0.416 0	−0.875 1
8	1.583 4	−0.923 7	1.991 4	0.745 6	1.045 8	1.782 9	−0.662 9

现将表 11–3 中的每个湖区看成一个样品,采用欧氏距离计算出样品之间的距离矩阵 $D(0)$,如表 11–4 所示.

表 11–4　样品间的距离矩阵 $D(0)$

类号	G_1	G_2	G_3	G_4	G_5	G_6	G_7	G_8
G_1	0							
G_2	3.102 8	0						
G_3	4.257 8	3.541 3	0					
G_4	1.728 5	2.663 6	4.962 0	0				
G_5	2.395 4	4.316 2	6.146 8	2.785 5	0			
G_6	2.545 2	1.999 5	2.395 7	3.203 0	3.992 2	0		
G_7	2.844 4	2.592 9	3.229 0	3.673 6	3.806 2	1.305 7	0	
G_8	5.051 3	3.200 8	3.752 5	4.588 2	6.467 2	3.889 1	4.680 3	0

在 $D(0)$ 中,最小的非零元素是 $D(G_6,G_7)=1.3057$,故将 G_6 和 G_7 合并成 $G_9=\{G_6,G_7\}$,然后计算 G_9 与其他类的距离,利用公式(11.12)得到距离矩阵 $D(1)$,如表 11–5 所示.

表 11–5　样品间的距离矩阵 $D(1)$

类号	G_1	G_2	G_3	G_4	G_5	G_9	G_8
G_1	0						
G_2	3.102 8	0					
G_3	4.257 8	3.541 3	0				
G_4	1.728 5	2.663 6	4.962 0	0			
G_5	2.395 4	4.316 2	6.146 8	2.785 5	0		
G_9	2.545 2	1.999 5	2.395 7	3.203 0	3.806 2	0	
G_8	5.051 3	3.200 8	3.752 5	4.588 2	6.467 2	3.889 1	0

在 $D(1)$ 中,最小的非零元素是 $D(G_1,G_4)=1.7285$,将 G_1 和 G_4 合并成 $G_{10}=\{G_1,G_4\}$,利用公式(11.12)计算 G_{10} 与其他类的距离,得到如表 11–6 所示的距离矩阵 $D(2)$.

表 11-6　样品间的距离矩阵 $D(2)$

类号	G_{10}	G_2	G_3	G_5	G_9	G_8
G_{10}	0					
G_2	2.663 6	0				
G_3	4.257 8	3.541 3	0			
G_5	2.395 4	4.316 2	6.146 8	0		
G_9	2.545 2	1.999 5	2.395 7	3.806 2	0	
G_8	4.588 2	3.200 8	3.752 5	6.467 2	3.889 1	0

在 $D(2)$ 中,最小的非零元素是 $D(G_2,G_9)=1.999\ 5$,将 G_2 与 G_9 合并成 $G_{11}=\{G_2,G_9\}=\{G_2,G_6,G_7\}$,利用公式(11.12)计算 G_{11} 与其他类的距离,得到如表 11-7 所示的距离矩阵 $D(3)$.

表 11-7　样品间的距离矩阵 $D(3)$

类号	G_{10}	G_{11}	G_3	G_5	G_8
G_{10}	0				
G_{11}	2.545 2	0			
G_3	4.257 8	2.395 7	0		
G_5	2.395 4	3.806 2	6.146 8	0	
G_8	4.588 2	3.200 8	3.752 5	6.467 2	0

在 $D(3)$ 中,最小的非零元素是 $D(G_5,G_{10})=2.395\ 4$,将 G_5 和 G_{10} 合并成 $G_{12}=\{G_5,G_{10}\}=\{G_5,G_1,G_4\}$,利用公式(11.12)计算 G_{12} 与其他类的距离,得到如表 11-8 所示的距离矩阵 $D(4)$.

表 11-8　样品间的距离矩阵 $D(4)$

类号	G_{12}	G_{11}	G_3	G_8
G_{12}	0			
G_{11}	2.545 2	0		
G_3	4.257 8	2.395 7	0	
G_8	4.588 2	3.200 8	3.752 5	0

在 $D(4)$ 中,最小的非零元素是 $D(G_3,G_{11})=2.395\ 7$,将 G_3 和 G_{11} 合并成 $G_{13}=\{G_3,G_{11}\}=\{G_3,G_2,G_6,G_7\}$,利用公式(11.12)计算 G_{13} 与其他类的距离,得到如表 11-9 所示的距离矩阵 $D(5)$.

表 11-9　样品间的距离矩阵 $D(5)$

类号	G_{12}	G_{13}	G_8
G_{12}	0		
G_{13}	2.545 2	0	
G_8	4.588 2	3.200 8	0

在 $D(5)$ 中,最小的非零元素是 $D(G_{12},G_{13})=2.545\ 2$,将 G_{12} 和 G_{13} 合并成 $G_{14}=\{G_{12},G_{13}\}=\{G_5,G_1,G_4,G_3,G_2,G_6,G_7\}$,利用公式(11.12)计算 G_{13} 与其他类的距离,得到如表 11-10 所示的距离矩阵 $D(6)$.

表 11-10　样品间的距离矩阵 $D(6)$

类号	G_{14}	G_8
G_{14}	0	
G_8	3.200 8	0

最后,将 G_8 和 G_{14} 合并为 $G_{15}=\{G_8,G_{14}\}=\{G_1,G_2,G_3,G_4,G_5,G_6,G_7,G_8\}$,这时所有的样品归成一类,则聚类过程结束.

上述聚类的过程可以画成聚类谱系图(见图 11-2).

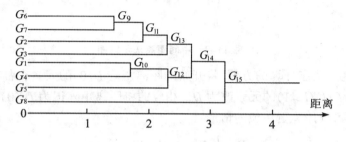

图 11-2　最短距离法谱系图

图中的坐标为并类距离.如果取阈值 $T=2.4$,则可将八个湖区土壤标本分为两类:第一类包括 2、3、6、7 等四个湖区;第二类包括 1、4、5 等三个湖区;而第 8 号湖区归不了类.

2. 最长距离法

所谓最长距离法,就是类与类之间的距离用两类间最远的距离来表示,即用

$$D_s(p,q)=\max\{d_{ij}|\ i\in G_p,j\in G_q\} \tag{11.13}$$

来刻画 G_p 和 G_q 中最远的两个样品的距离.

最长距离法与最短距离法中,主要的不同是计算新类与其他类的距离的递推公式不同.设某步将类 G_p 和 G_q 合并成 G_r,则 G_r 与其他类 G_L 的距离为:

最短距离法用 $D_k(r,l)=\min\{D_k(p,L),D_k(q,L)\}$ (11.14)

最长距离法用 $D_s(r,l)=\max\{D_s(p,L),D_s(q,L)\}$ (11.15)

3. 中间距离法

所谓中间距离法,也就是计算类与类之间的距离既不采用两类之间的最短距离,也不采用两类之间的最长距离,而是采用介于二者之间的距离.

对于中间距离法,当并类过程中的某一步将类 D_p 和 D_q 合并为新类 D_r 时,如何计算 D_r 与任一类 D_k 的距离呢?为了方便说明问题,不失一般性,设 $D_{qk}>D_{pk}$,以 D_{pk},D_{qk},D_{qp} 为边作三角形,如图 11-3 所示.按最短距离法,有 $D_{rk}=D_{pk}$;按最长距离法,有 $D_{rk}=D_{qk}$.在图 11-13 中,介于 D_{pk} 和 D_{qk} 之间的线段在几何直观上以 D_{qp} 的中线为好,该中线的平方为 $\frac{1}{2}D_{pk}^2+\frac{1}{2}D_{qk}^2-\frac{1}{4}D_{qp}^2$,如果将此中线作为 D_{rk},则有

$$D_{rk}^2=\frac{1}{2}D_{pk}^2+\frac{1}{2}D_{qk}^2-\frac{1}{4}D_{qp}^2 \tag{11.16}$$

公式(11.16)就是用中间距离法聚类时计算新类 G_r 与其他类 $G_k(k\neq p,q)$ 的距离的递推公式.

用中间距离法聚类时,因为一开始各个样品自成一类,所以,$D_{qp}=d_{pq}$.而公式(11.16)出现

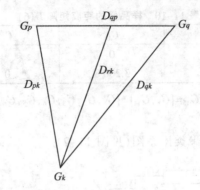

图 11-3　中间距离法示意图

的全是距离的平方,为了计算的方便,将开始的距离矩阵 $D(0)$ 的元素全都改为 d_{ij}^2,后续的并类后的距离矩阵 $D(l)(l \geq 1)$ 的元素改为 D_{qp}^2,相应的将距离矩阵记为 $D^2(0), D^2(1), \cdots$.

中间距离法可推广为更一般的情形:

$$D_{rk}^2 = \frac{1}{2}D_{pk}^2 + \frac{1}{2}D_{qk}^2 + \beta D_{qp}^2 \tag{11.17}$$

其中 $-\frac{1}{4} \leq \beta \leq 0$.

4. 重心法

前面讨论的三种方法在定义类与类之间的距离时,没有考虑每一类所包含的样品数,如果考虑每一类所包含的样品数量,采取物理学中进行力的分解时,用重心表示物体各部分所受重力产生的合力的作用点, 就会自然联想到每类样品在空间中的平均位置应该为这类样品的重心.即一个类用它的重心(该类样品均值)做代表比较合理.因此,类与类之间的距离就用重心之间的距离来代表,这就是所谓的重心法.

设类 G_p 和 G_q 的重心分别是 $\bar{x}_p$ 和 $\bar{x}_q$,则重心法所定义的类 G_p 和 G_q 之间的距离为:

$$D_{pq} = d_{\bar{x}_p \bar{x}_q} \tag{11.18}$$

如果样品之间的距离采用欧氏距离,在某一步将类 G_p 和 G_q 合并为 G_r,类 G_p 和 G_q 分别有 n_p 和 n_q 个样品,则类 G_r 内的样品个数为 $n_r = n_p + n_q$,它的重心显然为:

$$\bar{x}_r = \frac{1}{n_r}(n_p \bar{x}_p + n_q \bar{x}_q) \tag{11.19}$$

某一类 G_k 的重心为 $\bar{x}_k$,它与新类 G_r 的距离是:

$$D_{kr}^2 = (\bar{x}_k - \bar{x}_r)'(\bar{x}_k - \bar{x}_r).$$

可以证明 D_{kr}^2 是如下的形式:

$$D_{kr}^2 = \frac{n_p}{n_r}D_{kp}^2 + \frac{n_q}{n_r}D_{kq}^2 - \frac{n_p}{n_r} \cdot \frac{n_q}{n_r}D_{pq}^2 \tag{11.20}$$

式(11.20)就是用重心法聚类时,计算新类与其他类之间距离的递推公式.

用重心法聚类时,单个样品的重心就是它本身,两个样品的类的重心就是两点连线的中点.用重心法聚类每合并一次类,就要重新计算新类的重心以及新类与其他类的距离,可见其计算比较麻烦.

例 11.2　为了研究辽宁等 5 省区 1991 年城镇居民生活消费的分布规律,根据原始调查资料表 11–11 做类型划分.

表 11–11 1991 年 5 省区城镇居民月平均消费数据

x_1 人均粮食支出(元/人)		x_5 人均衣着商品支出(元/人)	
x_2 人均副食支出(元/人)		x_6 人均日用品支出(元/人)	
x_3 人均烟、酒、茶支出(元/人)		x_7 人均燃料支出(元/人)	
x_4 人均其他副食支出(元/人)		x_8 人均非商品支出(元/人)	

	x_1	x_2	x_3	x_4	x_5	x_6	x_7	x_8
辽宁	7.90	39.77	8.49	12.94	19.27	11.05	2.04	13.29
浙江	7.68	50.37	11.35	13.30	19.25	14.59	2.75	14.87
河南	9.42	27.93	8.20	8.14	16.17	9.42	1.55	9.76
甘肃	9.16	27.98	9.01	9.32	15.99	9.10	1.82	11.35
青海	10.06	28.64	10.52	10.05	16.18	8.39	1.96	10.81

现在将表 11–11 中的每个省区看成一个样品,采用欧氏距离,计算出各样品之间的平方距离,得到表 11–12 所示的矩阵 $D^2(0)$,这时各样品自成一类.

表 11–12 样品间的距离矩阵 $D^2(0)$

类号	G_1	G_2	G_3	G_4	G_5
辽宁 G_1	0				
浙江 G_2	136.19	0			
河南 G_3	190.44	606.64	0		
甘肃 G_4	172.13	592.60	4.84	0	
青海 G_5	163.84	554.13	12.32	4.88	0

在 $D^2(0)$ 中,最小的非零元素是 $D_{34}^2 = 4.84$,将 G_3 和 G_4 合并成 G_6,利用公式(11–20)计算新类 G_6 与其他类的距离,这时 $n_p = n_q = 1, n_r = 2$,当 $k = 1$ 时,有

$$D_{16}^2 = \frac{1}{2}D_{13}^2 + \frac{1}{2}D_{14}^2 - \frac{1}{2} \times \frac{1}{2}D_{34}^2$$

$$= \frac{1}{2} \times 190.44 + \frac{1}{2} \times 172.13 - \frac{1}{4} \times 4.84 = 180.08$$

类似地可以计算出 $k = 2, 5$ 时的值,结果如表 11–13 的矩阵 $D^2(1)$ 所示.

表 11–13 样品间的距离矩阵 $D^2(1)$

类号	G_6	G_1	G_2	G_5
G_6	0			
G_1	180.08	0		
G_2	598.41	136.19	0	
G_5	7.39	163.84	554.13	0

对 $D^2(1)$ 重复上述步骤,将类 G_5 和 G_6 合并成类 G_7,有关计算结果如表 11–14 的矩阵 $D^2(2)$ 所示.

表 11-14　样品间的距离矩阵 $D^2(2)$

类号	G_7	G_1	G_2
G_7	0		
G_1	170.11	0	
G_2	574.42	136.19	0

在 $D^2(2)$ 中,可将类 G_1 和 G_2 合并成类 G_8,经过计算,有关结果如表 11-15 的矩阵 $D^2(3)$ 所示.

表 11-15　样品间的距离矩阵 $D^2(3)$

类号	G_7	G_8
G_7	0	
G_8	338.22	0

最后,可将表 11-15 中的 G_7 类和 G_8 合并成类 G_9,这时所有省份均成一类,过程结束.其聚类谱系图如图 11-4 所示.

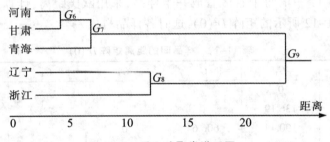

图 11-4　重心法聚类谱系图

5. 类平均法

一个类的重心虽然有很好的代表性,但它却没有充分利用各个样品的信息.为了克服重心法的这个缺点,我们将两类中元素两两之间的平方距离的平均作为两类之间的平方距离,即

$$D_{pq}^2 = \frac{1}{n_p n_q} \sum_{i \in G_p} \sum_{j \in G_q} d_{ij}^2 \tag{11.21}$$

其中 n_p、n_q 为类 G_p 和 G_q 中的样品数.用式 (11.21) 定义的系统聚类法叫做类平均法.

用类平均法聚类时,如果在并类过程中的某一步将类 G_p 和 G_q 合并为新类 G_r 时,类 G_p 和 G_q 分别有 n_p 和 n_q 个样品,则新类 G_r 内的样品个数为 $n_r = n_p + n_q$.由公式 (11.21) 可得,新类 G_r 与其他任一类 G_k 之间的平方距离为:

$$D_{rk}^2 = \frac{1}{n_r n_k} \sum_{i \in G_r, j \in G_k} d_{ij}^2$$

$$= \frac{1}{n_r n_k} \left(\sum_{i \in G_p} \sum_{j \in G_k} d_{ij}^2 + \sum_{i \in G_q} \sum_{j \in G_k} d_{ij}^2 \right) = \frac{n_p D_{pk}^2}{n_r} + \frac{n_q D_{qk}^2}{n_r} \tag{11.22}$$

式 (11.22) 即为用类平均法聚类时计算新类 G_r 与其他类 G_k 之间距离的递推公式.

6. 可变类平均法

类平均法的一个缺点是,在递推公式 (11.22) 中没有反映出类 G_p 和 G_q 之间的距离 D_{pq}

的影响.为了克服这一缺点,有人提出将公式(11.22)改为:

$$D_{rk}^2=\frac{n_p}{n_r}(1-\beta)D_{pk}^2+\frac{n_q}{n_r}(1-\beta)D_{qk}^2+\beta D_{pq} \tag{11.23}$$

其中$\beta<1$,称为聚集强度系数,随着β的取值不同,就有不同的聚类结果.用公式(11.23)确定新类与其他类之间距离的聚类法称为可变类平均法.

7. 可变法

可变法是从代数角度出发规定的一种聚类方法,它将中间距离法计算距离的递推公式(11.17)中的前两项的系数也依赖于β,即

$$D_{rk}^2=\frac{1-\beta}{2}(D_{pk}^2+D_{qk}^2)+\beta D_{pq}^2 \tag{11.24}$$

其中$\beta<1$,采用该公式进行聚类的方法,称为可变法.

8. 离差平方和法

离差平方和法是由 Ward 提出来的,在许多资料上称其为 Ward 法.这个方法的思想来源于方差分析,是我们所介绍的系统聚类法中最具有统计特色的分类方法.

根据方差分析的思想,如果类分得正确,同类内样品的离差平方和应该较小,类与类之间的离差平方和应该较大.在计算样品之间的距离时,如果采用欧氏距离,在某一步将类G_p和G_q合并成新类G_r,用Q_q表示类G_q中样品的离差平方和,类G_q中包含的样品为X_{1q}, X_{2q}, $\cdots$, X_{n_q},即类G_q中包含的样品个数为n_q,它们的均值为$\overline{X}_q$,于是

$$Q_q=\sum_{l=1}^{n_q}(X_{lq}-\bar{x}_q)'(X_{lq}-\bar{x}_q)=\sum_{l=1}^{n_q}X_{lq}'X_{lq}-n\overline{X}_q'\overline{X}_q$$

对于类G_p和G_r,它们各自当中的离差平方和Q_p及Q_r也有与上式类似的公式,类G_p和G_r中包含的样品数分别为n_p和$n_r=n_p+n_q$.由于G_r是由类G_p和G_q合并成的新类,总的离差平方和要增加,所以我们定义类G_p和G_q的距离为D_{pq}.

$$D_{pq}^2=2(Q_r-Q_p-Q_q) \tag{11.25}$$

而$n_r=n_p+n_q$, $X_{lr}=X_{lp}$或$X_{lr}=X_{lq}$,经推算整理后可得

$$D_{pq}^2=2\frac{n_pn_q}{n_r}(\overline{X}_p-\overline{X}_q)'(\overline{X}_p-\overline{X}_q) \tag{11.26}$$

该公式为用离差平方和法聚类时,类G_p与G_q之间的距离公式.当类G_p和G_q都只包含有一个样品时,类间距离也就是点间距离,即

$$D_{pq}^2=(\overline{X}_p-\overline{X}_q)'(\overline{X}_p-\overline{X}_q)$$

这个距离也就是欧氏距离.

由公式(11.26),将类G_p和G_q合并为新类G_r时,新类G_r与其他类G_k之间的距离为:

$$D_{rk}^2=\frac{n_k+n_p}{n_r+n_k}D_{pk}^2+\frac{n_k+n_q}{n_r+n_k}D_{qk}^2-\frac{n_k}{n_r+n_k}D_{pq}^2 \tag{11.27}$$

这就是用离差平方和法聚类,将类G_p和G_q合并成新类G_r时,新类G_r与其他类之间距离的递推公式.

例 11.3 设有六个样品,每个样品只有一个指标,它们分别是 1, 2, 5, 7, 9, 10.试用离差平方和法进行聚类.

样品间采用欧氏距离,计算出平方距离后列成表 11-16 所示的矩阵 $D^2(0)$.

表 11-16　样品间的距离矩阵 $D^2(0)$

类号	G_1	G_2	G_3	G_4	G_5	G_6
G_1	0					
G_2	6	0				
G_3	16	9	0			
G_4	36	25	4	0		
G_5	64	49	16	4	0	
G_6	81	64	25	9	1	0

在表 11-16 的 $D^2(0)$ 中,最小的非零元素是 $D^2_{12}=D^2_{56}=1$,先将类 G_1 和 G_2 合并为 $G_7=\{G_1,G_2\}=\{1,2\}$.利用公式(11.27)计算新类 G_7 与其他类的距离,得到如表 11-17 所示的矩阵 $D^2(1)$.

表 11-17　样品间的距离矩阵 $D^2(1)$

类号	G_7	G_3	G_4	G_5	G_6
G_7	0				
G_3	16.33	0			
G_4	40.33	4	0		
G_5	75	16	4	0	
G_6	96.33	25	9	1	0

在表 11-17 的 $D^2(1)$ 中,可重复上述步骤,将类 G_5 和 G_6 合并为 $G_8=\{G_5,G_6\}=\{9,10\}$,有关计算结果见表 11-18 的矩阵 $D^2(2)$.

表 11-18　样品间的距离矩阵 $D^2(2)$

类号	G_7	G_3	G_4	G_8
G_7	0			
G_3	16.33	0		
G_4	40.33	4	0	
G_8	127.98	27	8.33	0

在表 11-18 的 $D^2(2)$ 中,可将类 G_3 和 G_4 合并为 $G_9=\{G_3,G_4\}=\{5,7\}$,有关计算结果见表 11-19 的 $D^2(3)$.

表 11-19　样品间的距离矩阵 $D^2(3)$

类号	G_7	G_9	G_8
G_7	0		
G_9	40.50	0	
G_8	127.98	24.50	0

在表 11-19 的 $D^2(3)$ 中,可将类 G_8 和 G_9 合并为 $G_{10}=\{G_8,G_9\}=\{5,7,9,10\}$.有关计算结果见表 11-20 的矩阵 $D^2(4)$.

表 11–20　样品间的距离矩阵 $D^2(4)$

类号	G_7	G_{10}
G_7	0	
G_{10}	104.15	0

最后将类 G_7 和 G_{10} 合并为 $G_{11}=\{G_7, G_{10}\}=\{1, 2, 5, 7, 9, 10\}$，这时所有的样品归成一类，过程终止．其骤类谱系图如图 11–5 所示．

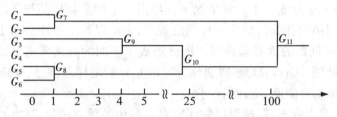

图 11–5　离差平方和法聚类谱系图

以上我们介绍了八种系统聚类的方法，这些方法并类的原则和步骤是完全一样的，所不同的是类与类之间的距离有不同的定义方法，因而可得到不同的递推公式．维希特(Wishart)在 1969 年发现这些递推公式可以用一个公式将它们统一起来，即

$$D_{rk}^2=\alpha_p D_{pk}^2+\alpha_q D_{qk}^2+\beta D_{pq}^2+\gamma\left|D_{pk}^2-D_{qk}^2\right| \tag{11-28}$$

其中的系数 $\alpha_p, \alpha_q, \beta, \gamma$ 对于不同的方法取值也不相同．这四个系数在八种方法中的取值列在表 11–21 中．

表 11–21　系统聚类法参数取值表

方法	α_p	α_q	β	γ
最短距离法	$1/2$	$1/2$	0	$-1/2$
最长距离法	$1/2$	$1/2$	0	$1/2$
中间距离法	$1/2$	$-1/2$	$-1/4 \leqslant \beta \leqslant 0$	0
重心法	n_p/n_r	n_q/n_r	$-\alpha_p\alpha_q$	0
类平均法	n_p/n_r	n_q/n_r	0	0
可变类平均法	$(1-\beta)n_p/n_r$	$(1-\beta)n_q/n_r$	<1	0
可变法	$(1-\beta)/2$	$(1-\beta)/2$	<1	0
离差平方和法	$\dfrac{n_k+n_p}{n_r+n_k}$	$\dfrac{n_k+n_q}{n_r+n_k}$	$-\dfrac{n_k}{n_r+n_k}$	0

第二节　判别分析

判别分析(Discriminant analysis)是多元统计分析中判别样品所属类型的一种重要方法．在自然科学和社会科学的研究中，经常会遇到这样的问题，即在一些已知的研究对象用某种方法被分成若干类的情况下，确定一个新的研究对象应当属于这些已知类别中的哪一类．例

応用統計学

如,在考古学中,根据发掘出来的人头盖骨的高、宽等特征以判定其性别;在经济学中,根据人均国民收入、人均消费水平、人均住房面积等多种指标来判定一个国家的经济发展程度所属类型;在人口学中,可根据平均预期寿命、经济水平、婴儿死亡率等因素来决定死亡水平所属的类型;在医疗诊断上,医生根据对病人的一些检验结果判断病人所患疾病类型;在税务稽查中,要判断某纳税户是诚实户还是偷税户等.这方面的例子不胜枚举.这些都是判别分析可解决的问题.

用统计术语讲,判别分析就是要判定一个样品究竟来自哪一个总体.亦即,在已知一些研究对象并用某种方法分成若干类的情况下,给出一个衡量新样品与各已知类别接近程度的描述指标,即判别函数,同时,指定一种判别规则,来借以判定新样品属于已知分类中的哪一类.判别分析解决问题的途径有许多,因此形成了不同的判别准则,最常用的有费歇尔(Fisher)准则和贝叶斯(Bayes)准则.判别分析可以充分利用样品信息,对问题进行定量分析和判断,使结果更加切合实际,更加科学化.

判别分析的内容十分丰富,按照已知研究对象已用某种方法分成的组数来分,有两组判别分析和多组判别分析;按照区分不同总体所用的数学模型来分,有线性判别和非线性判别;按照判别所处理的变量方法的不同,有逐步判别、序贯判别等.本节将主要结合 Fisher 准则和 Bayes 准则来介绍两组判别分析和多组判别分析的基本思想与方法.

一、两组判别分析

两组判别分析是在已知研究对象已用某种方法分成两组的情况下,判别一个样品究竟属于已知两组 A 与 B 中的哪一组.

1. 两组判别分析的基本思想

假定已把研究对象分为 A 类和 B 类两类,并且选定了与问题有关的 p 个变量 $x_1, x_2, \cdots, x_p$,从 A 类随机选取 n_1 组数据,从 B 类随机选取 n_2 组数据,如表 11-22 所示.

表 11-22 数据表

类别	样品	变量			
		x_1	x_2	$\cdots$	x_p
A 类	1	$x_{11}(A)$	$x_{12}(A)$	$\cdots$	$x_{1p}(A)$
	2	$x_{21}(A)$	$x_{22}(A)$	$\cdots$	$x_{2p}(A)$
	$\cdots$	$\vdots$	$\vdots$	$\cdots$	$\vdots$
	n_1	$x_{n_11}(A)$	$x_{n_12}(A)$	$\cdots$	$x_{n_1P}(A)$
B 类	1	$x_{11}(B)$	$x_{12}(B)$	$\cdots$	$x_{1P}(B)$
	2	$x_{21}(B)$	$x_{22}(B)$	$\cdots$	$x_{2P}(B)$
	$\cdots$	$\vdots$	$\vdots$	$\cdots$	$\vdots$
	n_2	$x_{n_21}(B)$	$x_{n_22}(B)$	$\cdots$	$x_{n_2P}(B)$

把 A 类样品各个变量的平均值记为:$\bar{x}_1(A), \bar{x}_2(A), \cdots, \bar{x}_p(A)$,且

$$\bar{x}_k(A) = \frac{1}{n_1} \sum_{j=1}^{n_1} x_{jk}(A) \quad (k=1,2,\cdots,p) \tag{11.29}$$

把 B 类样品各个变量的平均值记为:$\bar{x}_1(B), \bar{x}_2(B), \cdots, \bar{x}_p(B)$,且

$$\bar{x}_k(B)=\frac{1}{n_2}\sum_{j=1}^{n_2}\bar{x}_{jk}(B),(k=1,2,\cdots,\mathrm{p}) \tag{11.30}$$

如果单纯地根据一个判别变量 x 在分布上的差异去判别一个样品究竟是属于 A、B 两类中的哪一类，往往会遇到该变量在两类中的分布有互相重叠的部分. 如果重叠的部分很多，就不好将它们区别开来.如果每增加一个判别变量就可缩小不好区分的重叠部分，人们自然会想到利用包括在两类中的 p 个判别变量来构成一个合适的综合判别指标，作为划分 A 类与 B 类的鲜明界限，使它能最大限度地缩小不易判别的重叠部分，从而提高正确判别的概率.我们把这个综合判别指标称为判别函数，记作

$$y=y(x_1,x_2,\cdots,x_p) \tag{11.31}$$

对于 A 类中的每个样品，把选定的判别变量 $x_1,x_2,\cdots,x_p$ 的值代入判别函数(11.31)式，就可以求出判别值 $y_j(A)(j=1,2,\cdots,n_1)$，从而得到 $y_j(A)$ 的平均数 $\bar{y}(A)$.同样，对于 B 类中的每个样品，把判别变量 $x_1,x_2,\cdots,x_p$ 的值代入判别函数(11.31)式，也可以求出一个判别值 $y_j(B)(j=1,2,\cdots,n_2)$ 以及各 $y_j(B)$ 的平均数 $\bar{y}(B)$.通过判别分析方法，我们可以找出一个介于 $\bar{y}(A)$ 与 $\bar{y}(B)$ 之间的判别指标 y_{AB}，如果 $\bar{y}(A)\geqslant y_{AB}>\bar{y}(B)$，则当某个待判别的样品的判别值 $y\geqslant y_{AB}$ 时，就判断它属于 A 类，当 $y<y_{AB}$ 时，就判断它属于 B 类.如果 $\bar{y}(B)\geqslant y_{AB}>\bar{y}(A)$，则当 $y\geqslant y_{AB}$ 时，判断它属于 B 类，当 $y<y_{AB}$ 时，就判断它属于 A 类.

2. 线性判别函数的导出

两组判别分析方法基于统计上的费歇尔(Fisher)准则.设 p 个判别变量的线性判别函数为

$$y=c_1x_1+c_2x_2+\cdots+c_px_p=\sum_{k=1}^{p}c_kx_k \tag{11.32}$$

式中 $c_1,c_2,\cdots,c_p$ 是待定系数.这些待定系数的确定遵循费歇尔(Fisher)准则，即使得两组样品的 p 个变量经过线性组合之后形成一个新的变量，要每个样品的新变量的值使两组样品能区别得最好.也就是说，要使得两个组样品的新变量的均值之差为最大，并且在各组组内离差平方和为最小.

对于 A 类中的每个样品，把选定的判别变量 $x_1,x_2,\cdots,x_p$ 的值代入(11.32)式的线性判别函数中，就可以得到一个判别值 $y_j(A)(j=1,2,\cdots,n_1)$，从而求出各个 $y_j(A)$ 的平均值 $\bar{y}(A)$.即有

$$y_j(A)=\sum_{k=1}^{p}c_kx_{jk}(A),\quad(j=1,2,\cdots,n_1) \tag{11.33}$$

$$\bar{y}(A)=\frac{1}{n_1}\sum_{j=1}^{n_1}y_j(A)=\sum_{k=1}^{p}c_k\bar{x}_j(A) \tag{11.34}$$

同理，对于 B 类中的每个样品，把选定的判别变量 $x_1,x_2,\cdots,x_p$ 的值代入(11.32)式的线性判别函数中，就可以得到一个判别值 $y_j(B)(j=1,2,\cdots,n_2)$，从而求出各个 $y_j(B)$ 的平均值 $\bar{y}(B)$.即有

$$y_j(B)=\sum_{k=1}^{p}c_kx_{jk}(B),\quad(j=1,2,\cdots,n_2) \tag{11.35}$$

$$\bar{y}(B)=\frac{1}{n_2}\sum_{j=1}^{n_2}y_j(B)=\sum_{k=1}^{p}c_k\bar{x}_j(B) \tag{11.36}$$

于是,两组间的离差用$[\bar{y}(A)-\bar{y}(B)]^2$来表示,$A$组内部的离散程度和$B$组内部的离散程度分别以$\sum_{j=1}^{n_1}[y_j(A)-\bar{y}(A)]^2$和$\sum_{j=1}^{n_2}[y_j(B)-\bar{y}(B)]^2$来表示.这样,要使得两个组间新变量的均值之差为最大,只需使

$$[\bar{y}(A)-\bar{y}(B)]^2=最大 \tag{11.37}$$

要使各组组内离差平方和为最小,则要使得

$$\sum_{j=1}^{n_1}[y_j(A)-\bar{y}(A)]^2+\sum_{j=1}^{n_2}[y_j(B)-\bar{y}(B)]^2=最小 \tag{11.38}$$

把(11.37)式和(11.38)式这两种要求结合起来,则线性判别函数(11.32)式的各个待定系数$c_k(k=1, 2, \cdots, p)$应能使

$$I=\frac{[\bar{y}(A)-\bar{y}(B)]^2}{\sum_{j=1}^{n_1}[y_j(A)-\bar{y}(A)]^2+\sum_{j=1}^{n_2}[y_j(B)-\bar{y}(B)]^2}=最大 \tag{11.39}$$

根据数学分析中有关的极值原理,只需从方程组

$$\frac{\partial I}{\partial c_k}=0, \quad(k=1, 2, \cdots, p) \tag{11.40}$$

中解出$c_1,c_2,\cdots,c_k$的数值,即可确定判别函数(11.32)式.

对(11.40)式的方程组进行有关变换处理,最后可得到如下形式的一个p元线性方程组

$$\sum_{l=1}^{p}c_l s_{kl}=d_k, \quad(k=1, 2, \cdots, p) \tag{11.41}$$

其中

$$d_k=\bar{x}_k(A)-\bar{x}_k(B),(k=1, 2, \cdots, p) \tag{11.42}$$

$$s_{kl}=\sum_{j=1}^{n_1}[x_{jk}(A)-\bar{x}_k(A)][x_{jl}(A)-\bar{x}_l(A)]+$$

$$\sum_{j=1}^{n_2}[x_{jk}(B)-\bar{x}_k(B)][x_{jl}(B)-\bar{x}_l(B)],(k,l=1, 2, \cdots, p) \tag{11.43}$$

这样,就可从方程组(11.41)中解出$c_1,c_2,\cdots,c_p$,再代入(11.32)式,便得到线性判别函数

$$y=c_1x_1+c_2x_2+\cdots+c_px_p$$

3. 判别指标与判别法则的确定

当求得了线性判别函数(11.32)后,在建立判别法则以前还需要确定判别指标.将由方程组(11.41)解得的$c_1,c_2,\cdots,c_p$分别代入(11.34)式和(11.36)式,便可求得$\bar{y}(A)$与$\bar{y}(B)$.此处$\bar{y}(A)$是由n_1个样品求得的,而$\bar{y}(B)$是由n_2个样品求得的,对它们以所含的样品数进行加权平均,得

$$y_{AB}=\frac{n_1\bar{y}(A)+n_2\bar{y}(B)}{n_1+n_2} \tag{11.44}$$

由(11.44)式求得的加权平均数称为两组判别分析的综合判别指标.

判别指标确定以后,可以建立如下的判别法则:

(1) 如果 $\bar{y}(A) \geq y_{AB} > \bar{y}(B)$,对于待判样品 $(x_1, x_2, \cdots, x_p)$,若有

$$y = c_1 x_1 + c_2 x_2 + \cdots + c_p x_p \geq y_{AB}$$

则判断该待判样品属于 A 类.若有

$$y = c_1 x_1 + c_2 x_2 + \cdots + c_p x_p < y_{AB}$$

则判断该待判样品属于 B 类.

(2) 如果 $\bar{y}(A) < y_{AB} \leq \bar{y}(B)$,对于待判样品 $(x_1, x_2, \cdots, x_p)$,若有

$$y = c_1 x_1 + c_2 x_2 + \cdots + c_p x_p \geq y_{AB}$$

则判断该待判样品属于 B 类.若有

$$y = c_1 x_1 + c_2 x_2 + \cdots + c_p x_p < y_{AB}$$

则判断该待判样品属于 A 类.

4. 判别函数的检验

根据 p 个变量所构成的判别函数,其判别的有效性是可以进行检验的.两组判别分析是假设两组原始样品属于不同的总体,各变量在 A 类中的平均值及在 B 类中的平均值在统计上应该差异显著.否则用这 p 个变量所构成的判别函数来进行判别就没有意义.所以,还应对判别函数的有效性作出检验.

在检验判别函数的有效性时,一般采用马哈拉诺比斯(Mahalanobis)D^2 统计量来进行,在两组判别分析中其计算公式为

$$D^2 = (n_1 + n_2 - 2) \sum_{k=1}^{p} c_k d_k \tag{11.45}$$

其中

$$d_k = \bar{x}_k(A) - \bar{x}_k(B), \quad (k=1, 2, \cdots, p)$$

可以证明统计量

$$F = \frac{n_1 n_2}{(n_1 + n_2)(n_1 + n_2 - 2)} \cdot \frac{n_1 + n_2 - p - 1}{p} \cdot D^2 \tag{11.46}$$

是服从第一自由度为 p 和第二自由度为 $(n_1 + n_2 - p - 1)$ 的 F 分布.其中 p 为判别变量的个数,n_1、n_2 分别为已知样品在 A 组和 B 组中样品的个数.

这样,通过(11.46)式计算出检验统计量的具体值后,在给定显著性水平 α 下,查 F 分布表得临界值 $F_\alpha(p, n_1 + n_2 - p - 1)$.如果有 $F > F_\alpha(p, n_1 + n_2 - p - 1)$,则认为 A、B 两类中各指标的平均值差异是显著的,利用判别函数得到的判别结果有效.如果 $F \leq F_\alpha(p, n_1 + n_2 - p - 1)$,则认为 A、B 两类中各指标的平均值差异不显著,利用判别函数得到的判别结果无效.

例.11.4 为了研究某地区育龄妇女的生育状况,根据生育峰值年龄、一胎生育率、二胎生育率、多胎生育率以及总和生育率五个指标,把 12 个已知样品分为两组,原始数据如表 11-23 所示.现又抽出 3 个样品,试判定各属于哪一组.

在本例中有 5 个判别变量,$p=5$,A、B 两组中分别有 6 个已知样品,故 $n_1 = n_2 = 6$,另有 3 个待判样品.

首先,计算 A、B 两组中各判别变量的均值及均值差.根据公式(11.29)及(11.30)和(11.42)式进行计算,结果如表 11-24 所示.

表 11–23 原始数据

组别	样品序号	峰值年龄 x_1	一胎生育率 $x_2(\%)$	二胎生育率 $x_3(\%)$	多胎生育率 $x_4(\%)$	总和生育率 $x_5(\%)$
A 组	1	27	96.77	2.80	0.43	1.15
	2	24	55.33	25.36	19.31	2.61
	3	27	97.45	2.10	0.45	1.18
	4	24	51.45	31.25	17.30	2.49
	5	25	52.15	32.85	16.00	2.52
	6	25	52.08	32.84	15.08	2.55
B 组	1	25	35.76	22.83	41.41	3.47
	2	26	27.10	25.13	47.77	3.80
	3	25	39.40	34.21	26.39	3.05
	4	26	21.97	16.23	61.79	5.40
	5	25	38.49	34.44	27.06	3.16
	6	25	38.97	24.48	36.56	3.20
待判样品	1	26	87.45	12.50	0.05	1.28
	2	25	33.78	22.82	43.40	3.58
	3	24	52.40	33.25	14.35	2.62

表 11–24 均值与均值差表

项目	x_1	x_2	x_3	x_4	x_5
$\bar{x}_k(A)$	25.333 3	67.538 3	21.20	11.428 3	2.083 3
$\bar{x}_k(B)$	25.333 3	33.615 0	26.22	40.163 3	3.680 0
d_k	0	33.923 3	–5.02	–28.735 0	–1.596 7

其次,计算矩阵 (s_{kl}).根据公式(11.43)得到下列结果:

$$(s_{kl})=\begin{pmatrix} 10.666\ 7 & 128.433\ 3 & -100.290\ 0 & -28.473\ 3 & -2.766\ 7 \\ 128.433\ 3 & 2\ 901.057\ 2 & -1\ 487.801\ 2 & -1\ 428.693\ 1 & -111.198\ 5 \\ -100.290\ 0 & -1\ 487.801\ 2 & 1\ 339.806\ 6 & 159.562\ 4 & 26.149\ 5 \\ -28.473\ 3 & -1\ 428.693\ 1 & 159.562\ 4 & 1\ 273.833\ 4 & 85.490\ 8 \\ -2.766\ 7 & -111.198\ 5 & 26.149\ 5 & 85.490\ 8 & 6.4529 \end{pmatrix}$$

再次,将矩阵 (s_{kl}) 的元素及表 11–24 中的值代入方程(11.41),求解方程组:

$$\begin{cases} 10.666\ 7c_1+128.433\ 3c_2-100.290\ 0c_3-28.473\ 3c_4-2.766\ 7c_5=0 \\ 128.433\ 3c_1+2\ 901.057\ 2c_2-1\ 487.801\ 2c_3-1\ 428.69\ 31c_4-111.198\ 5c_5=33.923 \\ -100.290\ 0c_1-1\ 487.801\ 2c_2+1\ 339.806\ 6c_3+159.562\ 4c_4+26.149\ 5c_5=-5.02 \\ -28.473\ 3c_1-1\ 428.693\ 1c_2+159.562\ 4c_3+1\ 273.833\ 4c_4+85.490\ 8c_5=-28.735 \\ -2.766\ 7c_1-11.198\ 5c_2+26.149\ 5c_3+85.490\ 8c_4+6.452\ 9c_5=-1.596\ 7 \end{cases}$$

解之,得到判别系数:

$c_1=-0.495\ 6,c_2=0.794\ 1,c_3=0.739\ 5,c_4=0.703\ 3,c_5=0.910\ 5$

这样,可得其对应的线性判别函数为:

$$y=-0.495\,6x_1+0.794\,1x_2+0.739\,5x_3+0.703\,3x_4+0.910\,5x_5$$

第四,计算判别指标.根据公式(11.34)及(11.36),有:

$\bar{y}(A)=c_1\bar{x}_1(A)+c_2\bar{x}_2(A)+c_3\bar{x}_3(A)+c_4\bar{x}_4(A)+c_5\bar{x}_5(A)$

　　$=-0.495\,6\times25.333+0.794\,1\times67.538\,3+0.739\,5\times21.20+0.703\,3\times11.428\,3+0.910\,5\times2.\,0833$

　　$=66.688\,5$

$\bar{y}(B)=c_1\bar{x}_1(B)+c_2\bar{x}_2(B)+c_3\bar{x}_3(B)+c_4\bar{x}_4(B)+c_5\bar{x}_5(B)$

　　$=-0.495\,6\times25.333+0.794\,1-33.615\,0+0.739\,5\times26.22+0.703\,3\times40.163\,3+0.910\,5\times3.68$

　　$=65.124\,3$

所以,由(11.44)式得综合判别指标:

$$y_{AB}=\frac{n_1\bar{y}(A)+n_2\bar{y}(B)}{n_1+n_2}=\frac{6\times66.688\,5+6\times65.124\,3}{6+6}=65.906\,4$$

第五,对待判样品进行判别.因为$\bar{y}(A)>y_{AB}>\bar{y}(B)$,将3个待判样品的判别变量值代入判别函数,得到判别函数值分别为:

$$y_1=67.003\,3>y_{AB},\ y_2=65.091\,6<y_{AB},\ y_3=66.781\,5>y_{AB}$$

根据判别法则,第一和第三个待判样品属于A组生育类型,第二个待判样品属于B组生育类型.

最后,对判别函数进行显著性检验.由(11.45)式得马氏统计量$D^2=15.642\,0$,并由(11.46)式计算出检验统计量F的具体值为:

$$F=\frac{n_1n_2}{(n_1+n_2)(n_1+n_2-2)}\cdot\frac{n_1+n_2-p-1}{p}\cdot D^2$$

$$=\frac{6\times6}{(6+6)(6+6-2)}\times\frac{6+6-5-1}{5}\times15.642\,0=5.631\,1$$

其第一自由度为$p=5$,第二自由度为$(n_1+n_2-p-1)=6$,若给定显著性水平$\alpha=0.05$,查F分布表,得$F_{0.05}(5,6)=4.39$,显然

$$F>F_{0.05}(5,6)$$

故认为A、B两组各指标的平均值差异显著,利用判别函数得到的判别结果有效.

二、多组判别分析

实际问题中我们往往需要在几类(多于两类)间进行判别,即在已知研究对象已用某种方法划分成为两组以上的情况下,判别一个待判样品究竟属于已知各组中的哪一组.

1. 多组判别分析的基本思想

假定已把研究对象分为m类,并且选定了与问题有关的p个变量$x_1,x_2,\cdots,x_p$分别从第一类随机抽取n_1组数据,从第二类随机抽取n_2组数据,从第m类随机抽取n_m组数据,如表11-25所示.

在两组判别分析中,确定一个样品的归属是用一个线性判别函数式把整个空间划分为两个区域.类似地,欲在三组之间进行判别,则需要逐对地进行两组判别,这就需要建立三个线性判别函数式,而欲在四组之间进行判别,就需要建立$C_4^2=6$个线性判别函数式.而且随着组数的增加,需要建立的线性判别函数式的个数也迅速增多.显然,用两组判别分析的方法来解决多组判别问题是不恰当的.对于多组判别分析,我们采用贝叶斯(Bayes)准则下的判

表 11–25　数据表

类别	样品	变量			
		x_1	x_2	$\cdots$	x_p
第一类	1	$x_{11}^{(1)}$	$x_{12}^{(1)}$	$\cdots$	$x_{1p}^{(1)}$
	2	$x_{21}^{(1)}$	$x_{22}^{(1)}$	$\cdots$	$x_{2p}^{(1)}$
	$\vdots$	$\vdots$	$\vdots$		$\vdots$
	n_1	$x_{n_1 1}^{(1)}$	$x_{n_1 2}^{(1)}$	$\cdots$	$x_{n_1 p}^{(1)}$
第二类	1	$x_{11}^{(2)}$	$x_{12}^{(2)}$	$\cdots$	$x_{1p}^{(2)}$
	2	$x_{21}^{(2)}$	$x_{22}^{(2)}$	$\cdots$	$x_{2p}^{(2)}$
	$\vdots$	$\vdots$	$\vdots$		$\vdots$
	n_2	$x_{n_2 1}^{(2)}$	$x_{n_2 2}^{(2)}$	$\cdots$	$x_{n_2 p}^{(2)}$
$\vdots$	$\vdots$	$\vdots$	$\vdots$		$\vdots$
第 l 类	1	$x_{11}^{(l)}$	$x_{12}^{(l)}$	$\cdots$	$x_{1p}^{(l)}$
	2	$x_{21}^{(l)}$	$x_{22}^{(l)}$	$\cdots$	$x_{2p}^{(l)}$
	n_l	$x_{n_l 1}^{(l)}$	$x_{n_l 2}^{(l)}$	$\cdots$	$x_{n_l p}^{(l)}$
$\vdots$	$\vdots$	$\vdots$	$\vdots$		$\vdots$
第 m 类	1	$x_{11}^{(m)}$	$x_{12}^{(m)}$	$\cdots$	$x_{1p}^{(m)}$
	2	$x_{21}^{(m)}$	$x_{22}^{(m)}$	$\cdots$	$x_{2p}^{(m)}$
	$\vdots$	$\vdots$	$\vdots$		$\vdots$
	n_m	$x_{n_m 1}^{(m)}$	$x_{n_m 2}^{(m)}$	$\cdots$	$x_{n_m p}^{(m)}$

别分类.即把一个有 p 个变量的样品看做是 p 维空间中的一个点,一组样品可看做是 R 中的一些点(点群),多组样品是 R 中的多个点群,用某种规则把空间 R 划分为互不相交的 g 个区域,使其错判样品的数目或犯错误的平均概率为最小.g 个区域互不相交,也就是它们彼此之间没有重叠部分,每个样品只能归属于 g 个区域中的某一个区域,而不能同时落在两个或更多个区域之中.判别一个样品属于已知的 g 个区域(组)的哪一个,要看该样品属于那个区域的概率是否是最大的.具体操作时,可分别计算该样品属于 g 个区域的概率 $p_i (i=1,2,\cdots,g)$,然后再比较 $p_1,p_2,\cdots,p_g$ 的大小,将这个样品归入概率最大的这一组.

2. 线性判别函数的导出

我们用 $x_{kj}^{(l)}$ 表示第 l 组第 k 个样品的第 j 个变量的原始数据($l=1,2,\cdots,m$;$k=1,2,\cdots$,n_l;$j=1,2,\cdots,p$),则第 l 组各个变量的平均值为:

$$x_j^{(l)}=\frac{1}{n_l}\sum_{k=1}^{n_1} x_{kj}^{(l)} ,(l=1,2,\cdots,m;j=1,2,\cdots,p) \tag{11.47}$$

假定各组样品均服从相互独立的正态分布,即:

$$(x_{k1}^{(l)},x_{k2}^{(l)},\cdots,x_{kp}^{(l)})\sim N(\mu_1,\textstyle\sum_l)$$

其中 μ_l 是第 l 组中 p 个变量的数学期望向量,$\sum_l$ 是协方差矩阵($l=1,2,\cdots,m$;$k=1,2$,$\cdots,n_l$),并且进一步假定 m 个组的协方差矩阵是相同的(否则有非线性判别函数),即:

$$\textstyle\sum_1=\sum_2=\cdots=\sum_m=\sum$$

记 $n=n_1+n_2+\cdots+n_m$,则 μ_l 与 $\sum$ 的估计量为:

$$\hat{\mu}_l=\hat{x}_l=\begin{bmatrix}\bar{x}_1^{(l)}\\\bar{x}_2^{(l)}\\\vdots\\\bar{x}_p^{(l)}\end{bmatrix},\,(l=1,2,\cdots,m) \tag{11.48}$$

$$\hat{\Sigma}=D=\frac{1}{n-m}\sum_{l=1}^{m}S_l \tag{11.49}$$

其中 $S_l=(s_{ij}^{(l)})_{pkp}$ 为第 l 组的协方差矩阵,并且有.

$$s_{ij}^{(l)}=\sum_{k=1}^{n_i}(x_{ki}^{(l)}-\bar{x}_i^{(l)})(x_{ki}^{(l)}-\bar{x}_j^{(l)}),\ (i,j=1,2,\cdots,p) \tag{11.50}$$

服从 p 元正态分布的随机变量的联合分布密度为

$$p_l(x_1,x_2,\cdots,x_p)=\frac{|D^{-1}|^{1/2}}{(2\pi)^{p/2}}\exp\left[-\frac{1}{2}\sum_{i=1}^{p}\sum_{j=1}^{p}d_{ij}^{-1}(x_i-\bar{x}_i^{(l)})(x_j-\bar{x}_j^{(l)})\right]$$
$$(l=1,2,\cdots,m) \tag{11.51}$$

其中 D 为总体的协方差矩阵, d_{ij}^{-1} 是 D 的逆矩阵 D^{-1} 中第 i 行第 j 列上的元素.

如果有一样品 $(x_1,x_2,\cdots,x_p)$,假定它来自各组的可能性是相同的,则判别分析中的贝叶斯(Bayes)准则就是计算 m 个概率值

$$P(l|X)=\frac{q_l p_l(x_1,x_2,\cdots,x_p)}{\sum_{k=1}^{m}q_k p_k(x_1,x_2,\cdots,x_p)},\quad(l=1,2,\cdots,m) \tag{11.52}$$

把待判样品归入对应于概率值最大的那个组.(11.52)式是根据概率论中的贝叶斯(Bayes)公式得到的当样品 $(x_1,x_2,\cdots,x_p)$ 已知时,它落入 l 组的概率(后验概率),贝叶斯(Bayes)准则将其作为样品归类的尺度.(11.52)式中的 q_l 是与后验概率相对的第 l 组的先验概率 $(l=1,2,\cdots,m)$,实际计算时用各组的频率来作为其估计值,即

$$q_l=\frac{n_l}{n},\quad(l=1,2,\cdots,m) \tag{11.53}$$

可以看到,(11.52)式中的分母是一个定数,所以,通过(11.52)式比较 m 个概率值的大小,实际上就是比较该式分子的大小.为此,只要计算 m 个函数值

$$q_l p_l(x_1,x_2,\cdots,x_p)=\frac{q_l|D^{-1}|^{1/2}}{(2\pi)^{p/2}}\exp\left[-\frac{1}{2}\sum_{i=1}^{p}\sum_{j=1}^{p}d_{ij}^{-1}(x_i-\bar{x}_i^{(l)})(x_j-\bar{x}_j^{(l)})\right]$$
$$(l=1,2,\cdots,m) \tag{11.54}$$

并且求出其中取最大值的那个函数值及其对应的类.

现对(11.54)式两边同取对数,得到

$$\ln[q_l p_l(x_1,x_2,\cdots,x_p)]=\ln q_l+\ln p_l(x_1,x_2,\cdots,x_p)$$

$$=\ln q_l+\ln\frac{|D^{-1}|^{1/2}}{(2\pi)^{p/2}}-\frac{1}{2}\sum_{i=1}^{p}\sum_{j=1}^{p}d_{ij}^{-1}(x_i-\bar{x}_i^{(l)})(x_j-\bar{x}_j^{(l)})$$

$$=\ln q_l+\ln\frac{|D^{-1}|^{1/2}}{(2\pi)^{p/2}}-\frac{1}{2}\sum_{i=1}^{p}\sum_{j=1}^{p}d_{ij}^{-1}(x_i x_j-\bar{x}_i^{(l)}x_j-x_i\bar{x}_j^{(l)}+\bar{x}_i^{(l)}\bar{x}_j^{(l)})$$

$$=\ln q_l+\ln\frac{|D^{-1}|^{1/2}}{(2\pi)^{p/2}}-\frac{1}{2}\sum_{i=1}^{p}\sum_{j=1}^{p}d_{ij}^{-1}\bar{x}_i^{(l)}\bar{x}_j^{(l)}+$$

$$\sum_{i=1}^{p}\left(\sum_{j=1}^{p}d_{ij}^{-1}\bar{x}_j^{(l)}\right)x_i-\frac{1}{2}\sum_{i=1}^{p}\sum_{j=1}^{p}d^{-1}{}_{ij}\,x_ix_j \tag{11.55}$$

(11.55)式的第二项和最后一项与组号 $l(l=1,2,\cdots,m)$ 无关,它们在各组皆为定数.因此,利用判别式(11.55)中除第二和最后一项外的其他三项的计算结果,就能够对(11-52)式进行比较.

令

$$c_{l0}=-\frac{1}{2}\sum_{i=1}^{p}\sum_{j=1}^{p}d_{ij}^{-1}\bar{x}_i^{(l)}\bar{x}_j^{(l)} \tag{11.56}$$

$$c_{li}=\sum_{j=1}^{p}d_{ij}^{-1}\bar{x}_j^{(l)},\quad(i=1,2,\cdots,p;\ l=1,2,\cdots,m) \tag{11.57}$$

则称函数

$$f_l(x_1,x_2,\cdots,x_p)=\ln q_l+c_{l0}+\sum_{j=1}^{p}c_{li}x_i,\quad(l=1,2,\cdots,m) \tag{11.58}$$

为各组的判别函数.显然,运用贝叶斯(Bayes)准则进行多组判别分析是比较方便的,在已知样品分为 m 组时,只需计算 m 个判别式.

3. 多组判别法则

确定了判别函数以后,就可以建立下列判别法则:

对于任意的待判样品 $(x_1,x_2,\cdots,x_p)$,如果有

$$f_g=(x_1,x_2,\cdots,x_p)=\max_{1\leqslant l\leqslant m}\{f_l(x_1,x_2,\cdots,x_p)\} \tag{11.59}$$

就将该样品判归于第 g 组.

事实上,结合(11.55)式和(11.58)式及有关变换,就可使(11.52)式化为

$$P(l|X)=\frac{\exp[f_l(x_1,x_2,\cdots,x_p)]}{\sum_{k=1}^{m}\exp[f_k(x_1,x_2,\cdots,x_p)]} \tag{11.60}$$

(11.60)式中的分母是一个定值,如果某一样品 $(x_1,x_2,\cdots,x_p)$ 使得(11.59)式成立,它也必然使得概率 $P(l|X)$ 取得最大值,因此,要判定任意的一个待判样品应归属于已知的 m 个组中的哪一个组,只需将该待判样品的各个变量值 $(x_1,x_2,\cdots,x_p)$ 代入(11.58)式,分别计算出 $f_1(x_1,x_2,\cdots,x_p),f_2(x_1,x_2,\cdots,x_p),\cdots,f_m(x_1,x_2,\cdots,x_p)$,共 m 个判别函数值,将待判样品判归属于判别函数值最大的那一组.

4. 多组判别分析的辅助性检验

多组判别分析中采用的贝叶斯(Bayes)准则对变量的要求比较严格,它要求各组变量必须服从多元正态分布,各组的协方差矩阵相等并且各组变量的均值向量有显著差别.在将已知的 n 个样品分成 m 组时,我们选取的变量有可能并没有反映出各组间的差别,因此,有必要检验这 p 个变量是否有能力来区分这 m 个组. 这要用广义马哈拉诺比斯(Mahalanobis)D^2 统计量做检验.该统计量为

$$D^2 = \sum_{i=1}^{p} \sum_{j=1}^{p} \sum_{l=1}^{m} n_l d_{ij}^{-1} (\bar{x}_i^{(l)} - \bar{x}_i)(\bar{x}_j^{(l)} - \bar{x}_j) \tag{11.61}$$

可以证明,统计量 D^2 在服从多元正态分布的各组中,各组均值、协方差都全部相同的条件下,服从自由度为 $p(m-1)$ 的 χ^2 分布.给定显著性水平 α,查 χ^2 分布表得到 D^2 的临界值 χ_α^2 $[p(m-1)]$,如果 $D^2 > \chi_\alpha^2 [p(m-1)]$,则认为这 p 个变量是能够鉴别这 m 个组的;否则,就认为这 p 个变量还不足以鉴别这 m 个组,这时需引入一些新的变量.

第三节　主成分分析

主成分分析(Principal components analysis)是一种把多指标化为少数几个综合指标的统计分析方法.在对实际问题的研究中,为了全面分析问题,往往提出许多与问题有关的变量(指标),这些变量都不同程度地反映了所研究问题的某些信息.但有关这许多个变量之间往往存在着一定的相关性,这又使得这些变量反映的信息有所重叠.在使用统计方法研究多变量问题时,变量太多会增大计算量和增加分析问题的复杂性,人们自然希望在进行定量分析的过程中涉及的变量较少,而得到的信息量又较多.主成分分析是解决这一问题的理想工具.因为实际问题涉及的众多变量之间既然有一定的相关性,就必然存在着起支配作用的共同因素,根据这一点,通过对原始变量相关矩阵内部结构关系的研究,找出影响某一变化过程的几个综合指标,使综合指标成为原来变量的线性组合.则这些综合指标不仅保留了原始变量的主要信息,彼此之间不相关,还比原始变量具有某些更优越的性质.这样,我们就可以利用少数几个综合指标的分析,在研究复杂问题时更容易抓住主要矛盾.本节将简要介绍主成分分析的基本理论和方法.

一、主成分的直观解释

为了方便起见,我们在二维空间来讨论.

假设有 n 个样品,每个样品有两个观测变量(指标)x_1 和 x_2,其数据矩阵如表 11-26 所示.

表 11-26　数据矩阵

样品\指标	x_1	x_2
1	x_{11}	x_{12}
2	x_{21}	x_{22}
⋮	⋮	⋮
n	x_{n1}	x_{n2}

在由变量 x_1 和 x_2 所确定的二维平面中,这 n 个样本点所散布的情况如带状,见图 11-6.由图可以看出这 n 个样本点无论是沿着 x_1 轴方向或 x_2 轴方向都具有较大的离散性,其离散的程度可以分别用观测变量 x_1 的方差和 x_2 的方差定量地表示.显然,如果只考虑 x_1 和 x_2 中的任何一个,那么包含在原始数据中的有关信息将会有较大的损失.

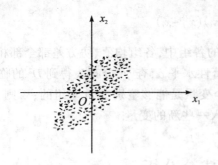
图 11-6　原始数据散布图

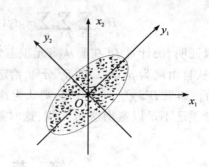
图 11-7　坐标旋转变换图

如果我们将 x_1 轴和 x_2 轴同时按逆时针方向旋转 θ 角度，得到新坐标轴 y_1 和 y_2，见图 11-7，y_1 和 y_2 是两个新变量.根据旋转变换公式

$$\begin{cases} y_1 = x_1\cos\theta + x_2\sin\theta \\ y_2 = x_1(-\sin\theta) + x_2\cos\theta \end{cases} \tag{11.62}$$

我们看到新变量 y_1 和 y_2 是原变量 x_1 和 x_2 的线性组合,它的矩阵表示形式为

$$Y = \begin{pmatrix} y_1 \\ y_2 \end{pmatrix} = \begin{pmatrix} \cos\theta & \sin\theta \\ -\sin\theta & \cos\theta \end{pmatrix} \begin{pmatrix} x_1 \\ x_2 \end{pmatrix} = UX \tag{11.63}$$

其中 U 为坐标旋转变换矩阵,是一个正交变换矩阵.矩阵 U 满足

$$U' = U^{-1},\ UU' = I$$

旋转变换的目的是为了使得 n 个样品点在 y_1 轴方向上的离散程度最大,即 y_1 的方差最大.变量 y_1 代表了原始数据的绝大部分信息,在所研究的问题中,即使不考虑变量 y_2 也无损大局.这样,经过上述旋转变换就可以把原始数据的信息集中到 y_1 轴上,对数据包含的信息起到了浓缩作用.y_1、y_2 除了可对包含在 x_1、x_2 中的信息起着浓缩作用之外,还具有不相关的性质,这就使得在研究复杂问题时可避免信息重叠所带来的虚假性.二维平面上的 n 个点的方差大部分都归结在 y_1 轴上,而 y_2 轴上的方差很小.y_1 和 y_2 称为原始变量 x_1 和 x_2 的综合变量.由于 n 个点在 y_1 轴上的方差最大,即各点之间的差异主要表现在 y_1 方向上,因而将二维空间的点的描述用 y_1 这个综合变量来代替,所损失的信息最小,由此称 y_1 为第一主成分.由于 y_2 轴与 y_1 轴正交,它有较小的方差,故称 y_2 为第二主成分.这样,二维空间降为一维空间了,y_1 是 x_1 和 x_2 的线性组合,简化了系统结构,抓住了主要矛盾.

二、主成分分析的一般数学模型

一般地,如果有 n 个样品,每个样品有 p 个指标 $x_1, x_2, \cdots, x_p$,且 $n > p$,其数据矩阵如表 11-27 所示.

表 11-27　数据矩阵

指标\样品	x_1	x_2	$\cdots$	x_p
1	x_{11}	x_{12}	$\cdots$	x_{1p}
2	x_{21}	x_{22}	$\cdots$	x_{2p}
$\vdots$	$\vdots$	$\vdots$	$\vdots$	$\vdots$
n	x_{n1}	x_{n2}	$\cdots$	x_{np}

在实际抽取样品对数据进行度量处理时，由于不同的变量一般都有不同的量纲和不同的数量级单位，为了使这些数据能放在一起度量处理，在进行主成分分析之前先要对数据进行标准化处理，以使每一个变量的平均值为零，方差为 1.变量标准化的公式见(11.10)式.

为方便起见，将标准化后的数据矩阵仍记为 X，那么经过主成分分析，将这 p 个变量综合成 p 个新变量，新的综合变量可以由原来的变量 $x_1, x_2, \cdots, x_p$ 线性表示，即

$$
\begin{cases}
y_1 = u_{11}x_1 + u_{12}x_2 + \cdots + u_{1p}x_p \\
y_2 = u_{21}x_1 + u_{22}x_2 + \cdots + u_{2p}x_p \\
\cdots\ \cdots\ \cdots\ \cdots\ \cdots \\
y_p = u_{p1}x_1 + u_{p2}x_2 + \cdots + u_{pp}x_p
\end{cases}
\tag{11.64}
$$

并且满足

$$
u_{k1}^2 + u_{k2}^2 + \cdots + u_{kp}^2 = 1, \quad (k=1,2,\cdots,p)
\tag{11.65}
$$

其中，系数 u_{ij} 由下列原则来确定：

1. y_i 与 $y_j (i \neq j; i,j=1,2,\cdots,p)$ 相互无关.

2. y_1 在满足(11.64)式的所有线性组合中方差最大，y_2 在满足(11.64)式的所有线性组合中方差次大，$\cdots$，y_p 在满足(11.64)式的所有线性组合中方差最小.

如此决定的综合变量 $y_1, y_2, \cdots, y_p$ 分别称为原变量的第一，第二，$\cdots$，第 p 个主成分（又称主分量）.其中 y_1 在总方差中占的比重最大，其余综合变量 $y_2, y_3, \cdots, y_p$ 的方差依次递减.在对具体问题进行分析时，我们只挑选前几个方差最大的主成分，从而达到简化系统结构、抓住问题实质的目的.

三、主成分的推导

我们可以把(11.64)式用矩阵形式来表示，即有

$$
Y = UX
\tag{11.66}
$$

其中

$$
Y = \begin{bmatrix} y_1 \\ y_2 \\ \vdots \\ y_p \end{bmatrix},
X = \begin{bmatrix} x_1 \\ x_2 \\ \vdots \\ x_p \end{bmatrix},
U = \begin{bmatrix}
u_{11} & u_{12} & \cdots & u_{1p} \\
u_{21} & u_{22} & \cdots & u_{2p} \\
\cdots & \cdots & \cdots & \cdots \\
u_{p1} & u_{p2} & \cdots & u_{pp}
\end{bmatrix}.
$$

并且 $U = (u_{ij}), (i,j=1,2,\cdots,p)$ 是一个正交矩阵，它满足

$$
UU' = I
\tag{11.67}
$$

此处的 I 是一个单位矩阵.

在这里可以把前述的坐标旋转变换解释为，新坐标轴是相互正交的，它们仍然构成直角坐标系.变换后的 n 个点在新坐标系的 y_1 轴上有最大的方差，在 y_2 轴上有次大的方差，$\cdots$，在 y_p 轴上有最小的方差，并且 n 个点对不同的 y_i 轴和 y_j 轴的协方差等于零，也就是要求 Y 的协方差

$$
YY' = (UX) \cdot (UX)' = UXX'U' = \Lambda
\tag{11.68}
$$

其中

$$\Lambda=\begin{bmatrix} \lambda_1 & 0 & \cdots & 0 \\ 0 & \lambda_2 & \cdots & 0 \\ \cdots & \cdots & \cdots & \cdots \\ 0 & 0 & \cdots & \lambda_p \end{bmatrix}$$

而 $\lambda_1,\lambda_2,\cdots,\lambda_p$ 为 $y_1,y_2,\cdots,y_p$ 的方差,且有 $\lambda_1 \geqslant \lambda_2 \geqslant \cdots \geqslant \lambda_p$.

如果 X 是已经标准化处理后的数据矩阵,则 XX' 就是原始数据的相关系数矩阵.令

$$R=XX'$$

则(11.68)式可以表示为

$$URU'=\Lambda \tag{11.69}$$

矩阵 R 为

$$R=\begin{bmatrix} r_{11} & r_{12} & \cdots & r_{1p} \\ r_{21} & r_{22} & \cdots & r_{2p} \\ \cdots & \cdots & \cdots & \cdots \\ r_{p1} & r_{p2} & \cdots & r_{pp} \end{bmatrix}$$

由(11.64)式决定的第一主成分 y_1 是:

$$y_1=u_{11}x_1+u_{12}x_2+\cdots+u_{1p}x_p=U_1X \tag{11.70}$$

它的方差是

$$S_{y_1}^2=U_1RU_1' \tag{11.71}$$

我们要在 $U_1U_1'=1$ 的条件下,求出特征向量 U_1,使得(11.71)式表示的方差最大.根据拉格朗日(Lagrange)乘数法,使下列函数取最大值

$$F=U_1RU_1'-\lambda_1(U_1U_1'-1) \tag{11.72}$$

取(11.72)式对 U_1 的一阶导数,并令其等于零,即

$$(R-\lambda_1I)U_1'=0 \tag{11.73}$$

要使 U_1 有非零解,其必要条件为

$$|R-\lambda_1I|=0 \tag{11.74}$$

解(11.74)式,可以得到特征向量 U_1 和与 U_1 相对应的特征值 λ_1.这里的 λ_1 就是我们所说的第一主成分的最大方差.因为在(11.73)式中左乘以 U_1,便有

$$\lambda_1=U_1RU_1'=S_{y1}^2 \tag{11.75}$$

它正是第一主成分的方差.

第一主成分求出后,我们还要在 $U_2U_2'=1$ 以及 $U_1'U_2=0$(第一主成分与第二主成分之间相互无关)的条件下,求出第二主成分

$$y_2=u_{21}x_1+u_{22}x_2+\cdots+u_{2p}x_p=U_2X \tag{11.76}$$

和求第一主成分时的原理一样,使下列函数取最大值

$$F=U_2RU_2'-\lambda_2(U_2U_2'-1)-2\rho(U_1'U_2') \tag{11.77}$$

求该式对 U_2 的一阶导数,并且令其等于零,则

$$RU_2'-\lambda_2U_2'-\rho U_1'=0 \tag{11.78}$$

上式各项右乘以 U_1 后就可知 $\rho=0$,这样,(11.78)式能化简为

$$(R-\lambda_2I)U_2'=0 \tag{11.79}$$

要使 U_2 有非零解,其必要条件是行列式

$$|R-\lambda_2 I|=0 \tag{11.80}$$

解(11.80)式,便得到特征向量 U_2 和与 U_2 相对应的特征值 λ_2,并且有

$$\lambda_2=U_2RU_2'=S_{y_2}^2 \tag{11.81}$$

它是第二主成分的方差.

按照上面所说的方法,可以继续算出其他的主成分,一直到 p 个主成分全部得出为止.这样,变量 $x_1,x_2,\cdots,x_p$ 经过正交变换后,得到了新的随机向量

$$\begin{cases} y_1=U_1X \\ y_2=U_2X \\ \cdots \\ y_p=U_pX \end{cases}$$

其中 $y_1,y_2,\cdots,y_p$ 相互独立,并且 y_i 的方差为 $\lambda_i(i=1,2,\cdots,p)$.这样得到的 $y_1,y_2,\cdots,y_p$ 称为第一,第二,$\cdots$,第 p 个主成分.每一个主成分的重要性可以表示为:

$$\alpha_i=\frac{\lambda_i}{\sum_{i=1}^{p}\lambda_i} \tag{11.82}$$

α_i 是第 i 个主成分的方差占总方差的百分数,称为第 i 个主成分 y_i 的方差贡献率.这个百分数越大,表明对应的主成分越重要.否则,对那些不重要的主成分可予以淘汰.

如果前面 m 个主成分 $y_1,y_2,\cdots,y_m(m<p)$ 的方差之和占总方差的百分数(称为累积贡献率)

$$\alpha=\frac{\sum_{i=1}^{m}\lambda_i}{\sum_{i=1}^{p}\lambda_i} \tag{11.83}$$

接近于1(一般取 $\alpha\geqslant 0.85$),我们就选取这 m 个因子为第一个主成分,第二个主成分,$\cdots$,第 m 个主成分,它们基本上保留了原来变量 $x_1,x_2,\cdots,x_p$ 的信息,但变量个数由原先的 p 个减少为 m 个.

四、主成分分析的计算步骤

根据研究目的不同,主成分分析的计算步骤和内容可以有所不同.这里,我们结合一个实例来说明主成分分析的主要计算步骤.

例 11.5 为了综合评价全国重点水泥企业 1984 年的经济效益,现搜集到反映企业效益各侧面状况的资料,见表 11–28.试进行主成分分析.

进行主成分分析的具体步骤:

设 x_1 为固定资产利税率;x_2 为资金利税率;x_3 为销售收入利税率;x_4 为资金利润率;x_5 为固定资产产值率;x_6 为流动资金周转天数;x_7 为万元产值能耗;x_8 为全员劳动生产率.资料见表 11–28.

1. 经济效益指标的同趋势化.由于原资料中流动资金周转天数 x_6,万元产值能耗 x_7 是经济效益的逆向指标,为了评价分析时方便,需要将其转为正向指标,一般用指标的倒数代替原指标值即可.

表11-28 全国重点水泥厂主要经济效益指标

指标 厂家及编号	固定资产利税率(%)	资金利税率(%)	销售收入利税率(%)	资金利润率(%)	固定资产产值率(%)	流动资金周转天数(天)	万元产值能耗(吨)	全员劳动生产率(万元/人·年)
1 琉璃河	16.68	26.75	31.84	18.40	53.25	55	28.83	1.75
2 邯郸	19.70	27.56	32.94	19.20	59.82	55	32.92	2.87
3 大同	15.20	23.40	32.98	16.24	46.78	65	41.96	1.53
4 哈尔滨	7.29	8.97	21.30	4.76	34.39	62	39.28	1.63
5 华新	29.45	56.49	40.74	43.68	75.32	69	26.68	2.14
6 湘乡	32.93	42.78	47.98	33.87	66.46	50	32.87	2.60
7 柳州	25.39	37.85	36.76	27.56	68.18	63	35.79	2.43
8 峨眉	15.05	19.49	27.21	14.21	56.13	76	35.76	1.75
9 耀县	19.82	28.78	33.41	20.17	59.25	71	39.13	1.83
10 永登	21.13	35.20	39.16	26.52	52.47	62	35.08	1.73
11 工源	16.75	28.72	29.62	19.23	55.76	58	30.08	1.52
12 抚顺	15.83	28.03	26.40	17.43	61.19	61	32.75	1.60
13 大连	16.53	29.73	32.49	20.63	50.41	69	37.57	1.31
14 江南	22.24	54.59	31.05	37.00	67.95	63	32.33	1.57
15 江油	12.92	20.82	25.12	12.54	51.07	66	39.18	1.83

2. 原始数据的标准化处理.在计算前,通常为了消除变量之间在数量级上或量纲上的不同,而需要把原始数据标准化处理.

设 x_{ij} 表示第 i 个企业第 j 个指标的指标值.则 x_{ij} 的标准化值 $Z_{ij} = \frac{x_{ij} - \bar{x}_j}{\sigma_j}$,($i = 1, 2, \cdots, n; j = 1, 2, \cdots, p$).其中 $\bar{x}_j$ 和 σ_j 分别是第 j 个变量的平均值和标准差.具体标准化数据见表 11-29 所示.

表 11-29 标准化数据表

指标 厂号	Z_1	Z_2	Z_3	Z_4	Z_5	Z_6	Z_7	Z_8
1	−0.377	−0.358	−0.114	−0.367	−0.394	1.192	1.427	−0.277
2	0.088	−0.294	0.051	−0.287	0.256	1.192	0.289	2.253
3	−0.605	−0.623	0.057	−0.581	−1.034	−0.375	−1.40	−0.774
4	−1.82	−1.764	−1.688	−1.720	−2.259	0.039	−1.01	−0.548
5	1.589	1.994	1.216	2.141	1.789	−0.837	2.165	0.604
6	2.125	0.910	2.298	1.168	0.913	2.210	0.301	1.643
7	0.964	0.520	0.622	0.542	1.083	−0.101	−0.354	1.259
8	−0.628	0.932	−0.805	−0.782	−0.109	−1.618	−0.348	−0.277
9	0.107	−0.198	0.121	−0.191	0.200	−1.102	−0.985	−0.096
10	0.308	0.310	0.980	0.439	−0.471	0.039	−0.206	−0.322
11	−0.366	−0.202	−0.445	−0.284	−0.145	0.683	1.046	−0.797
12	−0.508	−0.257	−0.926	−0.463	0.392	0.190	0.330	−0.616
13	−0.400	−0.122	−0.016	−0.145	−0.674	−0.873	−0.703	−1.271
14	0.479	1.844	−0.232	1.479	1.060	−0.101	0.436	−0.684
15	−0.956	−0.827	−1.118	−0.948	−0.609	−0.503	−0.993	−0.096

3. 求标准化数据的相关阵. 由于标准化后的数据 Z_{ij} 的均值为 0, 方差为 1, 这样的数据协方差阵与相关阵 R 完全一样, 且以 R 为出发点, 便于讨论. 设相关系数矩阵是

$$R = \begin{bmatrix} r_{11} & r_{12} & \cdots & r_{1p} \\ r_{21} & r_{22} & \cdots & r_{2p} \\ \cdots & \cdots & \cdots & \cdots \\ r_{p1} & r_{p2} & \cdots & r_{pp} \end{bmatrix}$$

则其元素为

$$r_{ij} = \frac{\sum_{k=1}^{p} z_{ki} \cdot z_{kj}}{n-1}, \quad (i, j = 1, 2, \cdots, p) \tag{11.84}$$

经计算相关阵 R 如下:

$$R = \begin{bmatrix} 1 & 0.849 & 0.925 & 0.902 & 0.850 & 0.325 & 0.491 & 0.586 \\ & 1 & 0.693 & 0.988 & 0.860 & 0.117 & 0.610 & 0.252 \\ & & 1 & 0.776 & 0.615 & 0.367 & 0.349 & 0.522 \\ & & & 1 & 0.856 & 0.129 & 0.607 & 0.317 \\ & & & & 1 & 0.099 & 0.620 & 0.476 \\ & & 对称 & & & 1 & 0.284 & 0.504 \\ & & & & & & 1 & 0.194 \\ & & & & & & & 1 \end{bmatrix}$$

4. 对应于实对称相关系数矩阵 R, 求特征方程 $|R-\lambda I| = 0$ 的 p 个非负的特征值 $\lambda_1 > \lambda_2 > \cdots > \lambda_p \geqslant 0$ 以及对应于特征值 $\lambda_i (i=1, 2, \cdots, p)$ 的特征向量. 在实际应用中, 往往要接触到大量的指标, 因此, 对应的相关系数矩阵就是一个高阶实对称矩阵, 在计算特征值与特征向量时, 往往采用雅可比(Jacobi)方法, 这样便于利用计算机来进行计算. 雅可比方法是:

设 $R \equiv R_0$ 是一个实对称矩阵, 作一个相似矩阵序列

$$R_m = K_m^{-1} R_{m-1} K_m \tag{11.85}$$

其中, K_m 是平面旋转矩阵

$$K_m = \begin{bmatrix} 1 & & & & & & & \\ & \ddots & & & & & & \\ & & \cos\theta & & \sin\theta & & & \text{第 } p \text{ 行} \\ & & & 1 & & & & \\ & & & & \ddots & & & \\ & & & & & 1 & & \\ & & -\sin\theta & & \cos\theta & & & \text{第 } q \text{ 行} \\ & & & & & & \ddots & \\ & & & & & & & 1 \end{bmatrix}$$

它的元素为

$$k_{pp} = k_{qq} = \cos\theta, k_{pq} = \sin\theta, k_{qp} = -\sin\theta, k_{ii} = 1, i \neq p, q.$$

这个矩阵其余位置的元素是零, 显然, 它是一个正交变换, $K^{-1} = K'$, 所有的 $R_m (m = 1, 2, \cdots)$

都是对称矩阵，R_m 与 R_{m-1} 只是在第 p,q 行和列上不一样，它们之间的递推公式是

$$\begin{cases} r_{ip}^{(m)}=r_{pi}^{(m)}=r_{ip}^{(m-1)}\cos\theta-r_{iq}^{(m-1)}\sin\theta \\ r_{iq}^{(m)}=r_{qi}^{(m)}=r_{ip}^{(m-1)}\sin\theta+r_{iq}^{(m-1)}\cos\theta \\ r_{pp}^{(m)}=r_{pp}^{(m-1)}\cos^2\theta+r_{qq}^{(m-1)}\sin^2\theta-2r_{pq}^{(m-1)}\sin\theta\cos\theta \qquad (i\neq p,q) \\ r_{qq}^{(m)}=r_{pp}^{(m-1)}\sin^2\theta+r_{qq}^{(m-1)}\cos^2\theta+2r_{pq}^{(m-1)}\sin\theta\cos\theta \\ r_{pq}^{(m)}=r_{qp}^{(m)}=(r_{pp}^{(m-1)}-r_{qq}^{(m-1)})\sin\theta\cos\theta+r_{pq}^{(m-1)}(\cos^2\theta-\sin^2\theta) \end{cases} \tag{11.86}$$

取旋转角 θ 满足

$$\text{tg}2\theta=-\frac{V}{U} \tag{11.87}$$

其中

$$V=r_{pq}^{(m-1)},\quad U=\frac{1}{2}(r_{pp}^{(m-1)}-r_{qq}^{(m-1)}),$$

从而

$$r_{pq}^{(m)}=r_{qp}^{(m)}=0.$$

如果将 θ 限制为：$-\frac{\pi}{4}<\theta\leqslant\frac{\pi}{4}$，由三角公式可推出：

$$\begin{cases} G=-\sin(U)\dfrac{V}{\sqrt{V^2+U^2}},\ (U\neq 0) \\ G=1,\qquad\qquad\qquad (U=0) \end{cases}$$

$$\begin{cases} \sin\theta=\dfrac{G}{\sqrt{2(1+\sqrt{1-G^2})}} \\ \cos\theta=\sqrt{1-\sin^2\theta} \end{cases}$$

通过递推公式 (11.86)，每经过一次正交变换，主对角线元素的平方和增加 $2(r_{pq}^{(m-1)})^2$，对角线外元素的平方和也就相应减少同样的数量.不断进行正交变换，则主对角线外的元素都趋于零，矩阵 R_m 趋于一个对角矩阵.这个对角矩阵主对角线上的元素就是矩阵的各个特征值，$R_1,R_2,\cdots,R_m$ 的每一列就是相应的特征向量.

上述迭代过程采用限值的循环法，给定误差限 ε，如果矩阵 R 的非对角线上元素的平方和记为 S_1，计算 $\mu_1=\sqrt{S_1}/n$，这时将 μ_1 作为一个限值，在遍及矩阵的一次迭代中，所有大于或等于 μ_1 的非对角线上的元素都要消去.然后计算 $\mu_2=\mu_1/n$，将它作为一个新的限值，再一次进行迭代，将大于或等于 μ_2 的非对角线上的元素都消去，重复多次，直到满足 $\mu_i\leqslant\varepsilon\mu_1$ 为止.这时将保证非对角线上的元素的平方和的最终值小于 $\varepsilon^2 S_1$.

通过计算后，本例的特征向量及特征值如表 11–30 所示.

5. 确定和解释主成分.根据表 11–30 知 $\alpha=\sum\limits_{i=1}^{3}\lambda_i/\sum\limits_{i=1}^{p}\lambda_i=0.899$，即前三个主成分包含数据的信息总量已达 90%，这说明用 y_1,y_2,y_3 代表原来的 8 个指标评价企业经济效益已有足够的把握.三个主成分的线性组合如下：

$y_1=0.431\,28Z_1+0.405\,19Z_2+0.378\,94Z_3+0.418\,99Z_4+0.399\,40Z_5+0.154\,94Z_6+0.291\,98Z_7+$
　　$0.248\,79Z_8$

$y_2=0.052\,26Z_1-0.286\,35Z_2+0.153\,10Z_3-0.240\,14Z_4-0.176\,11Z_5+0.682\,60Z_6-0.036\,22Z_7+$
　　$0.564\,49Z_8$

$y_3 = -0.223\,10Z_1 + 0.020\,41Z_2 - 0.324\,59Z_3 - 0.046\,17Z_4 - 0.012\,35Z_5 + 0.427\,36Z_6 + 0.777\,81Z_7 +$
$\qquad 0.233\,52Z_8$

$$(11.88)$$

表 11-30　特征向量及特征值表

主成分 特征向量 变量	y_1	y_2	y_3
Z_1	0.43 128	0.05 226	−0.22 310
Z_2	0.40 519	−0.28 635	0.02 041
Z_3	0.37 894	0.15 310	−0.32 459
Z_4	0.41 899	−0.24 014	−0.04 613
Z_5	0.39 940	−0.17 611	−0.01 235
Z_6	0.15 494	0.68 260	0.42 736
Z_7	0.291 29	−0.13 622	0.77 781
Z_8	0.24 879	0.56 449	−0.23 352
特征值	5.06 091	1.34 687	0.78 142
贡献率	0.63 200	0.16 836	0.09 680
累计贡献率	0.63 261	0.80 097	0.89 865

　　主成分的经济意义由各线性组合中权数较大的几个指标的综合意义来确定. 综合因子 y_1 中 Z_1, Z_2, Z_3, Z_4, Z_5 的系数远大于其他变量的系数, 所以, y_1 主要是固定资产利税率、资金利税率、销售收入利税率、资金利润率、固定资产产值率这五个指标的综合反映, 它代表着经济效益的盈利方面, 刻画着企业的盈利能力. 因为由 y_1 来评价企业的经济效益已有 63% 的把握, 所以这五项指标是反映企业经济效益的主要指标. 同时, 从 y_1 的线性组合中可以看到前五个单项指标在综合因子 y_1 中所占的比重相当, 进而说明这五项指标用于考核评价企业经济效益每一项都是必不可少的. y_2 主要是流动资金周转天数与全员劳动生产率的综合反映, 它标志着企业的资金和人力的利用水平, 以资金和个人的利用率作用于企业的经济效益. 资金和人力利用得好, 劳动生产率就提高, 资金周转就加快, 从而提高企业经济效益. y_3 主要反映万元产值能耗, 从改进生产工艺、勤俭节约方面作用于企业经济效益. 这三个综合因子从三个影响企业经济效益的主要方面刻画企业经济效益, 用它们来考核企业经济效益具有 90% 的可靠性.

　　另外, 还需注意的是, 为了进一步估计原变量对主成分的作用, 还可以引进一个新的估计数值, 即主成分 y_k 与原变量的相关系数 $\rho(y_k, x_i)$, 称作因子负荷量. 因子负荷量揭示了主成分与原变量之间关系的相关程度, 利用它来解释主成分会更确切些. 计算变量 i 对第 j 个主成分的负荷量 α_{ij} 的公式是

$$\alpha_{ij} = \sqrt{\lambda_i}\, u_{ij} \quad (i, j = 1, 2, \cdots, p) \tag{11.89}$$

其中, λ_j 为第 j 个主成分对应的特征值, u_{ij} 为与特征值 λ_j 对应的单位特征向量第 i 个分量, 即有

$$A = (\alpha_{ij}) = \begin{bmatrix} \sqrt{\lambda_1}\, u_{11} & \sqrt{\lambda_2}\, u_{21} & \cdots & \sqrt{\lambda_p}\, u_{p1} \\ \sqrt{\lambda_1}\, u_{12} & \sqrt{\lambda_2}\, u_{22} & \cdots & \sqrt{\lambda_p}\, u_{p2} \\ \vdots & \vdots & \cdots & \vdots \\ \sqrt{\lambda_1}\, u_{1p} & \sqrt{\lambda_2}\, u_{2p} & \cdots & \sqrt{\lambda_p}\, u_{pp} \end{bmatrix} = U'\sqrt{\Lambda} \tag{11.90}$$

其中, U 为特征向量矩阵, Λ 为特征值矩阵.

因子负荷量反映原变量与主成分之间的关系,几何解释为原坐标轴上单位长度在某个主坐标轴上投影的长度.限于篇幅,本题中因子负荷量的计算从略.

通常为了分析各个样品在主成分所反映的实际意义方面的情况,还可将标准化后的原始数据代入主成分表达式中计算出各样品的主成分得分,由各样品的主成分得分(当主成分个数为 2 时)就可在二维空间中描出各样品的分布情况.本题中,如果记 $\hat{y}_1, \hat{y}_2, \hat{y}_3$ 分别为企业在三个综合因子方面的得分,将标准化后的原始数据(见表 11-29)代入(11.88)式就可计算出各企业在三个综合因子方面的得分.

在多指标综合评价经济效益问题的研究中,还可采用主成分分析建立综合评价函数.这种方法的核心就是通过主成分分析,选择 m 个主分量 $y_1, y_2, \cdots, y_m$,以每个主分量 y_i 的方差贡献率作为权数,构造综合评价函数

$$F = \alpha_1 \hat{y}_1 + \alpha_2 \hat{y}_2 + \cdots + \alpha_m \hat{y}_m \tag{11.91}$$

其中 $\hat{y}_i(i=1,2,\cdots,m)$ 为第 i 个主成分的得分.如在本题中,当计算出每个样品的主成分得分后,可由主成分得分衡量每个样品在第 i 个主成分所代表的经济效益方面的程度及地位.当把 m 个主成分得分代入(11.91)式后,即可计算出每个样品的综合评价函数得分 F,以这个得分的大小排队,即可自然排列出每个样品经济效益名次.综合评价函数值越大,综合经济效益越好.根据综合评价函数值排序,可对样品的综合经济效益进行对比,也可对不同样品或同一样品的不同时期的综合经济效益进行横向对比和动态分析.

本题的因子得分及排序见表 11-31 所示.

表 11-31 各企业的因子得分及综合经济效益排名表

水泥厂名	盈利能力方面		资金和人力利用方面		产值能耗方面		综合效益评价	
	$\hat{y}_1$	名次	$\hat{y}_2$	名次	$\hat{y}_3$	名次	F	名次
琉璃河	-0.089	7	0.635	4	1.929	1	0.239	6
邯 郸	0.72	5	2.155	2	0.092	7	0.832	5
大 同	-1.857	13	-0.094	6	-0.994	14	-1.288	13
哈尔滨	-4.207	15	0.922	3	0.242	6	-2.482	15
华 新	4.184	1	-1.744	15	0.262	5	2.374	2
湘 乡	3.826	2	2.189	1	-0.537	12	2.736	1
柳 州	1.744	4	0.483	5	-0.981	13	1.089	3
峨 眉	-1.736	12	-0.855	12	-0.450	10	-1.287	12
耀 县	-0.434	8	-0.534	11	-1.172	15	-0.479	10
永 登	0.534	6	-0.072	7	-0.345	9	0.211	7
工 源	-0.470	9	-0.075	8	1.275	2	-0.185	8
抚 顺	-0.715	10	-0.422	10	0.974	3	-0.427	9
大 连	-1.217	11	-1.164	13	-0.514	11	-1.016	11
江 南	1.889	3	-1.488	14	0.489	4	0.992	4
江 油	-2.173	14	0.095	6	-0.270	8	-1.394	14

在表 11-31 的经济效益得分中,有许多企业的得分是负数,但并不意味着企业的经济效益就为负.这里的正负仅表示该企业与平均水平的位置关系,企业的经济效益的平均水平算作零点,这是我们在整个过程中将数据标准化的结果.

思考与练习

一、思考题

1. Q 型聚类与 R 型聚类有什么不同?

2. 聚类分析中"聚类"的依据是什么?

3. 度量样本相似性和度量变量相似性各用什么方法?

4. 判别分析的基本思想是什么?

5. 如何正确理解判别函数?

6. 简述主成分分析的基本思想.

7. 解释因子载荷与原始变量之间是什么关系?

8. 因子得分函数表达的是什么?

二、练习题

1. 查阅《中国统计年鉴》,按照某年的城乡居民消费水平资料,对我国 31 个省市自治区进行分类.

2. 查阅相关的统计年鉴,对我国 31 个省市自治区某相同年份的规模以上工业企业主要经济效益指标数据,利用主成分分析方法进行综合经济效益评价.

第十二章 统计决策分析

在一个不确定的环境中,一名管理者所面临的最基本和最重要的任务就是进行决策.例如,当产品的未来需求不确定的时候,制造业的管理者必须决定投资于新设备需要多少资金;当客户对不同营销策略的反映不确定的时候,营销管理者必须从众多不同营销策略中制定适合新产品的决策;投资管理者在面临不确定的经济与政治环境时,必须决定是否进行一项新的投资冒险,或者是否收购他国的工厂.

本章中,我们以系统和理性的方式,介绍一个非常重要的在不确定环境中构造和分析管理决策问题的方法.该方法被称为决策分析方法.在决策分析中应用的分析模型被称为决策树模型.

第一节 决策树模型及其分析

决策树是决策过程中的一种有序的概率图解表示,决策者根据决策树所构造的决策过程的有序图示,不但能纵观决策过程的全局,而且能系统地对决策过程进行合理的分析,从而得到较好的决策结果.

决策树由节点和分枝组成,表现为一个树状图示,节点有两种,一种叫决策节点,一般用一个方框"□"表示,从决策点引出的分枝称为方案分枝;另一种节点叫事件节点,一般用一个圆圈"○"来表示,从事件节点引出的分枝叫概率分枝.每一概率分枝表示一种自然发生的状态,在概率分枝的末端标明相应方案在该状态下的损益值,在概率分枝上注明不同状态发生的概率大小,在事件节点上注明该方案计算所得的期望值.下面利用一个简单案例来阐述利用决策树模型进行决策的步骤与要点.

一、案例描述

比尔·桑普拉斯于今年8月初开始在麻省理工学院的斯隆管理学院攻读MBA,现在已经是第三周了.在此之前,他在一家财富500强公司的财务部从事短期投资工作.现在,比尔除了花在准备功课上的时间外,开始认真考虑有关明年夏季打工的事宜,特别是该决定在几周后必须做出.

8月底,在比尔飞往波士顿的途中,他坐在瓦妮萨·帕克的旁边,并开始与她就双方感兴趣的话题进行了交谈.瓦妮萨·帕克是一个重要的商业投资银行权益部的副总裁.在飞机到达波士顿后,瓦妮萨坦率地告诉比尔,她愿意考虑明年夏季雇佣比尔的可能性,并希望在她的公司于11月中旬开始进行夏季招聘计划时,请比尔直接与她联系.比尔感觉到自己的经历和所具有的风度给瓦妮萨留下了很深刻的印象.

当比尔 8 月初离开其原来供职的公司时,其老板约翰·梅森承诺,明年夏季愿意给他提供为期 12 个星期的夏季打工机会,薪水为 12 000 美元.但约翰告诉比尔,夏季工作招聘期限仅到今年 10 月底之前有效.因此,比尔在得知任何有关瓦妮萨提供的夏季工作的细节之前,必须决定是否接受约翰提供的夏季工作.关于此事,瓦妮萨已经解释到,她的公司在 11 月中旬之前不会讨论夏季工作机会的问题.如果比尔回绝约翰的好意,比尔要么接受瓦妮萨可能提供的工作机会(如果该工作机会确实是可行的话),要么通过参加斯隆管理学院在 1 月和 2 月举办的公司夏季招聘会,寻找另一个工作机会.

二、比尔的决策准则

为简单起见,我们假设比尔认为,在以上三种打工的背景下(为约翰的公司工作,为瓦妮萨的公司工作,或者通过斯隆管理学院举办的公司夏季打工招聘会获得的工作),他所获得的非薪酬收获是相同的,即上述工作都将会给比尔提供相同的学习、交流以及丰富经历的机会.因此,我们假定比尔选择夏季工作机会的唯一标准就是夏季工作的薪水,并且比尔显然喜欢高薪水的工作,而不是低薪水的工作.

三、构造决策树模型

决策树模型(Decision tree model)是组织和表示决策者所面临的各种决策和不确定性问题的一种系统化的方法.下面我们以比尔的夏季打工决策问题为例,系统介绍构造决策树模型的基本步骤.

1. 构造决策树

我们注意到,关于夏季打工问题,比尔需要做出的决策有两种:一种是他必须决定是否接受约翰提供的工作机会;另一种是如果他谢绝约翰提供的工作机会,而瓦妮萨的公司如果在 11 月中旬给其提供一个工作机会,他还必须决定是接受该工作,还是去参加学院在 1 月和 2 月举办的公司招聘会.

这些决定按时间顺序以系统化的方法用一张称为决策树的图来表示. 比尔的第一项决策关心的是接受还是拒绝约翰提供的工作机会.一项决定我们用一个称为决策节点(decision node)的方框来表示,并且每一个可能的选择以一条从决策节点出发的称为分枝(branch)的线段来表示.因此,比尔的第一项决定以图 12-1 表示.一般习惯上在节点引出的分枝上方给出该决定的一个简单描述.另外,为了以后的查阅,我们还给节点定义一个标志(在本例中,以字母"A"来表示).

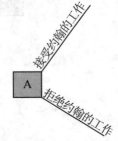

图 12-1　一个决策节点的表示

如果比尔打算接受约翰提供的工作机会, 那么比尔就不必考虑其他决定或不确定性的问题.然而,如果比尔打算拒绝约翰提供的工作机会,那么,比尔就将面临瓦妮萨公司以后是否会提供给他一个夏季工作机会的不确定性问题.在一个决策树中,不确定事件是用一个称为事件节点(event node)的圆圈来表示的,并且每个事件可能出现的结果用一条从事件节点引出的线段(或分枝)来表示.这种具有分枝结果的事件节点用图 12-2 表示,并以字母"B"来标识.此外,一般习惯上在每一条分枝结果的上方,对事件可能出现的结果给出一个简单的描述.

不像决策节点那样,决策者需要对可供选择的分枝进行决断.对事件节点来说,决策者没有这种决断自由.相反,决策者对一个事件节点能够预料的仅是"自然"或"命运"决断哪种结果会出现.

从一个事件节点引出的分枝结果所表示的所有可能的事件必须是互斥的和完备的.互斥是指任何两个事件不能够同时发生.完备是指可能出现的结果代表了所有可能事件的结果.换句话说,以上情况之外的事件结果都不可能发生.在我们的案例中,事件节点将有两个,而且仅有两个可能出现的不同结果:一个是瓦妮萨的公司将提供给比尔夏季工作机会,而另一个是瓦妮萨的公司将不会给比尔提供夏季工作机会.

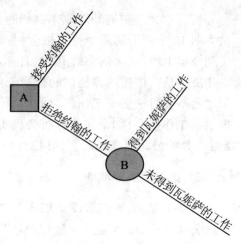

图 12-2　一个事件节点的表示

如果瓦妮萨的公司打算提供给比尔夏季工作,那么比尔随后将必须决断,要么接受,要么拒绝.如果比尔打算接受公司提供的工作,那么比尔的夏季打工问题就解决了.如果比尔打算做出谢绝的选择,那么比尔将随后不得不通过学院的公司夏季招聘会寻找夏季工作机会.图 12-3 的决策树表示了这些进一步可能发生的事件,其中决策节点 C 表示比尔面临是否打算接受瓦妮萨的公司提供的夏季工作的决定.

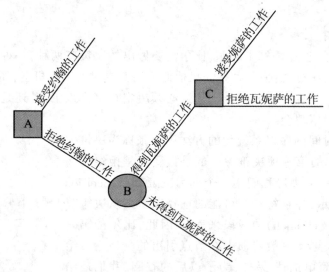

图 12-3　决策树的进一步表示

2. 概率赋值

建立决策树模型的第二个问题是赋值或概率值的确定,也就是说,对每个不确定性结果出现的可能性大小进行估计.

假设比尔已经拜访了斯隆职业服务中心,并且已经搜集了前届 MBA 学生打工时的有关夏季薪水的一些综合数据. 根据去年夏季支付给在瓦妮萨的公司销售和交易部门工作的斯隆管理学院学生的薪水,比尔估计瓦妮萨的公司在即将到来的夏季会给进行为期 12 周夏季打工的 MBA 学生提供的薪水为 14 000 美元.

再假设已经搜集了去年公司夏季招聘会提供给斯隆管理学院学生的所有夏季工作机会相关薪水多少的数据,如表12-1所示.表12-1呈现了不同的夏季薪水(以周付薪)以及与此相对应的接受该薪水的学生比例(没有薪水表示没有找到工作).

表12-1　公司夏季招聘会工作机会的薪水分布

每周薪水(美元)	夏季薪水总额(12周)	获得这个薪水的学生比例
1 800	21 600	5%
1 400	16 800	25%
1 000	12 000	40%
500	6 000	25%
0	0	5%

进一步假设,如果比尔打算参加斯隆管理学院的夏季招聘会,那么直觉告诉我们,表12-1是对比尔可能获得薪水的可能性的一个很好的近似.也就是说,我们估计大约有5%的可能性,比尔将获得薪水为21600美元的夏季工作,大约有25%的可能性,比尔将能获得薪水为16800美元的夏季工作,等等.图12-4呈现了对该问题的一个最新扩展的决策树.该图说明了如果比尔没有得到瓦妮萨公司提供的夏季工作,或者打算拒绝瓦妮萨公司提供的夏季工作,那么比尔将参加学院夏季招聘会这一可能性的事件节点E和D.一般习惯上,各种结果的概率值标在相应结果分枝的下方,正如12-4图中所示的那样.

最后,估计一下瓦妮萨的公司提供给比尔夏季工作的可能性.如果没有过多地考虑,我们也许给这种可能性赋予概率值为0.50,也就是说,瓦妮萨的公司提供给比尔夏季工作的可能性为50%.如果进一步思考,我们知道比尔给瓦妮萨留下了很深刻的印象,瓦妮萨似乎肯定想要雇佣比尔.然而,恰好比尔同班的许多同学也非常优秀(像比尔一样),并且比尔已经听说投资银行的工作竞争实际上是非常激烈的.基于这些考虑,我们给比尔获得瓦妮萨公司提供的夏季工作的概率值为0.60.因此,比尔未获得瓦妮萨的公司提供的夏季工作的可能性为0.40.这两个数字也被标明在图12-4的决策树中.

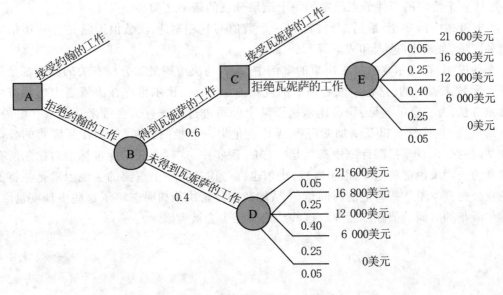

图12-4　决策树的进一步表示

3. 给最后分枝赋值

决策树分析建模方法的第三步工作是根据所采用的决策准则,给决策树"最后"分枝所表示的结果赋值.正如前面所讨论的那样,比尔的决策准则是薪水.因此,我们给每个最后的分枝赋予薪水值,并将数值写在最后分枝的右边,如图12-5所示.

现在让我们先停下来对决策树的一些基本特征进行一些必要的总结.我们注意到决策树中的时间顺序是由左到右的,并且决策节点和事件节点的位置在逻辑上与事件在现实中将要发生的路线一致.逻辑上必须发生于某些事件和决定之前的任何事件或决定在决策树中应放在合适的位置上,以反映事件的逻辑相关性.

本例的决策树有两个决策节点,即节点 A 和 C.节点 A 表示比尔必须立即做出的决定:是接受还是拒绝约翰提供的工作机会.节点 C 表示比尔可以在 11 月底必须做出的决定:是接受还是拒绝瓦妮萨提供的工作机会.从每个决策节点出发的分枝表示在一定的环境下以及一定的时间内经过考虑所做出的所有可能的决定.

本例的决策树有三个事件节点,即节点 B、D 和 E.节点 B 表示比尔是否能获得瓦妮萨的公司提供的工作机会这一不确定事件;节点 D(以及节点 E)表示管理学院的公司夏季招聘会所支配的不确定性事件.从每个事件节点出发的分枝代表来自事件节点的所有结果的相互关系为互斥的和完备的.此外,从一个给定的事件节点出发的每个结果分枝的概率之和必须是 1(这是因为可能的结果是完备的).综上所述,决策树的这些重要特征概括如下:

* 决策树的时间顺序由左到右,并且决策节点和事件节点的位置在逻辑上与事件在现实中将要发生的路线一致.逻辑上必须发生于某些事件和决定之前的任何事件或决定在决策树中应放在合适的位置上,以反映事件的逻辑相关性.

* 从每个决策节点出发的分枝表示在一定环境下以及一定的时间内经过考虑所做出的所有可能的决定.

* 从每个事件节点出发的分枝代表来自事件节点的所有结果的相互关系为互斥的和完备的.

* 从一个给定的事件节点出发的每个结果分枝的概率之和必须是 1.

* 决策树中的每个"最后"分枝都有一个数值与它相对应.该数值通常是以货币值表示的某种度量,如薪水、收入和成本等.

必须说明,在比尔夏季打工决策的案例中,所有与决策树最后分枝有关的数值都是用薪水的美元数来表示的,这是一般习惯上的度量方法.然而,比尔也许在决策当中想要有自己的度量方法.为了简单起见,假设比尔选择某个公司进行夏季打工会带来其他潜在好处,如学习的机会、工作交流以及增加阅历等.无论在他以前老板的公司,还是在瓦妮萨的公司或管理学院的公司夏季招聘计划中都将是一样的.现实中,这些主观的度量标准对比尔所有可能选择的公司来说都将是不同的.当然,比尔也许考虑的另一个重要的主观因素是他将不得不花在公司夏季工作招聘上的时间价值.虽然我们分析决策树时忽略了这些主观度量因素,但比尔所花的时间价值在以后评价这些结论时至少会被考虑.

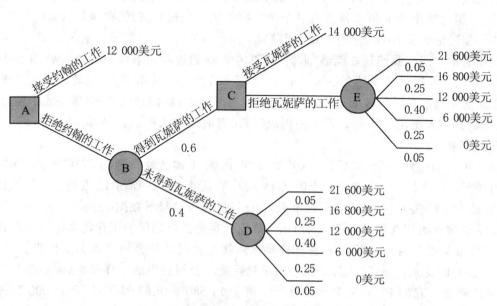

图 12-5　已经完成的决策树

4. 通过回溯决策树求解决策树模型

如果比尔仅仅是在接受一个 12 000 美元的工作机会和接受另一个 14 000 美元的工作机会之间做出选择，那么比尔的决策是很容易做出的，即比尔将会接受较高薪水的工作机会.然而，由于不确定性因素的存在，比尔应该如何进行决策就不是很显然的了.

例如，假设比尔打算谢绝约翰提供的工作机会,并且在 11 月中旬收到瓦妮萨的公司出价为 14 000 美元的工作机会,那么，比尔会处在决策树中的节点 C.在肯定能够得到 14 000 美元的工作机会和从参加管理学院的公司夏季招聘计划中也许能够获得（具有很大的不确定性）的工作机会之间,比尔如何进行决策呢？大多数决策者认可的标准是,在这种场景中,最佳方案是将各种可能薪水的分析转换成一个用可能出现结果的预期货币值(EMV)来表示的数值.

这里,所谓的预期货币值(Expected Monetary Value,EMV)是所有可能出现的数值结果的加权平均数，其中每个可能结果的概率值被作为权值. 例如，参加公司夏季招聘计划的 EMV 计算如下：

$$EMV=0.05×21\ 600+0.25×16\ 800+0.40×12\ 000+0.25×6\ 000+0.05×0$$
$$=11\ 580（美元）$$

某个事件的 EMV 定义为该事件的货币值.例如，假设比尔将获得瓦妮萨公司提供的工作机会,并打算接受该工作机会,那么，该项选择的 EMV 将会是 14 000 美元.

我们注意到选择参加公司招聘会的 EMV 是 11 580 美元,该值小于 14 000 美元(接受瓦妮萨的公司提供工作机会的 EMV),于是，根据 EMV 准则,比尔将会宁愿选择瓦妮萨的公司提供的工作机会,也不愿意选择参加公司夏季招聘会.

EMV 是一种将一组具有货币值和概率值的可能结果转换成一个单个数值的方法,该值是每个可能的货币值与其相应的概率值加权的结果.EMV 呈现了一个对不确定性问题"平均化"的方法.该方法十分直观,对于在不确定条件下的各种决策问题十分适合(然而有些情况下,将一组可能出现的结果转换成一个单个数值决不是最佳方法.在本章后续内容中,我们将进一步讨论有关 EMV 准则的几个问题).

利用 EMV 方法,我们现在能够"求解"决策树模型.通过利用事件节点的 EMV 来评估每个事件节点,以及通过选择具有最佳 EMV 的决定来评估每个决策节点,以此求解决策树.该方法是从决策树的最后分枝为起点,然后"向前"回溯到决策树的起始节点来完成求解过程.对此,我们称该求解决策树的过程为回溯决策树,有时也称为向前归纳.我们通过以下讨论来说明该求解过程.

从决策树的任何一个"最后"节点开始,向前回溯.正如已经看到的,节点 E 的 EMV 为 11 580 美元.习惯上,一个事件节点的 EMV 写在节点的上方,如图 12-6 所示.节点 D 的 EMV 也是 11 580 美元,我们将它写在节点 D 的上方.它也被显示在图 12-6 中.

下一个检查的节点是 C,该节点与比尔收到瓦妮萨公司提供的工作机会这一事件相对应.在该决策节点有两种选择.第一种选择是比尔接受瓦妮萨的公司提供的工作机会,它的 EMV 是 14 000 美元;第二种选择是比尔拒绝瓦妮萨的公司提供的工作机会,而是改为去参加夏季招聘会,它的 EMV 是 11 580 美元.由于 11 580 美元的 EMV 小于 14 000 美元的 EMV,因此,选择接受瓦妮萨的公司提供的工作机会是最佳选择.在图上,通过在具有较低 EMV 分枝上画双杠来表明不会采取这种选择,并在决策节点上方写上最优选择的货币值,参见图 12-6.

通过评估事件节点 B 继续这一过程.该节点是与瓦妮萨的公司将提供或不提供给比尔夏季工作机会这一事件的事件节点相对应.我们采用的方法与评估参加公司夏季招聘会的薪水分布的方法是相同的.通过计算每个分枝结果的 EMV 与其相应的概率值的加权平均来计算该节点的 EMV.在该节点,就是用概率值 0.6 乘以决策节点 C 的货币值 14000 美元,然后用没有得到瓦妮萨的公司提供工作机会的概率值 0.40 乘以节点 D 的 EMV 11 580 美元,然后再将两项结果求和.计算如下:

$$EMV = 0.60 \times 14\,000 + 0.40 \times 11\,580 = 13\,032(美元)$$

然后,将该值写在节点 B 的上方,见图 12-6.

求解决策树的最后一步是评估决策树的第一个节点 A.它是一个决策节点,对它的评估是通过比较从它引出的两个分枝的 EMV 的大小来进行的.上面的分枝是与接受约翰提供的工作机会相对应的,EMV 是 12 000 美元.下面的分枝是与拒绝约翰提供的工作机会相对应的,EMV 是 13 032 美元.由于后者具有较高的 EMV,因此,我们划去与接受约翰提供的工作机会对应的分枝,并在该初始节点上方标明 EMV 为 13 032 美元.决策树的整个求解过程见图 12-6.

现在来看一下已经求解的决策树以及在不确定条件下的"最优决策策略".根据所求解的决策树,比尔应该拒绝约翰提供的工作机会.该选择被显示在第一个决策节点上.然后,如果比尔收到瓦妮萨公司提供的工作机会,他应该接受它,该选择显示在第二个决策节点上.当然,如果比尔没有收到瓦妮萨的公司提供的工作机会,那么他将参加管理学院的公司夏季招聘会.约翰最优决策策略的 EMV 是 13 032 美元.概括地讲,比尔的最优决策策略可以陈述如下:

比尔应该拒绝约翰 10 月份提供的工作机会.如果瓦妮萨的公司提供给比尔一个工作机

会,那么他应该接受它.如果瓦妮萨的公司没有提供给比尔一个夏季工作的机会,那么他应该参加管理学院的公司夏季招聘会.该策略的 EMV 是 13 032 美元.

通过这一案例可以看到,构造和求解决策树的结果是一项非常具体的工作,它说明了在每个可能出现的不确定结果下应该做出的决策.求解决策树的过程可以正式陈述如下:

(1)以决策树的最终分枝为起始点,对每个事件节点和决策节点进行评估,具体方法如下:

* 对于每个事件节点,通过计算每个分枝的 EMV 与其概率的加权平均,计算该节点的 EMV.

* 对于每个决策节点,通过选择具有最佳 EMV 节点出发的分枝,计算该节点的 EMV.在决策节点的上方写上 EMV 数值,并通过在相关分枝上画双杠的方法, 划去那些较低 EMV 对应的分枝.

(2)所有节点评估完以后,求解决策树过程结束.

(3)最优决策策略的 EMV 就是决策树起始分枝计算的 EMV.

正如我们已经陈述过的,以这种方法求解决策树的过程称为回溯决策树,有时也称为向前归纳.

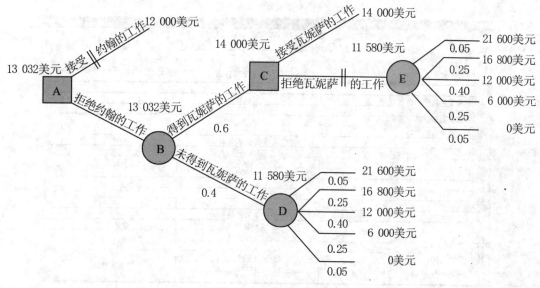

图 12-6　决策树的求解

5. 决策树模型的灵敏度分析

在实际工作中, 如果在没有对建模中需要的关键数据可能带来的影响进行评估前就贸然采用以上推导出的最优决策恐怕有点过于天真了.例如,要考虑下列与数据有关的问题:

问题 1:瓦妮萨的公司提供给比尔夏季工作的概率.我们主观上假设瓦妮萨的公司提供给比尔夏季工作的概率是 0.60.显然,检验夏季打工概率的变化会如何影响最优决策的做法将是明智的.

问题 2:比尔用于参加管理学院举办的公司夏季招聘会的时间和努力的成本.前面隐含地假设比尔花在参加管理学院举办的公司夏季招聘会上的时间和努力的成本为零. 在最优

决策发生变化前,检查一下花在参加公司招聘会上固有成本有多大将是一个明智的做法.

问题 3:比尔期望能够得到的夏季打工薪水的分布.已经假设比尔期望能够得到的夏季薪水的分布数值在表 12–1 中给出.检验一下薪水分布变化是如何影响最优决策的做法将是明智的.

检验和评估决策树的解是如何随着数据的变化而变化的过程称为灵敏度分析(Sensitivity analysis).进行灵敏度分析的过程是科学与艺术的结合.通常是选择几个关键数据,然后检验决策树的解如何随着每个数值的改变而变化,其中每次只改变一个数值.这个过程对于理解什么样的数值产生最优决策策略以及在关键数值变化的情况下决策树会如何变化是非常重要的.进行灵敏度分析对于获得模型有效性的置信水平是重要的,并且在根据决策树模型的输出结果进行决策之前进行灵敏度分析也是必要的.下面,我们通过改变三个前面提到的数据来说明灵敏度分析的基本方法.

注意,为了评价最优决策策略如何随着数据假设中数值的改变而变化,必须对决策树模型进行多次求解,每次求解时数值只发生微小的变化.显然,这样做的结果是每次都要反复绘制决策树,并且每次要手工完成各种必需的计算.这种方法显然是单调和重复的.实际上,在计算机电子表格的帮助下,可以非常方便地完成这项工作.用电子表格可以非常方便地表示决策树问题并进行求解,图 12–7 说明和解释了下面的讨论.

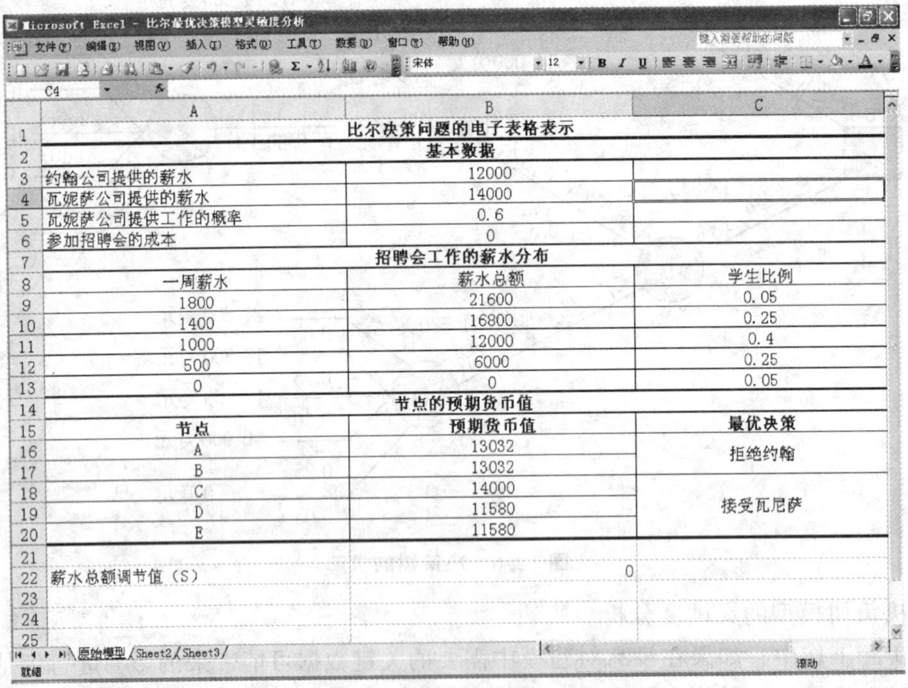

	A	B	C
1	比尔决策问题的电子表格表示		
2	基本数据		
3	约翰公司提供的薪水	12000	
4	瓦妮萨公司提供的薪水	14000	
5	瓦妮萨公司提供工作的概率	0.6	
6	参加招聘会的成本	0	
7	招聘会工作的薪水分布		
8	一周薪水	薪水总额	学生比例
9	1800	21600	0.05
10	1400	16800	0.25
11	1000	12000	0.4
12	500	6000	0.25
13	0	0	0.05
14	节点的预期货币值		
15	节点	预期货币值	最优决策
16	A	13032	拒绝约翰
17	B	13032	
18	C	14000	
19	D	11580	接受瓦尼萨
20	E	11580	
21			
22	薪水总额调节值(S)	0	
23			
24			
25			

图 12–7 比尔·桑普拉斯夏季打工问题的电子表格表示

在图 12–7 的电子表格中, 用于决策树的数据在电子表格的上方列出, 而电子表格的“求解”在电子表格的下方“节点的预期货币值”的表格里计算.每个节点的 EMV 计算是根据数值自动计算的.例如,电子表格中节点 E 的 EMV 计算方法是,在电子表格 B20 这一单元格中输入如下公式:

"=B9*C9+B10*C10+B11*C11+B12*C12+B13*C13−B6".

注意,在上述公式中,之所以要减去 B6,是因为在电子表格 B6 这一单元格中,我们输入了参加招聘会的成本,在原始案例中假设该值为零,本节稍后我们将分析该数值的变化对最优决策的影响,因此,这里将其先设置到模型之中,暂时将其设置为零.

节点 D 的 EMV 的计算方法和节点 E 相同.实际上,可以直接在电子表格 B19 的单元格中输入"=B20",按"Enter"键便可得到节点 D 的 EMV 值.

在前面决策树模型中已经说明,节点 C 的 EMV 是节点 E 的 EMV 和瓦妮萨的公司提供报酬的最大值,由于瓦妮萨的公司所提供薪水的数值在电子表格 B4 这一单元格中存放,因此,其计算方法是直接在电子表格 B18 的单元格中输入"=MAX(B20,B4)"即可.

类似地,节点 B 和节点 A 的计算方法分别为在 B17 和 B16 的单元格中输入"=B18*B5+B19*(1−B5)"和"=MAX(B17,B3)"即可.

现在说明,决策树的电子表格表示怎样被用于研究本节开始部分讨论的最优决策策略如何随着三个关键数值变化的问题.首先考虑第一个问题,最优决策策略与瓦妮萨公司提供给比尔夏季工作的概率值的灵敏度分析.为叙述方便,这里用 P 表示该概率.

在电子表格中改变 P 值,即改变单元格 B5 位置中的数值,电子表格会自动计算出对应于各个 P 值的决策树模型运算结果.观察发现,对于所有大于或等于 P=0.174 的各种 P 值来说,结果都是相同的.例如,当 P=0.18 时,电子表格的输出结果为节点 B 的 EMV 是 12 016,比约翰提供的薪水 12 000 美元多一点,最优决策策略保持不变.如果 P 等于或低于 0.17,节点 B 的 EMV 将会小于 12 000 美元,该结果意味着最优决策策略已经改变,应该直接接受约翰提供的工作机会.因此,我们可以得出以下结论:

只要瓦妮萨的公司提供给比尔工作机会的概率不小于 0.18,最优决策策略仍将是:首先拒绝约翰提供的工作机会,如果瓦妮萨的公司提供给比尔夏季工作的机会,则接受之,否则应参加管理学院举办的夏季招聘会.

显然,这个结论是可靠的,因为对于比尔来说,有理由相信瓦妮萨的公司提供给比尔夏季工作机会的概率肯定不小于 0.18.

其次,利用决策树的电子表格表示方法研究第二个数据假设问题.它是考虑比尔参加管理学院的公司夏季招聘会的隐含成本的最优决策策略的灵敏度分析.为叙述方便,这里用 C 表示该成本.已如前所述,为实现电子表格对决策树模型的自动化求解,我们已经将该成本放到电子表格 B6 的位置,原始数值为零,并且在前面利用电子表格计算各节点的 EMV 时,已经将其考虑在内,如图 12−7 所示.因此,在下面对该数值进行灵敏度分析时,只需要改变 B6 这一单元格中的数据,其他求解过程由电子表格自动完成.

如果用决策树的电子表格方法检验各种 C 值,那么对于所有小于 2 580 美元的 C 值来说,结果仍然是相同的.例如,当 C=2 579 时,节点 B 的 EMV 为 12 000.4,比约翰提供的薪水 12 000 稍多一点,最优决策保持不变;当 C=2 581 时,节点 B 的 EMV 为 11 999.6 美元,它产生了一个新的接受约翰提供的工作机会的最优决策策略.因此,可以得出以下结论:

只要比尔参加管理学院的公司夏季招聘会的隐含成本小于 2 580 美元,最优决策策略仍将是拒绝约翰提供的工作机会,如果瓦妮萨的公司提供给比尔夏季工作的机会,则接受之,否则应参加管理学院举办的夏季招聘会.

显然,这个结论也是可靠的,因为估计比尔参加管理学院的公司夏季招聘会的隐含成本比 2 580 美元小得多的结论是合理的.

最后,我们利用决策树的电子表格研究第三个数据假设问题,它是考虑参加管理学院公司招聘会的夏季工作薪水分布的最优决策策略的灵敏度分析.比尔参加公司夏季招聘会时可能获得的薪水数据如表 12-1 所示.让我们看看通过改变表中所有可能提供的薪水数据所带来的结果.也就是说,我们研究当比尔参加夏季招聘会时,如果各种工作机会的 12 周薪水总额均增加一个相同的数额 S 时,最优决策策略将会发生什么样的变化.

为了便于操作,在设计决策树的电子表格表示时,应将其设计为自动计算模式.具体方法是先确定一个薪水总额的调节值 S,在原始决策中用零表示,本例中我们将其置于 B22 这一单元格中,如图 12-7 所示;然后在计算"薪水总额"时将其计算在内.例如,本例中如果参加管理学院夏季招聘会可能获得的第一种工作机会的周薪为 1 800 美元,12 周的薪水总额为 12×1 800=21 600 美元,再考虑到未来薪水变化调节值,薪水总额为 21 600,再加上该调节值,将这一计算结果存放到 B9 这一单元格中,为实现 Excel 的自动计算模式,在 B9 中输入以下公式:

$$\text{"=A9*12+\$B\$22"}$$

已如前所述,在原始决策中是假设 S 等于零.现在我们由小到大,赋予 S 各种取值,观察发现,当前的最优决策对于所有小于或等于 2 419 美元的 S 值来说仍然是最优的.而对于大于 2 419 美元的 S 值来说,节点 E 的 EMV 将大于或等于 14 000 美元,这时,比尔的最优决策策略将改变:比尔首先拒绝约翰提供的工作机会,如果瓦妮萨的公司给比尔提供工作机会,也应该拒绝,而是选择参加管理学院的夏季招聘会.因此,得到以下结论:

如果斯隆管理学院举办的公司夏季招聘会所提供的工作机会在未来 12 周薪酬总额普遍提高不大于 2 419 美元,则比尔最优决策策略保持不变.

这个结论也是可靠的,因为有理由预计公司夏季招聘的薪水一般来说不会比上一年的薪水普遍高出 2 419 美元.

对于以上已经研究的三个数据假设问题,我们发现最优决策策略不会随着不同的取值而变化,除非这些数据发生了不同寻常的变化.因此,把根据决策树模型做出的最优决策推荐给比尔是可以信赖的,也就是说,比尔应该拒绝约翰提供的工作机会,如果瓦妮萨的公司愿意给比尔提供夏季工作机会,则接受之,否则,去参加管理学院举办的夏季公司招聘会寻找其他工作机会.

在某些决策分析的应用中,决策者可能会发现最优决策策略对于某些关键值是非常敏感的.如果这种情况发生的话,花精力决定最合理的数据值显然是很重要的.例如,在已经构造的决策树中,假设实际上最优决策对瓦妮萨的公司提供给比尔的夏季工作机会的概率值 P 是非常敏感的,那么将要搜集有关瓦妮萨的公司在以前提供给斯隆管理学院学生的工作机会有多少的数据,特别是在他们申请瓦妮萨的公司的工作机会时,想要了解具有和比尔相似经历的学生的情况是怎样的.该信息能够应用于研制对比尔获得瓦妮萨的公司工作的概率值 P 的更精确的估计模型.

注意,在上述灵敏度分析中,每次仅仅改变一个重要数值.在实际问题中,决策者可能想要检验不止一个数值同时变化的情况下模型的行为会怎样.这种分析难度会更大一些,但是,借助 Excel 自动计算的功能,这也不是一件困难的事,读者可以自己完成.

第二节　决策树模型在企业风险决策中的应用

本章第一节通过比尔·桑普拉斯的夏季打工案例说明了系统分析一个决策问题的常用决策分析框架.本节首先对这一框架进行总结,然后通过一个企业风险决策案例的分析,对该方法进行进一步阐述.

一、决策分析的主要步骤

1. 构造决策问题.列出所有必须要做出的决定,列出所有问题中的不确定事件以及所有可能的结果.

2. 通过按时间和逻辑顺序放置决策节点和事件节点来构造决策树.

3. 确定每个不确定事件及其每个可能结果的概率,并在决策树上注明这些概率.

4. 确定决策树的每个最终分枝的数值,在决策树上注明这些数值.

5. 利用回溯方法求解决策树:

(1)以决策树的最终分枝为起始点,对每个事件节点和决策节点进行评估,具体方法如下:

* 对于每个事件节点,通过计算每个分枝的 EMV 与其概率的加权平均,计算该节点的 EMV.

* 对于每个决策节点,通过选择具有最佳 EMV 节点出发的分枝,计算该节点的 EMV.在该节点的上方写上 EMV 数值,并通过在相应分枝上画双杠的方法,划去那些 EMV 没有达到最优的分枝.

(2)所有节点评价完以后,决策树求解结束.

(3)最优决策策略的 EMV 就是决策树起始分枝的 EMV.

6. 完成所有关键值的灵敏度分析.

下面通过研究一个新型的称为生物影像公司遇到的软件开发策略问题来继续讨论决策树模型.

二、案例分析

1. 案例描述

1998 年,为了开发、生产和开拓新的和具有潜在收益的医疗诊断工具市场,詹姆斯·贝茨、斯科特·迪尔曼和迈克尔·福特创立了生物影像公司. 斯科特和詹姆斯是麻省理工学院(MIT)新近毕业的学生,而迈克尔是马萨诸塞州综合医院的神经学教授.作为在 MIT 研究生学业的一部分,斯科特已经研究出了一种新技术以及一个利用个人计算机处理病人大脑的磁共振影像(MRI)扫描的软件包.该软件包利用计算机图形技巧能够构造病人大脑的三维图像,并且能够发现大脑损伤或脑肿瘤的精确位置,估计它的体积和形状,甚至确定肿瘤影响大脑的中心位置.斯科特的工作扩展了由詹姆斯早期开发的二维图像处理工作,该软件包在马萨诸塞州综合医院的迈克尔医院医学部一直被广泛用于分析病人语言困难的损伤程度、最近几年里,该软件包一直被用于相对精确地测量、诊断脑损伤和脑肿瘤.

虽然斯科特先进的三维图像软件还没有被完全检验，但是它正展示出在诊断脑损伤方面比其他方法精确得多的前景.在世界各国科学家研制他们自己的 MRI 图像处理软件时，斯科特的新型三维图像处理软件独具特色，并远远优于其他现有的 MRI 图像处理软件.

根据詹姆斯的建议，三个绅士组建了生物影像公司，其目标是开发和研制医院和医生能够利用的商用软件包.在那之后不久，他们的公司引起了 Medtech 公司(一家大型医学成像软件公司)的兴趣.Medtech 公司愿意出价 15 万美元买断该软件现有的形式，包括以后的开发和在全世界范围内销售的权利.斯科特和迈克尔授权詹姆斯(他是合伙人中的"商人")决定是否接受 Medtech 公司的要求.如果他们拒绝，那么他们计划在未来的半年内继续开发他们的软件包，这将需要大约 20 万美元的投资，詹姆斯认为这笔资金可以通过合伙人的个人储蓄来筹措.

如果生物影像公司开发三维图像原程序的努力获得成功的话，他们将面临两种进一步开发的策略.一种是半年后，从国家健康协会(NIH)申请 30 万美元的小企业创新研究(SBIR)资助.SBIR 的资金将被用于进一步研制和开拓他们的产品市场.另一种选择是从风险投资公司那里寻求进一步的项目资金.实际上，迈克尔已经同 Nugrowth Development 风险投资公司有过几次讨论.Nugrowth Development 公司已经提议，如果生物影像公司成功地研制出三维图像原程序，那么该公司将提供 100 万美元给生物影像公司用于资金周转和开拓软件包市场.作为交换，在三维图像原程序完全可以运行后，他们将提取未来利润的 80%.(由于 NIH 规定，不允许一个公司在接受 NIH 资助的同时，接受风险投资公司的资金，因此，生物影像公司将不能够从这两个来源同时获得资金.)

詹姆斯知道获得 SBIR 资助有很大的不确定性，他也知道生物影像公司如何成功地开拓他们的产品市场有很大的不确定性.然而，他认为如果他们打算接受 Nugrowth Development 公司提供的资金，那么产品的收益可能要比他们自己开拓产品市场要高.

如果他们的三维图像原程序完全运行的努力没有获得成功，那么詹姆斯认为他们还可以申请二维软件程序的 SBIR 资助.但在这种情况下，他们得到 SBIR 资助的可能性较小.此外，在申请资助前，二维图像程序还需要通过临床测试.詹姆斯估计这些附加测试成本大约是 10 万美元.

生物影像公司面临的决策问题是，是接受 Medtech 公司的收买条件，还是继续三维图像软件包的研制和开发.如果他们研制三维图像原程序获得成功，那么他们必须决定要么申请 SBIR 的资助，要么接受 Nugrowth Development 公司的资助.如果他们研制三维图像原程序没有获得成功，那么他们将必须决定要么对二维图像原程序进一步投资，并申请 SBIR 的资助，要么完全放弃该项目.其中，詹姆斯也想知道 Nugrowth Development 公司资助的成本(未来利润的 80%)是否对于资助额(需要的资金多达 100 万美元)来说可能太高了.很显然，詹姆斯需要努力思考生物影像公司正在面临的决策.

2. 收益和概率的数据估计

由于医学影像技术市场出现的激烈竞争，詹姆斯知道未来三年生物影像的潜在收益具有很大的不确定性.詹姆斯试图估计在各种情况下公司的收益.表 12-2 说明了假设三维图像原程序能够运行，并且他们打算接受 SBIR 资助，在三种情况下("高利润"、"中等利润"和"低利润")詹姆斯对公司收益的估计.在"高利润"的情景下，即假设该软件在市场上非常成功，会带来 300 万美元的总收益.在"中等利润"的情景下，詹姆斯估计总收益是 50 万美元.而在"低利润"的情景下,估计结果是没有任何收益的.詹姆斯分别给出了"高利润"、"中等利润"和"低利润"三种情景的预测概率是20%、40%和40%.

表 12-2　若三维图像原程序可行,并获得 SBIR 的资助,
生物影像公司的预期收益

市场情景	概率(%)	总收益(万美元)
高利润	20	300
中等利润	40	50
低利润	40	0

表 12-3 说明了假设三维图像原程序能够运行,并且如果他们打算接受 Nugrowth Development 公司的资助,詹姆斯对公司收益的估计.如果给他们提供了较多的资金(资金为100万美元),那么詹姆斯估计在"高利润"的情景下,该软件会带来1000万美元的总收益;在"中等利润"的情景下,詹姆斯估计收益是300万美元;而在"低利润"的情景下,他估计没有任何收益.正如前面的估计一样,詹姆斯分别给出了"高利润"、"中等利润"和"低利润"三种情景的估计概率是20%、40%和40%.

表 12-3　若三维图像原程序可行,并获得 Nugrowth Development 公司的资助,
生物影像公司的预期收益

市场情景	概率(%)	总收益(万美元)
高利润	20	1 000
中等利润	40	300
低利润	40	0

表 12-4 说明了假设三维图像原程序没有运行成功,并且如果他们打算接受 SBIR 对于二维图像软件程序开发计划的资助,詹姆斯对公司收益的估计.在这种情况下,詹姆斯仅考虑两种情景:"高利润"和"低利润".我们注意到收益的估计是相当低的.在"高利润"的情景下,该软件会带来 150 万美元的总收益;在"低利润"的情景下,詹姆斯估计没有任何收益.詹姆斯分别给出了"高利润"和"低利润"两种情景的估计概率是25%和75%.

表 12-4　若三维图像原程序不能成功运行,并获得 SBIR 对二维软件的资助,
生物影像公司的预期收益

市场情景	概率(%)	总收益(万美元)
高利润	25	150
低利润	75	0

詹姆斯对生物影像公司面临的其他不确定性也进行了认真思考和分析. 在同斯科特商量以后,詹姆斯估计研制一个可操作的三维图像软件版本成功的可能性为60%.然而与迈克尔讨论以后, 詹姆斯估计成功地完成三维图像软件的研制后, 获得 SBIR 资助的可能性是70%.然而,他们估计获得对二维图像软件的 SBIR 资助的可能性将仅仅为20%.

3. 构造决策树

我们现在构造一个决策树,用于分析生物影像公司面临的决策.首先必须做出的决策是

生物影像公司是应该接受来自 Medtech 公司的收购条件，还是继续研究和开发三维图像软件程序.该决定由一个决策节点表示,并发出两个分枝,见图 12-8 所示(标注"A"被写在决策节点上,以便我们以后查阅).

如果生物影像公司打算接受来自 Medtech 公司的资助,就不存在决策问题了.相反,如果他们打算继续三维图像软件程序的研究和开发,在 6 个月以后,他们就会发现在该项目上是否会获得成功.该事件由图 12-9 中的事件节点"B"来表示.

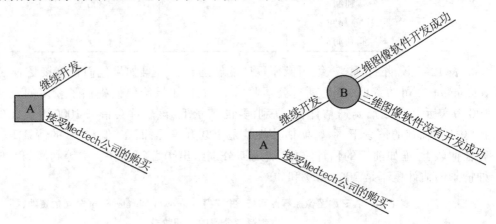

图 12-8　生物影像公司所面临的第一个决策树的表示　　图 12-9　生物影像公司决策树的进一步构造

如果生物影像公司成功地开发了该程序,那么他们将面临是申请 SBIR 的资助,还是接受 Nugrowth Development 公司资助的决定,该决定由图 12-10 中的节点 C 来表示.如果他们打算申请 SBIR 资助,那么他们要么成功,要么失败,该事件由图 12-10 中的节点 E 来表示.如果他们赢得资助,那么他们将完成三维图像软件产品的开发,并且开拓该产品的市场.因而,根据詹姆斯的估计,他们将获得的收益列于表 12-2 中.图 12-10 中的事件节点 G 表示了詹姆斯对这些收益的不确定性的估计.

然而,如果生物影像公司没有获得资助,那么由于在 NIH 处理资助决定过程中的固有时限,来自 Nugrowth Development 公司的资助也将是不可能的.在这种情况下,生物影像公司将没有继续研制该产品的资金,因而也将不得不放弃该项目.这种可能性在图 12-10 中由节点 E 发出的下面分枝来表示.

另一方面,如果生物影像公司打算接受 Nugrowth Development 公司的资助,那么他们将面临詹姆斯在表 12-3 中所估计的收益的可能性. 图 12-10 中的事件节点 H 表示詹姆斯对这些收益的不确定性的估计.

如果生物影像公司在三维图像产品的开发上没有成功,那么仅有两种可供选择的方案:放弃该项目,或改进二维图像软件产品,然后申请 SBIR 对二维图像软件产品的资助.这两种选择由图 12-10 中的决策节点 D 来表示.在这种情况下,如果生物影像公司打算申请 SBIR 资助,那么他们要么获得资助,要么失去资助,这个事件以事件节点 F 表示.如果他们打算申请 SBIR 资助,并且获得资助,那么他们将完成二维图像软件产品的开发,并且开拓该产品市场.因而,他们获得的收益可以根据詹姆斯的估计在表 12-4 中列出.图 12-10 中的事件节点 I 表示了詹姆斯对这些收益的不确定性的估计.最后,如果他们失去 SBIR 对二维图像产品提供的资助,那么他们将不得不放弃该项目,正如由图 12-10 中的节点 F 发出的下面分枝所表示的那样.

至此,图 12-10 中的决策树里给出了生物影像公司所面临的决策问题的描述.图 12-10 表示了该决策问题的所有决定和所有相关的不确定性,并且描述了生物影像公司正在面临的所有决定和不确定事件的逻辑关系.

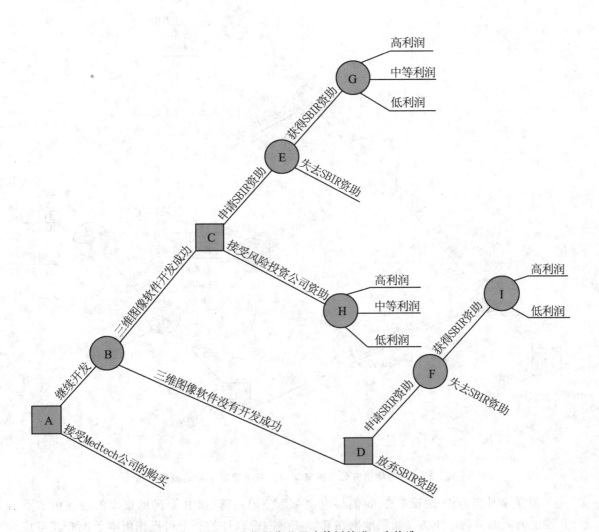

图 12-10　生物影像公司决策树的进一步构造

4. 决策树的概率赋值

构造决策树模型的下一项任务是对所有不确定事件进行概率赋值.对于现在的问题,任务非常明确.对于事件节点 B,我们把生物影像公司成功开发三维图像软件的一个可操作版本的概率值放在该节点发出的上面分枝的下方.由詹姆斯估计的概率是 0.60,这样我们将该概率值放在图 12-11 所显示的分枝的下方.因此,生物影像公司开发三维图像软件的原程序没有成功的概率值是 0.40,由此把该概率值放在从节点 B 发出的下面分枝的下方.

对于事件节点 E,我们把生物影像公司获得 SBIR 资助的概率值放在节点 E 发出的上面分枝的下方(如果他们在开发三维图像软件的一个可操作版本上获得成功),詹姆斯估计它成功的概率是 0.70.对于生物影像公司失去 SBIR 资助的情况下,其概率值是 0.30,我们将该概率值放在由节点 E 发出的下面分枝的下方,如图 12-11 所示.

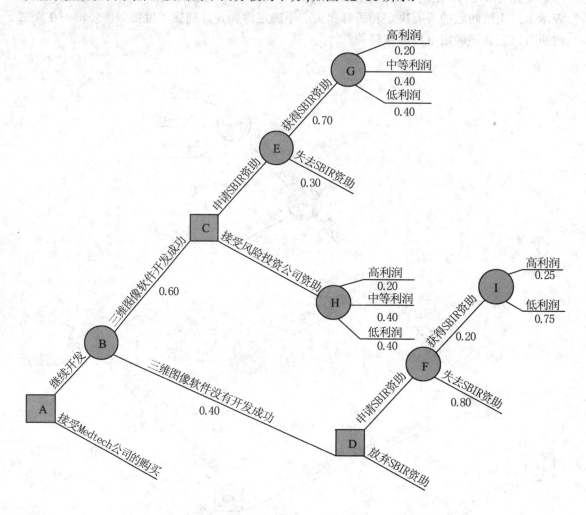

图 12-11　生物影像公司决策树中所有不确定事件的概率表示

对于事件节点 F,情况类似.我们将生物影像公司获得 SBIR 资助的概率值放在由节点 F 发出的上面分枝的下方 (如果他们在开发三维图像软件的一个可操作版本上没有获得成功),詹姆斯估计它的概率值是 0.20.而在生物影像公司失去 SBIR 资助的情况下,其概率值是 0.80.我们将该概率值放在由节点 F 发出的下面分枝的下方.

最后,我们把高、中和低利润情景下的各种概率值分别赋给由节点 G、H 和 I 发出的各个分枝.根据詹姆斯对这些情景的估计,其概率值见表 12-2、表 12-3 以及表 12-4.

5. 最终分枝的赋值

构造决策树模型的下一步工作是给决策树的最终分枝赋值. 对于生物影像公司的决策问题,这意味着要计算相应于决策树的每个最终分枝的净利润.对于接受 Medtech 公司资助的相应分枝来说,该计算是多此一举:如果他们打算接受 Medtech 公司的资助,那么生物影像公司将会得到 15 万美元的净利润.在图 12-12 中,由节点 A 发出的下面分枝表明了这一点.对于决策树的所有最终分枝来说,计算并不是十分容易的.

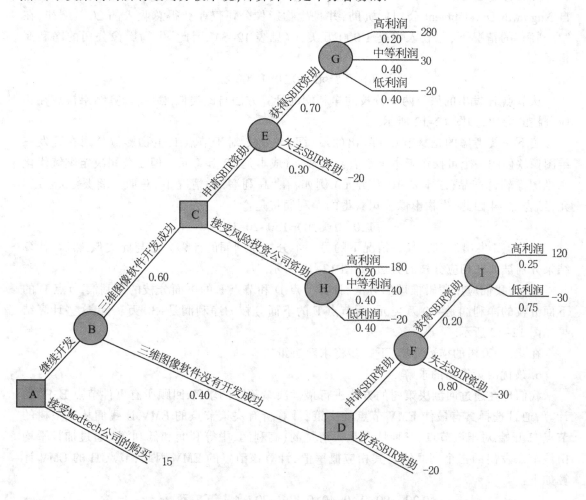

图 12-12　已经完成的生物影像公司的决策树(单位:万美元)

让我们首先考虑由节点 G 发出的分枝. 净利润就是总收入减去相关成本. 对于这些分枝,总收入列于表 12-2 中.相关成本就是研究和开发可操作的三维图像软件的费用(詹姆斯估计是 20 万美元).SBIR 资助的资金将全部被用来进行产品的最终开发和开拓市场,因此将不会计入净利润.因此,作为实例,在由节点 G 发出的分枝的"高利润"的情景下 ,净利润的计算方法为:

$$280(万美元)=300-20$$

从节点 G 发出的另外两个分枝的净利润的计算方法与此类似.然后,计算结果被放在相应分枝的旁边,如图 12-12 所示.

其次要考虑的是从节点 E 发出的下面分枝,它对应于在开发三维图像软件的一个可操作版本上获得成功,申请 SBIR 资助,但失去了该项资助的机会.在这种情况下,收入将是零,当生物影像公司放弃该项目时, 公司花在三维图像软件的可操作版本上的开发费用仍将是

20万美元.因此,净利润将是-20万美元,见图12-12所示.

再次要考虑的是从节点 H 发出的最后三个分枝.对于节点 H,生物影像公司决定接受来自 Nugrowth Development 公司的资助,并且生物影像公司仅能获得总收入的20%.例如,在"高利润"的情况下,总收入将是1 000万美元(见表12-3).因此,生物影像公司的净利润是:

$$180(万美元)=0.20×1\,000-20.$$

从节点 H 发出的另外两个分枝的净利润的计算方法与此类似.然后,计算结果被放在相应分枝的旁边,如图12-12所示.

接下来要考虑的是从节点 I 发出的最后两个分枝.对于节点 I,生物影像公司在开发三维图像软件的一个可操作版本上没有获得成功(成本是20万美元),但是公司决定继续优化二维图像软件产品(成本是10万美元).例如,在"高利润"的情况下,总收入将是150万美元,见表12-4.因此,生物影像公司获得的净利润将是:

$$120(万美元)=150-20-10.$$

从节点 I 发出的"低利润"情况下的另一个分枝净利润的计算方法与此类似.然后,计算结果分别被放在相应分枝的旁边,如图12-12所示.

最后,我们应用逻辑推理的方法,计算节点 D 和节点 F 的下面分枝的净利润.节点 D 的下面分枝的净利润是-20万美元,而节点 F 的下面分枝的净利润是-30万美元.这些计算结果见图12-12所示.

在此,决策树的描述完毕,下一步将求解决策树.

6. 最优决策策略的求解

我们现在通过回溯决策树的方法进行最优决策策略的求解.回顾所有事件节点 EMV 的计算,通过选择具有最佳 EMV 节点的决策,计算所有决策节点的 EMV.让我们从决策树的节点 H 开始.对于该节点,三种情况是很清楚的(高利润、中等利润和低利润).通过加权平均由该节点发出的三个利润值与其相应概率值,计算该节点的 EMV.因此,节点 H 的 EMV 计算如下:

$$0.20×180+0.40×40+0.40×(-20)=44(万美元)$$

然后,我们在节点 H 的上方标明该节点的 EMV 为44万美元,如图12-13所示.

同样,我们计算节点 G 的 EMV 如下:

$$0.20×280+0.40×30+0.40×(-20)=60(万美元)$$

由此我们在节点 G 的上方注明 EMV 为60万美元,如图12-13所示.

于是,节点 E 的 EMV 计算如下:

$$0.70×60+0.30×(-20)=36(万美元)$$

并且在节点 E 的上方注明 EMV 为36万美元,如图12-13所示.

节点 C 对应于决定是申请 SBIR 资助,或接受 Nugrowth Development 公司的资助.选择 SBIR 的 EMV(节点 E)是36万美元,而选择 Nugrowth Development 公司的 EMV 是44万美元.具有最大 EMV 的选择是接受 Nugrowth Development 公司的资助.因此,我们分配给节点 C 的 EMV 是两个 EMV 中较大的那个值,即44万美元,并且划去对应于申请 SBIR 资助的分枝,如图12-13所示.

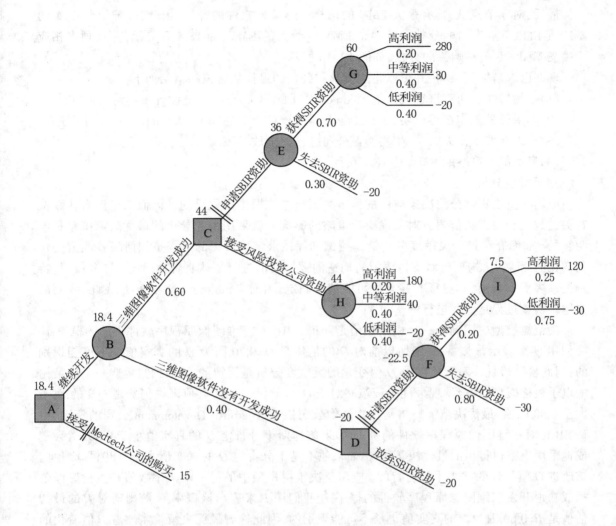

图 12-13　生物影像公司决策树的求解(单位:万美元)

节点 I 的 EMV 计算如下:

$$0.25×120+0.75×(-30)=7.5(万美元).$$

并且在节点 I 的上方注明 EMV 为 7.5 万美元,如图 12-13 所示.

节点 F 的 EMV 值计算如下:

$$0.2×7.5+0.8×(-30)=-22.5(万美元).$$

并且在节点 F 的上方注明 EMV 为-22.5 万美元,如图 12-13 所示.

对于节点 D,具有最高 EMV 的选择是放弃该项目,因为该选择与申请二维图像软件开发项目的 SBIR 资助相比 (-22.5 万美元)有一个较高的 EMV(-20 万美元).因此,分配给节点 D 的 EMV 是两个 EMV 中较高的那个值,即-20 万美元,因而划去对应于申请 SBIR 资助的分枝,如图 12-13 所示.

节点 B 的 EMV 计算如下:

$$0.6×44+0.4×(-20)=18.4(万美元).$$

我们在图 12-13 中节点 B 的上方注明该数字.

最后,对于节点 A,具有最大 EMV 的选择是继续该软件的开发,因此,分配给节点 A 的 EMV 是由该节点发出的分枝中的两个 EMV 中较大的 EMV,即 18.4 万美元,并且划去相应于接受 Medtech 公司购买的分枝,如图 12-13 所示.

现在已求解完决策树,并可以将生物影像公司的最优决策策略概括如下:

(1)生物影像公司应该首先拒绝 Medtech 公司的购买要求,并继续开发三维图像软件.

(2)如果开发工作获得成功,生物影像公司应该接受 Nugrowth Development 公司的资助.

(3)如果开发工作失败了,生物影像公司应该完全放弃该项目.

(4)最优决策策略的 EMV 是 18.4 美元.

7. 灵敏度分析

应用在生物影像公司决策树中的许多数据都是依据主观假设的,因而如果没有认真检查关键数值和关键数值假设对最优决策策略的影响,就采用由此导出的最优决策策略是不明智的.前面介绍过的灵敏度分析就是测试和评估求解决策树的过程是如何随着数值变化而变化的.当然,詹姆斯已对支持决策树构造的数据估值进行了认真考虑.不过,许多数值,特别是许多概率数值,本身很难甚至不可能精确确定,因而应该进行灵敏度分析.在此,我们简要地说明该过程是如何进行的.

决策树模型中用到的一个概率数值是获得 SBIR 对三维图像原程序软件资助的概率.让我们用 Q 来表示该概率.詹姆斯以前对 Q 的估值是 Q=0.70.因为 Q 的真实值是不可能识别的,因此检测最优决策策略随着 Q 值变化的灵敏度分析是明智的.如果我们构造一个决策树的电子表格模型,就会发现最优决策策略对于 Q 小于 0.80 的所有值来说仍然是一样的.对于大于 0.80 的值,最优决策策略将是生物影像公司拒绝 Nugrowth Development 公司的资助,申请 SBIR 对三维图像原程序软件的资助.如果詹姆斯十分肯定 Q 的真实值小于 0.80,就会赞成他采用决策树得出的最优决策策略.如果他不是十分肯定 Q 的真实值小于 0.80,那么他应该改进 Q 值估计的方法才是明智的.应用于决策树模型中的另一个概率数值是生物影像公司成功地开发三维图像原程序软件的概率.让我们用 P 来表示该概率值.詹姆斯对 P 的最初估值是 P=0.60.因为 P 的真实值也是不可能识别的,因此检测最优决策策略随着 P 值变化的灵敏度分析是明智的.这一步也能够通过构造决策树的电子表格来完成,然后测试各种不同的 P 值,观察最优决策策略是如何随 P 值而变化的.具体评估方法,我们以课后练习的形式留给读者自己完成.

三、决策分析建议的一些不同选择

图 12-13 说明最优决策策略的 EMV 为 18.4 万美元,并不比接受 Medtech 公司购买要求的 EMV 15 万美元高许多.而且,正如以上所得出的最优决策策略,实质上还要承担更高的风险.为了说明这一点,我们观察在最优决策策略下,生物影像公司实现 180 万美元的净利润是可能的,但是他们也可能损失 20 万美元的净利润.相反,如果他们打算接受 Medtech 公司的购买,那么他们会保证获得 15 万美元的净利润.由于两个不同策略的 EMV 是如此接近,因此考虑与 Medtech 公司进行谈判看看是否可以提供高于 15 万美元的购买额,这也许是一个好想法.

为了对此谈判进行准备,从 Medtech 公司的角度来研究一下产品开发策略的前景将是明智的.有了用于决策树分析而开发的所有数据,进行这项分析相对来说是容易的.假设

Medtech 公司在该项目中将会投资 100 万美元(它与 Nugrowth Development 公司愿意投资的数量是相同的),并且为了一致,假设 Medtech 公司可能获得的总收入与生物影像公司接受 Nugrowth Development 公司资助的情况下所估计的总收入相同,并且具有相同的概率(如表 12-3 所示).为了保险起见,如果进一步假设 Medtech 公司成功开发三维图像原程序软件的概率与 Nugrowth Development 公司开发成功的概率相同, 那么 Medtech 公司从该项目中获得的净利润能够用图 12-14 来表示.例如,图中"高利润"的结果计算如下:

$$885(万美元)=1\,000-100-15.$$

其中 1 000 万美元是总收入,100 万美元是他们的投资成本, 而 15 万美元是他们支付给生物影像公司开发该产品权利的费用.

在图 12-14 中,决策树中标记为节点 T 的 EMV 计算如下:

$$0.20\times885+0.40\times185+0.40\times(-115)=205(万美元).$$

在图 12-14 中,决策树中标记为节点 S 的 EMV 计算如下:

$$0.60\times205+0.40\times(-115)=77(万美元).$$

因此, 这表明 Medtech 公司在支付给生物影像公司 15 万美元开发该软件版权的费用后,仍然可以获得一个很大的 EMV. 由此建议生物影像公司可以与 Medtech 公司协商, 获得更高的开发该三维图像软件的版权费用.

生物影像公司要面临的另一个策略是进行实际测试以便改进二维图像软件,并且申请 SBIR 对二维图像软件的资助, 而不必去试图开发三维图像软件. 生物影像公司将支付实际测试的费用,詹姆斯估计是 10 万美元,但是公司可节省进一步开发三维图像软件的费用 20 万美元. 为了确定该策略是否可行,我们画出了相应于该策略的决策树,如图 12-15 所示.

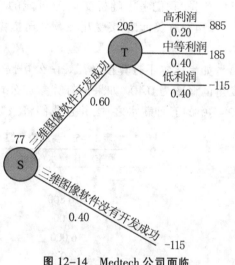

图 12-14 Medtech 公司面临的决策树(单位:万美元)

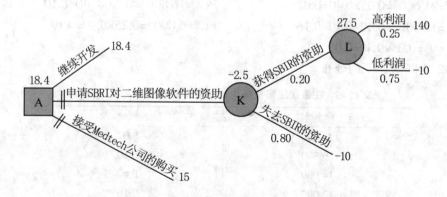

图 12-15 另一项发展策略的评估(单位:万美元)

图 12-15 中的决策树显示了由詹姆斯给出的用于决策分析的所有估计值. 如图 12-15

所示,选择该策略的 EMV 是-2.5 万美元,因此,选择该策略是不明智的.

正如前面两个决策分析所揭示的那样,决策树和决策分析框架不仅在计算最优决策策略中可以起很大作用,并且对于建议和评价新的策略也具有重大意义.

第三节 概率分布和决策树

在这一节中,仍以前面的案例为基础,进一步说明概率分布是如何应用在决策树问题中的.我们再回到第一节比尔·桑普拉斯的夏季打工问题.在该节中,我们计算了比尔的最优决策策略.比尔首先应该拒绝约翰提供的工作,11 月份申请瓦妮萨公司的夏季工作,如果瓦妮萨公司打算给比尔提供该工作, 那么他将接受该工作; 如果瓦妮萨没有为比尔提供夏季工作,那么他将参加夏季公司招聘会.在决策策略中,比尔的夏季工作薪水是一个随机变量,我们将该随机变量用 X 表示.我们现在推导 X 的概率分布,然后计算它的均值 μ_X 和标准差 σ_X.

首先,我们考虑随机变量 X 可能的取值.如果比尔打算接受瓦妮萨公司提供的工作,那么 $X=14\ 000$ 美元.他接受瓦妮萨公司提供的工作的概率是 0.60.因此,可以得到以下数值:

$$P(X=14\ 000)=0.60$$

如果比尔不打算接受瓦妮萨公司提供的工作,那么他将参加公司夏季招聘会,这个事件发生的概率为 0.40. 如果他打算参加公司夏季招聘,比尔能够获得的可能的夏季薪水为表 12-5 中的五种薪水之一,并且我们将该数值拷贝到表 12-5 中.

表 12-5　参加公司夏季招聘的夏季工作薪水的概率分布

夏季工作薪水(美元)	概率
21 600	0.05
16 800	0.25
12 000	0.40
6 000	0.25
0	0.05

因此,可以有如下数值:

$P(X=21\ 600)=0.05\times0.40=0.02$　　　　$P(X=16\ 800)=0.25\times0.40=0.10$

$P(X=12\ 000)=0.40\times0.40=0.16$　　　　$P(X=6\ 000)=0.25\times0.40=0.10$

$P(X=0)=0.05\times0.40=0.02$

表 12-6 概括了 X 的分布

表 12-6　在最优决策策略中比尔夏季工作薪水的概率分布

夏季工作薪水(美元)	概率
21 600	0.02
16 800	0.10
14 000	0.60
12 000	0.16
6 000	0.10
0	0.02

我们现在计算这个分布的均值和方差.X 的均值是：

$$\mu_X=21\,600\times0.02+16\,800\times0.10+\cdots+0\times0.02=13\,032.$$

我们注意到比尔的夏季工作薪水的均值,正如期望的那样,等于决策树的 EMV.

计算 X 的方差如下：

$$\sigma^2_X=(21\,600-13\,032)^2\times0.02+\cdots+(0-13\,032)^2\times0.02=11\,962\,176.$$

X 的标准差为 $\sigma_X=\sqrt{11\,962\,176}=3\,458.60$（美元）.

我们注意到不同的决策策略产生不同的比尔夏季工作薪水的概率分布.例如,接受约翰提供的夏季工作的策略将肯定使比尔能获得 12 000 美元的夏季工作薪水.因此,在这个策略情况下,比尔的夏季工作薪水的方差为零.

我们下一步计算的是最优决策策略至少与"接受约翰提供的夏季工作"的策略一样好的概率.为了求解该问题,我们需要计算 $P(X\geqslant12\,000)$ 概率.由表 12-6 可以得到以下数值：

$$P(X\geqslant12\,000)=P(X=21\,600)+P(X=16\,800)+P(X=14\,000)+P(X=12\,000)=0.88$$

这一概率说明,比尔最优决策成功的可能性为 88%.

思考与练习

一、简答题

1. 决策树有哪些特征?

2. 求解决策树模型的步骤有哪些?

3. 简述决策分析的主要步骤.

4. 简述灵敏度分析的涵义.

二、案例分析题

1. 利用 Excel 建立教材中生物影像公司决策树模型,并完成主要数据的灵敏度分析.主要数据包括生物影像公司获得 SBIR 对三维图像原程序软件资助的概率和该公司开发三维图像原程序软件成功的概率.

2. 安德丝(Anders)和迈克尔(Michael)是大学学习时的同班同学.在求学的业余时间里,他们开发了一个管制互联网站点交通的软件产品.他们的产品非常具有想象力和独创性,并且已经申请了专利.他们估计大约有 80% 的可能性,他们的专利将被美国专利局采用.

安德丝和迈克尔已经组建了一个称为 ITNET 的新公司,并且已经开始把他们的产品推向市场.上个月,在 Singular 公司与 ITNET 公司签署了由 ITNET 公司的律师事先准备好的一个秘密协议书后,他们给 Singular 公司提交了一些他们的想法,该公司一直是这个不断增长的市场中的主要竞争者.

昨天,Singular 公司发布了一项新的怀疑类似于安德丝和迈克尔已经开发过的产品.安德丝的第一反应就是计划立即起诉 Singular 公司.然而,迈克尔认为他们应该等到收到专利局的通知再说,他们的专利还在美国专利局的审批过程中.迈克尔推测如果他们获得了该产品的专利,那么这种情况对他们非常有利.

假设,如果安德丝和迈克尔获得了该产品的专利申请,他们有 90% 的可能性赢得对 Singular 公司的法律诉讼,但即使他们的专利在审批中(因为 Singular 公司已经与他们签署了那项秘密协议),他们仍然有60%的机会赢得法律诉讼.然而,如果他们的专利申请没有被通过,那么可以假设他们赢得法律诉讼的机会将降到40%.

安德丝认为如果他们立即起诉Singular公司,则有70%的可能性Singular公司会支付40万美元庭外解决法律纠纷,并且有30%的可能性Singular公司不会通过庭外合解.如果安德丝和迈克尔赢得了法律诉讼,可获得100万美元的赔偿.然而,他们估计进行法律诉讼的合理成本可能是10万美元.

要求:(1)构造ITNET公司是否起诉Singular公司的决策问题的决策树.

(2)对最优决策策略进行求解.

3. 贾维尔一直具有为艺术品质的项目进行融资的兴趣.他最近得到了两个为时装行业融资的机会:为由维拉设计的一组新的年轻人的前卫时装融资,以及为由里奇设计的一组商业服装进行融资.贾维尔与这两个服装设计师过去一直有着很多合作,并且过去的合作表明,在维拉设计的时装中,20%是"成功"的,80%是不成功的.另外,里奇设计的服装成功的概率是30%,不成功的概率是70%.

贾维尔净流动资产总计为75万美元,因此,他只能为两组时装之一提供资金.然而,在决定他应该为全美秋季时装市场中的哪种时装提供资金之前,他只能为在即将于旧金山举行的时装秀中展示的这两组时装中的其中一组时装进行事先测试.与这两组时装有关的成本和收益如下表所示:

两组时装的成本和收益

(所给净成本是基于在旧金山对两组时装进行事先测试,单位:万美元)

时　　装	前卫时装	商业时装
在旧金山进行事先测试的净成本	20	7.5
在旧金山进行事先测试后在美国生产的附加成本	50	27.5
如果没有在旧金山进行事先测试,在美国生产的成本	60	32.5
时装获得成功时的收益	400	100
时装没有获得成功时的收益	30	10

根据以前的资料,贾维尔认为前卫时装如果能在全国获得成功,那么在旧金山事先测试中成功的概率为80%;如果前卫时装在全国不能获得成功,那么在旧金山事先测试中成功的概率为40%;商业服装如果能在全国获得成功,那么在旧金山事先测试中成功的概率为90%;如果商业服装在全国不能获得成功,那么在旧金山事先测试中成功的概率为60%.尽管贾维尔发现事先测试是有用的,但他知道这种测试结果的准确性还不足以驱使他在所有情况下根据事先测试的结果来采取行动.无论如何,贾维尔希望根据期望的货币价值来采取行动.

要求:设计一个决策树模型,帮助贾维尔进行最优化决策(本题在利用决策树模型时,有些概率值需要读者自己根据概率知识进行计算).

4. Newtowne艺术画廊有一幅珍贵的油画,并希望被拍卖.有三个竞拍者想得到该油画.第一、第二、第三个竞拍者将依次于星期一、星期二和星期三出价.对每个竞拍者的出价必须在当天做出接受或拒绝的决定.如果三个竞拍者都被拒绝,那么该油画将被标价90万美元出售.Newtowne拍卖行的主任对拍卖计算的概率结果如下表所示:

出价(万美元)	第一个竞拍者 (星期一)	第二个竞拍者 (星期二)	第三个竞拍者 (星期三)
100	0.0	0.0	0.7
200	0.5	0.9	0.0
300	0.5	0.0	0.0
400	0.0	0.1	0.3

要求:(1)对接受竞拍者的决策问题构造决策树.

　　　(2)对最优决策策略进行求解.

参考文献

[1] 袁卫,曾五一,庞浩,等.统计学[M].2版.北京:高等教育出版社,2005.

[2] 黄良文,曾五一.统计学原理[M].北京:中国统计出版社,2000.

[3] 钱伯海,黄良文.统计学[M].成都:四川人民出版社,1992.

[4] 刘汉良.统计学教程[M].上海:上海财经大学出版社,1995.

[5] 王寿安.统计学[M].北京:中国统计出版社,1994.

[6] 陈超尘.统计学[M].更新版.台湾:台湾商务印书馆,1992.

[7] 峁诗松,周纪芗.概率论与数理统计[M].北京:中国统计出版社,1996.

[8] 周复恭,倪加勋,朱汉江,等.应用数理统计学[M].北京:中国人民大学出版社,1989.

[9] 高庆丰.欧美统计学史[M].北京:中国统计出版社,1987.

[10] 郭海明,庞智强,王永瑜,等.统计学[M].兰州:甘肃人民出版社,2000.

[11] 何晓群.现代统计分析方法与应用[M].北京:中国人民大学出版社,2007.

[12] 樊元,王学海.实用统计分析方法[M].兰州:甘肃教育出版社,1994.

[13] 庞智强,马保平.抽样调查[M].兰州:兰州大学出版社,2000.

[14] 金勇进.统计学教程[M].北京:中国人民大学出版社,2010.

[15] 迪米特里斯·伯特西马斯,罗伯特·M·弗罗因德.数据、模型与决策[M].李新中,译.北京:中信出版社,2004.

[16] 薛薇,陈欢歌.基于EXCEL的统计应用[M].北京:中国人民大学出版社,2006.

[17] 陈在余,陶应虎.统计学原理与实务[M].北京:清华大学出版社,2009.

[18] 贾俊平,何晓群,金勇进.统计学[M].3版.北京:中国人民大学出版社,2007.

附　表

附表 1　正态分布的分布函数表

$$F(x)=\int_{-\infty}^{x}\frac{1}{\sqrt{2\pi}}e^{-\frac{t^2}{2}}dt$$

x	.00	.01	.02	.03	.04	.05	.06	.07	.08	.09
0	.500 0	.504 0	.508 0	.512 0	.516 0	.519 9	.523 9	.527 9	.531 9	.535 9
1	.539 8	.543 8	.547 8	.551 7	.555 7	.559 6	.563 6	.567 5	.571 4	.575 3
2	.579 3	.583 2	.587 1	.591 0	.594 8	.598 7	.602 6	.606 4	.610 3	.614 1
3	.617 9	.621 7	.625 5	.629 3	.633 1	.636 8	.640 6	.644 3	.648 0	.651 7
4	.655 4	.659 1	.662 8	.666 4	.670 0	.673 6	.677 2	.680 8	.684 4	.687 9
5	.691 5	.695 0	.693 5	.701 9	.705 4	.708 8	.712 3	.715 7	.719 0	.722 4
6	.725 7	.729 1	.732 4	.735 7	.738 9	.742 2	.745 4	.748 6	.751 7	.754 9
7	.758 0	.761 1	.764 2	.767 3	.770 4	.773 4	.776 4	.779 4	.782 3	.785 2
8	.788 1	.791 0	.793 9	.796 7	.799 5	.802 3	.805 1	807 8	810 6	813 3
9	.815 9	.818 6	.821 2	.823 8	.826 4	.828 9	.831 5	.834 0	.836 5	.838 9
1.0	.841 3	.843 8	.846 1	.848 5	.850 8	.853 1	.855 4	.857 7	.859 9	.862 1
1.1	.864 3	.866 5	.868 6	.870 8	.872 9	.874 9	.877 0	.879 0	.881 0	.883 0
1.2	.884 9	.886 9	.888 8	.890 7	.892 5	.894 4	.896 2	.898 0	.899 7	.901 5
1.3	.903 2	.904 9	.906 6	.908 2	.909 9	.911 5	.913 1	.914 7	.916 2	.917 7
1.4	.919 2	.920 7	.922 2	.923 6	.925 1	.926 5	.927 9	.929 2	.930 6	.931 9
1.5	.933 2	.934 5	.935 7	.937 0	.938 2	.939 4	.940 6	.941 8	.942 9	.944 1
1.6	.945 2	.946 3	.947 4	.948 4	.949 5	.950 5	.951 5	.952 5	.953 5	.954 5
1.7	.955 4	.956 4	.957 3	.958 2	.959 1	.959 9	.960 8	.961 6	.962 5	.963 3
1.8	.964 1	.964 9	965 6	.966 4	.967 1	.967 8	.968 6	.969 3	.969 9	.970 6
1.9	.971 3	.971 9	.972 6	.973 2	.973 8	.974 4	.975 0	.975 6	.976 1	.976 7
2.0	.977 2	.977 8	.978 3	.978 8	.979 3	.979 8	.980 3	.980 8	.981 2	.981 7
2.1	.982 1	.982 6	.983 0	.983 4	.983 8	.984 2	.984 6	.985 0	.985 4	.985 7
2.2	.986 1	.986 4	.968 8	.987 1	.987 5	.987 8	.988 1	.988 4	.988 7	.989 0
2.3	.989 3	.989 6	.989 8	.990 1	.990 4	.990 6	.990 9	.991 1	.991 3	.991 6
2.4	.991 8	.992 0	.992 2	.992 5	.992 7	.992 9	.993 1	.993 2	.99 34	.993 6
2.5	.993 8	.994 0	.994 1	.994 3	.994 5	.994 6	.994 8	.994 9	.995 1	.995 2
2.6	.995 3	.995 5	.995 6	.995 7	.995 9	.996 0	.996 1	.996 2	.996 3	.996 4
2.7	.996 5	.996 6	.996 7	.996 8	.996 9	.997 0	.997 1	.997 2	.997 3	.997 4
2.8	.997 4	.997 5	.997 6	.997 7	.997 7	.997 8	.997 9	.997 9	.998 0	.998 1
2.9	.998 1	.998 2	.998 2	.998 3	.998 4	.998 4	.998 5	.998 5	.998 6	.998 6
3.0	.998 7	.998 7	.998 7	.998 8	.998 8	.998 9	.998 9	.998 9	.999 0	.999 0
3.1	.999 0	.999 1	.999 1	.999 1	.999 2	.999 2	.999 2	.999 2	.999 3	.999 3
3.2	.999 3	.999 3	.999 4	.999 4	.999 4	.999 4	.999 4	.999 5	.999 5	.999 5
3.3	.999 5	.999 5	.999 5	.999 6	.999 6	.999 6	.999 6	.999 6	.999 6	.999 7
3.4	.999 7	.999 7	.999 7	.999 7	.999 7	.999 7	.999 7	.999 7	.999 7	.999 8

x	1.282	1.645	1.960	2.326	2.576	3.090	3.291	3.891	4.417
$F(x)$	.90	.95	.975	.99	.995	.999	.999 5	.999 95	.999 995
$2[1-F(x)]$	.20	.10	.05	.02	.01	.002	.001	.000 1	.000 01

附表 2 t 分布表

df	单尾检验的显著水准(α)					
	.10	.05	.025	.01	.005	.000 5
	双尾检验的显著水准(α)					
	.20	.10	.05	.02	.01	.001
1	3.078	6.314	12.706	31.821	63.657	636.619
2	1.886	2.920	4.303	6.965	9.925	31.598
3	1.638	2.353	3.182	4.541	5.841	12.941
4	1.533	2.132	2.776	3.747	4.604	8.610
5	1.476	2.015	2.571	3.365	4.032	6.859
6	1.440	1.943	2.447	3.143	3.707	5.959
7	1.415	1.895	2.365	2.998	3.499	5.405
8	1.397	1.860	2.306	2.896	3.355	5.041
9	1.383	1.833	2.262	2.821	3.250	4.781
10	1.372	1.812	2.228	2.764	3.169	4.587
11	1.363	1.796	2.201	2.718	3.106	4.437
12	1.356	1.782	2.179	2.681	3.055	4.318
13	1.350	1.771	2.160	2.650	3.012	4.221
14	1.345	1.761	2.145	2.624	2.977	4.140
15	1.341	1.753	2.131	2.602	2.947	4.073
16	1.337	1.746	2.120	2.583	2.921	4.015
17	1.333	1.740	2.110	2.567	2.898	3.965
18	1.330	1.734	2.101	2.552	2.878	3.922
19	1.328	1.729	2.093	2.539	2.861	3.883
20	1.325	1.725	2.086	2.528	2.845	3.850
21	1.323	1.721	2.080	2.518	2.831	3.819
22	1.321	1.717	2.074	2.508	2.819	3.792
23	1.319	1.714	2.069	2.500	2.807	3.767
24	1.318	1.711	2.064	2.492	2.797	3.745
25	1.316	1.708	2.060	2.485	2.787	3.725
26	1.315	1.706	2.056	2.479	2.779	3.707
27	1.314	1.703	2.052	2.473	2.771	3.690
28	1.313	1.701	2.048	2.467	2.763	3.674
29	1.311	1.699	2.045	2.462	2.756	3.659
30	1.310	1.697	2.042	2.457	2.750	3.646
40	1.303	1.684	2.021	2.423	2.704	3.551
60	1.296	1.671	2.000	2.390	2.660	3.460
120	1.289	1.658	1.980	2.358	2.617	3.373
∞	1.282	1.645	1.960	2.326	2.576	3.291

附表3 χ² 分布临界值表

$$P\{\chi^2(n)>\chi^2_\alpha(n)\}=\alpha$$

n \ α	0.995	0.99	0.975	0.95	0.90	0.75
1	—	—	0.001	0.100	0.016	0.102
2	0.010	0.020	0.051	0.103	0.211	0.575
3	0.072	0.115	0.216	0.352	0.584	1.213
4	0.207	0.297	0.484	0.711	1.064	1.923
5	0.412	0.554	0.831	1.145	1.610	2.675
6	0.676	0.872	1.237	1.635	2.204	3.455
7	0.989	1.239	1.690	2.167	2.833	4.255
8	1.344	1.646	2.180	2.733	3.490	5.071
9	1.735	2.088	2.700	3.325	4.168	5.899
10	2.156	2.558	3.247	3.940	4.865	6.737
11	2.603	3.053	3.816	4.575	5.578	7.584
12	3.074	3.571	4.404	5.226	6.304	8.438
13	3.565	4.107	5.009	5.892	7.042	9.299
14	4.075	4.660	5.629	6.571	7.790	10.165
15	4.601	5.229	6.262	7.261	8.547	11.037
16	5.142	5.812	6.908	7.962	9.312	11.912
17	5.697	6.408	7.564	8.672	10.085	12.792
18	6.265	7.015	8.231	9.390	10.865	13.675
19	6.844	7.633	8.907	10.117	11.651	14.562
20	7.434	8.260	9.591	10.851	12.443	15.452
21	8.034	8.897	10.283	11.591	13.240	16.344
22	8.643	9.542	10.982	12.338	14.042	17.240
23	9.260	10.196	11.689	13.091	14.848	18.137
24	9.886	10.856	12.401	13.848	15.659	19.037
25	10.520	11.524	13.120	14.611	16.473	19.939
26	11.160	12.198	23.844	15.379	17.292	20.843
27	11.808	12.879	14.573	16.151	18.114	21.749
28	12.461	13.565	15.308	16.928	18.939	22.657
29	13.121	14.257	16.047	17.708	19.768	23.567
30	13.787	14.954	16.791	18.493	20.599	24.478
31	14.458	15.655	17.539	19.281	21.434	25.390
32	15.134	16.362	18.291	20.072	22.271	26.304
33	15.815	17.074	19.047	20.867	23.110	27.219
34	16.501	17.789	19.806	21.664	23.952	28.136
35	17.192	18.509	20.569	22.465	27.797	29.054

续附表 3

n \ α	0.25	0.10	0.05	0.025	0.01	0.055
1	1.323	2.706	3.841	5.024	6.635	7.879
2	2.773	4.605	5.991	7.378	9.210	10.597
3	4.108	6.251	7.815	9.348	11.354	12.838
4	5.385	7.779	9.488	11.143	13.277	14.860
5	6.626	9.236	11.071	12.833	15.086	16.750
6	7.841	10.645	12.592	14.449	16.812	18.548
7	9.037	12.017	14.067	16.013	18.475	20.278
8	10.219	13.362	15.507	17.535	20.090	21.955
9	11.389	14.684	16.911	19.023	24.666	23.589
10	12.549	15.987	18.307	20.483	23.209	25.188
11	13.701	17.275	19.675	21.920	24.725	26.757
12	14.845	18.549	21.026	23.337	26.217	28.299
13	15.94	19.812	22.362	24.736	27.688	29.819
14	17.117	21.064	23.685	26.119	29.141	31.819
15	18.245	22.307	24.996	27.488	30.578	32.801
16	19.369	23.542	26.296	28.845	32.000	34.267
17	20.489	24.769	27.587	30.191	33.409	35.718
18	21.606	25.989	28.869	31.526	34.805	37.156
19	22.718	27.204	30.144	32.852	36.191	38.582
20	23.838	28.412	31.410	34.170	37.566	39.997
21	24.935	29.615	32.671	36.479	38.932	41.401
22	26.039	30.813	33.924	36.781	40.289	42.796
23	27.041	32.007	35.172	38.076	41.638	44.181
24	28.241	33.196	36.415	39.364	42.980	45.559
25	29.339	34.382	37.652	40.646	44.314	46.928
26	30.435	35.563	38.885	41.923	45.642	48.290
27	31.528	36.741	40.113	43.194	46.963	49.640
28	32.620	37.916	41.337	44.461	48.278	50.993
29	33.711	39.087	42.557	45.722	49.588	52.336
30	34.800	40.256	43.773	46.979	50.592	53.672
31	35.887	41.422	44.985	78.232	52.101	55.003
32	36.973	42.585	46.194	49.780	53.486	56.328
33	38.058	43.745	47.400	50.725	54.776	57.648
34	39.141	44.903	48.602	51.966	56.061	58.964
35	40.223	46.059	49.802	53.203	57.342	60.275

附表4 F分布上侧临界值表

$$P\{F>F\alpha(n,m)\}=\alpha$$

$\alpha=0.05$

m \ n	1	2	3	4	5	6	7	8	9	10	12	15	20	24	30	40	60	120	∞
1	161	200	216	225	230	234	237	239	241	242	244	246	248	249	250	251	252	253	254
2	18.5	19.0	19.2	19.2	19.3	19.3	19.4	19.4	19.4	19.4	19.4	19.4	19.4	19.5	19.5	19.5	19.5	19.5	19.5
3	10.1	9.55	9.28	9.12	9.01	8.94	8.89	8.85	8.81	8.79	8.74	8.70	8.66	8.64	8.62	8.59	8.87	8.55	8.53
4	7.71	6.94	6.59	6.39	6.26	6.16	6.09	6.04	6.00	5.96	5.91	5.68	5.80	5.77	5.75	5.72	5.69	5.66	5.63
5	6.61	5.79	5.41	5.19	5.05	4.95	4.88	4.82	4.77	4.74	4.68	4.62	4.56	4.53	4.50	4.46	4.43	4.40	4.37
6	5.99	5.15	4.76	4.53	4.39	4.28	4.21	4.15	4.10	4.06	4.00	3.94	3.87	3.84	3.81	3.77	3.74	3.70	3.67
7	5.59	4.74	4.35	4.12	3.97	3.87	3.79	3.73	3.68	3.64	3.57	3.51	3.44	3.41	3.38	3.34	3.30	3.27	3.23
8	5.32	4.46	4.07	3.84	3.69	3.58	3.50	3.44	3.39	3.35	3.28	3.22	3.15	3.12	3.08	3.04	3.01	2.97	2.93
9	5.12	4.26	3.86	3.63	3.48	3.37	3.29	3.23	3.18	3.14	3.07	3.01	2.94	2.90	2.86	2.83	2.79	2.75	2.71
10	4.96	4.10	3.71	3.48	3.33	3.22	3.14	3.07	3.02	2.98	2.91	2.85	2.77	2.74	2.74	2.66	2.62	2.58	2.54
11	4.84	3.98	3.59	3.36	3.20	3.09	3.01	2.95	2.90	2.85	2.79	2.72	2.65	2.61	2.57	2.53	2.49	2.45	2.40
12	4.75	3.89	3.49	3.26	3.11	3.00	2.91	2.85	2.80	2.75	2.69	2.62	2.54	2.51	2.47	2.43	2.38	2.34	2.30
13	4.67	3.81	3.41	3.18	3.03	2.92	2.83	2.77	2.71	2.67	2.60	2.53	2.46	2.42	2.38	2.34	2.30	2.25	2.21
14	4.60	3.74	3.34	3.11	2.96	2.85	2.76	2.70	2.65	2.60	2.53	2.46	2.39	2.35	2.31	2.27	2.22	2.18	2.13
15	4.54	3.68	3.39	3.06	2.90	2.79	2.71	2.64	2.59	2.54	2.48	2.40	2.33	2.29	2.25	2.20	2.16	2.11	2.17
16	4.49	3.63	3.24	3.01	2.85	2.74	2.66	2.59	5.54	2.49	2.42	2.35	2.28	2.24	2.19	2.15	2.11	2.06	2.01
17	4.45	3.59	3.20	2.96	2.81	2.70	2.61	2.55	2.49	2.45	2.38	2.31	2.23	2.19	2.15	2.10	2.06	2.01	1.96
18	4.41	3.55	3.16	2.93	2.77	2.66	2.58	2.51	2.46	2.41	2.34	2.27	2.19	2.15	2.11	2.06	2.02	1.97	1.92
19	4.38	3.52	3.13	2.90	2.74	2.63	2.54	2.48	2.82	2.38	2.31	2.23	2.16	2.11	2.07	2.03	1.98	1.93	1.88
20	4.35	3.49	3.10	2.87	2.71	2.60	2.51	2.45	2.39	2.35	2.28	2.20	2.12	2.08	2.04	1.99	1.95	1.90	1.48
21	4.32	3.47	3.07	2.84	2.68	2.57	2.49	2.42	2.37	2.32	2.25	2.18	2.10	2.05	2.01	1.96	1.92	1.87	1.81
22	4.30	3.44	3.05	2.82	2.66	2.55	2.46	2.40	2.34	2.30	2.23	2.15	2.07	2.03	1.98	1.94	1.89	1.84	1.78
23	4.28	3.42	3.03	2.80	2.64	2.53	2.44	2.37	2.32	2.27	2.20	2.13	2.05	2.01	1.96	1.91	1.86	1.87	1.76
24	4.26	3.40	3.01	2.78	2.62	2.51	2.42	2.36	2.30	2.25	2.18	2.11	2.03	1.98	1.94	1.89	1.84	1.79	1.73
25	4.24	3.39	2.99	2.76	2.60	2.49	2.40	2.34	2.28	2.24	2.16	2.09	2.01	1.96	1.92	1.87	1.82	1.77	1.71
30	4.17	3.32	2.92	2.69	2.53	2.42	2.33	2.27	2.21	2.16	2.09	2.01	1.93	1.89	1.84	1.79	1.74	1.68	1.62
40	4.08	3.23	2.84	2.61	2.45	2.34	2.25	2.18	2.12	2.08	2.00	1.92	1.84	1.79	1.74	1.69	1.64	1.58	1.51
60	4.00	1.35	2.76	2.53	2.37	2.25	2.17	2.10	2.04	1.99	1.92	1.84	1.75	1.70	1.65	1.59	1.53	1.47	1.39
120	3.92	3.07	2.68	2.45	2.29	2.18	2.09	2.02	1.96	1.91	1.83	1.75	1.66	1.61	1.55	1.50	1.43	1.35	1.25
∞	3.84	3.00	2.60	2.37	2.21	2.10	2.01	1.94	1.88	1.83	1.75	1.67	1.57	1.52	1.46	1.39	1.32	1.22	1.00

续附表 4

$\alpha=0.01$

m \ n	1	2	3	4	5	6	7	8	9	10	12	15	20	24	30	40	60	120	∞
1	4052	5000	5403	5625	5764	5859	5928	5982	6023	6056	6106	6157	6109	6235	6261	6287	6313	6339	6366
2	98.5	99.0	92.2	92.2	99.3	99.3	99.4	99.4	99.4	99.4	99.4	99.4	99.4	99.5	99.5	99.5	99.5	99.5	99.5
3	34.1	30.8	29.5	28.7	28.2	27.9	27.7	27.5	27.3	27.2	27.1	26.9	26.7	26.6	26.5	26.4	26.3	26.2	26.1
4	21.2	18.0	16.7	16.0	15.5	15.2	15.0	14.8	14.7	14.5	14.4	14.2	14.0	13.9	13.8	13.7	13.7	13.6	13.5
5	16.3	13.3	12.1	11.4	11.0	10.7	10.5	10.3	10.2	10.1	9.89	9.72	9.55	9.47	9.38	9.29	9.27	9.11	9.02
6	13.7	10.9	9.78	9.15	8.75	8.47	8.26	8.10	7.98	7.87	7.72	7.56	7.40	7.31	7.23	7.14	7.60	6.97	6.88
7	12.2	9.55	8.45	7.85	7.46	7.19	6.99	6.84	6.72	6.62	6.47	6.31	6.16	6.07	5.99	5.91	5.82	5.74	5.65
8	11.3	8.65	7.59	7.01	6.63	6.37	6.18	6.03	5.91	5.81	5.67	5.52	5.36	5.28	5.20	5.12	5.03	4.95	4.86
9	10.6	8.02	6.99	6.42	6.06	5.80	5.61	5.47	5.35	5.26	5.11	4.96	4.81	4.73	4.65	4.57	4.48	4.40	4.31
10	10.0	7.56	6.55	5.99	5.64	5.39	5.20	5.06	4.94	4.85	4.71	4.56	4.41	4.33	4.25	4.17	3.08	4.00	3.91
11	9.65	7.21	6.22	5.67	5.32	5.07	4.89	4.74	4.63	4.54	4.44	4.25	4.10	4.02	3.94	3.86	3.78	3.69	3.60
12	9.33	6.93	5.95	5.41	5.06	4.82	4.64	4.50	4.39	4.30	4.16	4.01	3.86	3.78	3.70	3.62	3.54	3.45	3.36
13	9.07	6.70	5.74	5.21	4.86	4.62	4.44	4.30	4.19	4.10	3.96	3.82	3.66	3.59	3.51	3.43	3.34	3.25	3.17
14	8.86	6.51	5.56	5.40	4.70	4.46	4.28	4.14	4.03	3.94	3.80	3.66	3.51	3.43	3.35	3.27	3.18	3.09	3.00
15	8.68	6.36	5.42	4.89	4.56	4.32	4.14	4.00	3.89	3.80	3.67	3.52	3.37	3.29	3.21	3.13	3.05	2.69	2.87
16	8.53	6.23	5.29	4.77	4.44	4.20	4.03	3.89	3.78	3.69	3.55	3.41	3.26	3.18	3.10	3.02	2.93	2.84	2.75
17	8.40	6.11	5.19	4.67	4.34	4.10	3.93	3.79	3.68	3.59	3.46	3.31	3.16	3.08	3.00	2.92	2.83	2.75	2.65
18	8.29	6.01	5.09	4.58	4.25	4.01	3.84	3.71	3.60	3.51	3.37	3.23	3.08	3.00	2.92	2.84	2.75	2.66	2.57
19	8.19	5.93	5.01	4.50	4.17	3.94	3.77	3.63	3.52	3.43	3.30	3.15	3.00	2.92	2.84	2.76	2.67	2.58	2.49
20	8.10	5.85	4.94	4.43	4.10	3.87	3.30	3.56	3.46	3.37	3.23	3.09	2.94	2.86	2.78	2.69	2.61	2.52	2.42
21	8.02	5.78	4.87	4.37	4.04	3.81	3.64	3.51	3.40	3.31	3.17	3.03	2.88	2.80	2.72	2.64	2.55	2.46	2.36
22	7.95	5.72	4.82	4.31	3.99	3.76	3.59	3.45	3.35	3.26	3.12	2.98	2.83	2.75	2.67	2.58	2.50	2.40	2.31
23	7.88	5.60	4.76	4.26	3.94	3.71	3.54	3.41	3.30	3.21	3.07	2.93	2.78	2.70	2.62	2.54	2.45	2.35	2.26
24	7.82	5.61	4.72	4.22	3.90	3.67	3.50	3.36	3.26	3.17	3.03	2.89	2.74	2.66	2.58	2.49	2.40	2.31	2.21
25	7.77	5.57	4.68	4.18	3.86	3.63	3.46	3.32	3.22	3.13	2.99	2.85	2.70	2.62	2.53	2.45	2.36	2.27	2.17
30	7.56	6.39	4.51	4.02	3.70	3.47	3.30	3.17	3.07	2.98	2.84	2.70	2.55	2.47	2.39	2.30	2.21	2.11	2.01
40	7.31	5.18	4.31	3.83	3.51	3.29	3.12	2.99	2.89	2.80	2.66	2.52	2.37	2.29	2.20	2.11	2.02	1.92	1.80
60	7.08	4.98	4.13	3.65	3.34	3.12	2.95	2.82	2.72	2.63	2.50	2.35	2.20	2.12	2.03	1.94	1.84	1.73	1.60
120	6.85	4.79	0.95	3.48	3.17	2.96	2.79	2.66	2.56	2.47	2.34	2.19	2.03	1.95	1.86	1.76	1.66	1.53	1.33
∞	6.63	4.61	3.78	3.32	3.02	2.80	2.64	2.51	2.74	2.32	2.18	2.04	1.88	1.79	1.70	1.59	1.47	1.32	1.00